BURGENFÜHRER SCHWÄBISCHE ALB
Band 2 · Alb Mitte-Süd

GÜNTER SCHMITT

Burgenführer Schwäbische Alb

BAND 2 · ALB MITTE-SÜD

Wandern und entdecken zwischen Ulm und Sigmaringen

Biberacher Verlagsdruckerei

CIP-Titelaufnahme der Deutschen Bibliothek

Schmitt, Günter:
Burgenführer Schwäbische Alb / Günter Schmitt. –
Biberach: Biberacher Verl.-Dr.

Bd. 2. Alb Mitte-Süd: Wandern und entdecken
zwischen Ulm und Sigmaringen. – 1. Aufl. – 1989

ISBN 3-924489-45-9

Günter Schmitt · Burgenführer Schwäbische Alb
Band 2 · Alb Mitte-Süd

© 1989 by Biberacher Verlagsdruckerei GmbH & Co.
D-7950 Biberach – Herstellung und Verlag

Fotografie: G. Schmitt · Luftaufnahmen (9) F. J. Mock
Zeichnungen und Lagepläne: G. Schmitt
Buchgestaltung: Georg Janke
Lithos: R + P Reprogesellschaft mbH, Neu-Ulm
Satz und Druck:
Biberacher Verlagsdruckerei GmbH & Co., Biberach
Bindearbeiten:
Großbuchbinderei Moser GmbH & Co. KG, Weingarten
Alle Rechte der Vervielfältigung und Verbreitung
einschließlich Film, Funk und Fernsehen sowie der Fotokopie und des auszugsweisen Nachdrucks vorbehalten.
Printed in West-Germany
Erste Auflage · ISBN 3-924489-45-9

Inhalt

Vorwort	7
Ehrenstein (Erichstein)	9
Klingenstein	13
Oberherrlingen	21
Arnegg	27
Neidegg	33
Lauterstein und die Burgen Hohenstein, Weidach und Hohlenstein	37
Bollingen (Schloßberg)	41
Gleißenburg	45
Hohengerhausen (Rusenschloß)	49
Ruck	59
Blauenstein	67
Günzelburg (Greifenburg)	71
Sirgenstein	75
Hohenschelklingen	79
Muschenwang	85
Neusteußlingen	89
Hohenjustingen	97
Briel (Brielburg – Harscherburg)	105
Kirchen (Bürgle)	109
Mochental	113
Hochdorf (Schlößlesberg)	123
Granheim	127
Grafeneck	133
Baldelau	143
Blankenstein	147
Buttenhausen (Burg)	153
Buttenhausen (Schloß)	157
Hohenhundersingen	161
Bichishausen	167
Niedergundelfingen	175
Hohengundelfingen	183
Derneck (Degeneck)	193
Weiler (Kapf)	201
Schülzburg	205
Maisenburg	217
Wartstein	225
Monsberg	231
St. Ruprecht	237
Reichenstein	241
Rechtenstein	247
Jörgenberg	255
Hassenberg	259
Zwiefaltendorf (Burg und Schloß)	263
Schloßberg Baach	269
Sigeberg (Sigburg)	273
Schloßberg (Sonderbuch)	277
Ehrenfels (Neuehrenfels)	281
Alt-Ehrenfels (Ehrenfels)	287
Ehestetten	293
Hohenstein	301

Ödenburg (Oberstetten)	307
Habsberg (Habsburg)	311
Schatzberg	315
Bergfried Grundrisse	321
Schema einer mittelalterlichen Burg	322
Worterklärungen · Begriffsbestimmungen	324
Burgentypologie und Erhaltungszustand	328
Historische Burgenkarte (Klappseite)	332

Vorwort

Die Schwäbische Alb – eine vielgestaltige, prächtige Landschaft – verbindet den Namen mit trutzigen Burgen und märchenhaften Schlössern. Klangvoll erscheinen Hohenzollern und Hohenstaufen, Teck und Lichtenstein. Nicht weniger bekannt sind die Adelssitze des Großen Lautertales und der Blaubeurer Alb. Sie dokumentieren den Bereich der südlichen Alb Württembergs.

Im Gegensatz zu den gewaltigen Felsstürzen und stolzen Zeugenbergen der Nordalb prägen ausgedehnte Hochflächen die Landschaft im südlichen Teil der Alb, mit weiten Horizonten und Fernblicken bis hin zum Alpenpanorama. Dazwischen winden sich ungebändigte Bäche in engen, romantischen Tälern zur Donau.

Hier wird es deutlich, nicht die strategische Abriegelung von Territorien haben den Burgenbau bestimmt, sondern allein die Landschaft. Steile Felsen an Talkanten, vorspringende Bergnasen und Sporne wurden ausgewählt. Einzelberge, in der Talniederung gelegen, wie Niedergundelfingen oder Ruck, bilden ebenso eine Ausnahme wie die auf der Hochfläche gelegene Burg Hohenstein. Schwieriger wurde es im flachen Gelände; Gräben mußten ausgehoben werden, um den Burghügel wie in Sondernach aufschütten zu können. Besondere Beachtung verdient die ehemalige Wasserburg Zwiefaltendorf, ein Einzelfall unter den vielen Höhenburgen. Regel bleibt die Spornanlage am Talrand oder -hang. Größte Aufmerksamkeit mußte dabei der meist einzigen ungeschützten Feldseite gewidmet werden. Dies wurde z. B. auf Hohengundelfingen, Hohenhundersingen, Reichenstein, Hohenschelklingen und Schatzberg durch die Stellung des Bergfrieds als Frontturm erreicht. Auf Derneck, Neusteußlingen, Maisenburg und Wartstein trat an dessen Stelle eine hohe und starke Schildmauer.

So erfolgte die Konzentration der Burgen zwangsläufig entlang der Täler. Im Großen Lautertal krönten zwischen Dapfen und Reichenstein auf 23 km Länge nicht weniger als 18 Burgen die Höhen. Bergfriede, ruinöse Mauern, ausgebaute Rittersitze zur privaten Nutzung oder als Wanderheim ausgebaut, prägen noch heute die Alb-Landschaft.

Die Geschichte der Burgen ist auch verknüpft mit der seiner Besitzer – der Grafen, Freiherrn und Ministerialen. Politisch blieb die Region folglich im Schatten der Großen. Eine Ausnahme bildeten die Justinger und Steußlinger. Anno von Steußlingen, 1056 Erzbischof in Köln, gehörte zur Stammlinie einer Familie von hohem Ansehen. Die Justinger und Gundelfinger sind als jüngere Linie der Steußlinger anzusehen. Unter ihnen entstanden bedeutende Machtterritorien. So gehörten zu Nieder- und Hohengundelfingen im 13. Jahrhundert nicht weniger als sechs weitere Burgen. Macht und Position stellten auch die Grafen von Wartstein mit ihren Burgen dar. Ihre Verwandten, die Grafen von Berg, residierten auf Hohenschelklingen. Während der politischen Kämpfe wurde die Burg schließlich

zum Eckpfeiler der Habsburger gegen Württemberg. Besitzerweiterung gelang auch den Herren von Stein zu Rechtenstein, Reichenstein und Klingenstein. Schließlich entstand durch die Grafen von Helfenstein eine der größten Anlagen der Region auf Hohengerhausen; Blaubeuren wurde zur Residenz.
Der wirtschaftliche Niedergang mehrerer Adelsfamilien im 13. und 14. Jahrhundert war verbunden mit dem Aufstieg anderer. Die Herren Speth von Schülzburg, Zwiefaltendorf, Ehestetten und Granheim rückten ins Licht der württembergischen Geschichte. Die Burgen verloren ihre Bedeutung. Sie wurden wie die Schülzburg zu prächtigen, repräsentativen Wohnschlössern umgebaut oder man ließ sie einfach zerfallen.
Heute hat sich das Lautertal neben der Blaubeurer Alb zum wichtigsten Anziehungspunkt für den Fremdenverkehr entwickelt. In diesem Burgenführer werden darüber hinaus die Burgen der Ulmer Alb (Westteil), der Lutherischen Berge, des Landgerichts, der Zwiefalter Alb sowie weiten Teilen der Münsinger Alb und deren angrenzenden Gebiete beschrieben.

Dank und Widmung

Für die hilfreiche und großzügige Unterstützung danke ich vor allem den Herren Dr. Schmidt, Dr. Wortmann und Dipl.-Ing. Gonschor vom Landesdenkmalamt Tübingen; Archivar Günter Randecker, Münsingen; den Eignern der beschriebenen Objekte, insbesondere Dietrich Sachs, Heimleiter in Grafeneck, sowie Helge Günther in Ehestetten, Kurt Schneemann in Niedergundelfingen, Ewald Schrade in Mochental und Freiherrn von und zu Bodman in Zwiefaltendorf. Weiterer Dank gilt meinem Kollegen, dem Architekten Rudolf Brändle in Münsingen; Stefan Uhl in Warthausen, Christoph Bizer in Oberlenningen, den Mitarbeitern des Staatlichen Hochbau- und Liegenschaftsamtes in Ulm, den Leiterinnen der Stadtbüchereien in Biberach und Ehingen sowie allen Bürgermeistern, Ortsvorstehern und deren Mitarbeitern.
Für das Engagement in redaktionellen, organisatorischen und technischen Dingen danke ich meiner Sekretärin Eleonore Moll und der Biberacher Verlagsdruckerei mit ihren Mitarbeitern, bei denen ich in bewährter Weise großzügige Unterstützung erfahren durfte.
Widmen möchte ich dieses Buch meiner Frau Margot und meinen vier Töchtern Ellen, Nicole, Natalie und Sarah.

Günter Schmitt

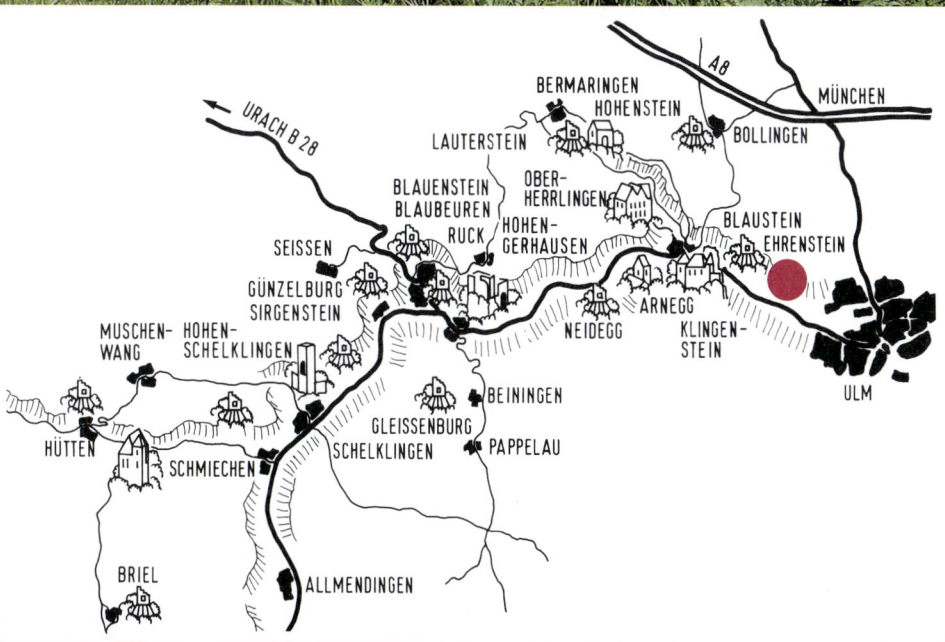

Ehrenstein (Erichstein)

Ehrenstein (Erichstein)

Lage	Von Ulm führt das Blautal bis Blaubeuren. Erste Ortschaft ist Ehrenstein, Verwaltungsmittelpunkt der Gemeinde Blaustein. Auf dem behäbigen „Löwenfelsen" mitten im Tal lag die Burg. Das einst idyllische Bild wird heute durch umfangreiche Industrieansiedlungen in näherer und weiterer Umgebung beeinträchtigt. Von der B 28 in Ehrenstein über die Bahnlinie, den weithin sichtbaren Burgfelsen von der West- auf die Ostseite umfahren und bei der Schule parken. Am Feuerwehrgerätehaus vorbei auf schmalem Fußsteig zum Felsen aufsteigen. Weglänge ca. 150 m.
Gemeinde	Blaustein, Ortsteil Ehrenstein, Alb-Donau-Kreis
Meereshöhe	Burg 536 m, Blautal 490 m
Besichtigung	Frei zugänglich
Geschichte	Ehrenstein war die Burg des Erich. Vermutlich Reichslehen der Grafen von Dillingen. **1137/38** Erwähnung des Eberhard von „Erichstain" in der Zwiefalter Chronik. **1209–1216** Heinrich von Ehrenstein, Lehensherr der Grafen von Dillingen. **Um 1220** Umbau oder Erweiterung der Burg in Buckelquaderbauweise. **1259** Veräußerung an die Grafen von Helfenstein und kurz darauf an das Haus Württemberg. **1275** Erstmalige Erwähnung der Burgkapelle. **1281** Graf Eberhard von Württemberg verkauft die Burg an das Kloster Söflingen.

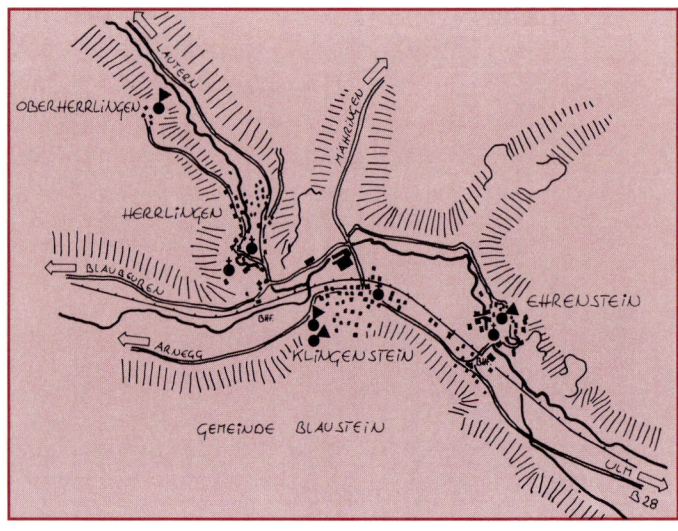

Ehrenstein (Erichstein)

Um 1280/90 Zerstörung der Burg, anschließender Zerfall. Die Burgkapelle bleibt erhalten.
1459 Stiftung einer ewigen Messe durch Äbtissin Agathe von Söflingen.
1718 Der Söflinger Hofmeister erklärt: „Wie baufällig, wie miserabel und mit was großen besorgenden Gefahren die Kirche zu Ehrenstein sich befindet."
1724 Abbruch der ehemaligen Burgkapelle.
1924 Grabungsarbeiten unter Leitung des Burgenforschers K. A. Koch.

Anlage — Der einzelstehende, sogenannte „Löwenfelsen", war ein vortrefflicher Siedlungsplatz und bereits zur Römerzeit befestigt. Auf dem ca. 200 m langen, von Nord nach Süd gerichteten Umlaufberg, erbaute der Ortsadel seine Burg.

1 Lage der Hauptburg
2 Lage der Kirche
3 Mauerreste mit Buckelquader
4 Lage des Bergfrieds nach Koch
5 Lage des Palas nach Koch
6 Alter Steinbruch
7 Bildstock

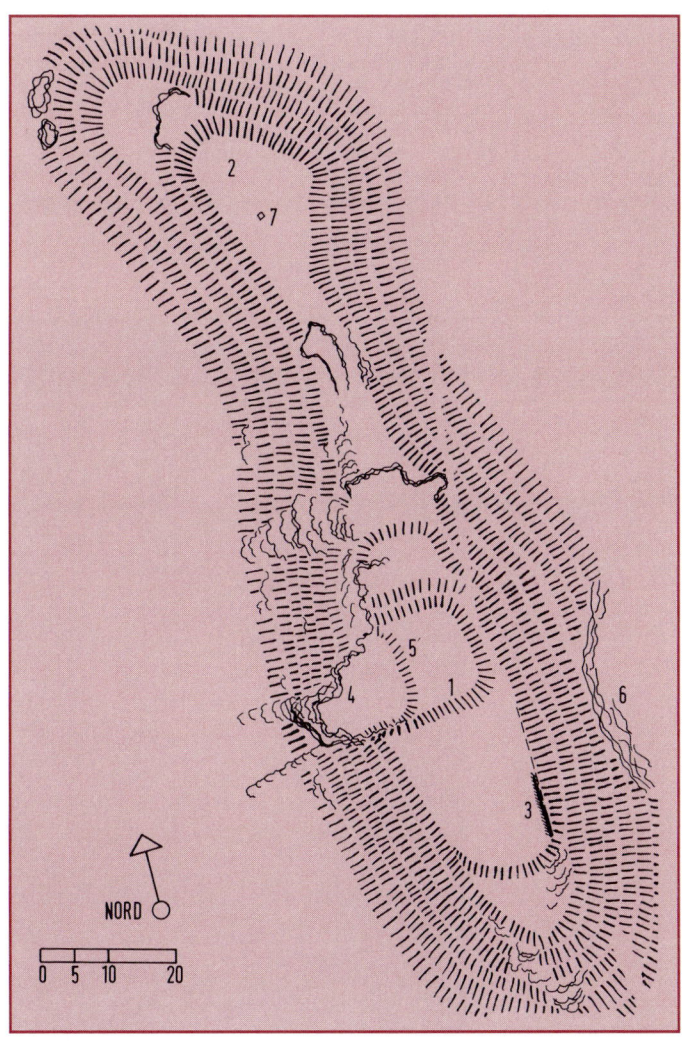

Ehrenstein (Erichstein)

Wenn man dem Grabungsbefund von K. A. Koch Glauben schenken darf, umfaßte die Anlage lediglich den südlichen Bergteil. Kümmerliche Reste von Mauerwerk mit wenigen Buckelquadern (3) an der Hangkante nach Südost, teilweise überwachsen, weisen auf das beginnende 13. Jahrhundert. Ehrenfels gehörte mit Hohengerhausen und Hohenschelklingen zu den beachtlichen Burgen der Stauferzeit.
Buckelquader (L x B x H) 140 x 27 x 43 cm, Randschlag 5–6 cm, Buckel bis 3 cm flach bearbeitet.
Bei der Zerstörung der Burg blieb die Burgkapelle erhalten. Sie lag auf der Nordseite des Berges und somit außerhalb der Befestigung.

Besitzer	Gemeinde Blaustein
Plan	Grundriß von K. A. Koch
Alte Ansicht	Ansicht von 1651 mit Darstellung der Kirche
Literaturhinweise	– Klaiber, H. A. und Wortmann, R. Die Kunstdenkmäler des ehemaligen Oberamts Ulm, 1978
	– Koch, K. A. Blätter des Schwäb. Albervereins Nr. 37, 1925
	– Memminger, Professor Beschreibung des Oberamts Ulm, 1836
	– Reichardt, Lutz Ortsnamenbuch des Alb-Donau-Kreises und des Stadtkreises Ulm, 1986
	– Zürn, Hartwig Geländedenkmale, 1961

Buckelquader an der Südostkante des Burgberges

Klingenstein

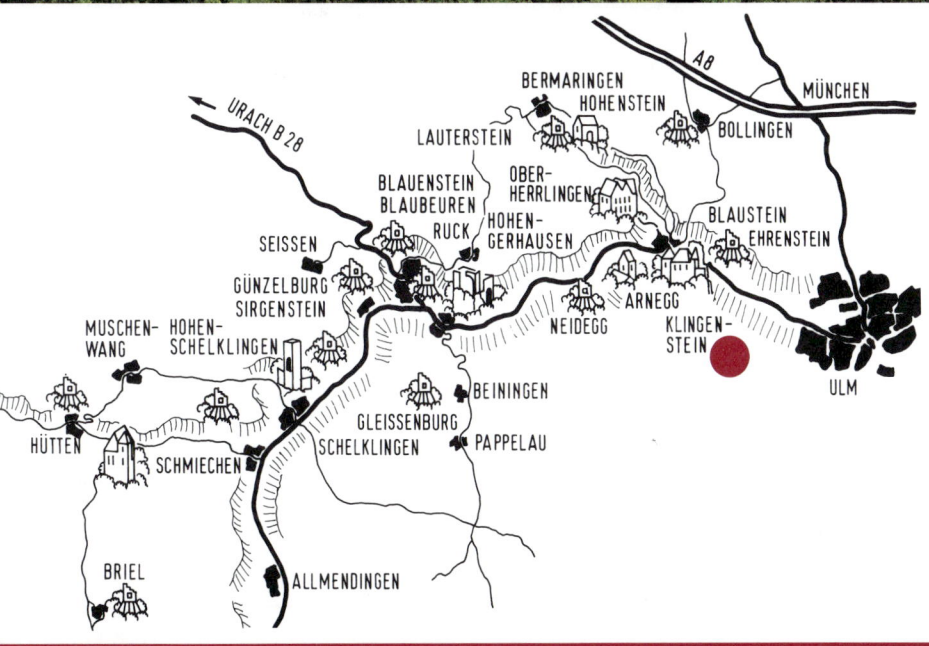

Klingenstein

Lage	Bedeutendste Burganlage zwischen Blaubeuren und Ulm war Klingenstein. Die Ruine mit dem Schloß des 18. Jahrhunderts liegt malerisch auf dem Felsen einer Talverengung über der Blau. Der Ort selben Namens ist heute Ortsteil der Gemeinde Blaustein. Von Ulm die B 28 Richtung Blaubeuren. In Blaustein vor der Bahnlinie die Burgsteige links hoch und geradeaus ca. 400 m bis zum Schloßtor. *Wandervorschlag:* Vom Schloß Klingenstein zum Wasserbehälter. Auf bezeichnetem Wanderweg (AV Dreiblock) nach Arnegg. Bei der Burgruine zum Ort absteigen und im Blautal nach Klingenstein zurück (siehe Arnegg). Klingenstein – 2,2 km Burg Arnegg – 0,3 km Arnegg – 2,1 km Klingenstein.
Gemeinde	Blaustein, Ortsteil Klingenstein, Alb-Donau-Kreis
Meereshöhe	Burg 559 m, Blautal 494 m, Wasserbehälter 567 m
Besichtigung	Z. Zt. frei zugänglich: Schloßhof und Burgruine Nicht zugänglich: Schloßgebäude und Forstwarthaus
Einkehrmöglichkeit	Gasthäuser in Blaustein
Die Sage vom „wilden Heer" auf Klingenstein	Einst war das alte Klingenstein eine düstere und unheimliche Festung, auf der um Mitternacht das „wilde Heer" hauste. Geisterhafte Schatten zogen nachts mit Kettengerassel, lautem Rufen und Pferdegewieher die Burgsteige hinauf. Sand und Kieselsteine schlugen gegen die Fenster.

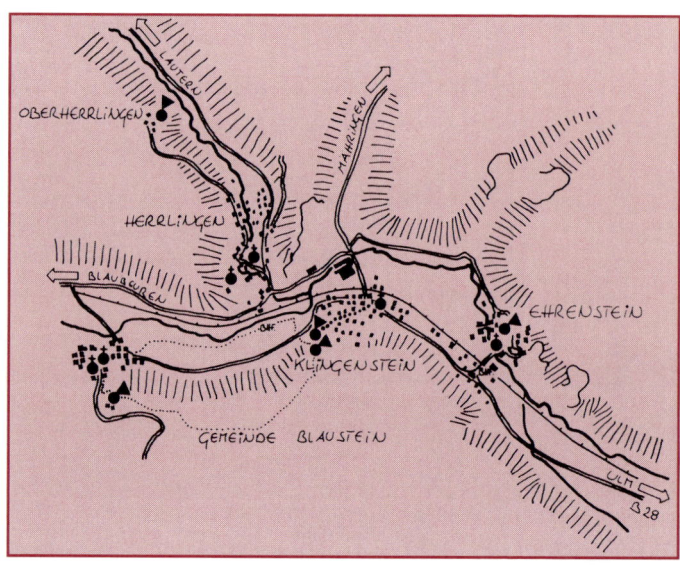

Klingenstein

Der Burghof war erfüllt mit gräßlichem Getobe. Jedoch eine Stunde nach Mitternacht war der ganze Spuk wieder verschwunden.

Klingenstein in Beschreibung des Oberamts Blaubeuren, 1830

Das Schloß steht auf der Höhe über einem steilen Felsen. Es ist ein neueres Gebäude von freundlichem Aussehen, aber ohne innere Einrichtung; es wurde 1756 auf den Grund der alten Burg Klingenstein erbaut; ist von einem Meßner und einem Forstwart bewohnt und mit Maiereigebäuden verbunden. Das vormalige Bergschloß bestand eigentlich aus zwei Burgen, wovon die eine ihren Eingang südlich, die andere nördlich hatte. Die erstere, welche auf einer höheren Felsenstufe stand, liegt noch in Ruinen da. Auf einem halb abgetragenen Turme, worauf Geländer und Ruhebänke angebracht sind, hat man eine anziehende Aussicht in das Blautal.

Geschichte

Der Name Klingenstein ist aus dem Mittel- oder Althochdeutschen abzuleiten und bedeutet „die Burg über dem rauschenden Bach" oder „die Burg auf dem Felsen mit der Quelle" (Klingo, Klinga = Gebirgsbach, Sturzbach, Quelle). Die Herren von Klingenstein erscheinen in Urkunden des 13. Jahrhunderts mehrfach als Gefolgsleute der Staufer, der Grafen von Dillingen und der Ulmer Vögte.

1215 Cunradus Miles de Clingenteine, vermutlich Ministeriale der Grafen von Dillingen.
1228 bis 1293 Rudolf von Klingenstein.
Um 1250 Grundlegender Neubau der Burg, evtl. nach Zerstörung durch den Gegenkönig Heinrich Raspe 1247.
1281 Rudolf d. J. von Klingenstein und sein Bruder verpfänden den Besitz aufgrund finanzieller Schwierigkeiten an die Ulmer Bürger Ott und Kraft den Schreiber.
1286 Die Klingensteiner verlassen ihre Stammburg.
Ab 1300 Eigentum der Grafen von Werdenberg Berchtold (I.) von Stein (siehe Rechtenstein) begründet als Lehensträger die Linie Stein zu Klingenstein.
1349 Wolf von Stein, Neffe des Berchtold (I.) sowie Berchtold und Ludwig von Stein, Söhne des Berchtold (I.) vergeben „den Altar der Kapelle zu Klingenstein".
1397 Ritter Wolf von Stein zu Klingenstein und seine Frau Elsbeth von Gundelfingen versöhnen sich mit der Stadt Ulm, deren Bürger Heinrich, Konrad, Ulrich und Peter Röslin mit ihrem Ammann wegen Totschlag ihres Sohnes Kunz in Streit lagen.
1399 Wolf von Stein zu Klingenstein.
1409 bis 1413 Wolf von Stein zu Klingenstein
1429 bis 1436 Pfandinhaber der Burg Hohengundelfingen.
1455 Heinrich von Stein zu Klingenstein verkauft an Konrad Braitenröser, Forstmeister in Zwiefalten, seinen Hofbesitz in Kirchen. Bereits vor 1450 erfolgt der finanzielle Niedergang. Der Besitz wird geteilt.

Klingenstein

1465 Hans von Stein verpfändet seinen 3/8-Anteil an Klingenstein für 1800 fl. an Burkhard von Freyberg zu Bach.
1484 Der 3/8-Anteil gelangt über die zweite Frau des Burkhard nach dessen Tod an Bernhard Schenk von Winterstetten.
Vor 1497 Ein Teil der Burg in Besitz der Herren von Schwendi.
1501 Ein anderer Teil der Burg in Besitz von Wilhelm von Bernhausen.
1512 Bernhard Schenk von Winterstetten gestorben.
1534 Die Herren von Schwendi verkaufen ihren Anteil an Burkhard von Bernhausen zu Herrlingen, Begründer der jüngeren Klingensteiner Linie.
1538 Burkhard erwirbt den Besitz der älteren Klingensteiner Linie der Bernhauser.
1575 Erwerb der Winterstetter Besitzanteile. Gesamt Klingenstein in Besitz der Bernhauser.

Nordwestseite des großen Torbaues

Klingenstein

1588 Neubau des Schlosses in Oberherrlingen. Klingenstein wird als Hauptsitz aufgegeben.
1643 Eigentum des Wolf Christoph von Bernhausen.
1651 Klingenstein bereits Ruine.
1747 Durchführung von Arbeiten an der „alten" Schloßkapelle.
1756 Neubau des Schlosses auf den Grundmauern der Nordburg unter Franz Maria Anton von Bernhausen.
Um 1769 Neubau der Schloßkapelle.
1841 Eigentum des Joseph Gottfried Graf von Andlau, Ehemann der Bernhauser Erbtochter.
1858 Verkauf an Württemberg.
1859 Eigentum der Gemeinde Klingenstein.
1860 Erwerb durch den Ulmer Apotheker und Begründer der deutschen Zementindustrie Gustav Ernst Leube.
1987/88 Innenrenovation der Schloßkapelle und Außenrenovation des Schlosses. Instandsetzungsarbeiten an der Ruine.

1 Schloßbau
2 Schloßkapelle
3 Tor und Pforte
4 Schloßhof
5 Brunnen
6 Ehem. Westflügel
7 Zufahrt von Klingenstein
8 Wohnturm
9 Burghof
10 Leube Denkmal
11 Palas
12 Mögl. Anbau
13 Großer Torbau
14 Tor
15 Lage eines Gebäudes
16 Gewölbekeller
17 Hof der Unterburg
18 Familienfriedhof Leube
19 Vermauertes Burgtor
20 Ehem Burgzugang
21 Zwinger
22 Schalenturm mit Poterne
23 Forstwarthaus
24 Ehem. Schafstall
25 Burggraben
26 Lage der Vorbefestigung
27 Blautal

Grundriß nach Unterlagen von S. Uhl

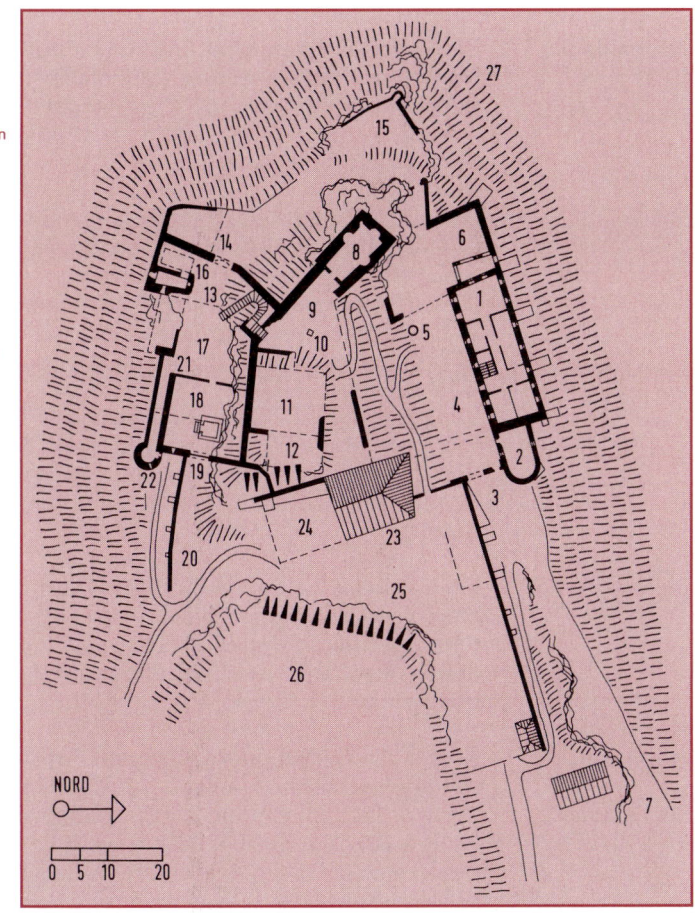

Klingenstein

Anlage	Burg Klingenstein ist die umfangreichste Anlage der näheren Umgebung. Bei genauer Betrachtung erkennt man mehrere Bauperioden, die sich vielfach verflechten.
1. Anlage	Von der ersten Anlage des 12. Jahrhunderts ist nichts erkennbar. Ein befestigter Turm auf dem Felsen des späteren Wohnturms ist denkbar. Der Burghof (9) wäre der ursprüngliche Graben.
2. Anlage	Die Grundlage zukünftiger baulicher Entwicklung bildete der völlige Neubau der Burg um 1250. Buckelquader fanden noch vereinzelt Verwendung. Auf dem äußersten Felsen errichtete der Bauherr, vermutlich nach dem Vorbild von Hohengerhausen, einen beachtlichen Wohnturm (ca. 8 x 14 m, Hohengerhausen ca. 9 x 15 m). Der Graben (9) wurde verfüllt, auf dem vorgelagerten Felsen der Palas (11) erbaut und ein neuer Graben (25) angelegt. In diesem Zusammenhang ist auch der Neubau der südlichen Unterburg zu sehen. Der Zugang (19) liegt seitlich am Graben, direkt unterhalb des Palas.
Folgeanlagen	Die Erweiterungen, Um- und Ausbauten auf der West- und Nordseite folgten später, ebenfalls der Zwinger nach Süden beim Tor. Als die Burg längst Ruine war, erbaute man schließlich im 18. Jahrhundert auf den Grundmauern der Nordburg das neue Schloß.
Das Schloß	Der zweigeschossige Hauptbau (1) auf mächtigen Futtermauern mit Strebepfeilern besitzt einen quadratischen Westturm mit Helmdach und talseitig einen Erker. Gleich rechts am Schloßtor die Kapelle (2) zur Heiligen Dreifaltigkeit. Im Innern Flachdecke mit Dreiachtelchor und Chorbogen. Die Westempore besitzt noch den Zugang vom Obergeschoß. Vor den Eingängen des Schlosses drei Nachbildungen der Ritter am Ulmer Fischkasten von Syrlin d. Älteren. Von der Ausstattung überliefert venezianische Gemälde, Renaissanceschränke, Truhe mit Intarsia, Kommode mit Büfett.
Die Burgruine	Im Anschluß an den Schloßhof (4) erheben sich südseitig die Felsen der Burg. Ein schmaler Fußweg führt über Stufen zum inneren Hof (9) mit dem Denkmal des Gustav Ernst Leube, Apotheker und Begründer der deutschen Zementindustrie.
Wohnturm Buckelquader	Rechts die Basismauern (Terasse) des Wohnturmes (8) aus der spätstaufischen Anlage. An den Ecken und am Sockel der Nordostseite vereinzelt Buckelquader. Größe z. B. (L x H) 64 x 29, 62 x 33, 75 x 56 cm. Die Buckel grob, meist flach bearbeitet 3–11 cm stark. Der Randschlag wenig ausgeprägt 4–5 cm breit.

Klingenstein

Poterne am südöstlichen Eckturm

Palas Links vom Burghof geringe Reste des Palas (11) und die 10 m hohe Futtermauer als südlicher Abschluß. Stufen füh-
Torhaus ren direkt zu der Ruine eines mächtigen viergeschossigen Torhauses (13). Es trennt die südliche Unterburg in einen östlichen und westlichen Teil. Erhalten die 170 cm starke Giebelwand mit dem 2,20 m breiten Tor (14). Durch dieses gelangt man zurück zum Schloßhof.
Vom Torhaus links folgt der untere Burghof (17) mit dem Familienfriedhof (18) Leube. In der abschließenden Mauer befindet sich das eigentliche Burgtor (19). Diese Wand folgt
Burgtor schildmauerartig dem Felsen bis zum Forstwarthaus (23) im Burggraben. Von den Erweiterungsbauten haben sich der Schalenturm (22) mit spitzbogiger Poterne und der angrenzende Zwinger (21) erhalten.

Klingenstein

Besitzer	Leube-Stiftung
Pläne	Schnitte und Grundriß von Stefan Uhl, 1987 Grundriß und Schnitte von K. A. Koch Lageplan von F. Schwandt, 1950
Alte Ansichten	Aquarellierte Skizze Anfang 19. Jahrhundert, Verfasser unbekannt, Privatbesitz Color. Stahlstich, C. Weiss, 1845 Aquarellierte Skizze von L. Kolb, 1828, Privatbesitz Ölminiatur Mitte 19. Jahrhundert, Verfasser unbekannt, Privatbesitz Color. Tuschezeichnung, F. Doppelmayr, 1804, Privatbesitz Zeichnung von Oberst von Hubert, 1890, Original Ulmer Museum Spiazzeichnung um 1860, Verfasser unbekannt Lithographie von Eckhard um 1840, Stadtarchiv Ulm Pinselzeichnung von H. Stängel, 1872

Literaturhinweise	– Blätter des Schwäbischen Albvereins, Jg. 19, 1907
	– Kasper, Alfons
	  Kunstwanderungen kreuz und quer der Donau, 1965
	– Koch, K. A.
	  Burgwart XVII., Jahrgang Nr. 8
	– Koch, K. A.
	  Blätter des Schwäbischen Albvereins, Jg. XVII, 1905, Nr. 12
	– Kunst- und Altertumsdenkmale in Württemberg, 1914
	– Memminger, Prof.
	  Beschreibung des Oberamts Blaubeuren, 1830
	– Reichardt, Lutz
	  Ortsnamenbuch, 1986
	– Uhl, Stefan
	  Manuskript zur Veröffentlichung vorbereitet, 1987
	  Buckelquader an Burgen, 1983
	– Zürn, Hartwig
	  Geländedenkmale, 1961

Torseite um 1916 Zeichnung von K. A. Koch

Oberherrlingen

Oberherrlingen

Lage	Zwischen Blaubeuren und Ulm mündet bei Klingenstein von Norden die Kleine Lauter in die Blau. Wenig oberhalb Richtung Lautern liegt auf einer Anhöhe Oberherrlingen. Von Blaustein, Ortsteil Herrlingen, führt die Oberherrlinger Straße direkt zum Schloß.

Wandervorschlag:
Vom Bahnhof in Herrlingen zunächst zur Straße nach Wippingen. Wenige Meter aufwärts, dann rechts auf bezeichnetem Wanderweg (AV Raute) am Wasserbehälter vorbei durch den Wald nach Oberherrlingen. Den gleichen Weg zurück oder hinter dem Schloß zur Lauter absteigen und im Tal nach Herrlingen. Bahnhof Herrlingen – 2 km Oberherrlingen – 0,4 km Lautertal – 2 km Bahnhof Herrlingen.

Gemeinde	Blaustein, Ortsteil Herrlingen, Alb-Donau-Kreis
Meereshöhe	Schloß 574 m, Kleines Lautertal 508 m
Besichtigung	Vorhof und Kapelle frei zugänglich Schloß nicht zugänglich
Einkehrmöglichkeit	Gasthaus „Zum Himmel"
Weitere Sehenswürdigkeit	Bergkapelle Maria Hilf
Sage um die Kapelle Maria Hilf	Einst wollte der rachsüchtige Ritter von Klingenstein an der Hohlmühle im Blautal das Söhnchen des Ehrensteiners erstechen. Doch ein Blitzstrahl aus heiterem Himmel streckte ihn zu Boden. Im Schein des Lichtes zeigte sich

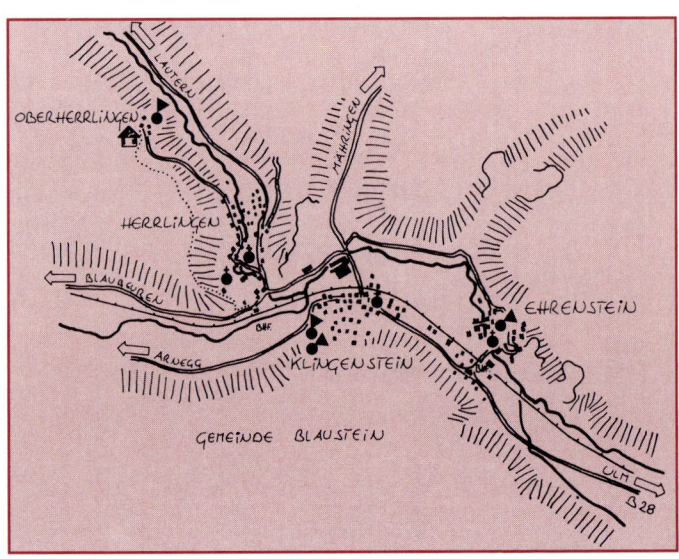

Oberherrlingen

ihm die Muttergottes. Sie schützte mit ihrer Hand das Christkind. Da gelobte der reumütige Klingensteiner, die Kapelle Maria Hilf beim Schloß Oberherrlingen zu erbauen.

Geschichte Die hochfreien Herren von Hurningen, genannt nach Hirrlingen im Landkreis Tübingen, sind vermutlich die Gründer der Burg Oberherrlingen. Das Lokalisieren der urkundlichen Nachweise bleibt aufgrund dieser Gegebenheit unsicher. Ab dem 13. Jahrhundert ist ein Ministerialengeschlecht von Horningen bezeugt.

1108 Udalricus de Horningen, Zuordnung unsicher.
1152 Mit Oudelricus comes de Hournungg sterben die Hurninger im Mannesstamme aus. Der Besitz geht an die Hohenstaufer.
1220 bis 1299 Mehrfache Erwähnung eines Heinrich von Horningen, staufischer Ministeriale.
1324 Ulricus/Gerwigus dictus Hörninger.
1339 Otto von Hörningen verkauft fünf Jauchert Acker zu Jungingen an die Frühmeß zu Herrlingen.
1349 Burkart von Freyberg zu Bach stiftet die Burgkapelle in Oberherrlingen.
1362 Berchtold von Herrlingen verkauft sein Reichslehen Herrlingen für 225 Pfund an Otto.
1378 Zerstörung der Burg durch die Reichsstadt Ulm (siehe Arnegg).
1399 Heinrich von Herrlingen, Gewährsmann in einer Urkunde anläßlich des Verkaufs der Burg Neufra.
1435 bis 1437 Hans von Herrlingen.
Um 1490 in Besitz des Wilhelm von Bernhausen.
1492 Nach dem Tod Wilhelms nennen sich seine Söhne Wilhelm von Bernhausen zu Klingenstein und Burkhard von Bernhausen zu Herrlingen (siehe Klingenstein).
1533 Ludwig von Bernhausen zu Herrlingen, Ritter.
1538 Ritter Ludwig von Bernhausen zu Herrlingen und Schweighart von Gundelfingen stellen in einer Streitsache zwischen Graf Ulrich von Helfenstein und Ulrich von Westerstetten einen Vergleich her.
1588 Neubau des Schlosses nördlich der ehemaligen Burg durch Dietrich von Bernhausen (siehe Klingenstein); Verlegung des Sitzes von Klingenstein nach Oberherrlingen.
1627 Caspar Burkhart von Bernhausen gestorben (Totenschild im Schloß).
1670 Johann Marquard von Bernhausen (Brustbild im Schloß).
1708 Neubau der Kapelle Maria Hilf.
1719 Franz Maria Anton Baron von Bernhausen zu Herrlingen (Votivtafel in der Kapelle).
1756 Franz Maria Anton läßt das neue Schloß in Klingenstein erbauen.
18. Jahrhundert Einebnung des ehemaligen Burggeländes und Anlegen eines Lustgartens.

Oberherrlingen

1839 Freiherr von Maucler erwirbt nach dem Aussterben der Herren von Bernhausen Schloß und Gut.
1987 Renovierung des Schlosses.

Anlage Burg

Von der mittelalterlichen, staufischen Ministerialenburg des 12. Jahrhunderts (7) ist außer geringen Spuren nichts mehr zu sehen. Sie lag auf der höchsten Erhebung des Geländesporns, südlich des Schlosses.
Der Burgenforscher Koch konnte noch eine Rechteckanlage von ca. 52 x 20 m ausmachen. Im Bereich des Nutzgartens befand sich der ehemalige Halsgraben (8).

1 Schloß
2 Innerer Schloßhof
3 Tor und Schloßmauer
4 Äußerer Schloßhof
5 Ökonomiegebäude
6 Scheuer
7 Lage der Burg
8 Lage des Halsgrabens
9 Gasthaus „Zum Himmel"
10 Von Herrlingen
11 Zur Kapelle Maria Hilf

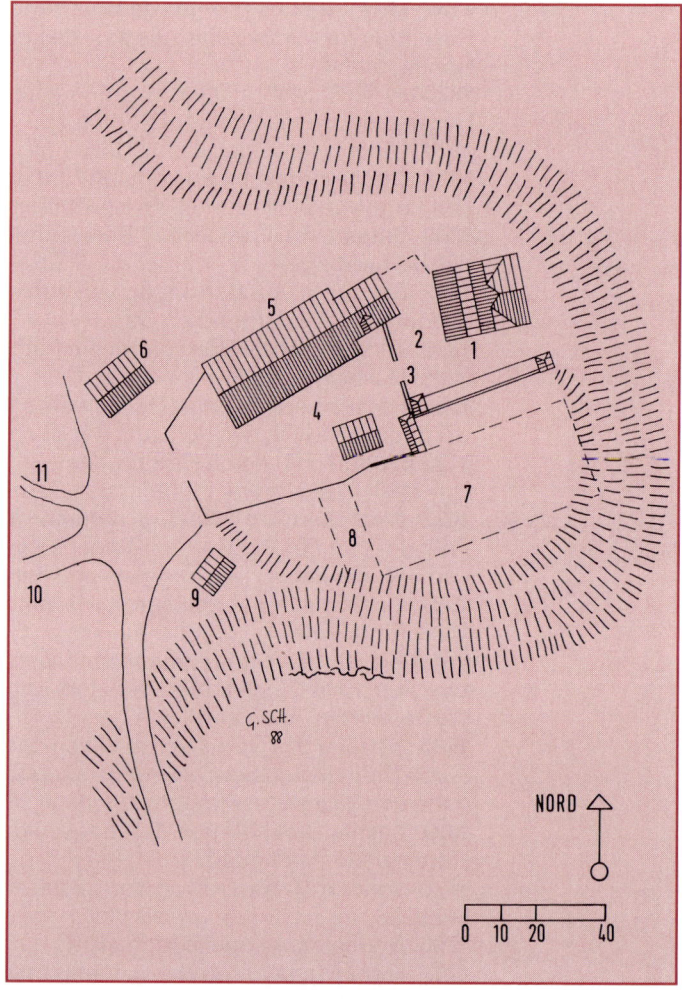

Äußerer Hof

Der äußere Hof, heute Wirtschaftshof (4) wird durch die Schloßmauer und das große Ökonomiegebäude (5) im Norden begrenzt. Im Osten das Schloßtor mit schönem Empire-Gitter.

Oberherrlingen

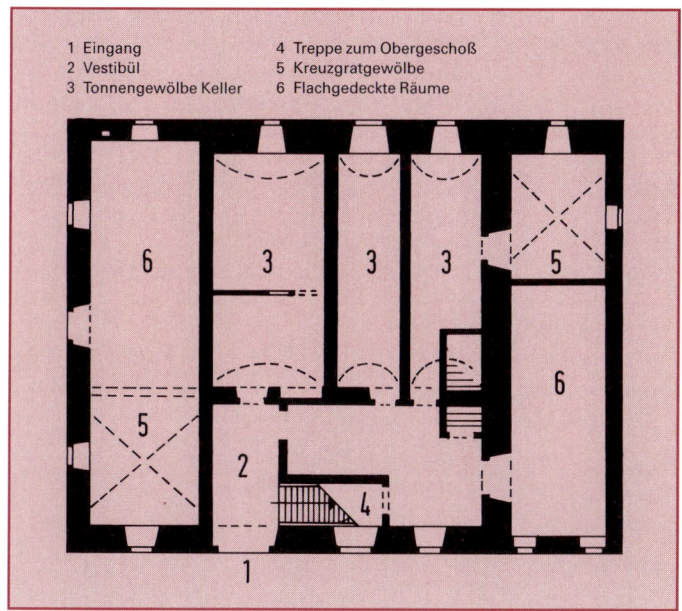

Dahinter liegt der imposante, neu renovierte, dreigeschossige Schloßbau. Er nimmt die Nordostecke des Grundstücks ein. Die zwei mächtigen spitzen Giebel sind von Nord nach Süd gerichtet. Im Osten der Anbau als Querhaus aus dem 17. Jahrhundert.

Durch das Portal mit gemalten Pilastern gelangt man ins Vestibül. An der Wand ein Relief zur Grundsteinlegung des Schlosses. Inschrift u. a.: „Im Jahr nach Christi Geburt 1588, den 24. Monatstag April, hat der edel und fest Dietrich von Bernhausen zu Herrlingen und Eckingen samt seiner lieben Hausfrau Helena von Bernhausen, eine geborene von Rietheim dies Schloß Herrlingen wieder von neuem angefangen aufzubauen."

Der Grundriß der 23,15 x 17,65 m großen Anlage ist uneinheitlich. Im Erdgeschoß mit Anbau mehrere tonnen-, kreuzgrat- und flachgedeckte Räume.

Über eine breite Holztreppe mit zwei Podesten gelangt man zum oberen Vestibül. Schwere Balkendecken bestimmten den optischen Eindruck.

Die ursprüngliche Einrichtung des Schlosses ist heute in Privatbesitz der Familie von Maucler in Herrlingen. Ausführliche Beschreibung in den Kunst- und Altertumsdenkmalen Donaukreis Oberamt Blaubeuren.

Kapelle Maria Hilf

Vor dem äußeren Schloßhof führt ein lohnenswerter Stationenweg zum spätgotischen Kalvarienberg und weiter zur Kapelle Maria Hilf. Der einschiffige Bau in aussichtsreicher Lage besitzt Volutengiebel und achteckigen, haubengedeckten Dachreiter.

Oberherrlingen

Im Inneren der Hochaltar mit Kopie der Innsbrucker Cranachmadonna. Südwand Pieta des beginnenden 16. Jahrhunderts. Westwand Stiftertafel mit Wappen Bernhausen-Fugger und Votivtafel des Franz Maria Anton Baron von Bernhausen (1719).

Besitzer	Privat
Pläne	Grundriß EG und OG in KDW 1914
	Grundriß von K. A. Koch
Alte Ansichten	Zeichnung von Dieterlen, 1874, in Ulmer Bilderchronik
	Kolorierter Druck nach Stahlstich von C. Weiss, 1895, Privatbesitz
Literaturhinweise	– Kasper, Alfons
	Kunstwanderungen kreuz und quer der Donau, 1965
	– Kunst- und Altertumsdenkmale Donaukreis, Oberamt Blaubeuren, 1914
	– Memminger, Professor
	Beschreibung des Oberamts Blaubeuren, 1830
	– Reichardt, Lutz
	Ortsnamenbuch, 1986

Hochaltar in der Kapelle Maria Hilf

Arnegg

Arnegg

Lage	Zwischen Ulm und Blaubeuren liegt am Rande des Blautals der Blausteiner Ortsteil Arnegg. Die Burg gleichen Namens gehört mit Klingenstein, Neidegg, Ehrenstein und Oberherrlingen zu einem Bündel an Burgen auf engstem Raum. Ihre Reste liegen auf einem bewaldeten Hügel. Von Arnegg bei der Kirche Richtung Ermingen. Am Ortsende auf dem bezeichneten Weg „Alte Burg" links abzweigen und dem Fahrweg bis zum Berg folgen. *Wandervorschlag:* Das Auto beim Rathaus an der Straße nach Ermingen abstellen. Dem bezeichneten Wanderweg links der Straße (AV Dreiblock) zur Burg folgen. Zur Ortschaft wieder zurück oder weiter zum Schloß Klingenstein. Anschließend ins Tal absteigen und der Blau entlang nach Arnegg. Arnegg – 0,3 km Burg Arnegg – 2,2 km Klingenstein – 2,1 km Arnegg
Gemeinde	Blaustein, Ortsteil Arnegg, Alb-Donau-Kreis
Meereshöhe	Burg 558 m, Blautal 495 m
Besichtigung	Frei zugänglich bis auf private Gartengrundstücke
Einkehrmöglichkeit	Gasthäuser in Arnegg und Klingenstein
Augsburger Chronik, 1378	„In der Jahreszahl unseres Herrn in dem 1378. Jahr, da zogen die von Ulm aus und gewannen acht Burgen und eine Stadt, heißt Münsingen, die sie auch verbrannt haben gar und gänzlich. Der Burg eine heißt Arnegg und eine

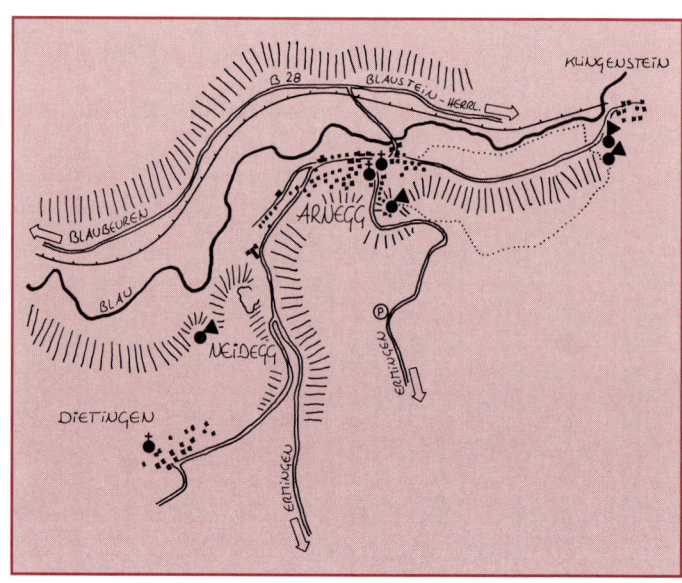

Arnegg

heißt Herrlingen, die nicht fern von Ulm gelegen ist und die sie auch gänzlich und gar zerbrochen haben; und eine heißt Brandenburg, eine heißt Bellenberg, die an der Iller gelegen waren, die zwei haben sie auch zerbrochen und eine heißt Hochdorf, die ist oberhalb Ehingen gelegen; und eine heißt Magolsheim, die nicht fern ist gelegen hin dieshalb Münsingen; und eine heißt Ravenstein, die enhalb Geislingen gelegen ist. Und die von Ulm brachten mit ihnen heim 800 Haupt Vieh. Und eine heißt Stotzingen, die sie auch zerstört haben und viele Dörfer, die da nicht beschrieben sind..."

Geschichte Arnegg, vermutlich ursprünglich Arneneck, die Burg des Arno oder Aro. Weniger wahrscheinlich ist die Nennung nach dem Tiernamen, obwohl die Arnegger einen goldenen Adlerflügel auf blauem Feld als Wappen führen.

1265 Mönch Hugo von Arnegg, erste urkundliche Erwähnung des Ortsadels.
1292 minister de Arnegge.
1303/04 Eigentum der Sefler, mehrfache Erwähnung.
1329 Ritter Konrad und Ulrich Sefler von Arnegg, Brüder, teilen sich die Herrschaft.
1335/1338 Konrad verkauft seinen Anteil an Burg und Herrschaft für 1850 Pfund Heller an Graf Ulrich III. von Württemberg; Ulrich Sefler seinen Teil an Hans von Stein, der ihn kurz darauf dem Grafen überläßt.
1378 Burg Arnegg wird im Städtekrieg von Ulm eingenommen und in Brand gesetzt. Die Württemberger lassen sie anschließend wieder aufbauen.
1384 Berchtold von Stein von Arnegg in Besitz als württembergisches Lehen.
1410 Heinrich von Arnegg letzter Pfandinhaber der Herren von Stein.
1470 Graf Ulrich V. von Württemberg und sein Sohn Eberhard verkaufen: „Arneck das Burgstall und das Dorf darunter, und die Mühlen in demselben, auch die Fischenz in der Blau, dazu Ermingen den Weiler, den Kirchensatz zu Dietingen mit Vogteien, Gerichten etc." an Wilhelm von Stadion um 6300 fl.
1700 Johann Philipp von Stadion verkauft die Herrschaft für 110000 fl. an den Deutschordenslandkomtur von Altshausen.
1702 Erweiterung des Herrschaftsgebietes unter dem elsässischen Landkomtur Franz Benedikt von Baden. Die Burg wird Amtssitz.
1704 Herzog Eberhard von Württemberg besetzt vorübergehend Arnegg.
1783–1785 Erbauung des neuen Amsthauses, auch „Schlößchen" genannt, nach Plänen des Deutschordensbaumeisters Franz Anton von Bagnato. Verlegung des Amtssitzes von der Burg in die Ortschaft.

Arnegg

1805 Teile der Burg werden abgetragen und zum Bau von Gebäuden verwendet.
1806 Arnegg in Besitz von Württemberg.
1808 Verkauf an Privat; die Mauern der Ruine werden bis auf das erhaltene Wohnhaus abgetragen.

1 Halsgraben
2 Nördlicher Zwinger
3 Südlicher Zwinger
4 Burgfelsen
5 Gebäude von 1639
6 Umfassungsmauer
7 Quadermauerwerk
8 Lage des Burgtores
9 Lage des oberen Burgtores nach Koch
10 Vorburg
11 Wasserbehälter Einstieghaus
12 Neubau
13 Garagen – Lage des Turmes nach Koch
14 Neue Mauern
15 Von Arnegg
16 Lage der Hauptburg nach Koch

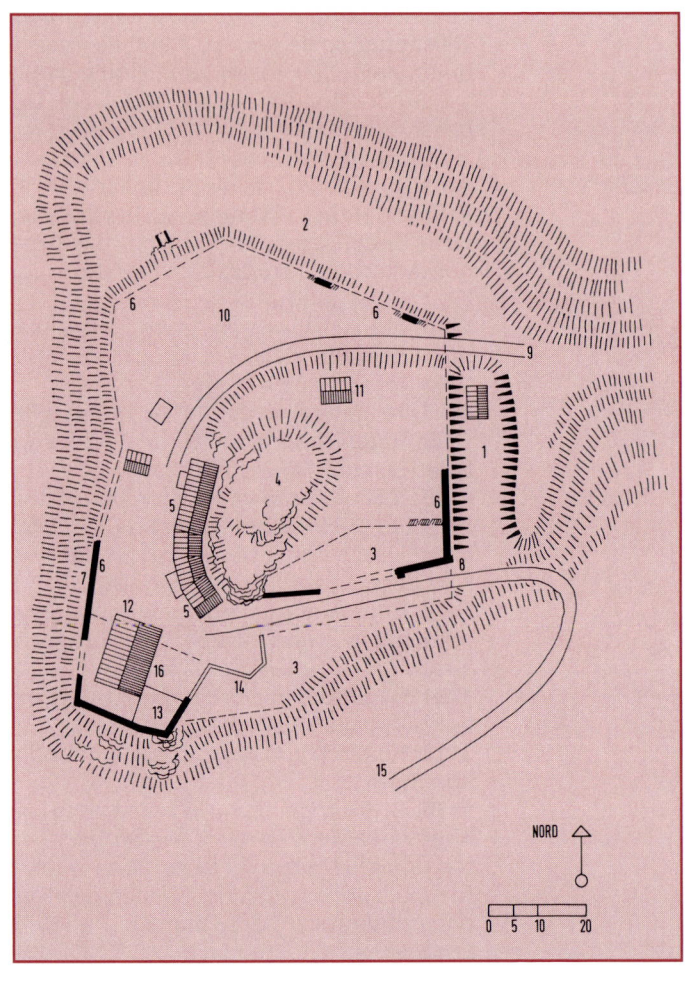

Anlage

Arnegg liegt am Ende eines von Osten nach Westen gerichteten Höhensporns. Ein 7 m breiter und 5 bis 6 m tiefer Halsgraben kennzeichnet den Beginn der Befestigungsanlagen. Dahinter erstreckt sich die heute wenig überschaubare Fläche von ca. 120 x 70 m.
Die noch bis zu Beginn des 19. Jahrhunderts bewohnte Burg wurde mehrfach verändert. Bis zur Zerstörung im Jahre 1378 dürfte die Kernanlage des 13. Jahrhunderts auf dem erhöhten Felsen (4) gelegen haben. In welcher Form Arnegg nach der Eroberung wieder aufgebaut wurde, ist unklar.

Arnegg

Vorburg

Jeweils am Ende des Halsgrabens sind Zugänge (8 + 9) erkennbar. Der obere führte direkt, der untere vorbei an Zwingeranlagen in die Vorburg. Sie legt sich nierenförmig um den Burgfelsen. Die Nordseite schützte ein breiter Zwinger (2). Das Erscheinungsbild entspricht der Anlage des 19. Jahrhunderts.

Umfassungsmauer

Erhalten geblieben sind Reste der Umfassungsmauer in unterschiedlicher Mauertechnik. Im Westen eine leicht geböschte Futtermauer (7) bis 5 m hoch mit vorstehendem Sockel, Quader grob bearbeitet (L x H) z. B. 86 x 38, 75 x 33, 65 x 33, 50 x 28 cm.

Gegenüber am Burgfelsen ältere, gereihte Häuser mit spitzen Satteldächern; das südlichste mit Fachwerk stammt noch von 1639. Der Burgenforscher Koch erkennt die Hauptburg auf dem südlichen Felsen und beschreibt sie:

Hauptburg

„Von der kleineren Hauptburg sind noch bis 5 m hohe Ringmauern erhalten von beträchtlicher Stärke. Man sieht noch daran die Reste von einem daran angebauten kleinen Wohngebäude. Von einem weiteren Gebäude fand man bei Grabungen Gewölbe von einem Keller. Neben oder durch dieses Gebäude führte der Eingang in den Hof der Hauptburg. An der südlichen Ringmauerecke auf einer felsigen Erhöhung soll der Turm gestanden haben. Im Felsen ist ein Hohlraum, der seinerzeit als Gefängnis gedient haben soll.

Sockel der westlichen Umfassungsmauer

Arnegg

Das Mauerwerk besteht aus weißem Jura und ist in Kleinverband aufgeführt. Die Hauptburg bestand anscheinend aus zwei Gebäuden und einem Turm, in der Mitte einen Hof freilassend. Von einem Brunnen ist nichts wahrzunehmen."

Offensichtlich beschreibt Koch nicht die Hauptburg, sondern eine Erweiterung. Aufgrund der ungünstigen Lage hätte der Feind bei Einnahme des Burgfelsens leichtes Spiel gehabt.

Besitzer	Gemeinde Blaustein und Privat
Pläne	Grundriß und Schnitt von K. A. Koch
Alte Ansicht	Tuschezeichnung von Oberst von Herbert um 1890, Ulmer Museum
Literaturhinweise	– Blätter des Schwäb. Albvereins, 1907, Jg. 19
	– Die Kunst- und Altertumsdenkmale württ. Donaukreis, OA Blaubeuren, 1914
	– Koch, K. A. Blätter des Schwäb. Albvereins 1906, Jg. 18 Burgwart, XVII. Jahr. Nr. 8
	– Memminger, Professor Beschreibung des Oberamts Blaubeuren, 1830
	– Musikverein Arnegg Jubiläumsschrift 1986
	– Reichardt, Lutz Ortsnamenbuch des Alb-Donau-Kreises und des Stadtkreises Ulm, 1986
	– Wais, Julius Albführer I, 1962
	– Zürn, Hartwig Geländedenkmale, 1961

Burghügel von der Feldseite

Neidegg

Neidegg

Lage	Von Blaubeuren nach Ulm erstreckt sich das Blautal. Auf seinen bewaldeten und mit Felsen gesäumten Höhen liegen mehrere Burgen und Burgstellen. An der rechten Talkante vor der Einmündung des Arnegger Tales liegt Neidegg. Von Arnegg: Am westlichen Ortsende dem Wald entlang talaufwärts. Die zweite Weggabelung links und bezeichnet (AV Dreiblock) am Talhang hoch zur Burgstelle. Weglänge ca. 0,9 km. Von Dietingen: Bei der Kirche parken. Am Ortsrand den befestigten Weg nach rechts, hinter dem ehemaligen Steinbruch links und über den Höhenrücken bis an das Ende des waldumsäumten Wiesengrundstücks. Weglänge ca. 1,1 km.
Gemeinde	Blaustein, Ortsteil Markbronn, Alb-Donau-Kreis
Meereshöhe	Burg 588 m, Blautal 498 m
Besichtigung	Burgfelsen nicht zugänglich, frei zugänglich Vorgelände und Halsgraben mit Fußweg um die Burgstelle.
Über die Burgruine Neidegg im Jahre 1828	„Das Schloß stand hinter der alten Burg Arnegg auf einem Felsen gegen Marktbronn. Diese bekannte und sehr geräumige Feste wurde i. J. 1480 unter großem Tumult und Unwesen von den Ulmern zerstört. Ihre noch kräftig erhaltenen Steinwände und Mauern beweisen, daß viele Hände hiezu erfordert wurden, diese Feste zu brechen. Als die Sühne für dessen Zerstörung mußten die Städter dem hl. Nikolaus hier eine Kapelle in den Ruinen erbauen, und eine ewige Messe stiften. Aber ich glaube, daß der hl. Nikolaus weniges erhalten hat. Die Feste ist nun ausgelöst. Auch von dieser Burg ist heute leider fast jede Spur verschwunden."

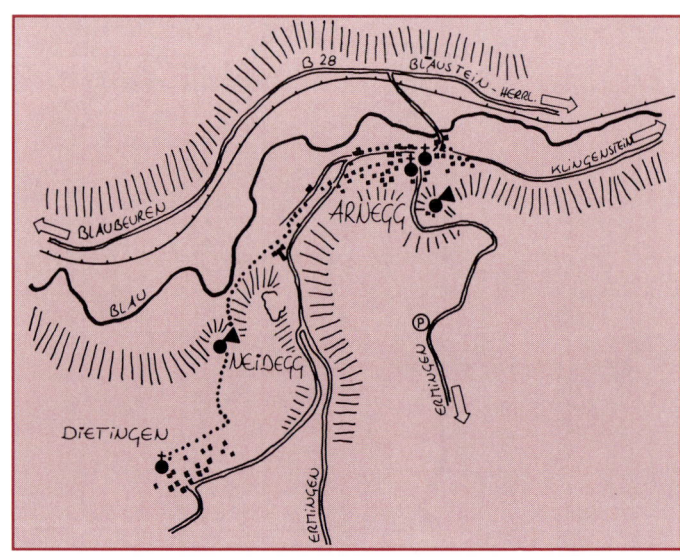

Neidegg

Geschichte

Neidegg war die „Burg, die feindlicher Mißgunst standhält". Ein bevorzugter Name, der gleich mehrfach als Burgbezeichnung auftritt.

1267 In einer Urkunde des Pfalzgrafen Rudolf von Tübingen wird bestätigt, daß das Fischwasser in der Blau vom Ursprung bis zu dem Hof Altental bei Neidegg dem Kloster Blaubeuren gehöre.
1480 Mögliche Zerstörung durch die Stadt Ulm.
1498 Hans und Paulus von Neidegg.
Ende 15. Jahrhundert Erbauung der Nikolauskapelle. Die spätere Bezeichnung Kappel ist von ihr abzuleiten. In unmittelbarer Nähe stand ein Haus mit vier Einwohnern.
Vor 1830 Die Nikolauskapelle bereits abgegangen.

1 Halsgraben
2 Lage der Kernburg
3 Lage der Vorburg
4 Kappelfels
5 Mauer am Fels
6 Holzhaus
7 Von Dietingen
8 Von Arnegg
9 Mauerreste
10 Quelle

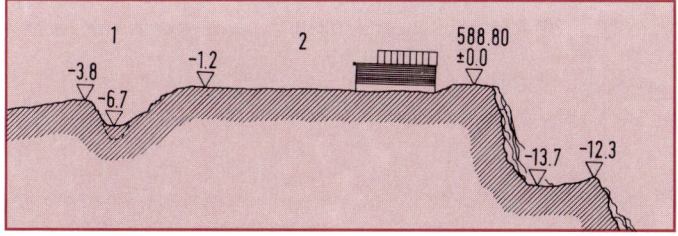

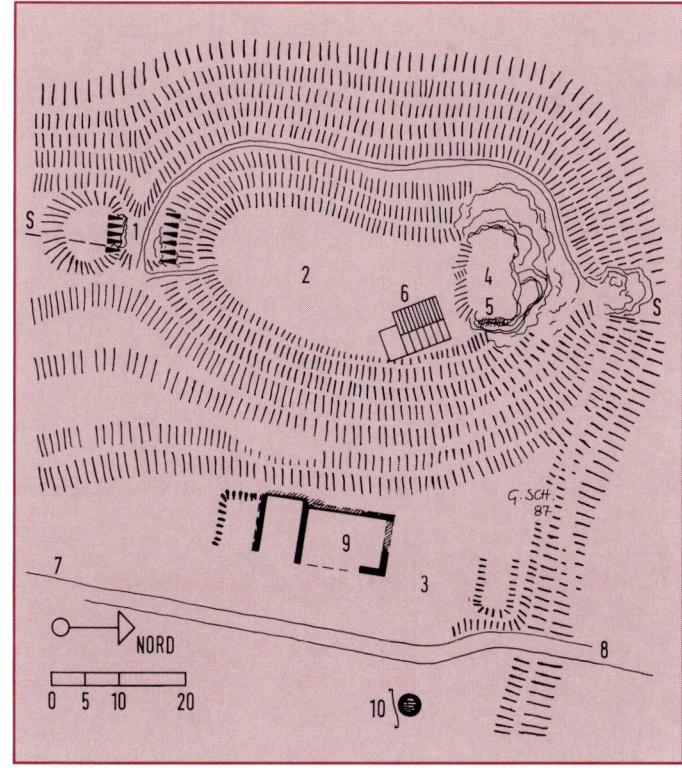

Neidegg

Anlage	Die Burgstelle liegt an einer felsigen Bergkante hoch über der Blau. Nach Norden und Westen fällt das Gelände steil ab. Am Übergang vom Burgfelsen zur ansteigenden Hochfläche ist ein Teil des Halsgrabens erhalten. Nach Osten ist er verebnet. Anstelle der schon früh verschwundenen Nikolauskapelle steht ein Jagdhaus (6). An der östlichen Bergseite Reste von Mauern (9). Sie sind im Zusammenhang mit der späteren Wohnbebauung bei der Kapelle zu sehen.
Besitzer	Privat
Literaturhinweise	– Memminger, Professor 　Beschreibung des Oberamts Blaubeuren, 1830 – Reichardt, Lutz 　Ortsnamenbuch des Alb-Donau-Kreises und des Stadtkreises Ulm, 1986 – Schloßruine Neidegg 　Blätter des Schwäb. Albvereins, Nr. 19, 1907 – Zürn, Hartwig 　Geländedenkmale, 1961

Mauerreste von späterer Bebauung an der östlichen Bergseite

Lauterstein und die Burgen Hohenstein, Weidach und Hohlenstein

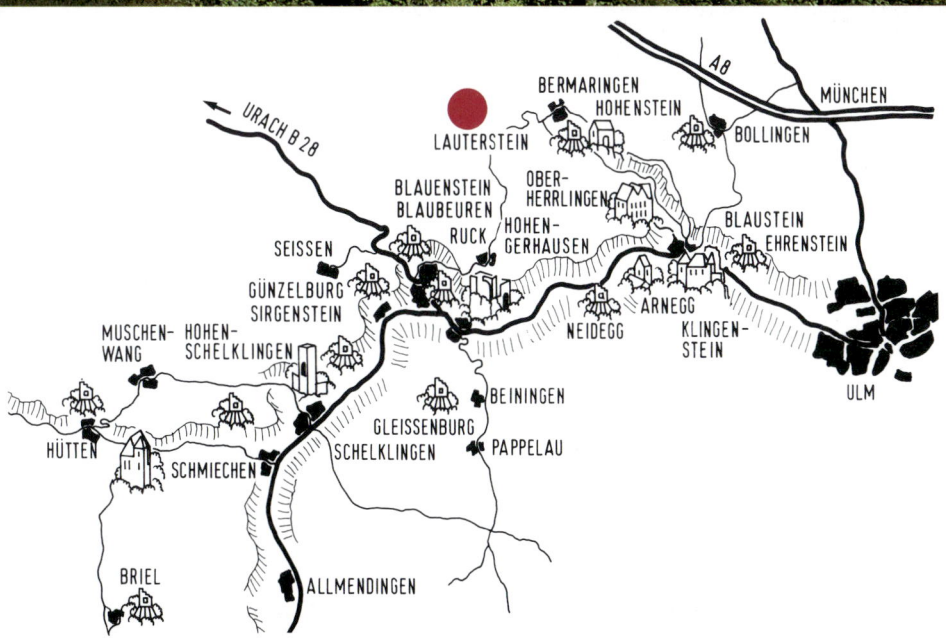

Lauterstein und die Burgen Hohenstein, Weidach und Hohlenstein

Lage	Zwischen Ulm und Blaubeuren liegt Herrlingen. Hier zweigt das idyllisch romantische, Kleine Lautertal nach Norden ab. Die Straße führt wenige Kilometer talaufwärts nach Lautern mit seiner mittelalterlichen Kirche und der Lauterquelle. Dahinter verengt sich das Tal schluchtartig. Auf einer steilen Bergkante erhob sich die Burg Lauterstein. Von der Kirche in Lautern talaufwärts bis zur Lauterquelle. Nach links über die Brücke in Richtung Blaubeuren–Herrlingen (AV Dreiblock), erste Wegkreuzung geradeaus und noch 50 m zur Burgstelle. Weglänge 0,5 km. *Wandervorschlag:* Zur Burgstelle Lauterstein wie beschrieben. Zurück zur Wegkreuzung und auf bezeichnetem Weg (AV Dreiblock) zum Schloß Oberherrlingen. Schließlich nordseitig vom Schloß zum Tal absteigen und links am Waldrand entlang nach Lautern. Lautern – 0,5 km Lauterstein – 3,5 km Schloß Oberherrlingen – 3 km Lautern.
Gemeinde	Blaustein, Ortsteil Wippingen, Alb-Donau-Kreis
Meereshöhe	Burg ca. 550 m, Lautern 520 m
Besichtigung	Frei zugänglich
Einkehrmöglichkeit	Gasthaus zur „Krone" in Lautern
Weitere Sehenswürdigkeiten	Kirche zu „Unserer lieben Frauen", spätgotisch mit romanischem Turm, Lauterquelle

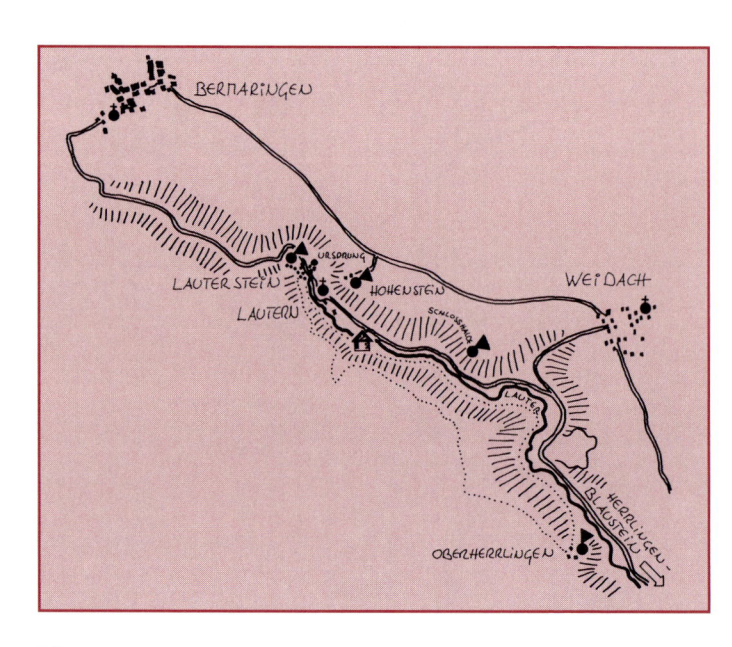

Lauterstein und die Burgen Hohenstein, Weidach und Hohlenstein

Geschichte

Der erstgenannte Lautersteiner namens Eberhard war stammverwandt mit den Rittern von Horningen (Herrlingen). Ihre Geschichte ist eng verbunden mit Lautern. Die wenigen Gebäude am Fuße der Burg waren schon immer Einöde, bestehend aus Kirche, Pfarrhaus, einigen Mühlen und einer 1412 nachgewiesenen Schilderwirtschaft. Zu Beginn des 16. Jahrhunderts soll der berühmte Arzt, Naturforscher und Philosoph Theophrast Bombast von Hohenheim längere Zeit auf der Burg gewohnt haben; besser bekannt unter dem Namen Theophrastus Paracelsus.

1219 Erste Erwähnung des Eberhard, Ritter von Lauterstein.
1317 Berchtold und Heinrich von Lauterstein.
1344 Heinrich von Lauterstein, mehrfache Erwähnung bis 1371.
Vor 1364 Übergang des Besitzes an die Herren von Freyberg zu Bach.
1439 Agnes von Hofen nennt sich von Lauterstein.
1440–1465 Burkart von Bach „als zu Lauterstein gesessen".
Vor 1484 Übergang an die Herren von Bernhausen.
1556 Lauterstein wird als „ein alt öd Burgstall" bezeichnet.

1 Burgstelle
2 Vermutlicher Burghof
3 Vermutlicher Zugang
4 Mauerwerk ohne erhaltene Verblendung
5 Mauerwerk mit Bruchsteinverblendung
6 Erhaltener Eckquader
7 Halsgraben
8 Fels
9 Weg von Lautern
10 Lautertal

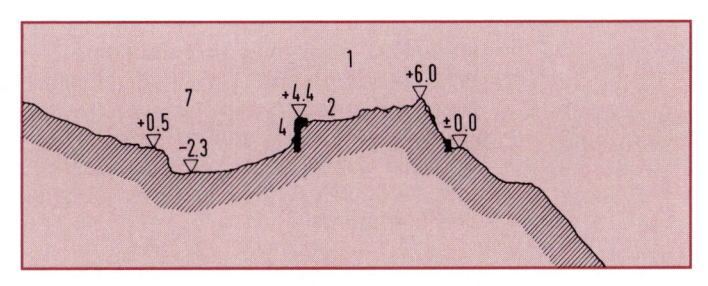

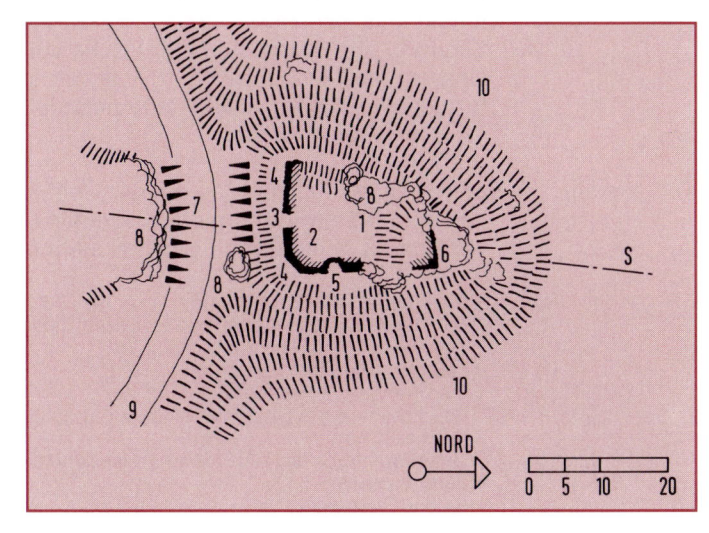

Lauterstein und die Burgen Hohenstein, Weidach und Hohlenstein

Anlage
Lauterstein liegt auf einer spitzen Felsnase in Talhanglage. Auf der Südseite führt der Forstweg (9) direkt durch den ca. 17 m breiten Halsgraben (7). Ein weiterer Grabenrest 25 m weiter oberhalb am Hang weist auf zusätzliche Sicherungsmaßnahmen. Der bis zu 6 m ansteigende Burgfelsen ist auf drei Seiten sturmfrei. Zum Berg gerichtet lag die Schildmauer. Reste der Umfassungsmauer kennzeichnen die ca. 20 x 15 m große Anlage. Das Verblendmauerwerk aus wenig hammerrecht bearbeiteten Kalksteinen ist meist abgegangen; erkennbar auf der Ostseite am Felsen, L = 3 m, H = bis 2,50 m, S = ca. 2 m.

Besitzer
Land Baden-Württemberg

Pläne
Grundriß und Schnitt von K. A. Koch

Weitere Burgen um Lauterstein

Hohenstein
Direkt oberhalb von Lautern liegt der Weiler Hohenstein. Zufahrt von der Straße Herrlingen–Weidach–Bermaringen. Das einfache Schlößchen des 17. Jahrhunderts ist zweigeschossig mit Satteldach. Auf der Nordseite Pilasterportal mit österreichischem Wappen. Vom früher bezeichneten Wall und Graben der Burg sind kaum Reste zu erkennen. Rechts ein Fachwerkstadel von 1875. Hohenstein ist Privatbesitz und z. Zt. nicht bewohnt.

1188–1192 Albrecht von Hohenstein.
1571 Christoph und Jörg, die Schleicher in Ulm, verkaufen die abgegangene Burg Hohenstein sowie eine Sölde in Weidach für 2603 fl. an die Stadt Ulm.
Um 1690 Albrecht Kraft von Ulm erwirbt Hohenstein für 2000 fl.; er läßt anstelle der ehemaligen Burg ein „Schlößchen" erbauen.

Weidach
Westlich von Weidach lag am Lautertal (Schloßhalde–Riedhalde) auf der Höhe 624,6 eine weitere Burg. Mehrere Schutthaufen innerhalb einer Fläche von ca. 18 x 11 m und Grabenreste kennzeichnen die etwas schwer auffindbare Burgstelle. Zugang vom Wanderparkplatz rechts der Straße Weidach–Bermaringen.

Hohlenstein
Die Burg Hohlenstein lag bei der Hohlmühle nahe Herrlingen an der Einmündung des Kiesentales. Durch den Abbau des Berges (Steinbruch) ist nichts mehr geblieben.

Literaturhinweise
– Das Königreich Württemberg, vierter Band, S. 83
– Die Kunst- und Altertumsdenkmale württ. Donaukreis, 1914
– Fink, Hubert und Wortmann, Reinhard
 Lautern im Kleinen Lautertal
– Memminger, Professor
 Beschreibung des Oberamts Blaubeuren, 1830
– Reichardt, Lutz
 Ortsnamenbuch des Alb-Donau-Kreises und des Stadtkreises Ulm
– Zürn, Hartwig
 Geländedenkmale, 1961

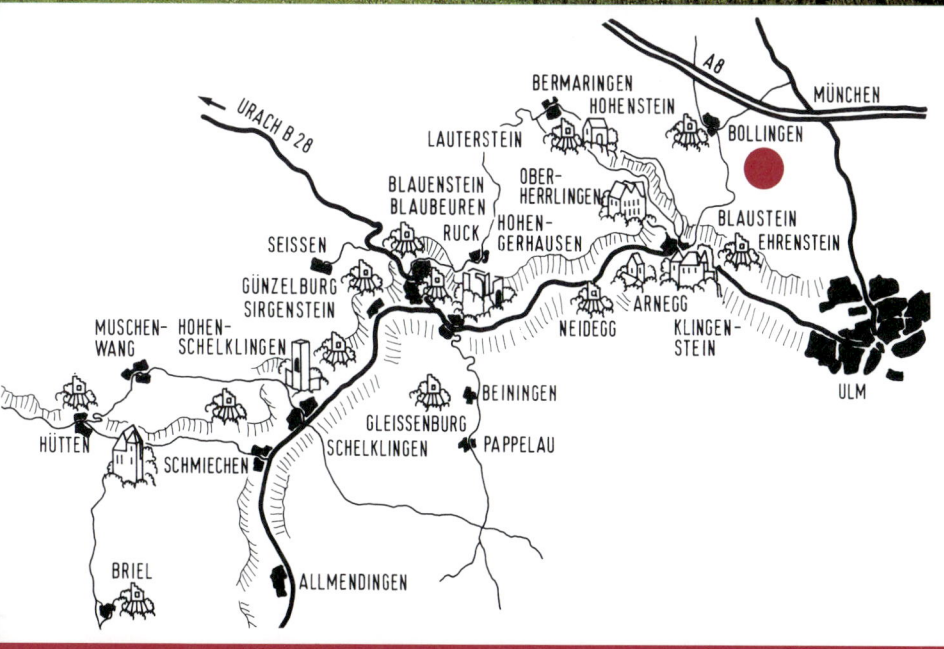

Bollingen (Schloßberg)

Bollingen (Schloßberg)

Lage	Letzte Ortschaft im Blautal vor Ulm ist Blaustein. Im Ortsteil Klingenstein zweigt nach Norden das Kiesental ab. An seinem Ende liegt auf der Hochfläche Bollingen. Man gelangt auf der Straße von Klingenstein oder von Dornstadt an der Autobahnausfahrt Ulm-West dorthin. Vom südlichen Ortsende in Richtung Klingenstein nach ca. 150 m, bezeichnet „Sportanlagen", abzweigen. Bei der großen Feldscheuer parken. Nach Westen geradeaus über den wenig ausgeprägten Feldweg zum langgezogenen Höhenrücken des Schloßbergs. Weglänge ca. 250 m.
Gemeinde	Dornstadt, Ortsteil Bollingen, Alb-Donau-Kreis
Meereshöhe	Burg ca. 600 m, Vorburg 609 m, Kiesental 555 m, Bollingen 607 m
Besichtigung	Frei zugänglich

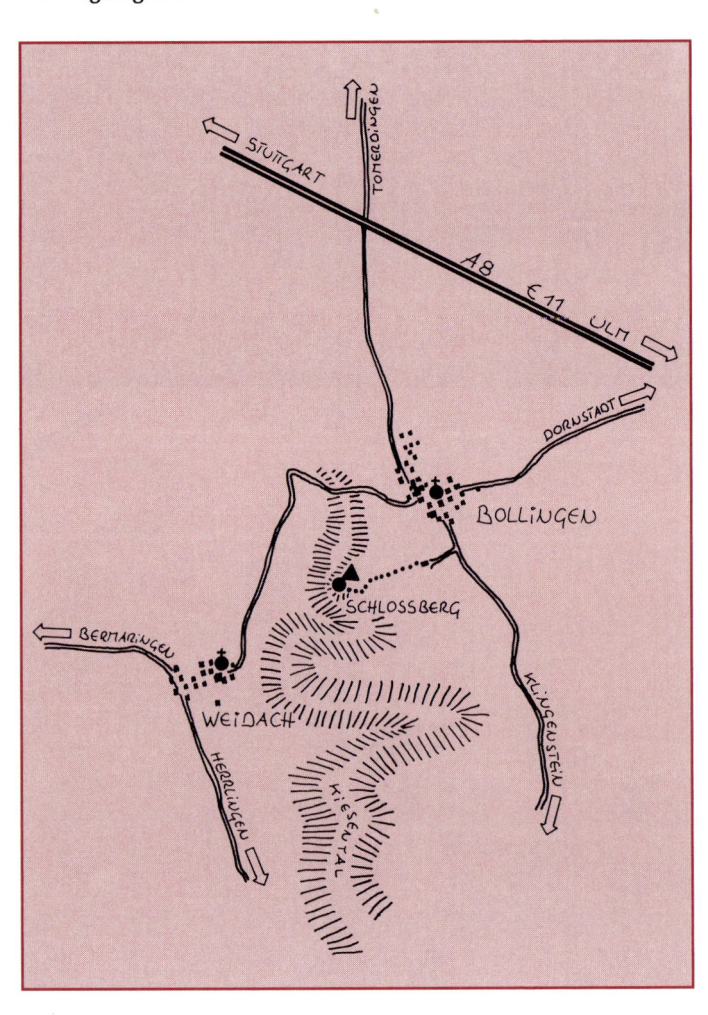

Bollingen (Schloßberg)

Geschichte

Über die Burg am Rande des Kiesentals gibt es keine eindeutigen Nachweise. Man nimmt an, daß die Roth von Schreckenstein dort saßen. Sie sind vermutlich gleichen Stammes mit den Herren „von Stein" oder „von Klingenstein". Bereits im 13. Jahrhundert umfaßt das Rittergut mehrere Besitzungen um und in Ulm. Dr. Hironymus Roth von Schreckenstein verläßt als Gegner der Reformation Ulm und schließt sich der Reichsritterschaft an. 1858 stirbt mit Freiherr Ludwig Roth von Schreckenstein, königlich

1 Burgstelle, Hauptburg
2 Graben 1
3 Graben 2
4 Fels
5 Kiesental
6 Von Bollingen
7 Wall
8 Mutmaßliche Vorburg
9 Waldkante

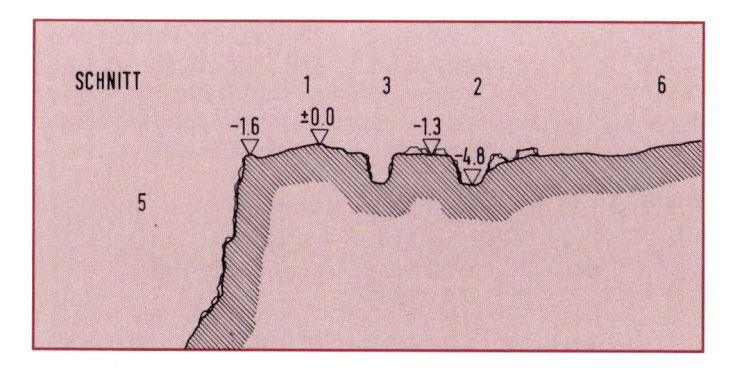

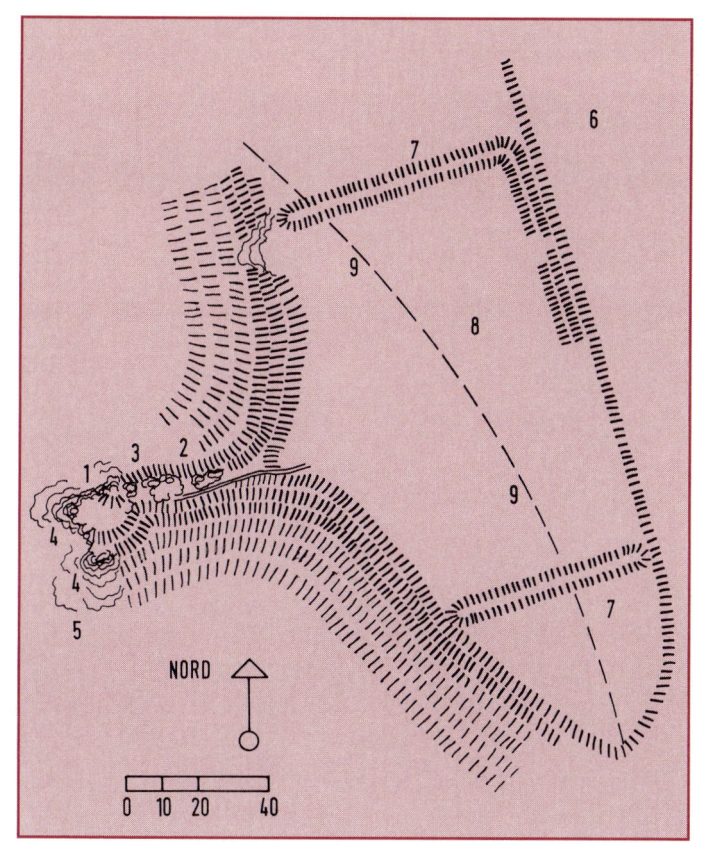

Bollingen (Schloßberg)

preußischer General der Kavallerie und Kriegsminister, das Geschlecht aus. Die Burg muß bereits im 14. Jahrhundert zerfallen sein.

Anlage
Die kleine Burgstelle (1) mit ca. 15 x 15 m liegt auf einem weit ins romantische Kiesental vorspringenden, steilen Felsen. Außer Geländespuren, Schutt von Mauern und Dachziegeln ist nichts zu sehen. Zwei schmale Halsgräben (2 und 3), bis 5 m tief, durchschneiden den langen, felsigen Kamm.
Auf dem nach Osten vorgelagerten Höhenrücken umgrenzen Wallreste (7) eine Fläche von ca. 120 x 70 m. Ihre Zuordnung ist unklar. Möglicherweise handelt es sich um die von einem Steinwall und Holzpalisaden umzogene Vorburg mit Wirtschaftsgebäuden.

Besitzer
Gemeinde Dornstadt

Plan
Grundriß von K. A. Koch

Literaturhinweise
– Entstehung der Gemeinde Bollingen
  Manuskript
– Von alten Ulmer Geschlechtern
  Der Stammsitz der Roth von Schreckenstein
– Zürn, Hartwig
  Geländedenkmale, 1961

Halsgraben der Kernburg

Gleißenburg

Gleißenburg

Lage	Zwischen Blaubeuren und Schelklingen zweigt gegenüber dem Sirgenstein das Riedental ab. Der Nägelesfels markiert die Einmündung des Höllentals. Etwa 1,5 km oberhalb lag die Gleißenburg. Eine Straße führt vom Blaubeurer Stadtteil Gerhausen nach Beiningen. Am westlichen Ortsende (AV Dreiblock) Richtung Gleißenburghöfe. Bei der Gabelung geradeaus, dann links zu einer Waldlichtung mit Jägerstand. Gegenüber liegt die Burgstelle. Beiningen – 1,5 km Gleißenburg.
	Wandervorschlag: Im Blaubeurer Stadtteil Weiler von der Hauptstraße über die Bahnlinie und unterhalb der Höhle „Geißenklösterle" parken. Am Waldrand entlang das Ach-Tal aufwärts, nach links ins Riedental und am Nägelesfels wieder links durch das Höllental bis zur Burgstelle. Im Wald den bezeichneten Weg (AV Dreiblock) Richtung Blaubeuren. Kurz vor dem Schießstand scharf links (Nr. 10) abwärts am Bruckfels vorbei zurück zum Ausgangspunkt. Parkplatz – 2 km Riedental – 2,7 km Gleißenburg – 3 km Schießstand – 1,8 km Parkplatz.
Gemeinde	Stadt Blaubeuren, Alb-Donau-Kreis
Meereshöhe	Burg 653 m, Höllental ca. 590 m, Beiningen 676 m
Besichtigung	Frei zugänglich
Einkehrmöglichkeit	Waldgaststätte „Schillerstein Gleißenburg"

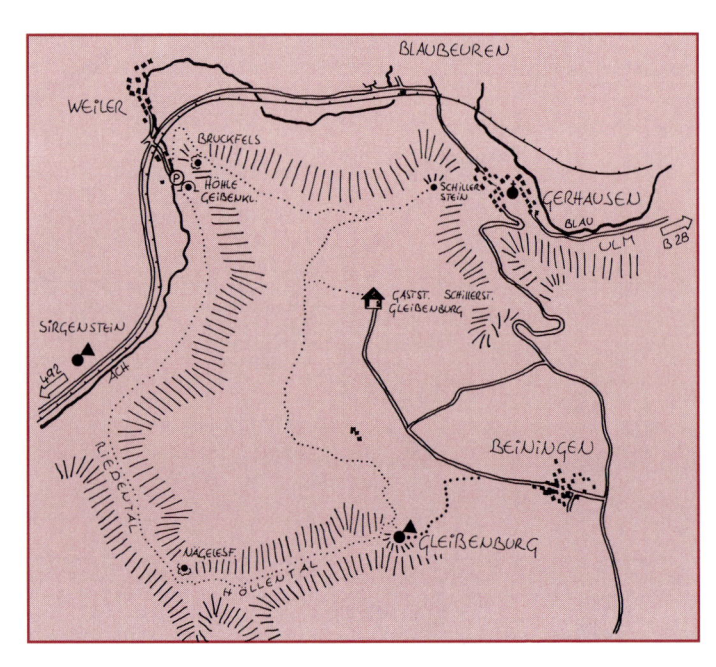

Gleißenburg

Geschichte

Gleißenburg bezeichnet die Burg des Gliso. Er ist als Bauherr einer Vorgängerburg des 11. oder 12. Jahrhunderts anzusehen. Die im Gelände liegenden Baureste und Spuren entstammen einer Anlage des 14. Jahrhunderts.

1376 Erste Erwähnung als Eigentum des Ruland von Überkingen.
1408 Eigentum der niederadeligen Familie des Eitel von Wernau.
1424 Eitel erhält seine Hälfte der Burg von Herzog Friedrich von Österreich zu Lehen.
1449 Im Städtekrieg Einnahme der Burg durch die Ulmer.
1450 Wolf von Wernau fordert Ulm auf, die Burg zu räumen und Schadensersatz zu leisten.
1458 Der Streit zwischen Wolf von Wernau und der Stadt Ulm wird durch einen Schiedsspruch des Markgrafen Karl von Baden beigelegt. Ulm muß die Burg räumen und 110 fl. Schadenersatz zahlen.
1464 Eigentum der Elisabeth von Villenbach.
1479 Wilhelm von Villenbach, Vogt in Bregenz, Eigentümer des österreichischen Lehens.
1493 Verkauf an den Blaubeurer Untervogt Albrecht Heinrichmann.
1500 Verkauf an Hans Speth von Schülzburg.
1506 Verkauf an das Blaubeurer Spital um 1625 fl.
1510–1518 Heinrich Bub, erster Lehensträger des Spitals.
1539 Neueindeckung der Dächer.
1553 Instandsetzung der Brücke.
1593 Erneuerung des Tores.
1595 Einbau eines neuen Ofens.
1629 Ein Sturm drückt den Giebel des Hauptgebäudes ein.
1631 Plünderung der Burg.
Um 1632/33 Zerstörung der Burg und danach Zerfall.
Die Lehensträger des Blaubeurer Spitals nach 1818 bis zur Zerstörung der Burg:
1518–1534 Hans Ascher unter Maximilian I.
1534–1568 Peter Hagmaier unter Ferdinand I.
1568–1585 Christoph Eggmann unter Erzherzog Ferdinand
1585–1621 Matthäus Weingartner unter Erzherzog Ferdinand
1621– vor 1642 Jakob Kraus uner Erzherzog Leopold

Anlage

Die Burgstelle liegt auf einer Erhebung an der nördlichen Kante des Höllentales. Bergseitig umzieht ein hakenförmiger Graben (4) mit Wall die hochgelegene Kernburg (1). Ihre Abmessung von ca. 29 x 18 m ist relativ gering. Kümmerliche Reste der Umfassungsmauer (6) mit kleinteiligen, hammerrechten Kalksteinen weisen ins 14. Jahrhundert. Die Vorburg (2) hatte ihren Zugang von Osten, begann am Graben und endete unterhalb der Kernburg westseitig (Mauerschutt). Ihr Niveau liegt noch unterhalb der Grabensohle.

Gleißenburg

1 Hauptburg
2 Vorburg
3 Mögl. Lage eines Gebäudes
4 Graben
5 Wall
6 Mauerreste
7 Mauerschutt
8 Von Beiningen
9 Vom Höllental
10 Talseite

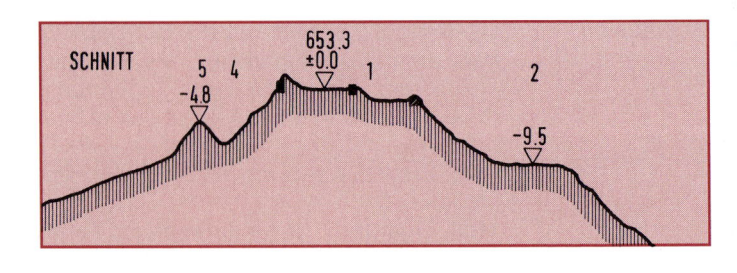

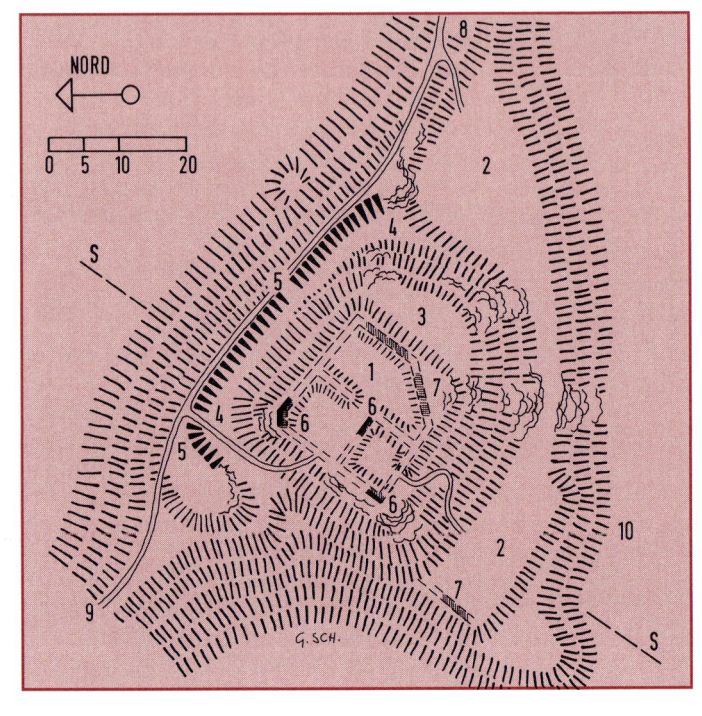

Besitzer	Stadt Blaubeuren, Hospitalverwaltung
Pläne	Grundriß und Schnitt von K. A. Koch
Literaturhinweise	– Die Kunst- und Altertumsdenkmale württ. Donaukreis, OA Blaubeuren, 1914
– Eberl, Immo
Blaubeuren u. seine Stadtteile in Heimatbuch Blaubeuren, 1986
– Enslin, Ch.
Blätter des Schwäb. Albvereins Nr. 8, 1896
– Memminger, Professor
Beschreibung des Oberamts Blaubeuren, 1830
– Reichardt, Lutz
Ortsnamenbuch des Alb-Donau-Kreises und des Stadtkreises Ulm, 1986
– Zürn, Hartwig
Geländedenkmale, 1961

Hohengerhausen (Rusenschloß)

Hohengerhausen (Rusenschloß)

Lage	Die Stadt Blaubeuren ist geographischer und touristischer Mittelpunkt der Blaubeurer Alb. Zahlreiche Sehenswürdigkeiten machen sie zum beliebtesten Ausflugsziel der Umgebung. Auf bizarren Felsgebilden am östlichen Talrand in Richtung Gerhausen liegen die Ruinen der einst mächtigen Burg Hohengerhausen. Von Blaubeuren in Richtung Sonderbuch. Kurz nach Erreichen der Anhöhe rechts zum Wanderparkplatz abzweigen. Auf bezeichnetem Weg geradeaus (zunächst AV Dreiblock, Nägelesfelsen–Herrlingen–Ulm), dann bei Gabelungen stets rechts am Talrand entlang über den Knoblauchfels zur Ruine. Weglänge 1 km. *Wandervorschlag:* Ausgangspunkt dieser prächtigen Wanderung ist der Parkplatz hinter dem Kloster. An diesem vorbei, die Sonderbucher Steige überqueren zur ehemaligen Burg Blauenstein (AV Dreieck, Nr. 7, Blaufels). Weiter am Talrand entlang bis nach Hohengerhausen. Den Weg Nr. 13 (AV Dreiblock) ins Tal absteigen, an der Eisenbahnlinie über die Blau zur Burgruine Ruck. Den Ruckenberg entlang zum Aussichtspunkt und schließlich (Nr. 4) zum Parkplatz zurück. Kloster – 0,7 km Blauentein (Blaufels) – 3,2 km Hohengerhausen – 1,4 km Ruine Ruck – 0,7 km Ruckenberg – 1 km Kloster.
Gemeinde	Blaubeuren, Stadtteil Gerhausen, Alb-Donau-Kreis
Meereshöhe	Burg ca. 610 m, Blautal 504 m
Besichtigung	Frei zugänglich
Weitere Sehenswürdigkeiten	Kloster Blaubeuren, Blautopf, große Rusenschloßhöhle

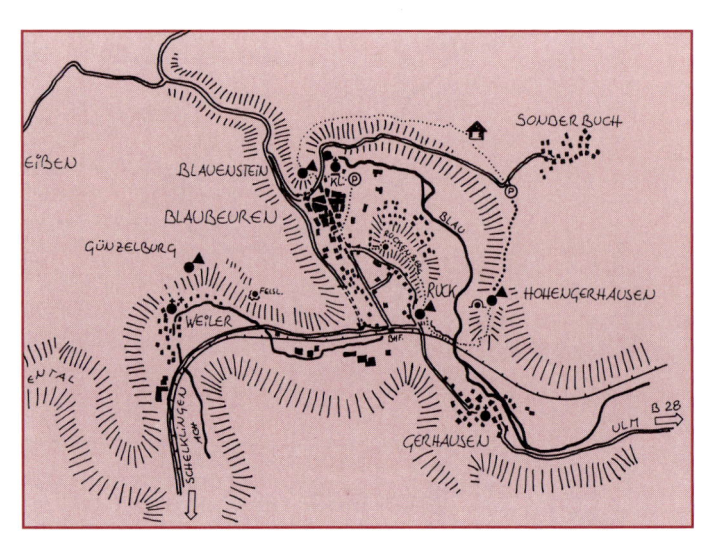

Hohengerhausen (Rusenschloß)

Des Ritters von Gerhausen Schwur

von Gustav Schwab

Der Ritter von Gerhausen
liegt unter einem Stein,
ein Meister hieb mit Grausen
darauf sein Bildnis ein.
Von Ottern und von Schlangen
zeigt es den Leib umstrickt,
gefesselt und umfangen,
wie man ihn einst erblickt.

Ihm folgte solche Strafe,
hinab ins dunkle Grab,
weil er dem ew'gen Schlafe
sich nicht in Gott ergab.
Sonst in der letzten Stunde
wird sanft auch Übermut,
ihm tobt im innern Grunde
die wilde Lebenswut.

Als vor sein Lager tretend
der Priester sich geneigt,
dem Sterbenden leis betend
sein Kruzifix gezeigt,
den Herren, der auferstanden,
betrachtet er mit Neid,
er schrie: „Aus Todesbanden
hast du dich selbst befreit!

Mich lässest zu verderben,
erliegen feig der Not?
Ich will, ich will nicht sterben,
ich ringe mit dem Tod!
Und wenn sie mich getragen
hinaus zur Ew'gen Ruh,
ich schwör's: in dreien Tagen
da steh ich auf, wie du!"

Und kaum ließ er ihn tönen,
den lästerlichen Schwur,
als schon mit kurzem Stöhnen
die wilde Seel entfuhr.
Da konnte keiner weinen,
sie rüsteten die Gruft,
es rückten ihn die Seinen
hinweg aus Licht und Luft.

Doch als er in dem Chore
bei seinen Vätern lag,
sie legten mit dem Ohre
ans Grab sich Nacht und Tag.

Sie lauschten, doch mit Beben,
sie hielten lange Wacht,
ob nicht ein Laut von Leben
aufsteig' aus Grabesnacht.

Und sieh! Am dritten Tage
da schwankt der Kirche Rund,
mit einem Donnerschlage
fährt nieder es zum Grund.
Es hüllt in Qualm und Brodem
der Chor sich plötzlich ein,
und wie vor Gottes Odem
wälzt sich vom Grab ein Stein.

Will steigen zum Gerichte
der Gräßliche herauf?
Nimmt er zum Tageslichte,
zum heitern seinen Lauf?
Hat er sich losgerungen
aus schwarzem Höllenarm?
Hat der den Tod bezwungen,
kommt er vom Leben warm?

Doch auf so viele Fragen
schweigt still das offne Grab.
Da schauen sie mit Zagen
in seinen Schlund hinab.
O schrecklich Wunderzeichen!
O Leichnam, drin es gärt!
Leib, mehr als andre Leichen
vom Tod halb aufgezehrt!

An dem Gerippe hingen
die Schlangen, als am Nest,
und hielten wie mit Schlingen
es an der Grube fest.
„Der wird nicht auferstehen,
am Jüngsten Tage nicht!
Der wird zu Staub verwehen!
So hält der Herr Gericht."

Mit Mühe schnell sie huben,
auf legten sie den Stein,
was sie geschauet, gruben
als Denkmal sie darein.
Noch sieht man draut mit Grausen
des Leichenbildes Spur?
den Ritter von Gerhausen,
der zu erstehen schwur.

Hohengerhausen (Rusenschloß)

Geschichte

Der erstgenannte Graf Hartmann von Gerhausen entstammt dem Geschlecht der Grafen von Dillingen. Er ist identisch mit Hartmann I. oder Hartmann II. Einer der beiden hat vermutlich die Burg Hohengerhausen erbaut. Der 1410 erwähnte Burgstall im Dorf Gerhausen könnte ein Vorgängerbau gewesen sein.
Die im Zusammenhang mit der Gründung der Blaubeurer Burgen stehenden Familien Rucker, Tübinger und Dillinger waren miteinander verwandt und gehörten zur Fürstenopposition gegen Heinrich IV. Hohengerhausen ist somit nicht als Konkurrenzbau von Ruck zu verstehen.

1092 Graf Hartmann von Gerhausen Zeuge in einer Urkunde anläßlich einer Schenkung an das Kloster Allerheiligen bei Schaffhausen.
1100 Hartmann bezeugt die Stiftung des Klosters Ochsenhausen.
Anfang 13. Jahrhundert Hartmann IV. von Dillingen oder sein Sohn Albert IV. bis 1245 Anhänger der Staufer, erbauen die neue Burg Hohengerhausen in Buckelquaderbauweise.
1267 Eigentum der Tübinger vermutlich seit 1258.
Zwischen 1268 und 1273 Übergang von Hohengerhausen an Graf Ulrich (VI.) von Helfenstein (siehe Band I, Burg Helfenstein).
1292 Ritter Gerhard, helfensteinischer Vogt auf Hohengerhausen.
24. August 1303 Graf Ulrich (VIII.) von Helfenstein verkauft die Burgen Hohengerhausen, Ruck und Blauenstein mit Blaubeuren für 500 Mark Silber an die Herzöge Rudolf, Friedrich und Leopold von Österreich. Ulrich erhält die veräußerten Besitzungen als Lehen zurück.
1356 Teilung der helfensteinischen Herrschaft in die Blaubeurer und Wiesensteiger Linie.
1384 Gräfin Anna von Helfenstein verpfändet Hohengerhausen an Ritter Lutz (II.) von Landau.
1387 Heinrich Kaib in Besitz der Pfandschaft.
1393 Heinrich Kaib teilt Herzog Leopold von Österreich mit, daß er die Pfandschaft an seinen Neffen Hans Kaib und seine Schwester Katharina Fleck übergeben habe.
1397 Die Stadt Ulm übernimmt die Pfandschaft.
1413 Hohengerhausen wieder in helfensteinischem Besitz.
1442 Graf Johann von Helfenstein verpfändet Hohengerhausen, Ruck und Blauenstein mit Blaubeuren an Graf Ludwig I. von Württemberg.
1445 Herzog Albrecht VI. von Österreich belehnt Graf Konrad von Helfenstein mit Blaubeuren und den drei Burgen.
1447 Konrad verkauft sein Lehen mit allen Besitzungen an Graf Ludwig I. von Württemberg.
1552 und 1554 Hohengerhausen Sitz eines Forstmeisters.
1582 Sitz eines Forstknechts.
1617 Wiederherstellung des Brunnens.

Hohengerhausen (Rusenschloß)

1628 Instandsetzungsarbeiten an der Wohnung des Forstknechts.
1632 Aufforderung der Regierung, die Burg schnell für den Verteidigungsfall herzurichten.
1666 Die Fronpflichtigen liefern Holz auf die Burg.
1673 Herzog Eberhard beauftragt den Blaubeurer Vogt Johann Valentin Moser, die baufälligen Teile des Schlosses abzubrechen.
1728 Die herzogliche Regierung weist den Forstmeister Martin an, ein bis zwei Männer auf dem Schloß nach Schätzen graben zu lassen.
1736 Verbot zur weiteren Wegfuhr von Steinmaterial.
1768 Den Maurermeistern Johann Georg Wehr und Johann Daur werden die restlichen Steine „auf dem eingefallen Rueßenschloß" verkauft.
1800 Beschuß des Rusenschlosses als österreichische Stellung durch französische Artillerie.
1806 Ende der österreichischen Lehenshoheit, Übergang an Württemberg.
1974–1977 Instandsetzung der Ruine.

Mauerreste des Donjon

Hohengerhausen (Rusenschloß)

Die Grafen von Helfenstein und die Blaubeurer Linie bis 1517

Ulrich (VI.) Graf von Helfenstein † um 1290
Seit etwa 1267 in Besitz von Hohengerhausen.
Gemahlinnen:
1. Williburg von Dillingen
2. Agnes von Tübingen
Kinder: Hartmann, Friedrich III., Guta, Williburg, Adelheid, Berta, Ulrich (VIII.)

Ulrich (VIII.) Graf von Helfenstein † 1315
Sohn des Ulrich (VI.)
Gemahlinnen:
1. Adelheid von Graisbach
2. Margaretha von Toggenburg
Kinder: Ulrich (IX.), Johann (III.)

Ulrich (IX.) Graf von Helfenstein † 1326
Sohn des Ulrich (VIII.), Gründer der Blaubeurer Linie, Landvogt in Oberschwaben und Landrichter in Ulm
Gemahlin: Gräfin von Württemberg
Kind: Ulrich (XI.)

Ulrich (XI.) Graf von Helfenstein zu Blaubeuren † 1361
Sohn des Ulrich (IX.)
Gemahlin: Beatrix N.
Kinder: Ulrich (XIII.), Wulfild, Anna

Ulrich (XIII.) Graf von Helfenstein zu Blaubeuren † 1375
Sohn des Ulrich (XI.)
Kind: Johannes (VI.)

Johannes (VI.) Graf von Helfenstein zu Blaubeuren † 1444
Sohn des Ulrich (XIII.)
Gemahlin: Irmengart von Kirchberg
Kinder: Ulrich (XI.), Konrad

Konrad, Graf von Helfenstein zu Blaubeuren † 1474
Sohn des Johannes (VI.), Lehensmann des Markgrafen von Brandenburg
Gemahlin: Ursula von Seckendorf-Rinhofen
Kinder: Irmengart, Johannes, Bernhard, Georg, Barbara

Georg, Graf von Helfenstein zu Blaubeuren † 1517
Sohn des Konrad, letzter der Blaubeurer Linie
Gemahlinnen:
1. Caecilia von Trüchtlingen
2. Elisabeth von Limburg
Kinder: 2 Söhne und 5 Töchter vor ihm gestorben, Tochter Waldburg verh. mit Friedrich von Schwarzenberg

Hohengerhausen (Rusenschloß)

1 Kernburg
2 Vorburg, sog. Burggarten
3 Zwinger
4 Vorhof
5 Felsterrasse, Burggarten
6 Wohnturm, „Donjon" Aussichtspunkt
7 Tor Nordseite
8 Turmreste
9 Keller
10 Burghof
11 Torturm Südseite
12 Mauerwerk mit Buckelquader
13 Große Rusenschloßhöhle
14 Von Blaubeuren
15 Von Sonderbuch
16 Von Gerhausen
17 Im Verfall befindliche Mauern saniert, undeutlicher Mauerverlauf
18 Weg zur Felsterrasse

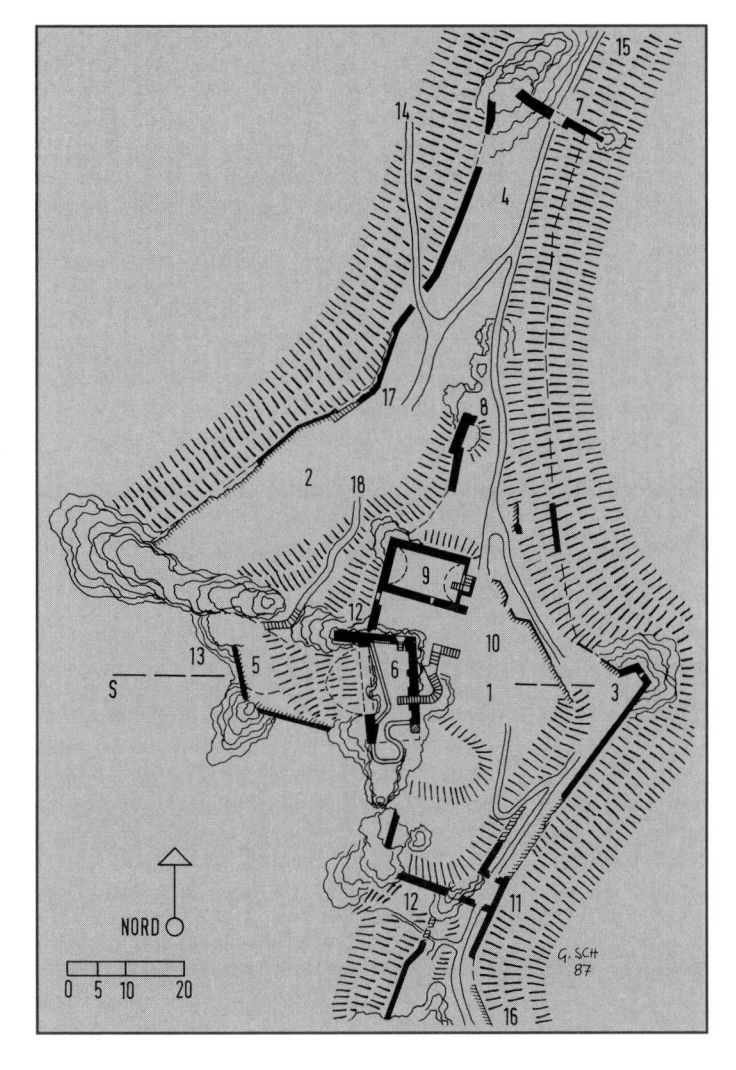

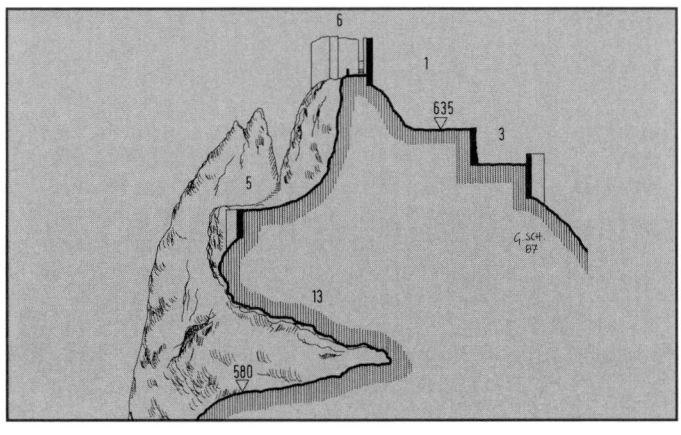

Hohengerhausen (Rusenschloß)

Anlage

Im Mittelalter berherrschten drei Burgen den Talkessel von Blaubeuren. Hohengerhausen, auch Rusenschloß genannt, war nicht nur die größte, sondern durch ihre Lage die imposanteste. Sie liegt auf einem von Richtung Sonderbuch nach Gerhausen reichenden Höhensporn, der in bizarren Felstürmen jäh zum Tal hin abfällt. Kanten, Überhänge, Höhlen, Spalten und Terrassen wurden vom Erbauer aufs vortrefflichste ausgenutzt.
Die Burg der ausgehenden Stauferzeit war durch den markanten Donjon geprägt. Umfassende Wehrmauern der Kernburg kann man sich massiv vorstellen, die der Vorwerke in Holz. Erst unter den Grafen von Helfenstein erhielt die Anlage ihre beachtlichen Erweiterungen und Ausbauten. Ihre Gliederung ist nicht eindeutig und auf den ersten Blick wenig überschaubar.

Burgtor

An der schmälsten Stelle des Höhensporns zum ansteigenden Berg in Richtung Sonderbuch (Knoblauchfels) liegt die erste Sperre. Sie besteht aus einer schildartigen Mauer mit einem 2,40 m breiten Rundbogentor (7) und einem angrenzenden langen Hof (4).

Vorburg

Nach ca. 40 m mündet nach rechts der Weg in eine größere Terrasse (2), die am Hang von einer hohen Futtermauer gestützt wird. Ihre Außenverblendung ist abgegangen. 1987 erfolgte die Sicherung durch Vermörtelung. Auf der nach Nordwesten orientierten Fläche könnte eine Vorburg mit Wirtschaftsgebäuden gestanden haben.

Felsterrasse

Ein Fußpfad (18) führt am Hang zu einer Felsspalte, die den Zugang auf eine Terrasse (5) freigibt. Direkt darunter öffnet sich der riesige Eingang zur großen Rusenschloßhöhle. An der Gabelung bei der Vorburg (2/4) führt der Weg geradeaus zur Ruine eines Torturmes (8). Putzreste an den Außenseiten weisen auf eine Entstehung zur Zeit der Grafen von Helfenstein. Er schützte den Zugang zur Kernburg (1).

Torturm

Zwinger

Ein durchgängiger Zwinger (3) verband die Toranlage der Nordseite mit der Südseite. Reste der Zwingermauer verdeutlichen die Wehrhaftigkeit.

Südtor

Das Südtor (11) besitzt einen 160 cm breiten, spitzbogigen Eingang mit nachempfundener Buckelquadereinfassung. Links eine beachtliche Futterwand mit Quadern unterschiedlicher Größe und Schichtung, dazwischen vereinzelt Buckelquader mit Randschlag. Reste von Mauern und Gräben in Richtung Gerhausen (16) weisen auf zusätzliche Sicherungsmaßnahmen.

Kernburg

Innerhalb dieses umfangreichen Systems lag die Kernburg. Ihre Abgrenzung ist durch den Zwinger ostseitig, die Tortürme süd- und nordseitig sowie den steil abfallenden Fels

Hohengerhausen (Rusenschloß)

nach Westen gekennzeichnet. Erhalten geblieben ist der tonnenüberwölbte Keller (9) eines größeren Gebäudes und Reste des „Donjon" (6).

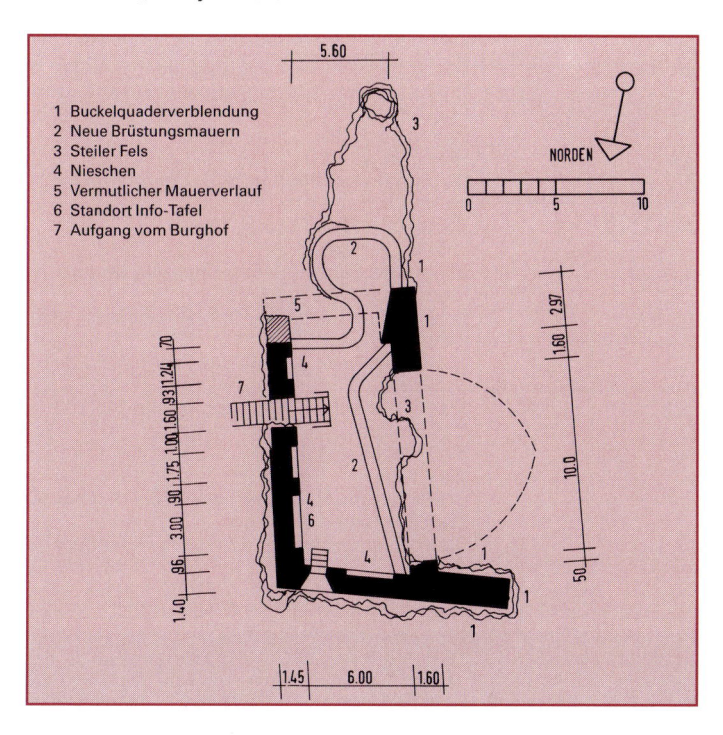

1 Buckelquaderverblendung
2 Neue Brüstungsmauern
3 Steiler Fels
4 Nieschen
5 Vermutlicher Mauerverlauf
6 Standort Info-Tafel
7 Aufgang vom Burghof

Donjon

Mehrere Stufen führen zum Eingang. Die Kuriosität des Bauwerks aus der Stauferzeit liegt an der Konzeption. Um für die Geschoßebenen mehr Grundfläche zu erhalten als der Felsen hergab, wurde die nach Westen gerichtete, 10 m breite Kluft mit einem Spitzbogen überspannt. Darüber befanden sich die Wohngemächer des Burgherrn. Mit seiner Höhe von ca. 15 m bis zur Dachtraufe (Bogen 8 m und 2 Geschosse) besaß der Donjon für die Umgebung eine beachtliche Fernwirkung. Reste des Tragebogens aus Tuffsteinquader und bis zu 7 m hoch aufragende Außenwände lassen die Monumentalität erkennen. Die Aussichtsterrasse mit neu aufgeführten Brüstungsmauern (2) entsprach der untersten Geschoßebene.

Buckelquader

Das Mauerwerksgefüge der Nordwest- und Westwand besteht durchweg aus liegenden Steinformaten mit Buckelquadern und glatt bearbeiteten Quadern. Bei beiden Variationen weisen über der Mitte liegende Zangenlöcher auf die Versetzmethode, die vermutlich nicht vor 1240 zur Anwendung kam (siehe Staufeneck Band I).
Buckelquader (L x H) 94 x 50, 93 x 38, 82 x 49 cm, Randschlag 4 cm – teilweise wenig ausgeprägt, Buckelstärke bis 13 cm – nur grob bearbeitet.

Hohengerhausen (Rusenschloß)

Besitzer	Land Baden-Württemberg
Pläne	Grundriß, Schnitte von K. A. Koch, 1900–1920
	Grundriß von Karl Weil, 1904
Alte Ansichten	Bilderlandkarte von Hans Schäuffelin, um 1500
	Zeichnung von Robert Stieler, 1878, Landesbibliothek Stuttgart
Literaturhinweise	– Das Königreich Württemberg, Band 4, S. 12–13
	– Die Kunst- und Altertumsdenkmale württ. Donaukreis, 1914
	– Eberl, Immo
	Heimatbuch Blaubeuren, 1986
	– Hilsch, Peter
	Die Burgen um Blaubeuren, in Heimatbuch Blaubeuren, 1986
	– Imhof, Dr. Eugen
	Blaubeurer Heimatbuch, 1950
	– Lehmann, Hans
	Blätter des Schwäb. Albvereins, Nr. 19, 1907
	– Memminger, Professor
	Beschreibung des Oberamts Blaubeuren, 1830
	– Reichardt, Lutz
	Ortsnamenbuch des Alb-Donau-Kreises, 1986
	– Schübelin, E.
	Blätter des Schwäb. Albvereins, Nr. 14, 1902
	– Uhl, Stefan
	Buckelquader, 1983
	– Weil, Karl
	Die Burgruine Hohengerhausen bei Blaubeuren, 1904
	– Zürn, Hartwig
	Die vor- und frühgeschichtlichen Geländedenkmale, 1961

Hohengerhausen von Südwesten

Ruck

Ruck

Lage	Die Stadt Blaubeuren wird von bewaldeten Talhängen weiträumig umzogen. Inmitten des Talkessels liegt der Ruckenberg mit dem bekannten „Klötzle Blei". Den südlichen Abschluß bildet der sogenannte Bismarckfels mit den Resten der Burg Ruck. Vor der Bahnüberführung in Richtung Gerhausen–Ulm nach links in die Ulmer Straße und am nordwestlichen Fuße des Felsens parken. An der Straße zurück bis zur Kreuzung, den ersten Fußweg links und ca. 200 m zur Ruine. *Wandervorschlag:* Dreiburgenwanderung siehe Hohengerhausen. Wer direkt zur Burgruine Hohengerhausen wandern will, geht den Weg bis zur Straße zurück. Nach links (AV Dreiblock) zunächst Richtung Gerhausen über die Blaubrücke und auf bezeichnetem Weg durch den Wald hoch. Ruck – 1,2 km Hohengerhausen.
Gemeinde	Stadt Blaubeuren, Alb-Donau-Kreis
Meereshöhe	Burg ca. 530 m, Blautal 504 m
Besichtigung	Frei zugänglich
Weitere Sehenswürdigkeiten	Kloster Blaubeuren, Blautopf
Einkehrmöglichkeit	Gasthäuser in Blaubeuren

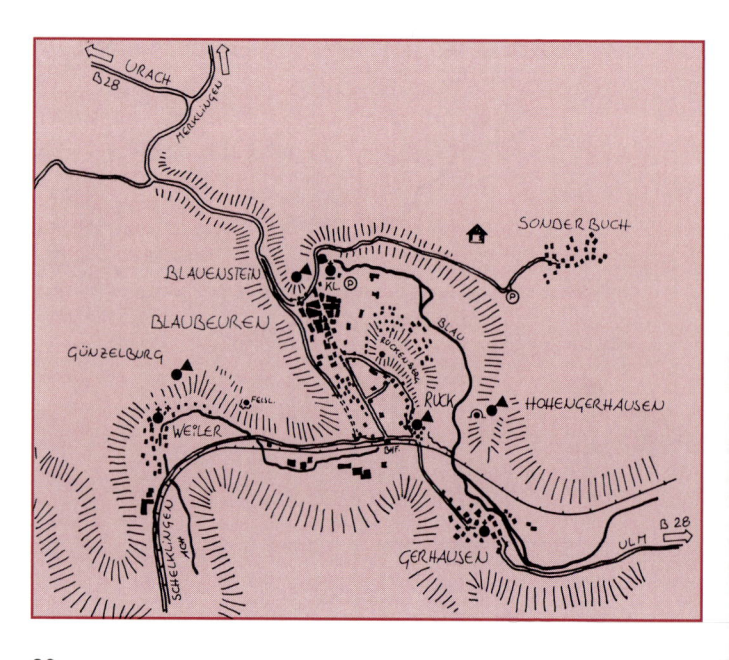

Ruck

Der Leich, Mahnung zum Kreuzzug

(Text ins Hochdeutsche und gekürzt) Lied des Minnesängers Heinrich von Rugge (Ruck) aufgeführt in der Manessischen Liederhandschrift um 1175

Ein schlichter Ritter hat
gegeben diesen weisen Rat;
man soll zu Nutz und Frommen ihn versteh'n.

Ihr Klugen, merkt auf Ihn:
Das wird für euch ein großer Gewinn.
Wer ihn versteht,
so ist mein Rat
noch weiser als ich selber bin.
Des schlichten Ritters Mund,
er tut euch allen gerne kund,
wie's um das göttlich Wunder ist getan.
's ist deren mehr als viel.
Wer Gott nicht freudig dienen will,
der ist verlorn,
denn sein Zorn
wird hart ergehen über ihn.

Nun höret weisen Mannes Wort
aus schlichten Mannes Munde:
denn es erwirbt den ew'gen Hort,
wer Gott nun dienen könnte.
Das wäre gut und auch mein Rat,
bedenkt es also gleich!
Schon mancher drum empfangen hat
des Herren Himmelreich.

Nun ist uns harte Kunde kommen,
ihr habt sie alle wohl vernommen.
Gedenke männiglich
in Ehrfurcht vor dem reichen Gott,
denn er erfüllte sein Gebot,
des Kaisers Friederich.

Viel höret man die Leute zwar
um ihre Freunde klagen.
So will ich denn zu euch fürwahr
die andere Märe sagen.
Mein Rat ist unverhüllt und klar:
wir sollen nicht verzagen!
Wir trauern um die sel'ge Schar
und müssen's wohl still ertragen.

Wer nun das Kreuz aufnimmt,
wie wohl das Helden ziemt!
Da zeigt sich Mannesmut.
Gott ist gut.
In seiner Hut
hält er sie immer fest,
Gott, der sie nie verläßt.

So spricht vielleicht ein böser Mann,
der Mannes Herz noch nie gewann:
„Wir sollten gar fein zu Hause bleiben,
die Zeit wohl vertreiben
so schön mit den Weibern!"

Ruck

Doch so spricht sie, die er begehrt:
„Ach, Freundin, er ist den Strich nicht wert.
Was soll er da noch zum Freunde mir?
Wie gern ich ihn verlier!"
„Ja, mein Kind, das rat ich dir."

Pfui, daß er jemals ward geboren!
Nun hat er hier und dort verloren.
Weil er gefürchtet, was Gott ihm gebot,
zu leiden die Not
für ihn und den Tod.

So lebt denn, stolze Helden, wohl!
O selig, wer da sterben soll,
wo Gott erstarb,
da er erwarb
das Heil der Christenleute.
Wie bitter ist der Hohe Groll!
Das Himmelreich ist gnadenvoll.
Nun folget mir,
wo werbet ihr,
daß man euch dorthin leite.

Gar mancher nach der Weltlust strebet,
dem sie mit bösem End vergebet,
und niemand weiß, wie lang er lebet.
Es gibt nicht größre Not.
Ich rat euch, was ich selber will:
Nehmt auf das Kreuz und fahret hin,
das wird euch allen groß Gewinn,
und fürchtet nicht den Tod.

Der schlichte Mann von Rugge hat
gegeben diesen weisen Rat.
Ein jeder, der ihn nun bejaht,
das höchste Gut gewinnt.
Wen's reut, wenn er den Schaden hat,
da ihm die große Missetat
kein Mensch verzeiht, – der kommt zu spät,
wenn er sich dann besinnt.

Geschichte | Die edelfreie Familie Ruck ist als Zweig der bedeutenden Pfalzgrafen von Tübingen anzusehen. Gemeinsam stiften sie das Kloster in Blaubeuren. Ein im 12. und 13. Jahrhundert genanntes Dienstmannengeschlecht von Ruck könnte der unehelichen Verbindung eines Pfalzgrafen entstammen. Allgemein wird der Minnesänger Heinrich von Rugge dieser Familie zugeordnet.

Ruck

1085 Sigiboto von Ruck, Mitbegründer des Klosters und Erbauer der Burg.
Um 1100 Siegfried von Ruck, Sohn von Sigiboto.
Um 1150 Das Freiadelsgeschlecht von Ruck stirbt mit Hermann, Sohn des Siegfried, im Mannesstamme aus. Übergang des Besitzes an die Pfalzgrafen von Tübingen.
1175 Ritter Heinrich von Rugge, namhafter mittelhochdeutscher Dichter, Minnesänger, überliefert 48 Strophen in 12 Tonarten, z. T. in der Heidelberger Liederhandschrift.
1181 Pfalzgraf Hugo von Tübingen auf Burg Ruck anläßlich der Ausstellung einer Urkunde für das Kloster Herrenalb.
1244 Albert von Ruck, Zeuge in einer Urkunde des Pfalzgrafen Wilhelm.
Zwischen 1268 und 1273 Übergang an den Grafen Ulrich (VI.) von Helfenstein (siehe Hohengerhausen).
24. August 1303 Graf Ulrich (VIII.) von Helfenstein verkauft die Burgen Ruck, Hohengerhausen und Blauenstein mit Blaubeuren an die Herzöge von Österreich. Ulrich erhält die Besitzungen als Lehen wieder zurück.
1447 Graf Konrad von Helfenstein verkauft Ruck an Württemberg. Bis zum 30jährigen Krieg Sitz der württembergischen Obervögte.
1519 Herzog Ulrich von Württemberg zieht mit 300 Mann vor Blaubeuren und Ruck; nach gegenseitigem Beschuß und heftiger Abwehr, Abzug des Herzogs (siehe Hiltenburg, Band I).
1563 Sebastian Graf zu Helfenstein und Freiherr von Gundelfingen wird Obervogt in Blaubeuren. Er läßt Ruck als Wohnsitz ausbauen.
1564 Sebastian stirbt auf Ruck.
1581 Sitz des Forstmeisters mit Namen Zangenmeister, Ruck bereits in baulich schlechtem Zustand.
1636 Der österreichische Untervogt Knoll läßt die Burg reparieren.
1656 Herzog Eberhard weist jährlich 10 Gulden für Baumaßnahmen an.
1668 wird berichtet: „Schloß Rugg durch des Forstknechts David Burckhardts Weib Verwahrlosung in Brand geraten."
1670 Renovierung der Burg.
1714 Sechs Stuben, Ställe, Keller, ein Blumen- und ein Gewürzgarten werden wieder hergestellt und eine neue Scheuer gebaut.
1717–1722 Franz von Gemmingen „zum lebenslänglichen Aufenthalt bestimmt".
1751 Auf Abbruch an den herzoglichen Kirchenrat verkauft. Die Steine werden zum Kirchenbau in Gerhausen verwendet.
1792 Im österreichischen Lehensbrief für Herzog Ludwig Eugen wird Ruck noch als „Festin" bezeichnet.

Ruck

1 Kernburg
2 Vorburg
3 Gewölbekeller
4 Eingang Keller
5 Lage des Wohngebäudes
6 Lage des Wachturmes
7 Lage des Bergfrieds
8 Aussichtspunkt
9 Vermutlicher Verlauf der Umfassungsmauern
10 Von Blaubeuren
11 Lage eines runden Turmes nach Koch

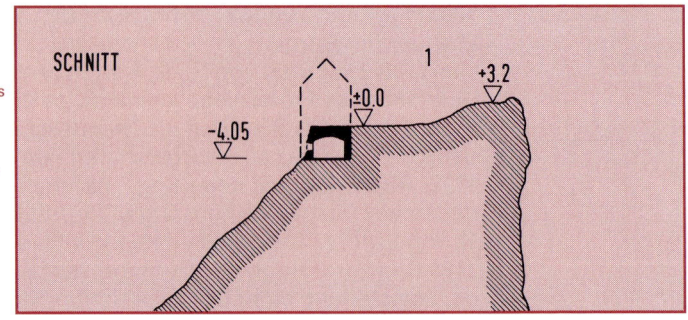

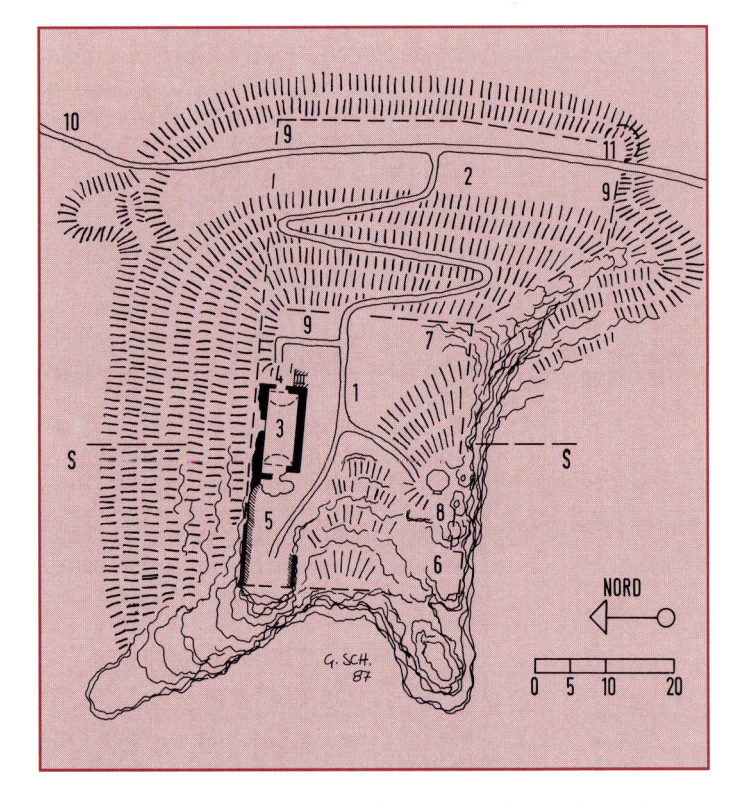

Anlage
Ruck ist die Bezeichnung für die Burg auf dem Bergrücken. In Gipfellage inmitten des Talkessels beherrschte sie die Straße von Blaubeuren nach Ulm.

Vorburg
Ihre Vorburg (2) lag an der flachen Hangseite zum Blautal. Der Burgenforscher Koch erkannte südseitig die Lage eines runden Turmes (11).

Hauptburg
Von der Hauptburg auf der Felsterrasse ist nur wenig zu sehen. Nordseitig ein 10 x 4,4 m großer, tonnenüberwölbter Keller (3) mit Resten einer davorliegenden Treppe. Sie führte einst direkt zum Burghof. Mischmauerwerk am Felsen kennzeichnen die Lage eines Gebäudes in der äußersten Nordwestecke.

Ruck

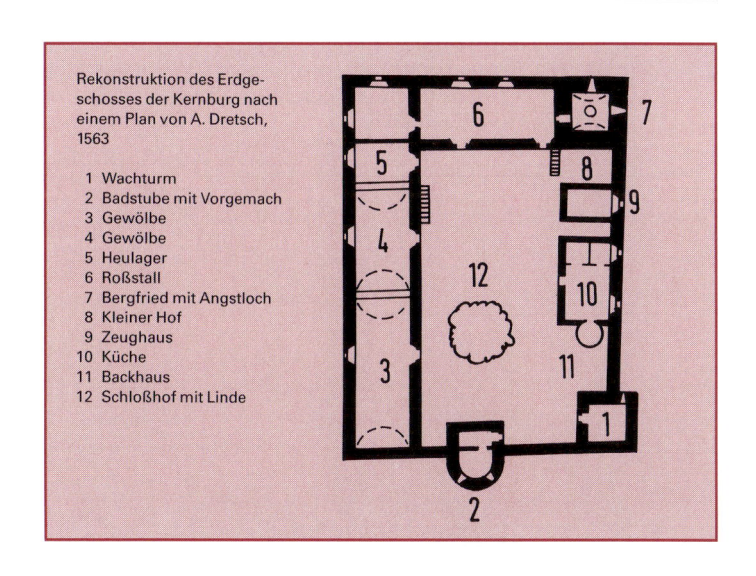

Rekonstruktion des Erdgeschosses der Kernburg nach einem Plan von A. Dretsch, 1563

1 Wachturm
2 Badstube mit Vorgemach
3 Gewölbe
4 Gewölbe
5 Heulager
6 Roßstall
7 Bergfried mit Angstloch
8 Kleiner Hof
9 Zeughaus
10 Küche
11 Backhaus
12 Schloßhof mit Linde

Sebastian Graf zu Helfenstein und Freiherr von Gundelfingen, württembergischer Obervogt, beauftragte 1563 den Hofbaumeister Albrecht Dretsch ein „Badstüblein" einzubauen. Anlaß war die vorgesehene Hochzeit mit Maria von Hohenhewen. Erhalten geblieben sind Baugesuchspläne und ein Kostenanschlag. Die Rechteckanlage besaß zwei viereckige Türme und laut Inventaraufnahme von 1567 im Obergeschoß mehrere Gemächer, eine Erkerstube, Kammern für die Edelleute, die Knechte und Mägde, eine Kammer im Wächterturm und eine Dürnitz. Dieser Plan zeigt auch, daß auf dem Blaubeurer Hochaltar von 1493 nicht – wie meist angenommen – die Burg Ruck dargestellt wird.

Besitzer	Land Baden-Württemberg
Pläne	Grundrißplan von 1563 im Hauptstaatsarchiv Stuttgart Grundriß von K. A. Koch
Alte Ansicht	Zeichnung von Johann Stahl, 1731, Hauptstaatsarchiv Stuttgart

Literaturhinweise	– Die Kunst- und Altertumsdenkmale
	  württ. Donaukreis, OA Blaubeuren, 1914
	– Eberl, Immo
	  Die Stadt Blaubeuren im Spätmittelalter, in Heimatbuch Blaubeuren, 1986
	– Hilsch, Peter
	  Die Burgen um Blaubeuren, in Heimatbuch Blaubeuren, 1986
	– Imhof, Dr. Eugen
	  Blaubeurer Heimatbuch, 1950
	– Kasper, Alfons
	  Kunstwanderungen kreuz und quer der Donau, 1965
	– Memminger, Professor
	  Beschreibung des Oberamts Blaubeuren, 1830
	– Reichardt, Lutz
	  Ortsnamenbuch des Alb-Donau-Kreises und des Stadtkreises Ulm, 1986
	– Schloß, Ruck
	  Blätter des Schwäb. Albvereins, Nr. 14, 1902

Ruck

- Schneider, Dr. Archivsekretär
  Schloß Ruck bei Blaubeuren, in Württembergische Vierteljahreshefte für Landesgeschichte, Jahrg. VI 1883
- Zürn, Hartwig
  Geländedenkmale, 1961

Letzter sichtbarer Rest der Burg Ruck, Keller mit Tonnengewölbe auf der Nordseite des Felsens

Blauenstein

Blauenstein

Lage	An der Straße von Blaubeuren nach Urach erhebt sich am Ortsende über dem Kloster der Blaufels. Auf dem beliebten Aussichtspunkt lag die dritte der Blaubeurer Burgen, die Feste Blauenstein. Vom Parkplatz hinter dem Kloster zur Kreuzung Linden-, Kloster-, Blautopfstraße. Über Treppen zur Sonderbucher Steige und auf bezeichnetem Weg zum Blaufels (AV Dreieck Nr. 1 und 7), Weglänge ca. 0,9 km. *Wandervorschlag:* Von Blaubeuren über Sonderbuch zum Parkplatz beim Segelfluggelände. Auf bezeichnetem Weg (AV Dreiblock Nr. 7) zuerst durch den Wald, schließlich am Waldrand entlang zur Burgstelle. Parkplatz – 1,8 km Blauenstein (Blaufels). Wandervorschlag zu den Burgruinen Ruck und Hohengerhausen siehe dort.
Gemeinde	Stadt Blaubeuren, Alb-Donau-Kreis
Meereshöhe	Burg 654 m, Blautal 504 m
Besichtigung	Frei zugänglich
Einkehr-möglichkeiten	Flugplatzstüble und Gasthäuser in Blaubeuren
Weitere Sehenswürdigkeiten	Kloster Blaubeuren, Blautopf

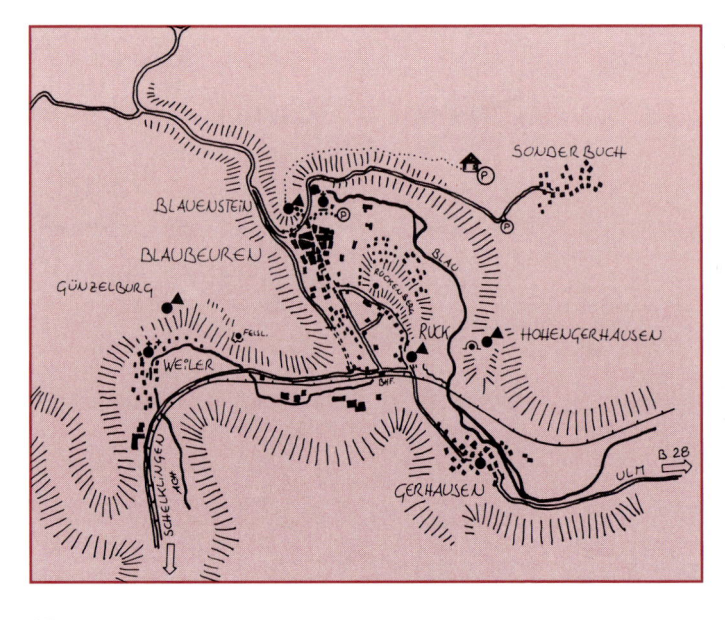

Blauenstein

Die Sage von der schönen Tochter des Grafen von Helfenstein

Auf dem Blauenstein soll einst der Graf von Helfenstein residiert haben. Zwischen der hübschen Tochter des Grafen und Konrad, dem helfensteinischen Dienstmann auf Hohengerhausen war eine heftige Liebe entbrannt. Bald wurde an Heirat gedacht. Doch der herzlose Graf konnte sich seinen Dienstmann als Schwiegersohn nicht vorstellen.
In einer stürmischen Nacht entführte Konrad heimlich seine Geliebte nach Hohengerhausen. Kurzentschlossen holte der Graf den König Rudolf von Habsburg zu Hilfe und erzwang mit seinen Rittern die Herausgabe der Tochter. Die Geschichte nahm schließlich doch noch ein gutes Ende. Auf Fürsprache des Königs und der Helfensteinerin Anna fanden die beiden dann doch noch zueinander.

Geschichte

Die Erbauung von Blauenstein ist im Zusammenhang mit dem Erwerb der Herrschaft Blaubeuren durch die Grafen von Helfenstein zu sehen. Ihre Geschichte ist eng verbunden mit Ruck und Hohengerhausen.

1303 Erste Erwähnung der Burg anläßlich des Verkaufs der Blaubeurer Besitzungen durch Graf Ulrich (VIII.) von Helfenstein an die Herzöge von Österreich. Ulrich erhält sie als Lehen wieder zurück.
1384 Verpfändung der Burg durch Anna, Gräfin von Helfenstein, an Ritter Lutz (II.) von Landau.
1397 Blauenstein in Besitz der Stadt Ulm.
1519 Herzog Ulrich von Württemberg zieht mit 300 Mann vor Blaubeuren und läßt die Feste Blauenstein beschießen.
1553 Blauenstein als baufällig bezeichnet.
1616 wird von einem „Blauhäuslein" anstelle der Burg berichtet.
1624 „Blauenstein die Festung ziemlich zergangen und wird allein im Dach erhalten."
1628 Instandsetzungsarbeiten.
1699 „Die Festung Blauenstein, so auf dem Blaufelsen gestanden, ist nunmehr ganz abgegangen. Vor weniger Zeit ist noch ein Blockhaus von Balken zu sehen gewesen..."
1773 Die Stadt Blaubeuren verkauft das nochmals errichtete oder instandgesetzte „Blauhäuslein" auf Abbruch.

Anlage

Blauenstein diente zur Sicherung der Stadt Blaubeuren nach Norden. Sie gehörte mit Hohengerhausen und Ruck zu einem ausgeklügelten Verteidigungssystem. Als Festung kann sie dennoch nicht bezeichnet werden. Auf dem ca. 32 x 10 m großen Felsvorsprung war nur wenig Platz. Ein Turm oder ein befestigtes Haus ist denkbar. Der Merianstich von 1650 zeigt ein zweigeschossiges, satteldachgedecktes Gebäude mit Anbau.
Ein schmaler Halsgraben (2) kennzeichnet die Burgstelle.

Blauenstein

1 Stelle der Hauptburg
2 Halsgraben
3 Abschnittsgraben
4 Bergsporn
5 Steiler Fels
6 Von der Hochfläche
7 Von Blaubeuren
8 Aussichtspunkt

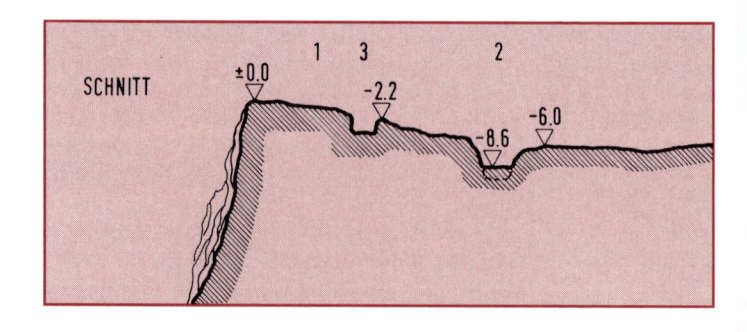

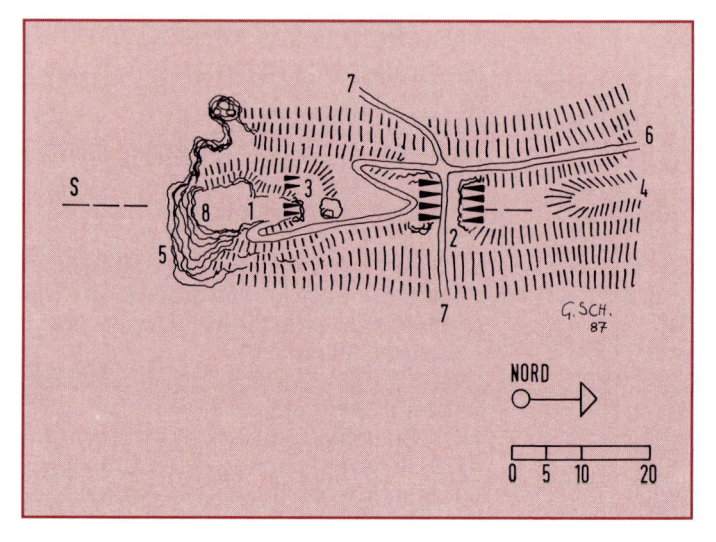

Besitzer	Stadt Blaubeuren, Hospitalverwaltung
Alte Ansichten	Merian-Stich von 1650 Darstellung auf der Kirchentafel um 1680
Literaturhinweise	– Blauenstein Blätter des Schwäb. Albvereins, Nr. 14, 1902 – Eberl, Immo Die Stadt Blaubeuren im Spätmittelalter, in Heimatbuch Blaubeuren, 1986 – Hilsch, Peter Die Burgen um Blaubeuren, in Heimatbuch Blaubeuren, 1986 – Imhof, Dr. Eugen Blaubeurer Heimatbuch, 1950 – Memminger, Professor Beschreibung des Oberamts Blaubeuren, 1830 – Reichardt, Lutz Ortsnamenbuch des Alb-Donau-Kreises und des Stadtkreises Ulm, 1986 – Zürn, Hartwig Geländedenkmale, 1961

Günzelburg (Greifenburg)

Günzelburg (Greifenburg)

Lage	Von Blaubeuren in Richtung Ehingen führt die B 492 an Weiler vorbei. Die Ortschaft liegt in einer Talschlaufe von bewaldeten Hängen mit markanten Felstürmen gesäumt. Auf dem höchsten zur Nordseite stand einst die Günzelburg. In Weiler beim Friedhof parken. Den Weg bergwärts, nach der Gabelung die „Gockelersteige" links und schließlich (ca. 250 m) rechts abzweigen zur Günzelburg. Weglänge ca. 1 km. *Wandervorschlag:* Von Blaubeuren nach Seißen und von Ortsmitte südlich bis zum Parkplatz beim Sportgelände. Am Waldrand entlang westlich (Rundweg Weiler–Tiefental, AV rotes Dreieck) zur Ruine Günzelburg. Weiter nach 200 m rechts in den Wald, vorbei am Felsentor „Küssende Sau" ins Tal absteigen. An der Ach entlang durch Weiler, das Tiefental aufwärts und schließlich rechts durch das „Bettelteile" (AV rotes Dreieck) zum Ausgangspunkt. Parkplatz – 2,2 km Günzelburg – 0,8 km „Küssende Sau" – 1,2 km Weiler – 1,2 km Tiefental – 3,3 km Parkplatz.
Gemeinde	Blaubeuren, Stadtteil Seißen, Alb-Donau-Kreis
Meereshöhe	Burg ca. 690 m, Weiler 522 m, Seißen 700 m
Besichtigung	Frei zugänglich
Weitere Sehenswürdigkeiten	Felstor „Küssende Sau", Felslabyrinth

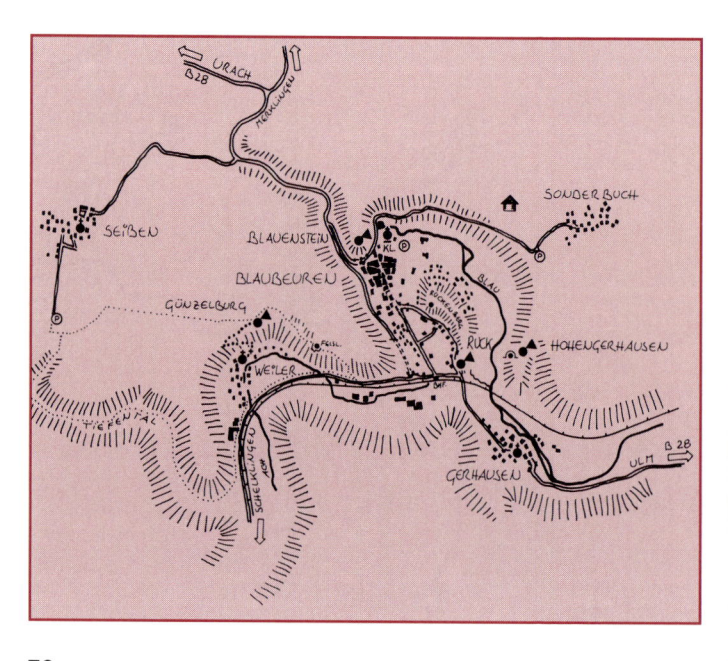

Günzelburg (Greifenburg)

Burgfelsen von Westen mit Treppenaufgang und Mauerresten

Geschichte

Die ursprüngliche Bezeichnung Gryffenburg ist ein heraldischer Name; eine Benennung nach dem Wappentier des Eigentümers. Es ist wahrscheinlich, daß die Burg erst im 14. Jahrhundert anstelle einer älteren Anlage auf dem Wachtfels entstanden ist. Der spätere Name Denzelburg – Tüntzelburg ist vermutlich eine Benennung nach dem neuen Besitzer.

1403 Erster urkundlicher Nachweis der Gryffenburg, vermutlich in Besitz der Grif von Berkach, Ministerialen der Grafen von Berg.
Ende 14. Jahrhundert Eigentum der Herren von Weiler. Die Erbtochter Anna von Weiler vermacht die Burg den Nachkommen des Hans von Westernach.
1414 Veräußerung der Herrschaft Weiler.
1460 Verkauf der Burg durch die Herren von Westernach an Ulrich von Westerstetten.
Nach 1460 Eigentum des Klosters Blaubeuren.
1464 Verkauf der „Tüntzelburg" um 160 fl. an die Heiligenstiftung Seißen.
Um 1477 Die Günzelburg bereits baufällig: „Auch die Mauertrümmer der Burg Gintzelburg, die über das Haus (Franziskanerinnenkloster) auf der Spitze des Felsens hereinragt, haben diesem Haus Schaden getan . . ."
1585 Erstmalige Bezeichnung als Günzelburg.
1604 Die „Denzelburg".
1893 Eigentum der Gemeinde Seißen.

Anlage

Die Felsplatte erhebt sich beachtliche 170 m über dem Tal und ragt noch wenig über die angrenzende Hochfläche. Der natürliche Einschnitt wurde zu einem 8 m tiefen Graben (2) erweitert. Ob der Zugang von der Grabensohle oder über eine Brücke erfolgte, ist unklar.

Günzelburg (Greifenburg)

1 Burgfelsen – Lage der Kernburg
2 Halsgraben
3 Hochfläche
4 Lage des Palas nach Koch
5 Lage des Torhauses nach Koch
6 Mauerreste
7 Mauerschutt
8 Steiler Fels
9 Treppe zum Burgfelsen
10 Von Weiler
11 Schw. Alb Südrandweg Weiler–Tiefental
12 Schildmauer

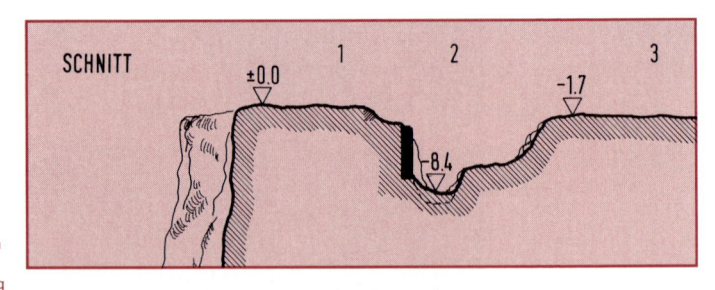

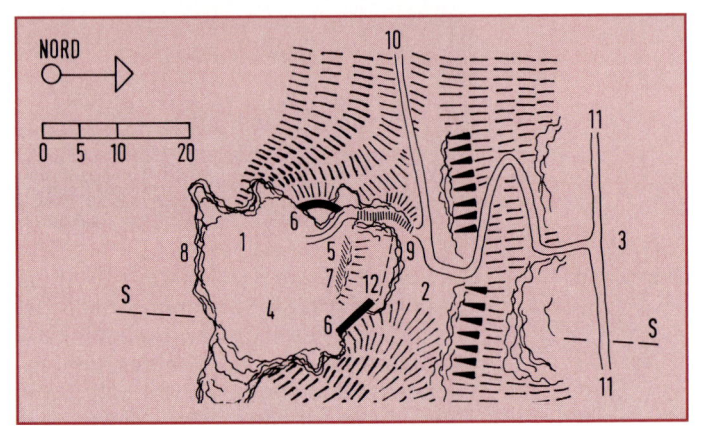

Der Besucher gelangt auf einer schmalen, steilen Steintreppe (9) an der rechten Felskante entlang zur Ebene der ehemaligen Kernburg. Die Grundfläche entspricht einem unregelmäßigen Viereck von ca. 20 x 21 m. Eine hakenförmige Schildmauer (12), teilweise im Graben aufgebaut (Reste) sicherte den Zugang vom angrenzenden Gelände. Aufgrund der Mauerwerkstechnik – verputztes Bruchsteinmauerwerk aus Steinen verschiedenster Form und Größe – kann die Günzelburg nicht vor Ende des 13. Jahrhunderts entstanden sein.

Besitzer	Stadt Blaubeuren
Plan	Grundriß von K. A. Koch
Literaturhinweise	– Eberl, Immo Stadtteil Seißen, in Heimatbuch Blaubeuren, 1986 – Kasper, Alfons Kunstwanderungen kreuz und quer der Donau, 1965 – Memminger, Professor Beschreibung des Oberamts Blaubeuren, 1830 – Reichardt, Lutz Ortsnamenbuch des Alb-Donau-Kreises und des Stadtkreises Ulm, 1986 – Zürn, Hartwig Die vor- und frühgeschichtlichen Geländedenkmale und die mittelalterlichen Burgstellen der Kreise Göppingen und Ulm, 1961

Sirgenstein

Sirgenstein

Lage	Die B 492 führt von Ehingen nach Blaubeuren. Am linken Talrand der Urspringer Ach zwischen Schelklingen und Weiler erhebt sich der Sirgenstein. Vom Parkplatz unterhalb des Felsens (ca. 1,1 km von Schelklingen, ca. 0,9 km von Weiler) zweigt ein markierter Fußweg zur Sirgensteinhöhle und weiter zum Burgfelsen ab. Weglänge ca. 500 m. *Wandervorschlag:* Vom Bahnhof in Schelklingen die Urspringer Ach talabwärts bis zum „Hohlen Fels". Am Waldrand entlang weiter zur Einmündung des Riedentales. Nach links über die Bahnlinie und im Wald hoch zur Höhle und Burgstelle Sirgenstein. Hin- und Rückweg gesamt 6,4 km.
Gemeinde	Stadt Blaubeuren, Stadtteil Weiler, Alb-Donau-Kreis
Meereshöhe	Burg 614 m, Ach-Tal 527 m, Sirgensteinhöhle 560 m
Besichtigung	Frei zugänglich
Weitere Sehenswürdigkeiten	Sirgensteinhöhle (L 42 m), Hohler Fels (L 120 m, Halle 500 m^2)
Sirgenstein in Beschreibung des Oberamts Blaubeuren, 1830	Der Sirgenstein, Sigrenenstein, ein mächtiger Felsen auf der Grenze der Schelklinger Markung gegen Weiler, an der Straße nach Schelklingen. Er soll ehemals ebenfalls ein Schloß getragen haben und auf alten Karten soll er noch als Schloß vorkommen, so daß deswegen ein französi-

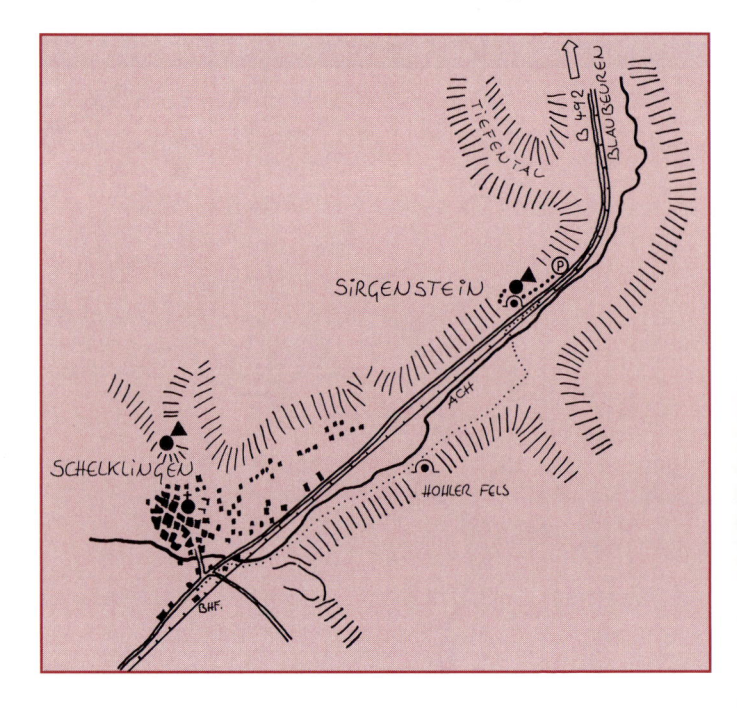

Sirgenstein

scher Obrist im Jahr 1809 dort eine Abteilung Soldaten einquartieren wollte. Dermalen befindet sich jedoch keine Spur mehr von Mauerwerk darauf.

Geschichte

Weder von der Burg noch deren Besitzern sind urkundliche Nachweise bekannt. Im 12. Jahrhundert schenkt Adalbert (Adalbertus Emeche) drei Hufen an drei Orte: bei Sontheim und Berkach bei Ehingen sowie Schelklingen am Hang Irgenstein oder Sigrenstein (Sirgenstein); eine Siedlung am Fuße des Felsens, die möglicherweise schon vor der Burg bestanden hat. Ihre Errichtung kann mit dem Ausbau von Hohenschelklingen zum Stammsitz der Grafen von Berg zu tun haben. Die zeitliche Eingrenzung des Baudatums zu Beginn des 13. Jahrhunderts aufgrund des vorgefundenen Buckelquaders würde dieser Annahme entsprechen.

1 Lage der Kernburg
2 Halsgraben
3 Mauerrest
4 Felsschacht
5 Talseite
6 Sirgensteinhöhle
7 Vom Tal, Parkplatz v. Höhle

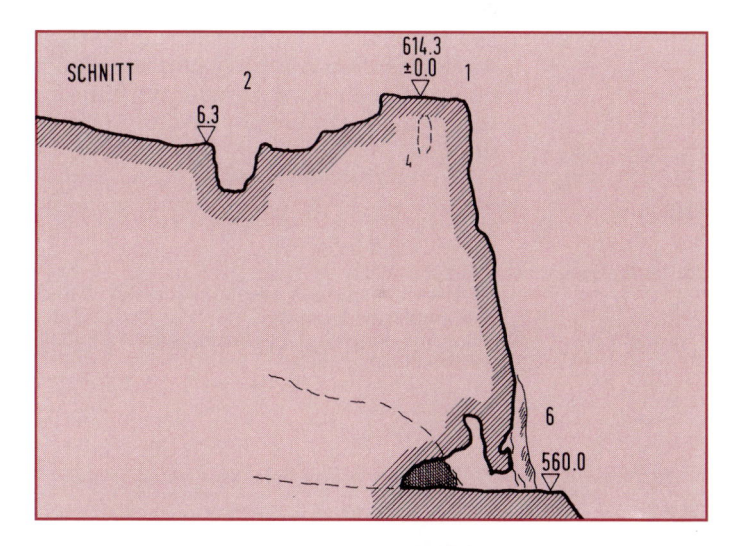

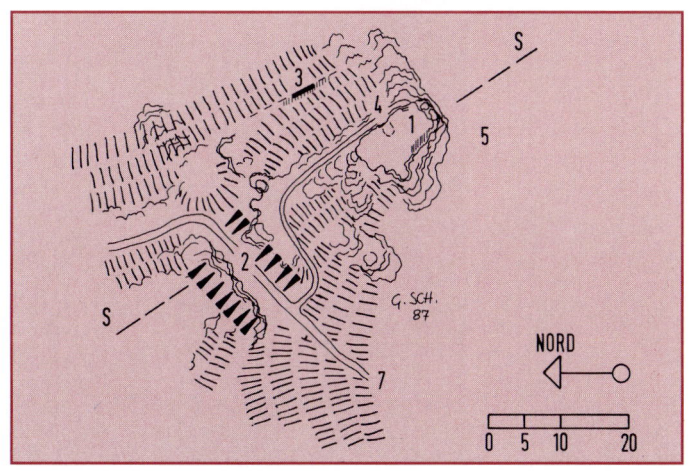

Sirgenstein

Anlage	Der markante Sirgenstein liegt am Steilhang kurz vor der Talbiegung in Richtung Weiler. Die kleine Anlage auf der Felsspitze beschränkte sich auf eine Fläche von ca. 18 x 30 m. Ein Halsgraben (2) im Fels bildet den Abschluß nach Norden. Von hier gelangt man, zuerst über Stufen, dann auf steilem Pfad (Drahtseil) zur höchsten Stelle. Rechts am Fels der Einstieg zu einem tiefen Schacht. Auf der ca. 5 x 11 m großen Plattform stand der wichtigste Teil der Burg, vermutlich ein Wohnturm in Buckelquaderbauweise. Diese Annahme stützt sich auf einen Quaderfund anläßlich von Straßenbaumaßnahmen unterhalb des Felsens im Jahre 1962. Buckelquader (aufgestellt an der Straße): Abmessung (L x B x H) 54 x 42 x 64 cm, Randschlag 3 cm, Buckelhöhe 13 cm, grob bearbeitet. Geringe Reste mit kleinteiligem Quadermauerwerk befinden sich auf der Ostseite am Steilhang. Die Sirgensteinhöhle im Burgfelsen gehört zu den für die Altsteinzeitforschung wichtigsten Fundstätten. Ihre Begehung ist auch ohne Lampe möglich. In der hinteren Halle lassen zwei Öffnungen in der Decke das Tageslicht eindringen.
Besitzer	Privat
Plan	Grundriß von K. A. Koch

Literaturhinweise	– Kasper, Alfons
	  Kunstwanderungen kreuz und quer der Donau, 1965
	– Memminger, Professor
	  Beschreibung des Oberamts Blaubeuren, 1830
	– Rothenbacher, Franz
	  Burg Sirgenstein, in „Heimatbuch Schelklingen", 1984
	– Uhl, Stefan
	  Buckelquader, 1984

Mauerrest an der Nordostseite des Felsens

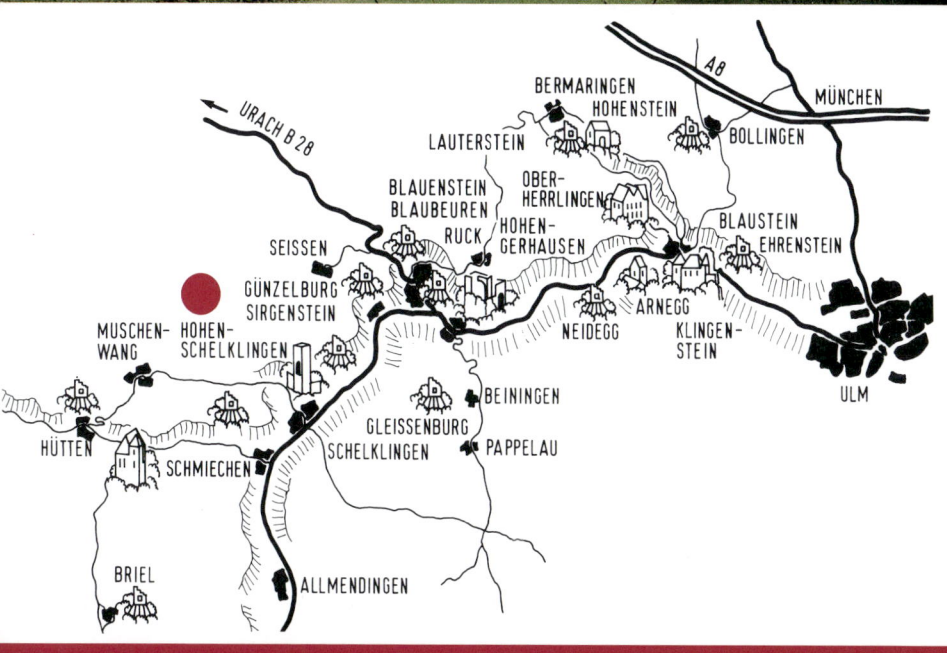

Hohenschelklingen

Hohenschelklingen

Lage	Zwischen Ehingen und Blaubeuren entspringt die Urspringer Ach. An einer Talbiegung liegt Schelklingen. Die einst von festen Mauern und Gräben umgürtete Stadt wird von der Burgruine Hohenschelklingen überragt. Vom Parkplatz bei der Stadthalle führt ein bezeichneter Weg (AV rotes Dreieck) in 10 Minuten zur Ruine. *Wandervorschlag:* Am Stadtrand bei der Ursprinker Ach auf der Südseite des Lützelbergs zum Kloster Urspring (AV Dreieck), den bezeichneten Weg die Klosterhalde aufwärts zuerst in Richtung Muschenwang, dann nach rechts (AV Raute) zur Ortschaft Hausen. Östlich über die Hochfläche zum Waldrand (Einmündung Wanderweg AV Dreieck) und schließlich zur Burgruine. Schelklingen – 1,9 km Kloster Urspring – 2,2 km Hausen – 2,4 km Hohenschelklingen – 0,5 km Schelklingen.
Gemeinde	Stadt Schelklingen, Alb-Donau-Kreis
Meereshöhe	Burg 621 m, Schelklingen 530 m
Besichtigung	Frei zugänglich, Schlüssel zum Bergfried gegen geringe Gebühr im Gasthof „Krone" und im Sportheim erhältlich.
Weitere Sehenswürdigkeit	Kloster Urspring

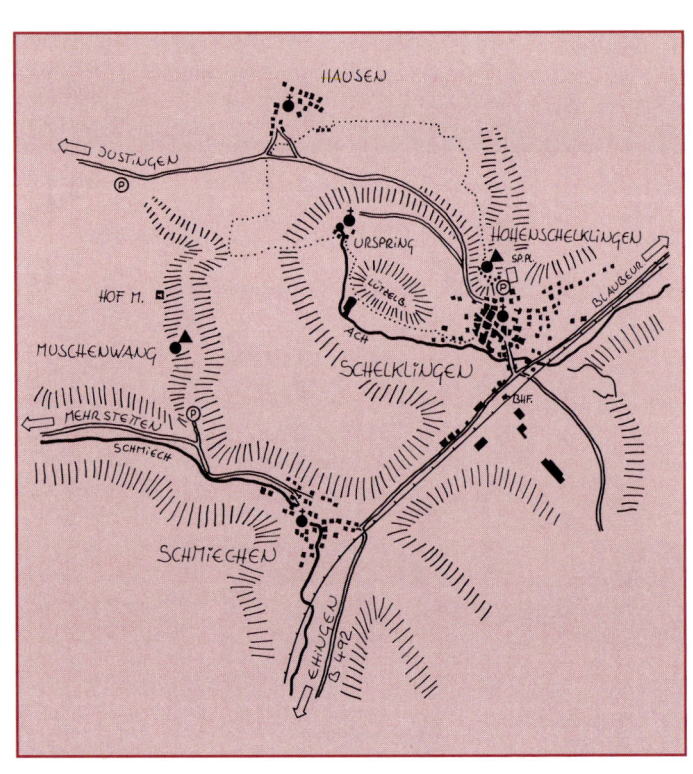

Hohenschelklingen

Geschichte

Die Geschichte der Burg ist eng verbunden mit der Stadt Schelklingen und dem Kloster Urspring. Unter den Grafen von Berg wurde sie zum Stammsitz, schließlich unter Habsburg zum Eckpfeiler gegen die württembergischen Besitzungen in Blaubeuren, Urach und Münsingen. Maria Theresia nennt Schelklingen das Verbindungsglied zwischen Österreich und dem europäischen Welttheater, Joseph II. den Vorposten der Monarchie.

1127 Erste Erwähnung der Burg – castro et villae Schälkalingen – in Besitz der edelfreien Brüder Rüdiger, Adalbert und Walter von Schelklingen.
1184 Walter von Schelklingen letzte Erwähnung, danach Übergang an den Grafen Heinrich von Berg durch Heirat der Erbtochter Adelhaid.
1234 Graf Heinrich von Berg, Herr von Burg und Stadt Schelklingen. Um diese Zeit ist die Erweiterung der Burg anzunehmen – Neubau der Vorburg und des Bergfrieds.
1246/47 Vermutliche Belagerung der Burg im Zusammenhang mit der Zerstörung des Klosters Urspring.
1248–1266 Ulrich II., Sohn des Heinrich, nennt sich Graf von Berg-Schelklingen. Die Burg wird Mittelpunkt der Bergschen Besitzungen und Wohnsitz der Grafen. Kinder: Ulrich III., Heinrich, Egino.
1266–1319 Ulrich III., Sohn des Ulrich II.
1292 Graf Ulrich von Berg, genannt von Schelklingen, verkauft ein Grundstück an das Kloster Salem.
1298 Graf Ulrich beurkundet, daß sein getreuer Heinrich von Neufrach ihm seine Burg Zusdorf mit dazugehörigen Gütern und Rechten zu Lehen aufgetragen hat.
1318 Graf Konrad von Schelklingen, Sohn des Ulrich III., Siegler in einer Urkunde anläßlich der Beilegung eines Streits zwischen Berthold von Gundelfingen und dem Kloster Bebenhausen.
1343 Graf Konrad und seine einzige Tochter Luitgard verkaufen ihre Besitzungen mit Hohenschelklingen an die Herzöge Albrecht, Friedrich, Leopold und Rudolf von Österreich.
1346 Mit Konrad sterben die Grafen von Berg-Schelklingen aus.
1350 Walter von Stadion, habsburgischer Vogt und Ammann in Schelklingen.
Bis 1396 Konrad von Reischach Pfandinhaber.
Ab 1396 Eigentum des Herzogs Ulrich von Teck und seiner Ehefrau, der Prinzessin Anna von Polen.
1407 Herzog Friedrich (IV.) gestattet dem Pfandherrn Herzog von Teck 500 fl. an der Burg Schelklingen zu verbauen.
1438 Die Herren von Stadion Pfandinhaber.
1507 König Maximilian I. verkauft die Pfandschaft an Lutz von Freyberg mit der Auflage, vom Pfandschilling 500 fl. an der Burg zu verbauen. Er war der letzte Bewohner auf Hohenschelklingen.

Hohenschelklingen

1530 Konrad von Bemelberg, Feldhauptmann des Schwäbischen Bundes, wird Besitzer. Er erhält die Genehmigung, 1000 fl. an den Schlössern Ehingen und Schelklingen zu verbauen. Die Burg bereits in Verfall und nicht mehr bewohnbar. Bemelberg soll das „Haus im Schloß" wieder instandsetzen, doch dieser verwendet das Geld für die Erbauung seines Wohnsitzes des sogenannten „Bemelberger Schlosses".
1633 Hohenschelklingen soll durch die Blaubeurer beim Durchmarsch in Schelklingen zerstört worden sein.
1650–1653 Abbruch von Teilen der Burg und Verwendung des Steinmaterials zum Bau des Franziskanerklosters in Ehingen.
1893 Eigentum der Stadt Schelklingen.
1896 Sanierung der Burgruine, Einbau einer Treppenanlage in den Bergfried.

1 Bergfried
2 Palas
3 Halsgraben
4 Hauptburg
5 Vorburg
6 Mauerreste Gebäude
7 Westlicher Zwinger
8 Inneres Tor
9 Äußeres Tor
10 Reste Umfassungsmauer
11 Verlauf Umfassungsmauer
12 Von Schelklingen
13 Vom Sportplatz
14 Von der Hausener Steige
15 Tor zur Kernburg

Hohenschelklingen

Anlage

Die Burg Hohenschelklingen, Stammsitz der Grafen von Berg-Schelklingen, war eine beachtliche Anlage von ca. 130 m Länge und 60 m Breite. Ihre Mauerreste entsprechen im wesentlichen der mittelalterlichen Burg des 13. und 14. Jahrhunderts. An höchster Stelle liegt als Sperre zum angrenzenden Gelände der Bergfried mit vorgelagertem Halsgraben. In seinem Schutze entwickelte sich die Burganlage. Man kann drei Abschnitte unterscheiden. Die Kernburg (4), die bis zum Ende des Sporns reichende Vorburg (5) und einen westlichen, großen Zwinger (7). Am Weg von Schelklingen kennzeichnen Umfassungsmauerreste (10) die Vorburg. Der Besucher betritt die Ruine beim äußeren Tor (9). Nach dem inneren Tor (8) folgt ein Vorhof, der in einen breiten Zwinger (7) übergeht. Reste der Abschlußmauer am Hang bis 6 m hoch aus hammerrechten Steinen mit teilweise durchgehenden Lagerfugen. Hier ist die Vorburg der ersten Burganlage des 12. Jahrhunderts anzunehmen.

Vorburg

Zwinger

Kernburg

Über Stufen erreicht man die winkelförmige Ebene der Kernburg. Rechts Fundamente eines Wirtschaftsgebäudes und links an höchster Stelle die Lage des Palas (2).

Südwestseite des Bergfrieds mit hochgelegenem Eingang

Hohenschelklingen

Bergfried

Grundriß OG

1 Hochgelegener Eingang
2 Riegelbalkenloch
3 Neue Holztreppe
4 Feldseite

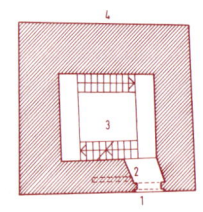

Besterhaltener Bauteil der Burgruine und gleichzeitig bedeutendstes mittelalterliches Bauwerk der Blaubeurer Alb ist der Bergfried (1). Sein Grundriß mit 6,90 x 6,60 m Seitenlängen ist fast quadratisch. Das Innere weist vier Rücksprünge auf. Bis zum dritten Absatz glatt bearbeitete Tuffquaderverblendung, darüber Mauerwerk aus hammerrechten Steinen. Ein seltener Anblick bietet der burgseitige, erhöhte Eingang. Mit Rundbogen, B = 92, H = 185 cm. Der 9 x 12 cm große Falz nahm eine hochziehbare Klapptüre auf, die im abgelassenen Zustand eine Plattform bildete. Eine Rarität besonderer Art bilden die Konsolsteine am oberen Turmabschluß – Reste von drei Wehrerkern. Die Verblendung des Bergfrieds wechselt mit glatt bearbeiteten Quadern und Buckelquadern. Weder die Ecken noch die Feldseite sind durch Verstärkung des Steinmaterials gekennzeichnet (z. B. Hohengundelfingen). Dies bedeutet durchgehende Lagerfugen. Hierbei ergibt sich, trotz der unregelmäßig und grob bearbeiteten Oberflächen, ein homogenes Gesamtbild.

Buckelquader

Buckelquader: Ecke Süd-West z. B. (L x B x H) 78 x 40 x 45, 82 x 41 x 50, 93 x 31 x 57, 86 x 36 x 54 cm, Randschlag: 4–5 cm, Buckel grob bearbeitet bis 20 cm stark.

Besitzer Stadt Schelklingen

Pläne Grundriß und Schnitte von K. A. Koch
Grundriß von J. Baum, 1911, und F. Rothenbacher, 1983
Zeichnungen vom Bergfried, S. Uhl, 1988

Alte Ansichten
1. Das „Haus im Schloß", 1532, Federzeichnung von Louis Kolb, 1829
2. Lavierte Bleistiftzeichnung von A. Seyffer, 1818 (Württ. Landesbibliothek Stuttgart).

Literaturhinweise
– Die Kunst- und Altertumsdenkmale
   württ. Donaukreis, OA Blaubeuren, 1914
– Kasper, Alfons
   Kunstwanderungen kreuz und quer der Donau, 1965
– Koch, K. A.
   Blätter des Schwäb. Albvereins, Nr. 29, 1917
– Lederer, Wilhelm
   Schelklinger Stadtgeschichte, in „Heimatbuch Schelklingen", 1984
– Memminger, Professor
   Beschreibung des Oberamts Blaubeuren, 1830
– Reichardt, Lutz
   Ortsnamenbuch des Alb-Donau-Kreises und des Stadtkreises Ulm, 1986
– Rothenbacher, Franz
   Burg Hohenschelklingen, in „Heimatbuch Schelklingen", 1984
– Schübelin, E.
   Blätter des Schwäb. Albereins, Nr. 12, 1897
– Uhl, Stefan
   Buckelquader, 1984
   Der Bergfried der Burgruine Hohenschelklingen, Manuskript zur Veröffentlichung vorbereitet 1988

Muschenwang

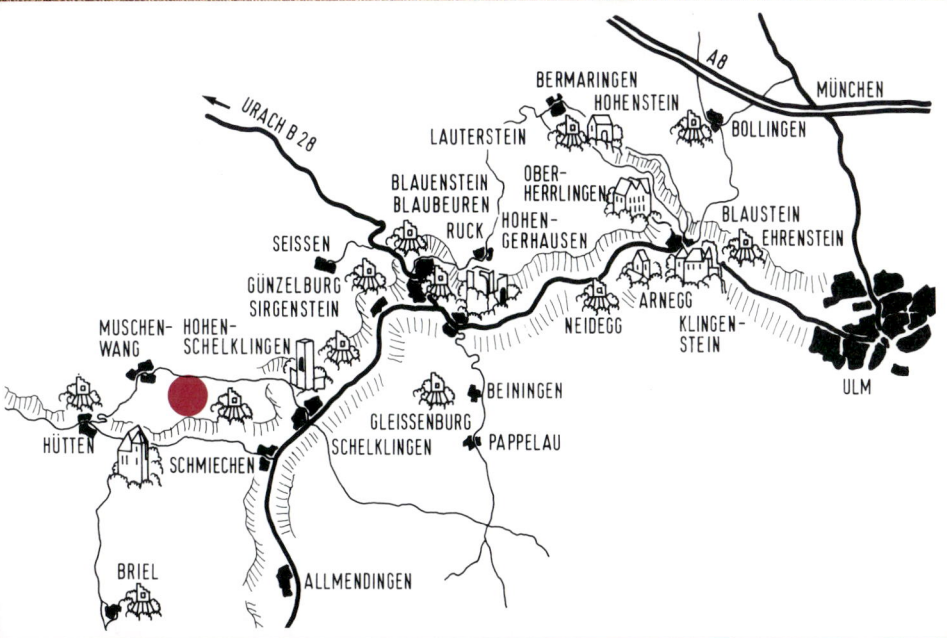

Muschenwang

Lage
Südwestlich von Schelklingen mündet bei Schmiechen das waldreiche Sindeltal in das Schmiechtal. Auf einem mächtigen Felsen lag die Burg Muschenwang.
An der Straße von Schmiechen in Richtung Mehrstetten-Hütten bei der Einmündung des Sindeltales parken. Auf dem Forstweg „Schloßhalde" (westlich) in den Wald und nach wenigen Metern rechts dem steilen Fußweg bis zur Burgstelle folgen. Weglänge ca. 1 km.

Wandervorschlag:
Vom Wanderparkplatz im Sindeltal das Tal aufwärts bis zur Straße Justingen–Schelklingen (Parkplatz). Den Waldrand entlang, am Hof Muschenwang vorbei (beschildert AV) zur Burgstelle. Weiter den Forstweg in südlicher Richtung und schließlich nach links steil abwärts zum Ausgangspunkt. Parkplatz – 2,2 km Straße Justingen–Schelklingen – 1,4 km Burgstelle – 1,2 km Parkplatz.

Gemeinde
Schelklingen, Ortsteil Schmiechen, Alb-Donau-Kreis

Meereshöhe
Burg ca. 770 m, Sindeltal 590 m

Besichtigung
Frei zugänglich

Geschichte
Muschenwang, auch Muschwang, bezeichnet den Ort bei einer sumpfigen Weide. Die Burg entstand vermutlich erst in der zweiten Hälfte des 13. Jahrhunderts als Dienstman-

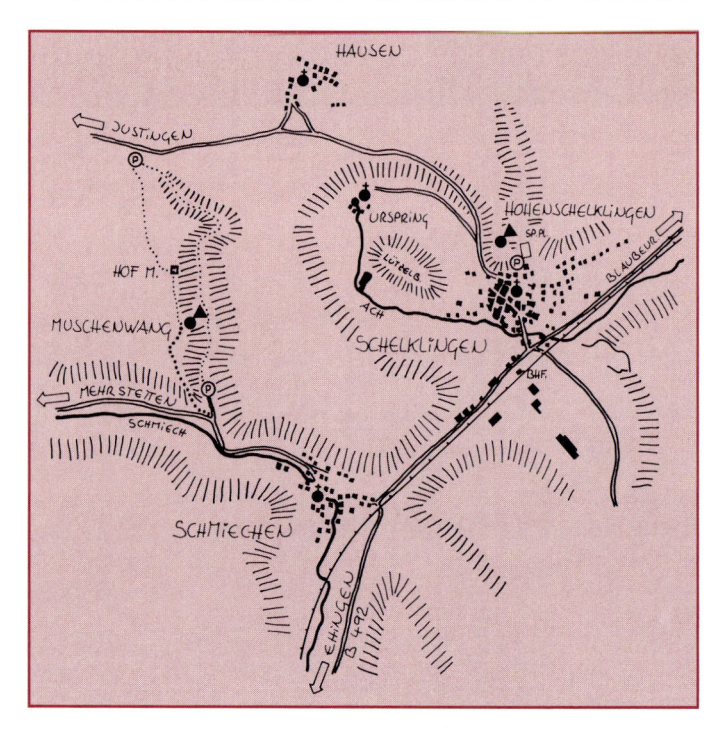

Muschenwang

nensitz der Grafen von Berg und somit als Vorposten der Burg Hohenschelklingen.

1271 Erster Nachweis eines Gottfried von Muschenwang.
1299 Johannes von Muschenwang Zeuge in einer Urkunde, Graf Ulrich von Berg schenkt dem Kloster Pfullingen Güter in Mittelstatt.
1315 Konrad und Degenhart von Gundelfingen beurkunden, daß die Streitigkeiten mit dem Kloster Salem wegen der in Teuringshofen von Gottfried von Muschenwang gekauften Wiesen beigelegt wurden.
1320 Heinrich und Rüdiger von Muschenwang verkaufen ihre Mühle in Teuringshofen an das Kloster Ursprung.
1329 Erwähnung der Burg unter Heinrich und Rüdiger.
1340 Hans von Muschenwang verkauft eine Wiese bei Schmiechen an das Kloster Blaubeuren. Heinrich und Rüdiger tauschen mit Konrad von Gundelfingen die Hälfte eines zur Burg Muschenwang gehörenden Guts für Grundstücke in Teuringshofen und Schmiechen.
1363 Heinz von Muschenwang verkauft die Burg mit Zubehör an seinen Onkel Johann von Erstetten zu Ennabeuren. Dieser verkauft sie noch im gleichen Jahr an das Benediktinerinnenkloster Ursprung.
1586 Margaretha von Stein, Äbtissin in Ursprung, läßt die Burg abbrechen und mit dem Baumaterial 350 m nördlich den Hof Muschenwang erbauen.
1875 Erwerb durch Württemberg.

1 Kernburg Donjon
2 Innerer Graben
3 Vorburg – Vorhof
4 Felsen, Aussichtspunkt
5 Lage eines Gebäudes
6 Schutzhütte
7 Grillstelle
8 Vom Hof Muschenwang
9 Von Schmiechen
10 Äußerer Graben

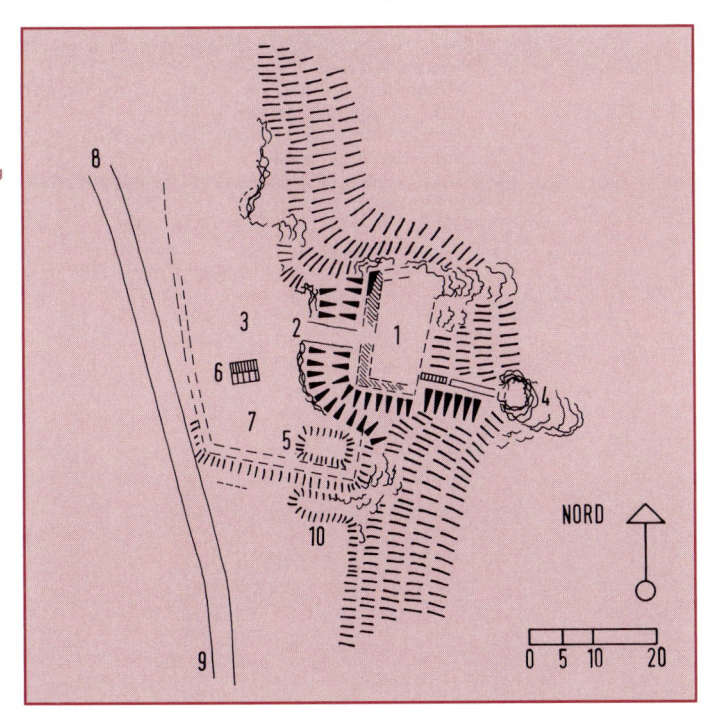

Muschenwang

Anlage

Muschenwang liegt an einer felsigen Hangkante 180 m über dem Sindeltal. Die wenig geschützte Vorburg, nicht auf einem Höhensporn, sondern breit gelagert, umschloß auf drei Seiten ein äußerer Graben (Reste südseitig). Der Abschluß nach Norden ist nicht mehr erkennbar. Hinter dem noch erhaltenen hakenförmigen, inneren Graben (2) liegt der Felsen mit den kümmerlichen Resten der ehemaligen Kernburg. Die Anlage war klein. Auf der ca. 8 x 15 m großen Fläche ist ein donjonartiger Hauptbau mit trapezförmigem Grundriß anzunehmen. Teile der 1,8 m starken Nordwestecke und Schutt lassen den feldseitigen Mauerverlauf erkennen. Über eine Treppe erreicht man einen abgesonderten Felsen (AP 4) der ursprünglich nicht in die Anlage der Kernburg mit einbezogen war.

Hof Muschenwang

1586 ließ Margaretha von Stein den Hof Muschenwang als Sommersitz errichten. Eine hohe Mauer umgibt das Anwesen mit einem zweigeschossigen Wohnhaus und einer Scheuer. Über dem Eingangsportal das Wappen der Äbtissin mit dem Erbauungsdatum. 1780 wird die Scheuer erneuert, 1875 der Hof von Württemberg erworben. Er dient bis 1968 als Forstgebäude, seit 1970 an Privat verpachtet.

Besitzer Land Baden-Württemberg

Pläne Grundriß und Schnitt von K. A. Koch

Literaturhinweise
– Die Kunst- und Altertumsdenkmale
 württ. Donaukreis, OA Blaubeuren, 1914
– Kasper, Alfons
 Kunstwanderungen kreuz und quer der Donau, 1965
– Memminger, Professor
 Beschreibung des Oberamts Blaubeuren, 1830
– Rothenbacher, Franz
 Burg und Hof Muschenwang, in Heimatbuch Schelklingen, 1984
– Schilling, A.
 Die Reichsherrschaft Justingen, 1881
– Uhl, Stefan
 Blätter des Schwäb. Albvereins Nr. 1, 1985

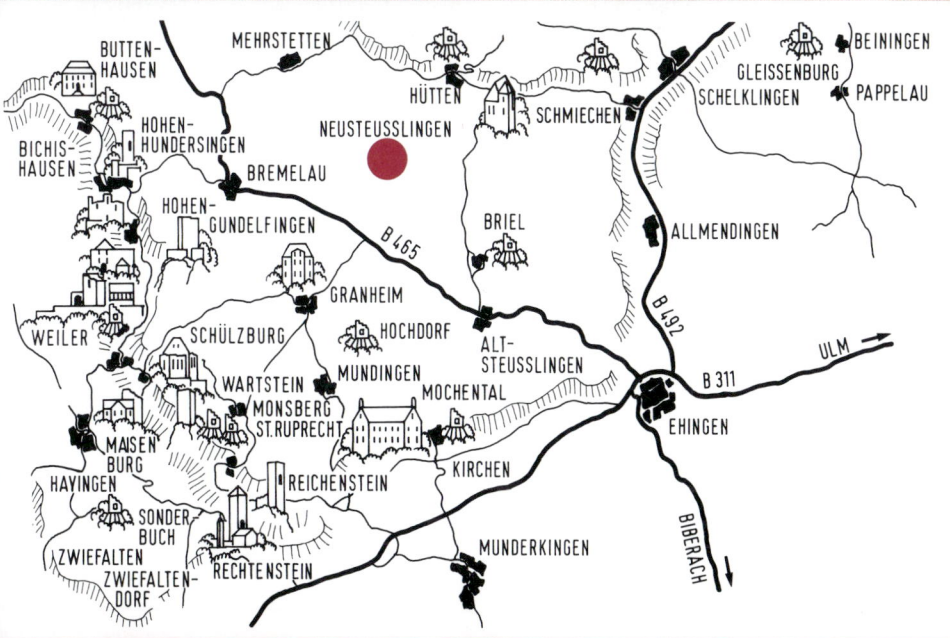

Neusteußlingen

Neusteußlingen

Lage	Westlich der Straße Ehingen–Schelklingen erheben sich die Lutherischen Berge. Das Schmiechtal begrenzt sie im Norden. Zwischen Hütten und Schmiechen liegt der Weiler Talsteußlingen mit dem Höhenschloß Neusteußlingen. Von der Straßenkreuzung beim Gasthof „Zum Löwen" führt links ein Schotterweg nach 700 m direkt zum Schloß.

Wandervorschlag:
Vom Gasthof „Zum Löwen" das Schmiechtal aufwärts bis zur Einmündung des Tiefentals. Dem bezeichneten Wanderweg (HW 7) zum Ende des Tales folgen. Am Waldrand links entlang zur Straße von Grötzingen. Nach wenigen Metern im Wald rechts den Fahrweg zum Schloß und weiter zurück zum Ausgangspunkt.
Talsteußlingen – 0,7 km Tiefental – 2,5 km Spielplatz – 3,7 km Neusteußlingen – 0,7 km Talsteußlingen. |
Gemeinde	Stadt Schelklingen, Alb-Donau-Kreis
Meereshöhe	Schloß 655 m, Talsteußlingen 576 m
Besichtigung	Schloßhof und Gebäude nicht zugänglich
Einkehrmöglichkeit	Gasthof „Zum Löwen", Talsteußlingen

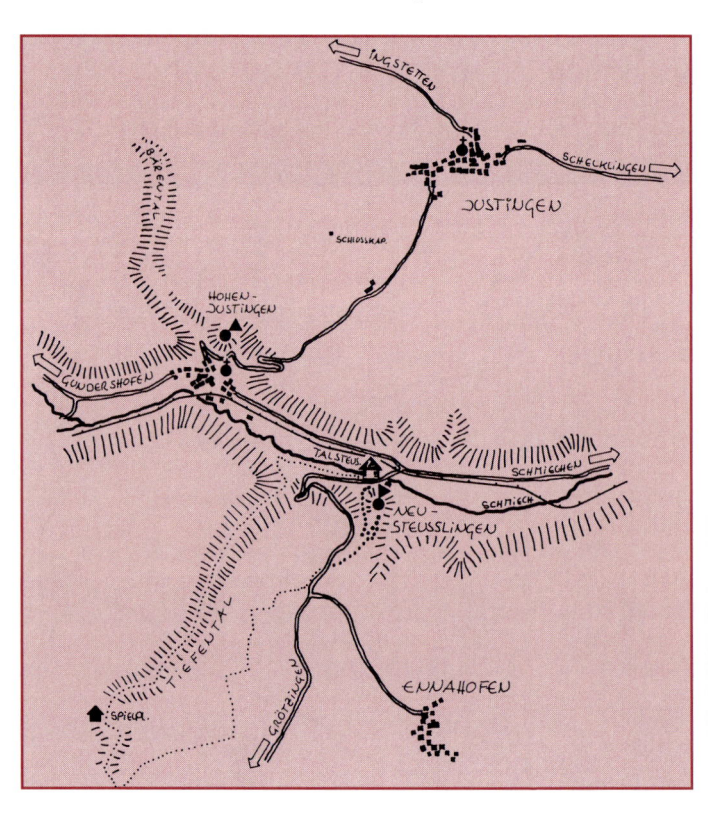

Neusteußlingen

Geschichte	Altsteußlingen, Neusteußlingen, Talsteußlingen, Weilersteußlingen – gleich vier Ortsbezeichnungen kennzeichnen das Stammland eines einst einflußreichen Geschlechts. Allgemein wird angenommen, daß die Steußlinger stammverwandt mit den Gundelfingern, Justingern und Wildensteinern sind. Bekanntester dieses Namens, Anno, war Erzbischof von Köln.

Die Familie von Steußlingen

Walter (I.) * um 980?	Gemahlin: Angela, ? um 1005 Kinder: Otto (I.), Adelbero – Stammvater des Hauses Steußlingen–Arnstein in Sachsen, Anno, Heino, Walter, Wezel/Werner – Erzbischof von Magdeburg, eine oder zwei weitere Töchter
Anno * um 1010 † 1075	Sohn des Walter (I.), Studium in Bamberg, 1054 Propst in Goslar, 1056 Erzbischof von Köln, 1062/63 Reichsverweser für den minderjährigen Kaiser Heinrich IV., Gründer mehrerer Stifte und Abteien, 1183 heiliggesprochen
Otto (I.) * ?	Stammvater des Hauses Steußlingen in Schwaben, Sohn des Walter Gemahlin: ? um 1040 Kinder – vermutet: Adalbert „der Ältere", Eberhard – Stammvater der Familie Justingen, Swigger – Stammvater der Familie Gundelfingen, eine Tochter
Adalbert (I.) * ? um 1040 † ? um 1090	„Der Ältere" möglicher Sohn des Otto (I.) Gemahlin: Adelheid, ? um 1070 Kinder: Ernst (I.), Adalbert (II.), Otto (II.) „der Ältere", Guta
Ernst (II.) * um 1100 † ? nach 1150	Sohn des Adalbert (I.) Gemahlin: um 1130 Kinder – vermutet: Ernst (IV.), Egilof, Heinrich „der Ältere"
Ernst (IV.) * um 1130 † nach 1188	Sohn des Ernst (II.) Gemahlin: um 1160 Kinder – vermutet: Heinrich (II.), Otto (IV.) – Kanoniker und Dompropst in Speyer, Egilolf (III.), Adalbert (III.) – Stifter der Linie Steußlingen-Marchtal
Egilolf (III.) * um 1165 † 1232	Möglicher Sohn des Ernst (IV.) Gemahlin: N. von Gundelfingen Kinder: Egilolf (IV.), Adalbert (IV.), Adalbert (V.)
Adalbert (V.) * um 1225 † um 1300	Sohn des Egilolf (III.), genannt „Schedel" Gemahlin: Adelheid, um 1250 Kinder: ? Heinrich, Egilolf (VIII.), Anna

Neusteußlingen

Egilolf (VII.)
* um 1255
† nach 1315

Sohn des Adalbert (V.), genannt „Schedel"
Gemahlin: ? um 1285/1290
Kinder: Egilolf (VIII.), Adalbert (VI.), Kirchrektor, Konrad (I.), Kirchherr in Villingen und Steußlingen, Heinrich

Egilolf (VIII.)
* um 1285/1290
† nach 1351

Sohn des Egilolf (VII.), genannt „Schedel"
Gemahlin: N. von Wartenberg, um 1315/1320
Kinder: Adalbert (VII.) † nach 1360, Egilolf (IX.) † nach 1365, Konrad (II.), Heinrich (VII.) † nach 1356

Konrad (II.)
geb. um 1320/1325
† nach 13. 1. 1387

Sohn des Egilolf (VIII.), letzter der Familie von Steußlingen. Sein Vetter Swigger von Gundelfingen zu Derneck wird Erbe seines Besitzes.

Burg und Schloß Neusteußlingen

Um 1200 Vermutliche Erbauungszeit von Neusteußlingen als Steußlinger Ministerialenburg.
1270 Egilolf (VI.) trägt seine Burgen Alt- und Neusteußlingen an Württemberg zu Lehen auf.
1299 Albrecht von Steußlingen verkauft Güter in Theuringshofen unter Steußlingen (Neusteußlingen) an das Kloster Salem.
1367 bis 1385 Burkhard von Freyberg in Besitz des württembergischen Lehens.
1497 Arbogast, Egilolf, Alexander und Georg von Freyberg in Besitz von Neusteußlingen mit dem Kirchensatz von Grötzingen, Ermelau, Ennahofen und Weilersteußlingen sowie Westerdorf, Theuringshofen, Frankenhofen, Tiefenhülen, Sondernach und die Riedmühle.
1581 Die Linie der Freyberg stirbt mit Pankratius aus. Herzog Ludwig von Württemberg läßt die mittelalterliche Burg abreißen.
1582 Neubau eines Renaissance-Schlosses als württembergischer Verwaltungssitz im Bereich der ehemaligen Vorburg.
1624 Neusteußlingen im Landbuch als württembergischer Besitz aufgeführt.
1634 bis 1638 in Besitz des Generalkriegskommissars von Walmerode.
1748 Sitz des Regierungsrat von Reischach.
1749 Sitz des Oberst von Rothkirch.
Bis 1807 Sitz eines württembergischen Oberamtmanns. Das Oberamt Steußlingen wird aufgehoben und dem Oberamt Ehingen angegliedert.
2. November 1812 Württemberg verkauft Schloß Neusteußlingen für 4225 Gulden an den Maurermeister Jakob Geprägs von Grötzingen. Abriß wesentlicher Bauteile. Der Gastwirt Simmendinger „Zum Goldenen Löwen" in Talsteußlingen erwirbt die Ruine.

Neusteußlingen

3. September 1897 Der Sohn des Gastwirts verkauft die Ruine mit 18 Morgen Buchenwald am Schloßberg und 20 Morgen Äcker und Wiesen für 20000 Mark an Dr. Eugen Nübling aus Ulm.
14. Mai 1898 Richtfest zum Neubau des Pferdestalls und Backhauses.
8. Juni 1898 Richtfest zum Neubau der Scheuer.
9. August 1898 Richtfest zum Neubau des Hauptgebäudes.
8. November 1898 Richtfest zum Neubau der Georgskapelle.

Burg und Schloß
1. und 2. Anlage

1 Mittelalterliche Burg
2 Innerer Burghof mit Zisterne
3 Schildmauer
4 Brücke und Abschnittsgraben
5 Schloßanlage von 1582
6 Tor
7 Wohngebäude des Vogtes und Ställe
8 Verwaltungsgebäude
9 Scheuer und Ställe
10 Verebneter Halsgraben
11 Von Talsteußlingen
12 Von Ennahofen

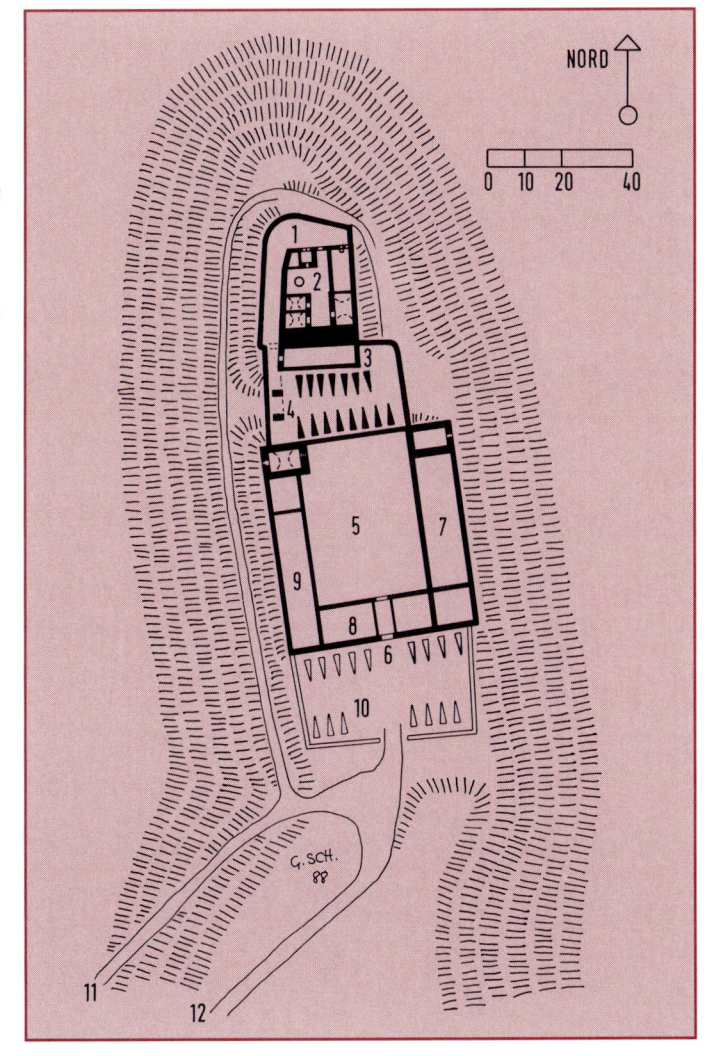

Neusteußlingen

Anlage

Bei Neusteußlingen lassen sich drei Bauphasen unterscheiden:
  I. Die mittelalterliche Anlage als Schildmauerburg des 12. oder 13. Jahrhunderts am äußersten Ende des von Süden nach Norden gerichteten Höhensporns. Nutzung vermutlich als Steußlinger Ministerialenburg.
  II. Der Schloßneubau (Dreiflügelanlage) im Bereich der Vorburg von 1582. Die Burg hat ausgedient und wird abgebrochen. Nutzung als württembergischer Verwaltungssitz.
  III. Völliger Neubau von 1898 im Bereich des zur Ruine gewordenen Schlosses und der Burg. Der Hauptbau wird an die höchste Stelle der ehem. Burg gelegt. Nutzung als neuzeitlicher Wohnsitz durch Privat.

3. Anlage

13 Hauptbau
14 Innerer Schloßhof
15 Pforte
16 Gästehaus
17 Verebneter Abschnittsgraben
18 Schloßgarten
19 Schloßkapelle St. Georg
20 Friedhof
21 Ökonomiegebäude
22 Schuppen
23 Wohnhaus
24 Schloßtor
25 Verebneter Halsgraben
26 Fußweg von Talsteußlingen
27 Von Talsteußlingen
28 Von Ennahofen

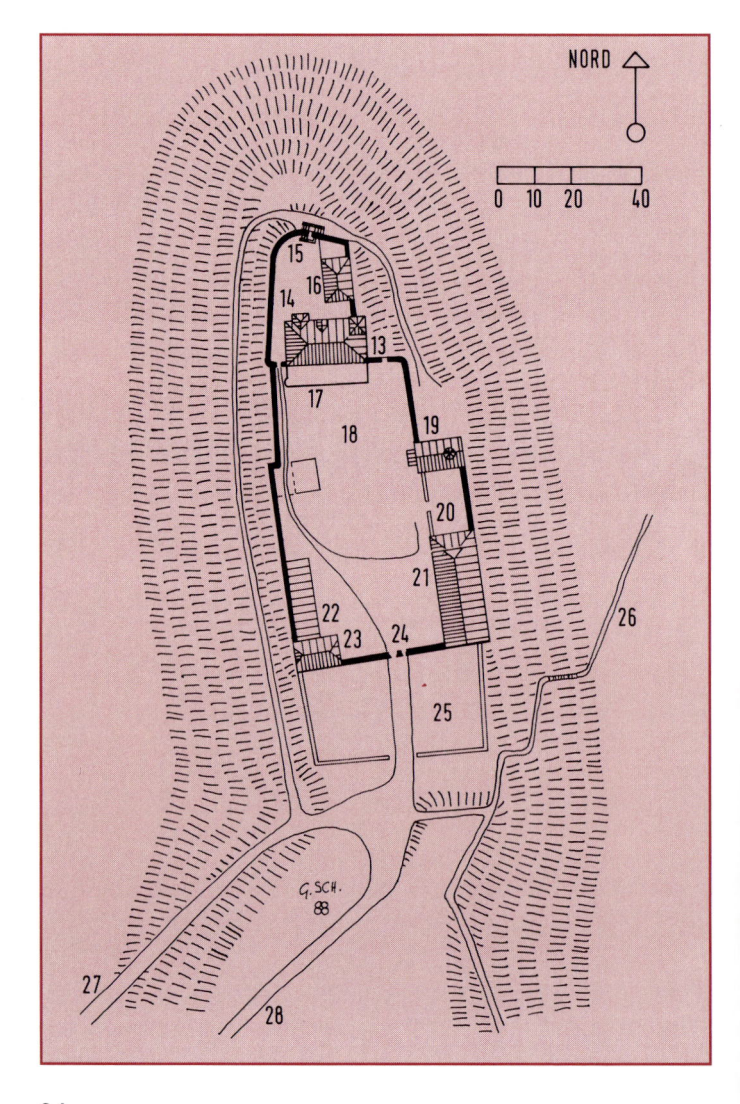

Neusteußlingen

Eingangsseite mit äußerem Schloßtor

Ehem. Verwaltergebäude	Der Schloßweg führt über einen Vorplatz direkt zu Tor und Pforte (24). Hier stand das große Verwaltungsgebäude (8) mit einer heizbaren Stube, zwei Kammern, einer Küche, einer Scheuer mit Heuboden und zwei kleinen Ställen.
Ökonomiegebäude Ehem. Vogtshaus	Im geräumigen Innenhof rechts das schmucke Ökonomiegebäude (21). Es besitzt einen massiven Südgiebel und Fachwerkergänzungen im Hof. Die Mauern aus Tuffquadern stammen noch vom ehemaligen Wohnhaus des württembergischen Vogtes (7). Es enthielt einen Keller, fünf heizbare, vier unheizbare Zimmer, zwei Kammern und zwei große Pferdeställe.
Schloßkapelle	Wenige Meter oberhalb die neugotische Georgskapelle (19) mit Satteldach und Dachreiter.

Neusteußlingen

Ehem. Westflügel	Links im Hof ein kleines Wohnhaus (23) mit Krüppelwalmdach. Anstelle des angrenzenden, flachgedeckten Schuppens lag der Westflügel der 2. Anlage (9) – das Bau- und Wirtschaftsgebäude. Es besaß einen Keller, eine Scheuer mit zwei Tennen, drei Schafställe, einen Rindviehstall und drei Fruchtböden.
Tor Schildmauer	Eine Rampe führt links zu einem spitzbogigen Tor mit Tuffsteineinfassung. Hier lag die ehemalige Brücke zur Burg. Die 4,20 m starke flankierende Schildmauer (3) war noch in beachtlichen Resten bis 1898 zu sehen. Sie ist heute in dem alles überragenden Schloß der Anlage verbaut.
Hauptbau	Das Äußere dieses Bauwerkes ist gekennzeichnet durch Tuffquadervermauerungen an Gesimsen, Fensterleibungen und Gebäudeecken. Die Wandzwischenflächen bilden sichtbare Kalksteinvermauerungen. Hofseitig ein in Tuffsteinen gefaßter schmucker Erker, an der Nordostecke der Hauptturm mit Helmdach, ostseitig neuromanische Drillingsfenster. Den Schloßhof begrenzt ein walmdachgedecktes Gebäude (16) mit modernen Aufbauten und spitzbogigem Tor.
Ehem. Burg	Die Schloßgebäude mit Umfassungsmauer sind identisch mit der Lage der mittelalterlichen Burg. Sie enthielt einen inneren Hof (2) mit einer 5 m tiefen und 3 m im Durchmesser großen Zisterne: „Kunstvoll in den Felsen getrieben, mit Lehm gedichtet und mit Steinen zum Filtrieren des Dachwassers ausgebeugt, während in der Mitte das Wasser mittels Eimern geschöpft werden konnte."
Besitzer	Privat
Pläne	Grundriß und Schnitte von K. A. Koch
Literaturhinweise	– Antonow, Alexander Burgen des südwestdeutschen Raums, 1977 – Beschreibung Oberamt Ehingen, 1826 – Beschreibung Oberamt Ehingen, 1893 – Blätter des Schwäb. Albvereins, 12. Jahrgang, 1900, Nr. 9 – Dohl, Gunther Geschichte der Gemeinden Altsteußlingen und Briel – Kunst- und Altertumsdenkmale Donaukreis, 1914 – Nübling, Eugen Zur Erinnerung an den Wiederaufbau des ehem. Schlosses Neusteußlingen im Jahre 1898, Ulm 1899 – Uhrle, Alfons Regesten zur Geschichte der Edelherren von Gundelfingen/Steußlingen, Phil. Diss. Tübingen 1960

Hohenjustingen

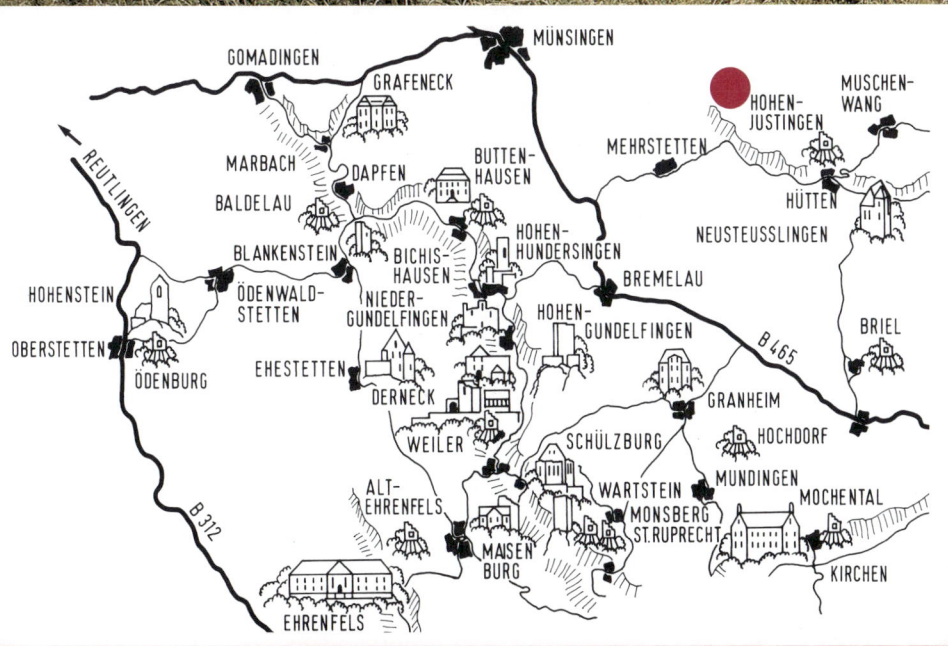

Hohenjustingen

Lage

Die Lutherischen Berge werden im Norden vom Schmiechtal begrenzt. Es beginnt bei Gundershofen, vereint sich mit der Blaubeurer Ach und mündet bei Ehingen in die Donau. Auf dem Schloßfelsen über der Ortschaft Hütten lag einst die Burg der einflußreichen Herren von Justingen.

Von Hütten:
An der Straße Ehingen–Blaubeuren in Schmiechen nach Hütten. Von Ortsmitte zunächst in Richtung Justingen bis zur ersten Rechtskurve. Den bezeichneten Waldweg (AV Raute) das romantisch stille Bärental aufwärts zur Burgruine. Weglänge ca. 1,9 km.

Von Justingen:
An der Straße Ehingen–Blaubeuren in Schelklingen nach Justingen. Vom westlichen Ortsende auf bezeichnetem „Schloßweg" vorbei an der Schloßkapelle zur Ruine. Weglänge ca. 2,1 km.

Gemeinde   Stadt Schelklingen, Stadtteil Hütten

Meereshöhe   Burg 706 m, Hütten 616 m, Justingen 746 m

Besichtigung   Frei zugänglich

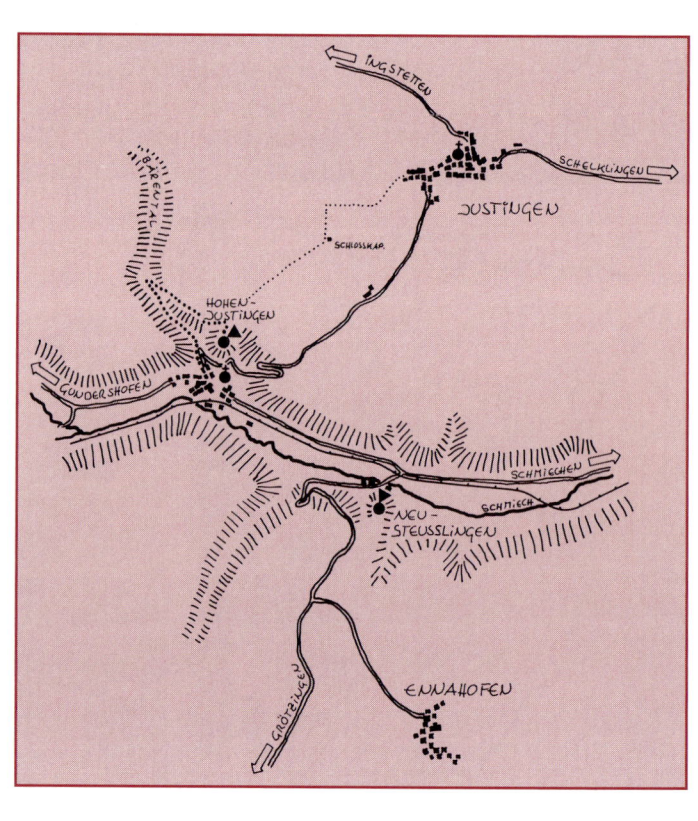

Hohenjustingen

25. Sept. 1834
Verkauf des Schlosses durch die Königl. Staatsfinanzverwaltung im öffentlichen Aufftreich

„1. Das Justinger Schloß, welches 4 Flügel bildet und ein Viereck von 93' 5" Breite, 122' Länge hat, an welches hinten gegen Hütten ein 14' langer Anbau angebracht ist, der eine Kapelleneinrichtung enthält mit welchem sich wieder ein weiterer Bau 24' 5" lang und 22' 3" breit verbindet, der 2 Gefängnisse und einen durch eine Falltüre verborgenen Ausgang in das Tal hat. Der ganze Bau ist von Stein, 3 Stock hoch, und enthält unter der Erde 3 übereinander liegende sehr feste Gewölbe, von welchen die 2 untern als Keller, das oberste sonst zur Ökonomie gebraucht werden kann. Es enthält im Ganzen 7 durch eiserne Öfen und 2 durch zum Teil verfallene französische Kamine heizbare Zimmer, 10 Kammern, 3 Küchen, 1 Kapelle, 6 unheizbare Zimmer, 8 Keller, 1 Pferdestall, 2 Kuhställe, 2 Holzställe, 2 Schweineställe, 1 Futterkammer, 1 Wasch- und Backküche, 2 Gefängnisse, 2 Geflügelställe und 6 Abtritte.
2. Die ehemal. Obervogteiwohnung, 2-stockig, 62' 5" lang und 38' 5" breit, und von Stein bis unter das Dach, mit 2 heizbaren und 1 unheizbaren Zimmer, 9 Kammern, 3 Dachböden, Küche mit 2 Speisekammern, 1 Vorkeller, 1 gewölbter und 1 geschlierter Keller, 1 Holzstall, 1 Erdgeschoß.
3. Die große Frucht- und Maiereischeuer 118' lang, geriegelt, mit 3 Tennen, 2 Bühnen und mehreren Böden.
4. Ein Wasch- und Backhaus von Stein.
5. 95⅔ Morgen herrschaftl. Äcker, Wiesen und Gärten."
Diese Objekte erwarb die Gemeinde Hütten um 14015 fl. Ein weiteres Gebäude, das Viehhaus, erkaufte Werkzeugmeister Butzhuber von Blaubeuren auf den Abbruch.

Geschichte

Die Herren von Justingen waren stammesgleich mit denen von Gundelfingen und von Steußlingen. Eberhard (I.), vermutlich ein Sohn Ottos von Steußlingen, ist der Begründer des Hauses. Unter Kaiser Friedrich II. gelangen sie zu hohem Ansehen.

Die Familie von Justingen

Eberhard (I.)
* um 1040
† vor 1150

Stammvater der Justinger, genannt „der Ältere"
Kinder: (?) Eberhard, Gozzold, Adalbert

Eberhard (II.)
* um 1070
† vor 1137

Sohn des Eberhard (I.)
Gemahlin: Williburg N., um 1095
Kinder: (?) Gozzold, Mönch; Berthold; Adelheid, Nonne; Adalbert, Mönch

Berthold
* um 1095
† vor 1150

Sohn des Eberhard (II).
Gemahlin: Nalicha von Steußlingen, um 1120
Kinder: N.N.; Adelheid; Eberhard (III.), Mönch

Hohenjustingen

N.N.?
* um 1120
† vor 1179

Sohn des Berthold
Gemahlin: Mathilde, um 1150
Kinder: Anselm (I.), Billung (?)

Anselm (I.)
* um 1150
† vor 1232

Sohn des N.N.
Kinder: (?) Rudolf, Marschall König Philipps; Anselm (II.)

Anselm (II.)
* um 1180
† nach April 1249

Sohn des Anselm (I.), Ritter, Reichshofmarschall Friedrichs II.
Gemahlinnen:
1. Adelheid N., um 1205
2. N.N., um 1240
Kinder: (?) Eberhard (IV.), Magister; Anselm (III.); Hermann (I.), Domherr; Berta, Äbtissin; Anselm (IV.), Stifter des Hauses Wildenstein; Konrad

Anselm (III.)
* um 1205
† um 1252/1263

Sohn des Anselm (II.), genannt „der Jüngere"
Gemahlin: Willebirg N., um 1230
Kind: Anselm (V.)

Anselm (V.)
* um 1230
† nach April 1299

Sohn des Anselm (III.), genannt „der Ältere"
Gemahlin: Berta N., um 1260
Kinder: Willebirg, Anselm (VI.), Adelheid, Luigard, Hermann

Anselm (VI.)
* um 1260
† nach Juli 1345

Sohn des Anselm (V.), letzter der Justinger
Gemahlin: Heilgun von Fischburg, um 1290
Kinder: Berta, (?) Heilke

Hohenjustingen nach einer Federzeichnung von Wagner

Hohenjustingen

Burg / Schloß und ihre Besitzer

Vor 1137 Eberhard (II.) schenkt Güter in Raunstetten und Baustetten dem Kloster Zwiefalten.
Vor 1179 Anselm (I.) schenkt mit seiner Mutter Mathilde Güter in Wittingen dem Kloster Ursberg.
1211 Die staufische Partei des deutschen Adels schickt Anselm (II.) von Justingen nach Sizilien, um König Friedrich nach Deutschland zu holen.
1215 Anselm (II.) Reichshofmarschall Friedrichs II.
1216 Erste Erwähnung der Burg.
1230–1235 Anselm (II.) nimmt Partei für König Heinrich VII., Sohn des Kaisers Friedrich II.
1235 Während der Auseinandersetzungen zwischen Kaiser und König wird die Burg Hohenjustingen unter Bischof Heinrich von Konstanz belagert und eingenommen. Anselm flieht zu Herzog Friedrich von Österreich.
1240 Berta von Justingen, Äbtissin im Kloster Heiligkreuztal.
1249 Anselm (II.) als Marschall bei König Wilhelm.
Spätest. 1340 Herrschaft Justingen in Besitz des Albrecht von Stöffeln, Schwester-Sohn und Erbe des Anselm (VI.).
1426–1438 Heinrich von Stöffeln, Hauptmann im Hussitenkrieg.
1451 Simon von Stöffeln vermählt sich mit Gräfin Magdalena von Fürstenberg.
1494 Bischof Friedrich von Augsburg, Eitelfried Graf von Zollern, Erhart von Gundelfingen, Georg von Rechberg und Wilhelm von Baldeck verkaufen im Auftrag von Heinrich, Katharina und Anastasia, Kinder Heinrichs von Stöffeln, Schloß und Dorf Justingen an die Brüder Ulrich und Wilhelm von Stotzingen.
1497 Erneuter Verkauf an Hans Kaspar von Bubenhofen, württembergischer Landhofmeister (siehe Ramsberg und Winzingen, Band I).
26. Februar 1507 Kaiser Maximilian I. Besuch auf Hohenjustingen.
1530 Hans Marx von Bubenhofen, Sohn des Kaspar, verkauft das Schloß mit Justingen, Gundershofen, Ingstetten und Hütten an seinen Schwager Jörg Ludwig von Freyberg zu Öpfingen.
Um 1540 Beginn zum Neubau des Schlosses.
1567 Fertigstellung des neuen Schlosses unter Michael Ludwig und Ferdinand von Freyberg.
1621 Der Landwaibel von Weingarten überfällt mit 500 Mann zu Fuß und 100 zu Pferd auf Befehl Erzherzog Leopolds von Österreich das Schloß. Georg Ludwig von Freyberg wird gefangengenommen und nach Feldkirch in Haft genommen.
1630 Burg Staufeneck (siehe Band I) in Besitz der Freyberg, vorübergehende Teilung der Herrschaft.
1631 Georg Ludwig stirbt nach seiner Freilassung auf Staufeneck.

Hohenjustingen

1634 Michael von Freyberg, Sohn des Georg Ludwig wird nach der Schlacht bei Nördlingen von Kaiser Ferdinand geächtet.
1648 Hans Pleickart von Freyberg wird im Schloß geboren.
1652 Froben von Freyberg, Vater des Hans Pleickart, stirbt.
1679–1681 Bau eines neuen Stallgebäudes im Vorhof.
1686/87 Neubau des „Paumeisters heusslin" im Schloß.
1696–1698 Umfangreiche Umbau- und Modernisierungsarbeiten, Unterteilung des Saales in drei Räume.
1701 Bau einer neuen Brücke.
1703/04 Instandsetzungsarbeiten u. a. neue Haspel für die Zugbrücke, Setzung von Palisaden.
1708/09 Bau eines neuen Wasch- und Backhauses.
1710/11 Erneuern von 33 Schloßfenstern.
1738/39 Neubau von zwei Schafhäusern und einer Scheune.
1751 Ferdinand Christoph Freiherr von Freyberg verkauft die Herrschaft um 303 000 fl. an Herzog Carl Eugen von Württemberg.
1834 Verkauf um 14 015 fl. an die Gemeinde Hütten, die noch im selben Jahr das baufällig gewordene Schloß an Maurermeister Johannes Stoß und seinen Bürgen Joseph Koch veräußert.
1834/35 Abbruch des Schlosses.
1854 Abbruch eines Wohn- und Ökonomiegebäudes, das als „Vorwerk" bezeichnet wird.

Anlage	Die Burgruine liegt auf einem schmalen, von Norden nach Süden gerichteten Höhensporn. Das erhaltene Mauerwerk entspricht im wesentlichen dem 1567 fertiggestellten, herrschaftlichen Schloßbau. Man spricht von einer 26jährigen Bauzeit. Mehrere Abbildungen zeigen eine dreigeschossige Vierflügelanlage (ca. 34 x 27 m) mit fassadenbündigen Ecktürmen. Der Nordost- und Südwestflügel, behäbiger und breiter als die anderen, besaßen spitze Walmdächer. Im Erdgeschoß führte eine Durchfahrt zum arkadenumschlossenen Hof (3). Hier befanden sich Kanzleiräume, Küche und Gefängnis. Im 1. Obergeschoß die Grafenstube, Kapelle und mehrere Kammern. Im 2. Obergeschoß der Saal und weitere Schlafräume. Vom Nordwestflügel ist der
Schloßbau	
Keller	mächtige 3,5 m hohe und 4,8 m breite, tonnenüberwölbte Keller (4) erhalten. Die Tonne wird durch 4 Gurtbögen stabilisiert. Ein Mauerdurchbruch (5) ermöglicht den Zugang. In der Ostecke der Vierflügelanlage befindet sich ein weiterer Keller (6). Der 60 cm schmale Gang (7), teils in den Fels gehauen, führt in Richtung Nordwestflügel. Er endet nach 6 m durch Verschüttung. Zwischen Hauptbau und steil abfallendem Felsen – im Schutze des Schlosses, Südseite – lag die mauerumschlossene Terrasse.

Hohenjustingen

1 Schloß, ehem. Lage der Hauptburg
2 Das äußere Schloß
3 Ehem. Schloßhof
4 Gewölbekeller unter dem Nordwestflügel
5 Kellerzugang
6 Kleiner Keller unter dem Nordostflügel
7 Verschütteter Gang
8 Ehem. Halsgraben
9 Einfahrtsbrücke
10 Lage der Schloßkapelle
11 Lage mehrerer Gebäude
12 Ehem. äußeres Tor
13 Umfassungsmauer des äußeren Schlosses
14 Buckelquader am Sockel
15 Turmrest der Burg
16 Aussichtspunkt
17 Schloßweg von Justingen
18 Vom Bärental
19 Von Hütten, Schloßfelsen

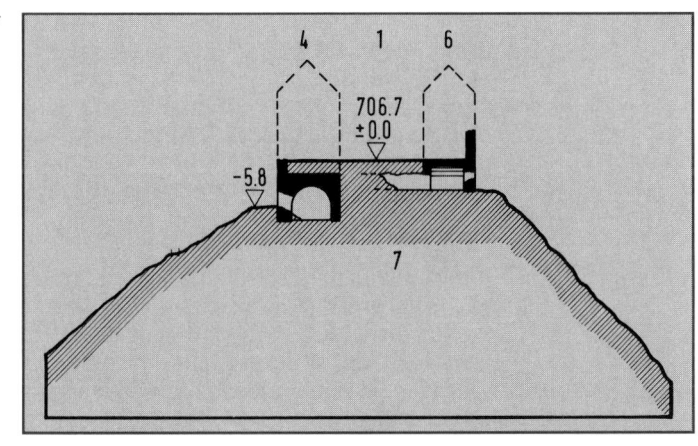

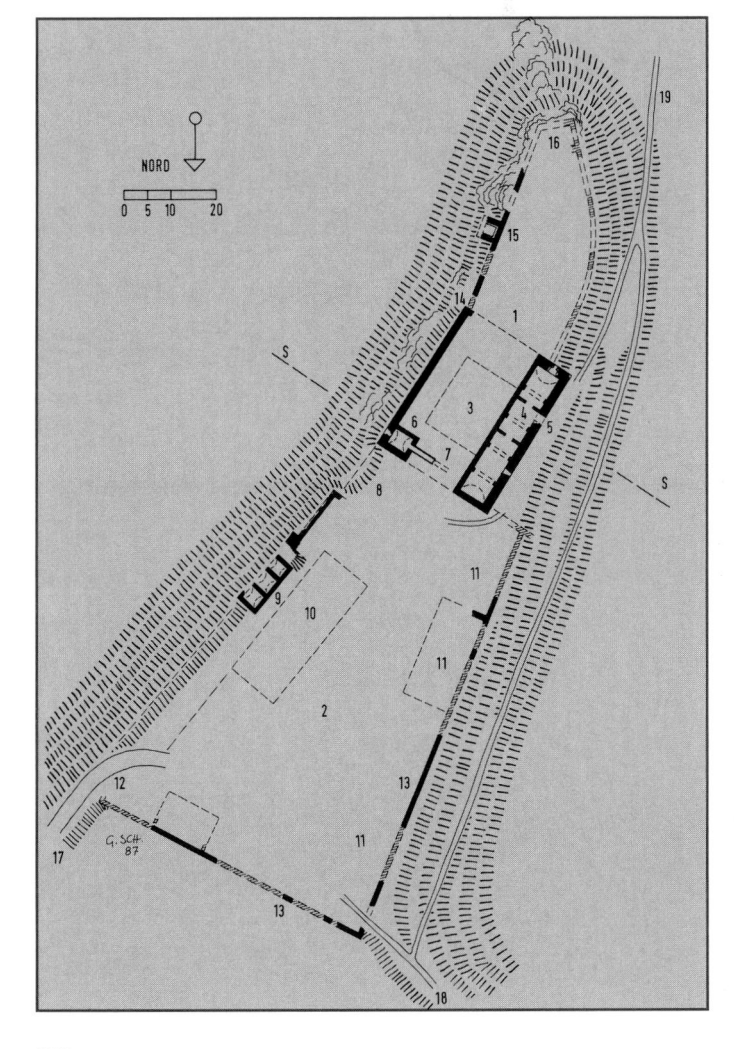

Hohenjustingen

Buckelquader	Von der mittelalterlichen Anlage hinter dem ehemaligen Halsgraben (8) ist nur wenig zu sehen. Buckelquader (14) am Sockel der am Burgfelsen aufgebauten Wände zeugen aus der staufisch glanzvollen Epoche der Burg unter Anselm von Justingen. Möglicherweise in Wiederverwendung eingesetzt. Buckelquader (B x H) z. B. 64 x 30, 61 x 33, 67 x 30, Randschlag 3–5 cm, Buckel unter 7 cm.
Äußeres Schloß	Im trapezförmigen, sogenannten „äußeren Schloß" befand sich die große Schloßkirche (10). Unmittelbar an der Südseite vorbei erreichte man über eine Brücke (9) das Schloßtor. Reste der Brückenpfeiler mit Gewölbe sind erhalten. An der westlichen Umfassungsmauer lagen von Süden beginnend das Obervogthaus, die große Scheuer und das neue Baumeisterhaus. Die Mauerreste des Gartens im Vorgelände des Schlosses umfassen eine Fläche von ca. 9000 m².
Besitzer	Privat
Pläne	Grundriß und Schnitte von K. A. Koch Rekonstruktion der Grundrisse von S. Uhl, 1988 Pläne Baumeister Butzhuber, 1779/1807
Alte Ansichten	1. Zeichnung von Wagner, Original im Justinger Rathaus 2. Ansicht von Hütten und Schloß im Schloß Allmendingen 3. Ölbild von Pflug um 1840
Literaturhinweise	– Bachhofer, Wilfried Justingen, in „Schelklingen, Geschichte und Leben einer Stadt", 1984 – Beschreibung des Oberamts Ehingen, 1912 – KDW Kunst- und Altertumsdenkmale OA Münsingen, 1926 – Koch, K. A. Blätter des Schwäb. Albvereins, Nr. 39, 1927 – Memminger, Professor Beschreibung des Oberamts Ehingen, 1825 – Schilling, A. Die Reichsherrschaft Justingen, 1881 – Uhl, Stefan Schloß Justingen, Manuskript zur Veröffentlichung vorbereitet, 1988 – Uhrle, Alfons Regesten zur Geschichte der Edelherren von Gundelfingen und Justingen, Phil. Diss. Tübingen, 1960

Briel (Brielburg – Harscherburg)

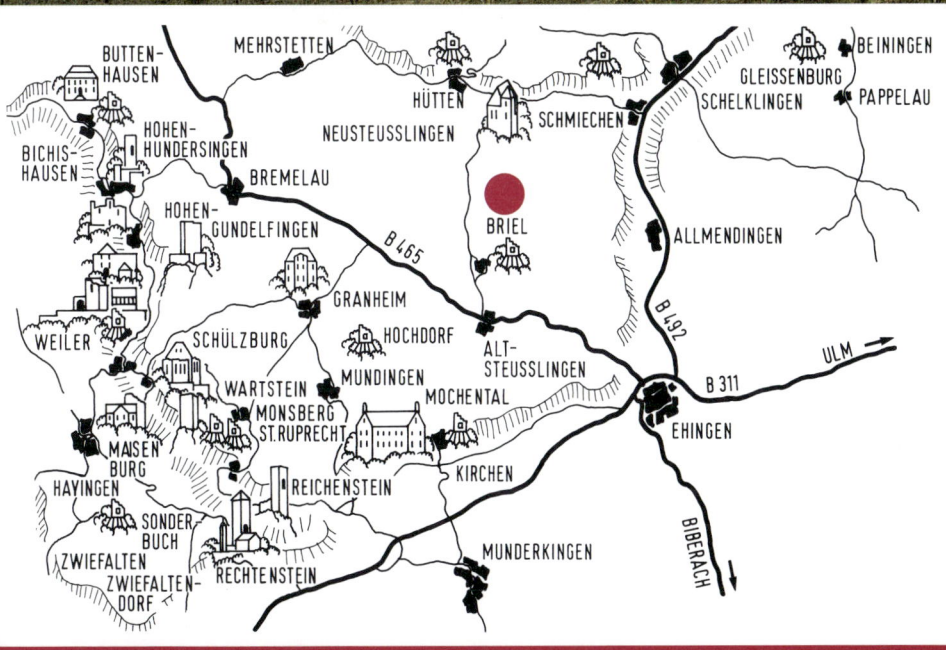

Briel (Brielburg – Harscherburg)

Lage	Die Lutherischen Berge bezeichnen eine hügelige Hochfläche westlich der Straße von Ehingen nach Schelklingen. An ihrem südlichen Ende liegt die Ortschaft Briel. Ein Trockental umzieht an dessen Ortsrand einen felsigen Bergkegel mit der ehemaligen Burg. Von der B 465 Ehingen–Altsteußlingen zweigt eine unbefestigte Straße in Richtung Weilersteußlingen ab. In einer Rechtskurve (2,4 km), kurz vor Erreichen des Brieltals, auf dem Parkplatz das Auto abstellen. Das Tal aufwärts Richtung Briel – Kätherer Küche (AV Dreiblock), die erste Wegkreuzung rechts beschildert „Briel über ehemalige Burg" (AV Dreiblock blau) noch 500 m zur Burgstelle. Weglänge vom Parkplatz 1,4 km. Weitere Möglichkeiten von Briel: Bei der Brücke im Ort den steilen Fußweg ins Trockental. Am Fuße des talbeherrschenden Bergkegels nach links zur Nordseite und die erste Weggabelung rechts hoch zur ehemaligen Burg.
Gemeinde	Stadt Ehingen, Ortsteil Briel, Alb-Donau-Kreis
Meereshöhe	Burg 647 m, Briel 660 m, Trockental ca. 610 m
Besichtigung	Frei zugänglich
Weitere Sehenswürdigkeit	Höhle „Kätherer Küche" NN 600 m, EB 4,8 m, EH 3,8 m, L 7 m

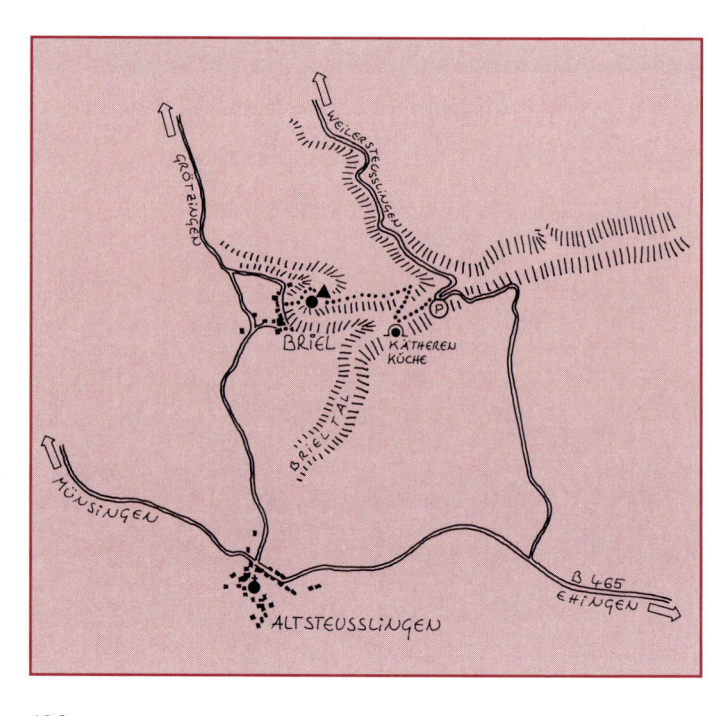

Briel (Brielburg – Harscherburg)

Geschichte

Das Herrschaftsgebiet der Steußlinger ist durch die Namen Alt-, Neu-, Tal- und Weilersteußlingen gekennzeichnet. Erste Nachweise erfolgen um 990 mit Walter und Rudolf. Die Familie von Steußlingen war stammesgleich mit denen von Gundelfingen, Justingen und Wildenstein. Als erster Sitz ist eine kleine Burg in oder am Ortsrand von Altsteußlingen anzunehmen. Denkbar wäre eine spätere Verlegung nach Norden auf eine gesicherte Lage als Höhenburg. Briel könnte demnach die Stammburg der Steußlinger gewesen sein.
Das Auftreten der Harscher als Steußlinger Lehensherren steht im Zusammenhang mit dem wirtschaftlichen Niedergang der Familie. Harscher = Kriegsmänner. Sie erlangen 1530 den Freiherrenstand und sterben 1872 aus.

Um 990 Erste Nachweise der Steußlinger. Otto (I.) Stammvater, geb. um 1010, weiter siehe Neusteußlingen.
Um 1200 Errichtung eines Bergfrieds in Buckelquaderbauweise vermutlich im Zusammenhang mit der Erweiterung der Burg.
1270 Egilolf von Steußlingen trägt sein Eigengut einschließlich der Burgen Alt- und Neusteußlingen an Württemberg zu Lehen auf.
Nach 1387 Mit Konrad (II.) sterben die Steußlinger aus. Die Burg Briel bereits in Besitz der Harscher als Lehen.
1489 Das Spital in Ehingen soll „die Feste oder das Schloß Altsteußlingen (Briel?) zerbrechen oder vergehen lassen".
1492 Briel ist Eigentum des Ehinger Spitals.
1927 Freilegung der Grundmauern unter Leitung des Burgenforschers K. A. Koch.

Anlage

Briel ist eine der bemerkenswerten Burgen, deren Abgang man bedauern muß. Der kegelförmige Berg ist durch einen schmalen Sattel am Talhang angebunden. Die schmälste Stelle trennt der Halsgraben (4). Dahinter lag die Vorburg (2) mit einem aus der Achse gedrehten Tor (7). Ein Hinweis dafür, daß der Zugang seitlich anzunehmen ist. Über terrassenartig felsiges Gelände erreicht man die Stelle der Kernburg. Sie beschränkte sich nicht nur auf die ca. 20 x 35 m große Fläche, sondern war zur Südseite am Hang bis zum Zwinger (5) verbaut.
Bei Nachgrabungen zur Feststellung des Grundrisses konnte 1927 der Bergfried (8) und der Palas (11) lokalisiert werden: „Vom Bergfried ist noch ein Stück Mauer erhalten; an dessen Außenseite sind noch einige Schichten Kalksteinbuckelquader mit Randschlägen gut sichtbar, die übrigen Seiten sind ganz verschwunden." Briel gehört damit zu den bedeutenden Burgen des 13. Jahrhunderts.
Ein ca. 9 m breiter Zwinger (5) mit Schalentürmen (Mauerschutt und Geländespuren) umzog die Burg auf drei Seiten.

Briel (Brielburg – Harscherburg)

1 Hauptburg
2 Vorburg
3 Zwinger
4 Halsgraben
5 Äußerer Zwinger
6 Mauerreste eines Gebäudes
7 Lage des Tores nach Koch
8 Lage des Bergfrieds nach Koch
9 Waldweg
10 Richtung Ortschaft Briel
11 Lage des Palas nach Koch

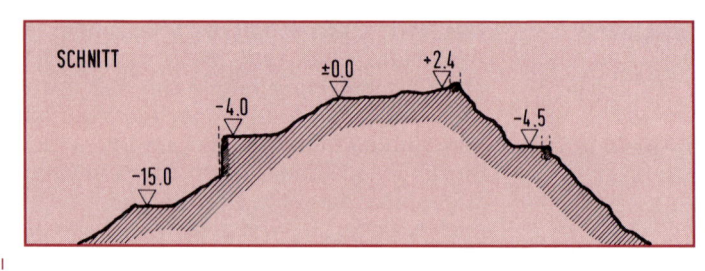

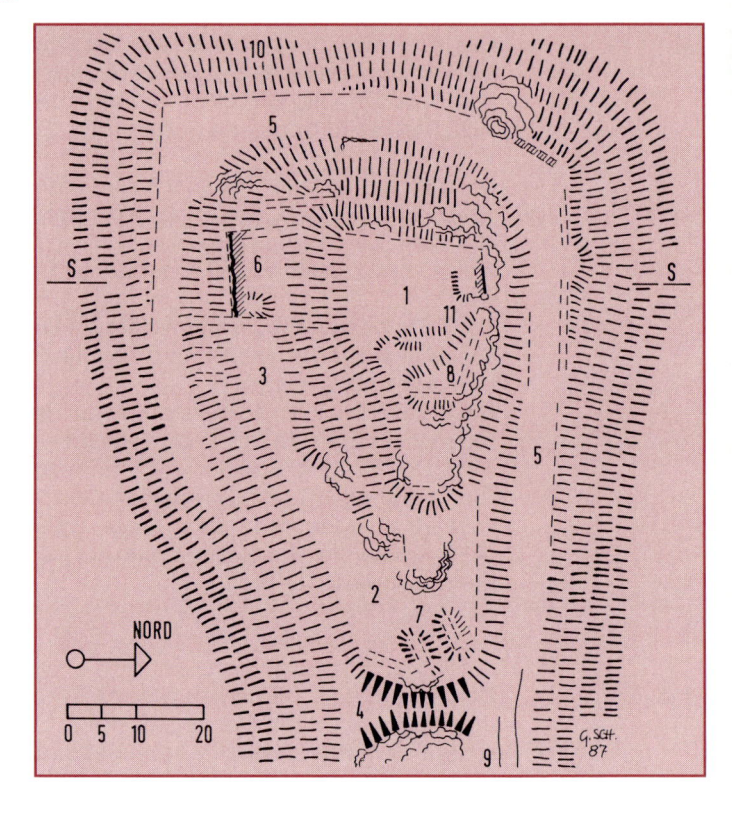

Besitzer	Privat
Pläne	Grundrisse und Schnitte von K. A. Koch
Literaturhinweise	– Beschreibung des Oberamts Ehingen, 1893
	– Koch, K. A. Blätter des Schwäb. Albvereins, Nr. 41, 1929
	– Memminger, Professor Beschreibung des Oberamts Ehingen, 1826
	– Schübelin, A. Blätter des Schwäb. Albvereins, Nr. 14, 1902
	– Uhrle, Alfons Regesten zur Geschichte der Edelherren von Gundelfingen und Steußlingen, Phil. Diss. Tübingen, 1960

Kirchen (Bürgle)

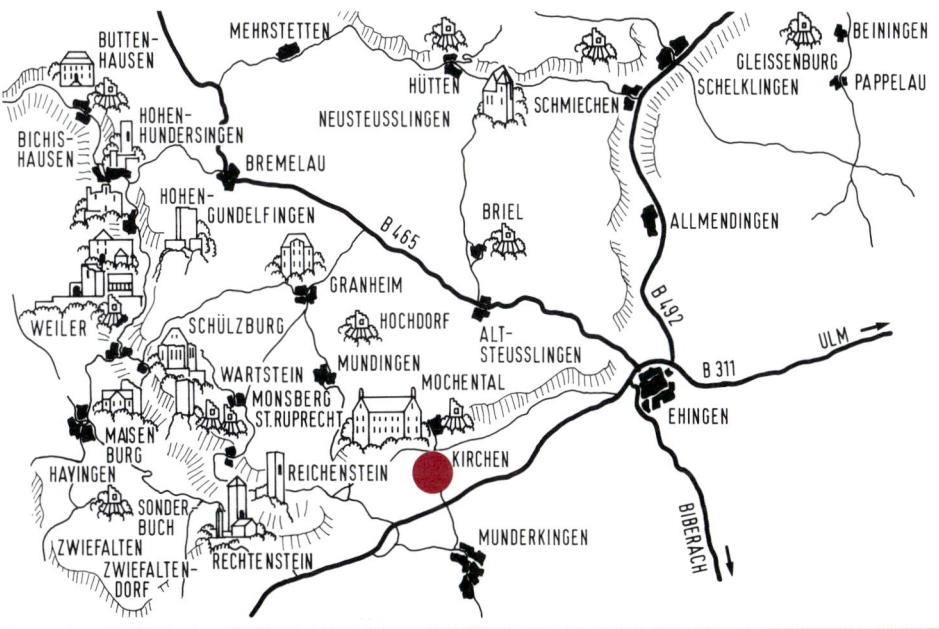

Kirchen (Bürgle)

Lage	Nördlich von Munderkingen liegt am Fuße des „Landgerichts" Kirchen. Das gleichnamige Tal beginnt beim Schloß Mochental und endet bei Ehingen. Eine Straße führt von Munderkingen in nördliche Richtung zur B 311. Diese überqueren und nach 2,5 km direkt zur Ortschaft Kirchen. Die Burgstelle liegt am südlichen Ortsrand im Bereich von privaten Wiesengrundstücken. Von der St.-Josephs-Kapelle (Kreuzung Ehingen–Lauterach und Kirchen–Munderkingen) der Straße in Richtung Ehingen 200 m folgen. Links den Wiesenweg am Graben entlang zum Ortsrand, dann rechts zur Burgstelle. Kürzer ist der Weg vom dahinterliegenden landwirtschaftlichen Anwesen (nach Ortseinfahrt erste und zweite Straßenkreuzung rechts).
Gemeinde	Stadt Ehingen, Stadtteil Kirchen, Alb-Donau-Kreis
Meereshöhe	Burg ca. 550 m
Besichtigung	Frei zugänglich
Weitere Sehenswürdigkeiten	Kirche St. Martin von 1522 Kapelle St. Joseph von 1702 an der Straßenkreuzung Ehingen–Lauterach und Kirchen–Munderkingen.
Geschichte	Kirchen war das Kirchdorf. Noch in der Beschreibung des Oberamts Ehingen von 1826 gilt die Bezeichnung Kirchheim. Zwei Wohnsitze der ehemaligen Ortsherren sind im Ort nachgewiesen, der sogenannte „Schloßgarten" bei der Kirche und die sogenannte Wasserfestung „Bürgle" am südlichen Ortsrand. Das Schloß, welches noch 1621 gestanden haben soll, ist vermutlich die jüngere, das „Bürgle" als typische Erdhügelburg die ältere der beiden Anlagen.

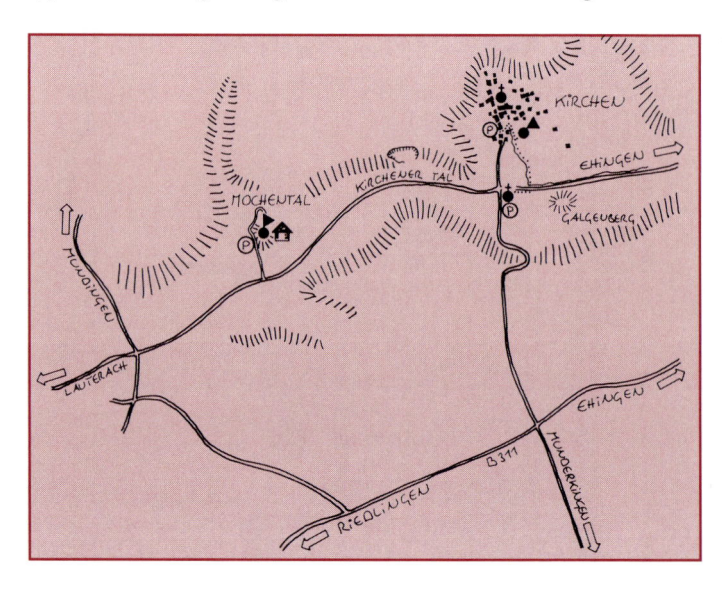

Kirchen (Bürgle)

1091–1094 Mehrfache Erwähnung eines Werner von Kirchen (Chilicheim).
1116 Werner hinterläßt nach seinem Tod die „Feste" Kirchen und den Ort Schlechtenfeld dem Kloster Allerheiligen in Schaffhausen.
12. Jahrhundert Die Burg voraussichtlich bereits aufgegeben.
1406 Letzter Nachweis der Ortsherren mit Eberhard von Kirchen (Kirchheim).

1 Burghügel
2 Ebene
3 Böschung
4 Mulde
5 Dorfseite
6 Feuchtwiesen

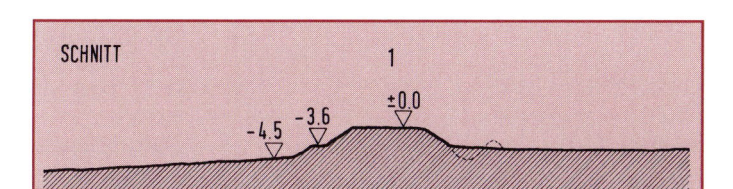

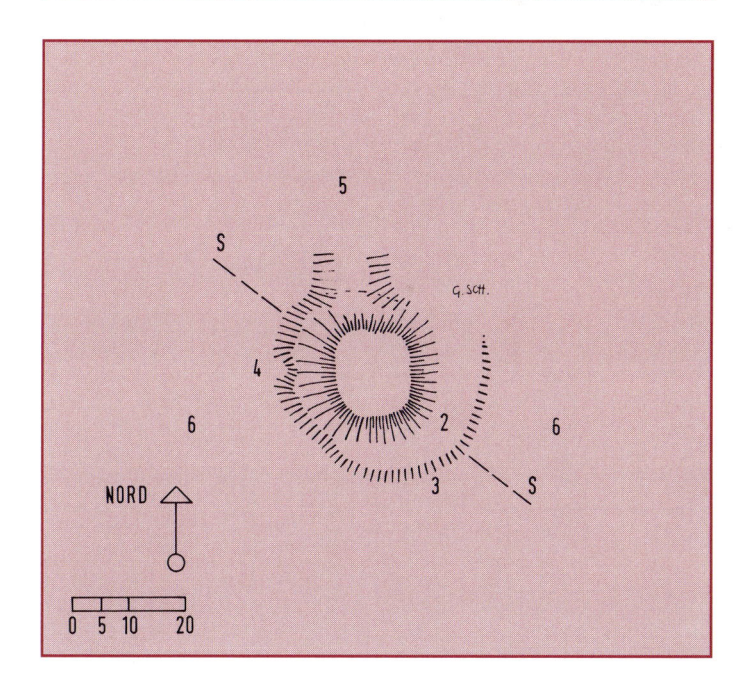

Anlage

Für die Burgstelle liegen keine archäologischen Grabungen vor, so daß keine genaueren Angaben erfolgen können (siehe Burren, Band I). Aufgrund der Geländespuren handelt es sich um eine Erdhügelburg – Motte – vermutlich des 11. Jahrhunderts. Auf dem sumpfigen Gelände am südlichen Ortsrand (Talniederung) wurde ein Graben im Geviert ausgehoben und die Außenseiten vermutlich mit Palisaden bewehrt. Der Aushub fand Verwendung zur Aufschüttung des 10 x 12 m großen Hügels (siehe auch Burg Sonderbuch). Erst nach Verlassen der Burg wurden die Gräben wieder eingeebnet.

Kirchen (Bürgle)

Besitzer	Privat
Literaturhinweise	– Beschreibung des Oberamts Ehingen, 1893
	– Kasper, Alfons
	Kunstwanderungen kreuz und quer der Donau, 1965
	– Memminger, Professor
	Beschreibung des Oberamts Ehingen, 1826
	– Reichardt, Lutz
	Ortsnamenbuch des Alb-Donau-Kreises und des Stadtkreises Ulm

Burghügel von Süden

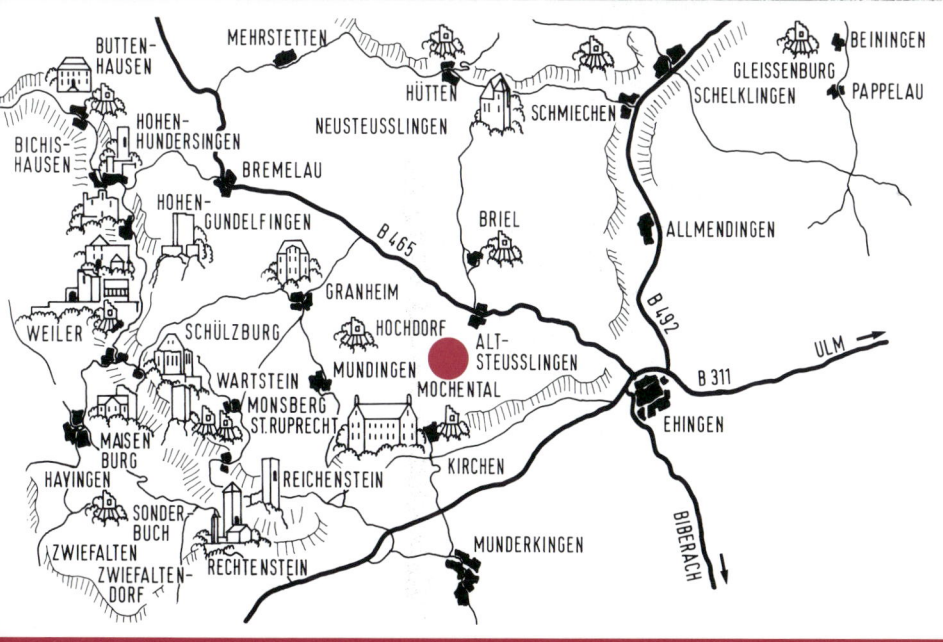

Mochental

Mochental

Lage	Nördlich der Straße Ehingen–Obermarchtal verläuft das Kirchener Tal. An einer einsamen Stelle liegt von weiten Buchenwäldern umrahmt das imposante Schloß Mochental. Der barocke Gebäudekomplex mit moderner Kunst, Ausstellungen, Konzerten und Lesungen bildet den Höhepunkt einer Reise in die südliche Alb- und Donauregion. Gleichzeitig ist er geeigneter Ausgangspunkt für zahlreiche Wanderungen und Ausflüge. Die Wege zum Schloß von Ehingen, Munderkingen, Lauterach oder von der B 311 sind direkt beschildert. *Wandervorschlag:* Mit dem Auto von der B 311 bei Untermarchtal in Richtung Lauterach. Erste Kreuzung rechts und geradeaus bis zum Parkplatz „Sauberg". Den bezeichneten Wanderweg (AV Raute) am Kinderspielplatz vorbei, zuerst am Waldrand entlang, dann durch den Wald zum Schloß. Der Blick über das weite Oberschwaben bis zu den Alpen bleibt ein einprägsames Erlebnis. Parkplatz – 2 km Mochental.
Gemeinde	Stadt Ehingen, Ortsteil Kirchen, Alb-Donau-Kreis
Meereshöhe	Schloß 575 m, Kirchener Tal 538 m, Landgericht ca. 700 m
Besichtigung	Dienstag–Freitag 10–12 Uhr und 14–17 Uhr Samstag 14–17 Uhr Sonntag 10–17 Uhr Führungen nach Voranmeldung Telefon 0 73 75 / 4 18 und 4 19, Ewald und Dorothea Schrade
Einkehrmöglichkeiten	Bistro und Schloßgaststätte

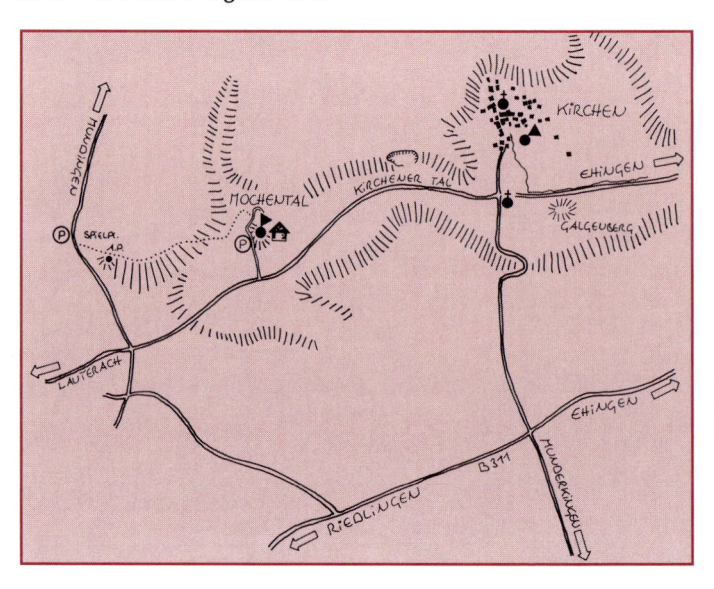

Mochental

Geschichte

Mochental, das Tal des Mocho, bezeichnete eine Siedlung im heutigen Kirchener Tal. Im frühen Mittelalter war sie Sitz von Ghaugrafen. Vor 1150 nennt sich Adelheid Gräfin von Mochental Gemahlin des Grafen Heinrich I. von Berg. Ihr 2. Sohn Rapoto wird allgemein als Stifter der Wartsteinischen Linie angesehen. Die Töchter sind Herzoginnen von Böhmen, von Mähren und von Polen. Bereits 1049 soll Papst Leo IX. die Nikolauskapelle in Mochental geweiht haben.

1192 Graf Ulrich von Berg schenkt Burg und Kapelle Mochental an das Kloster Zwiefalten. Die gräfliche Burg wird Propstei.
1215 Die Schenkung des Grafen Ulrich wird von Bischof Konrad von Konstanz bestätigt.
1245 Plünderung und Brandschatzung von Mochental und Zwiefalten.
1295 Ablaß zur Förderung der durch Räuber verwüsteten Kapelle.
1430 Weihe einer neuen Kapelle mit zwei Nebenaltären.
1538 Abt Sebastian von Zwiefalten, Propst in Mochental.
1546 Im Schmalkaldischen Krieg erleidet die Burg durch Plünderungen erheblichen Schaden.
1568 Abt Johannes IV. läßt die fast zerfallene Burg abreißen und eine Propstei erbauen.
1578 Weiterer Ausbau von Mochental unter Abt Rauchmüller.
1583 Erneuerung der Nikolauskapelle unter Propst Georg Eiselin.
1587 Weihe der Kapelle mit drei Altären.
1631 Plünderung von Mochental durch die kaiserlichen Truppen.
1657 Erneuerung der Altäre und Malereien.
1730 Zerstörung des Hauptgebäudes durch Feuer.
1730–1733 Abt Augustin Stegmüller läßt durch die Stiftsmaurermeister Joseph und Hans Martin Schneider sowie den Zimmermeister Johann Schneller das heutige Schloß erbauen.
1731 Letzte Messe in der vom Brand verschonten Kapelle.
7. Mai 1732 Grundsteinlegung zur neuen Nikolauskapelle.
1734 Ausgestaltung der Kapelle.
1735 Ausgestaltung der Kapelle – Altarleuchter aus Augsburg, Kreuzpartikel aus Waldsee.
1736 Weihe der neuen Nikolauskapelle mit drei Altären.
1737 Ausmalung des Hubertussaales für 260 fl. durch Ignaz Wegscheider aus Riedlingen, Glockenweihe.
1796 Abt Gregor flieht vor vagabundierenden Soldaten nach Mochental.
1800 Soldaten plündern die Wohnung des Prälaten.
1803 Die Propstei Mochental wird im Reichsdeputationshauptschluß aufgehoben und mit Zwiefalten württembergisch. Gregor Weinemer, der letzte Zwiefaltener Abt, wird nach Mochental verwiesen.

Mochental

27. Februar 1816 Gregor stirbt in Mochental.
1822 Das württembergische Schloß wird Forstamt. Wohnung des Oberförsters im 3. Stock des Ostflügels und Mittelbaus. Wohnung des Forstwarts im 2. Stock des Ostflügels und die Pächterwohnung im Mittelbau.
1932 Belegung des Schlosses durch den Freiwilligen Arbeitsdienst, in der Folge Mädchenland-Jahrlager und Lazarett.
1945 Die französische Militärregierung übernimmt Schloß Mochental.
1953–1976 Zweigschule des Evang. Landerziehungsheimes Urspring-Schelklingen.
1960–1964 Instandsetzungs- und Restaurierungsarbeiten.
1964/65 Modernisierung der Stallgebäude, anschließend umfangreiche substanzerhaltende Maßnahmen durch die Staatliche Liegenschaftsverwaltung.
1985 Nach vollständiger Innenrenovation des Schlosses Eröffnung der Galerie für Moderne Kunst und der Welt erstes Besenmuseum durch Ewald und Dorothea Schrade.

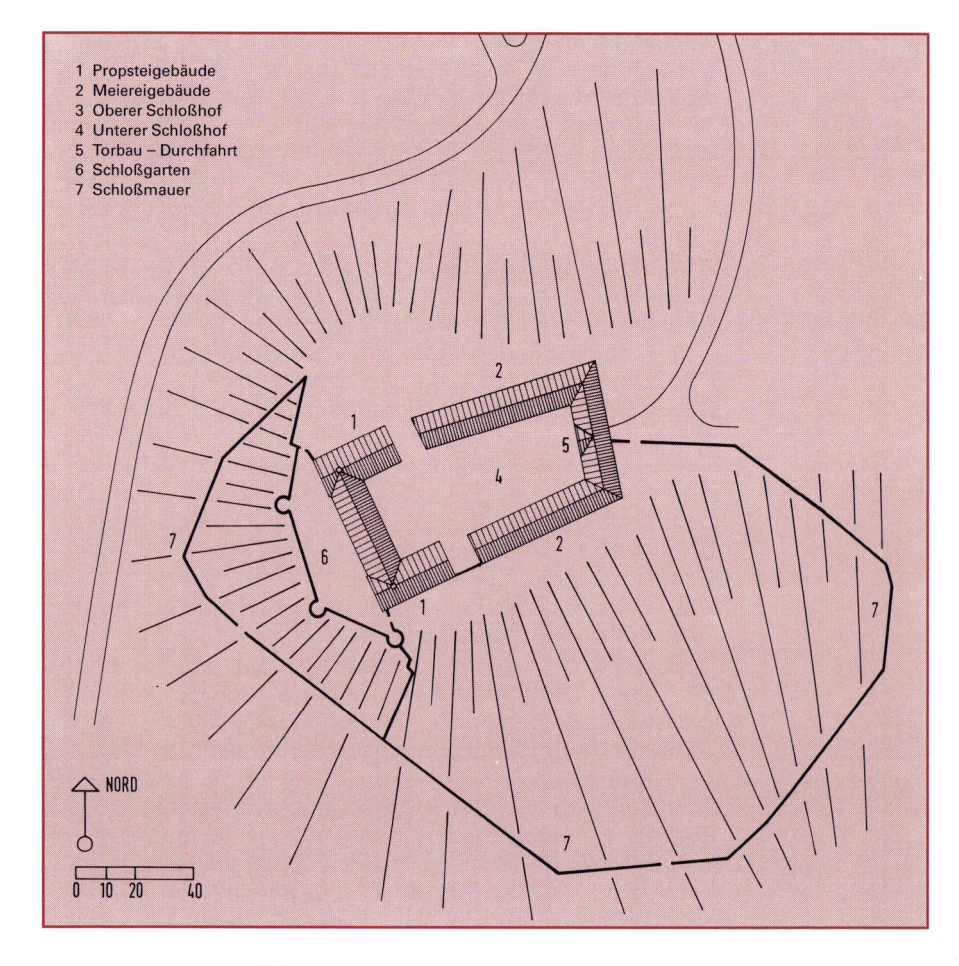

1 Propsteigebäude
2 Meiereigebäude
3 Oberer Schloßhof
4 Unterer Schloßhof
5 Torbau – Durchfahrt
6 Schloßgarten
7 Schloßmauer

Mochental

Anlage

Schloß Mochental wirkt inmitten der vielen Burgruinen am südlichen Albrand als einmaliges Kulturdenkmal von besonderem Reiz. Der gewaltige Komplex, anstelle einer früheren Burg, besteht aus zwei hufeisenförmig zueinander geordneten Anlagen: im Osten das Meierei- (2), im Westen das Propsteigebäude (1).

Dem Künstlerehepaar Schrade ist es schließlich zu verdanken, daß Mochental zum ersten Mal in seiner wechselvollen Geschichte der breiten Öffentlichkeit zugänglich ist. Was früher hinter verschlossenen Türen im verborgenen blieb, kann heute bestaunt und erlebt werden. Darüber hinaus präsentiert eine der größten und schönsten Privatgalerien Deutschlands international anerkannte Künstler von der klassischen Moderne bis zur Gegenwart. Konzerte und Dichterlesungen in der Nikolauskapelle oder im festlichen Hubertussaal ergänzen das reichhaltige Programm.

Propstei- und Meiereigebäude von Südwesten

Mochental

1 Eingang Schloßgalerie
2 Kasse, Information
3 Nikolauskapelle
4 Besenmuseum, ehem. Sakristei
5 Treppenhaus
6 Ausgang Garten
7 Bistro
8 Bilderrahmenwerkstatt
9 Ehem. Hauptportal
10 Torbau – Durchfahrt
11 Schloßgaststätte
12 Stallungen
13 Remise
14 Oberer Schloßhof
15 Unterer Schloßhof

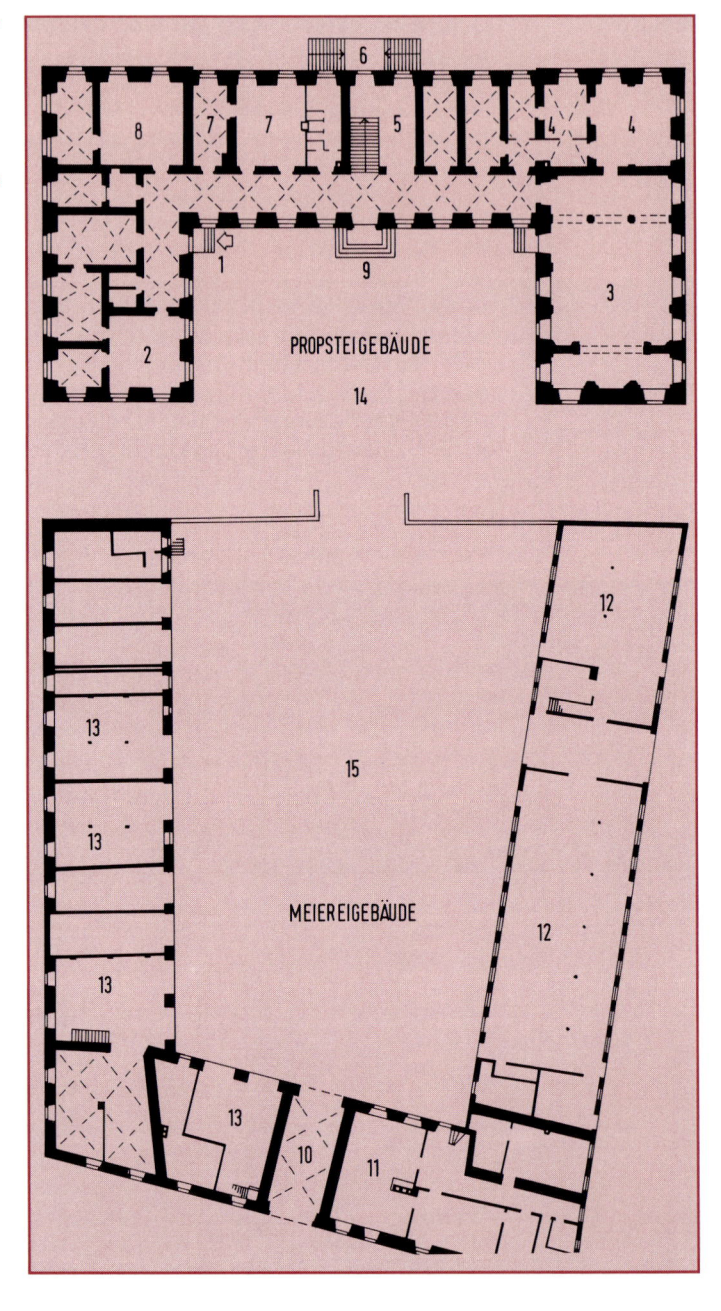

Torbau

Der Schloßweg vom Parkplatz führt direkt zum zweigeschossigen Torbau (10). Seine rundbogige, kreuzgewölbte Durchfahrt ziert hofseitig ein spitzer Mittelgiebel mit Sonnenuhr und Wappentafel: Baudatum B(eda) A(bbas) Z(wifaltensis) 1616. Rechts an der Durchfahrt die Schloßgaststätte (11).

Mochental

Propstei- und Meiereigebäude von Süden
Flur mit Treppenhaus im 1. Obergeschoß

Mochental

Wirtschaftsgebäude	Den Hof begrenzen beidseitig langgestreckte Wirtschaftsgebäude. Sie bilden mit dem Torbau U-förmig eine homogene, architektonische Einheit. Die Inschrift J(ohannes) A(bbas) weist auf das Erbauungsdatum von 1568.
Propsteigebäude Schloß	Die Dreiflügelanlage des Propsteigebäudes erhebt sich über dem Niveau des unteren Schloßhofes (15). Es ist dreigeschossig und besitzt mit seinen Volutengiebeln eine beachtliche Fernwirkung. Achteckige Dachreiter mit Kuppel markieren die Anschlußpunkte der Firstlinien von Mittelbau und Seitenflügeln. Abt Augustin Stegmüller ließ die Anlage 1730–1733 neu erbauen, nachdem ein Brand fast alles zerstört hatte. Der Südflügel entspricht noch dem Vorgängerbau von 1568. Das prächtige Wappen des Bauherrn ziert das axial angeordnete Pilasterportal (9) im Schloßhof. Am Ostgiebel des Nordflügels das überlebensgroße, steinerne Standbild des hl. Nikolaus von Joseph Christian aus Riedlingen.
Erdgeschoß	Das Erdgeschoß besitzt kreuzgratgewölbte Räume, die Türen nußbaumfurnierte Verkleidungen, vergoldete Leisten, Rundstäbe und verglaste Oberlichtfenster.

Hubertussaal im 2. Obergeschoß

Mochental

Besenmuseum — Neben der neuen Nutzung, wie Bilderrahmenwerkstatt (8) und Bistro (7) verdient das „erste" Besenmuseum der Welt besondere Beachtung. Vom gewöhnlichen schwäbischen Hausbesen bis zum Elefantenbesen mit Silberbeschlag wurden über 100 Exponate aus aller Welt zusammengetragen.

Nikolauskapelle — Im Nordflügel überrascht die über zwei Geschosse reichende Nikolauskapelle mit Chor und Empore. Pilaster gliedern das vierzonige Schiff mit flachem Tonnengewölbe. Die Innenausstattung ist spärlich. Was in den napoleonischen Kriegen verschont blieb, fiel der Säkularisation zum Opfer.
Der Hochaltar (1734) von Schreinern aus Zwiefalten, von Joseph Beer vergoldet. Die Seitenaltäre von Joseph Koch aus Weingarten und Franz Joseph Kazenmayer aus Königseggwald. Deckenfresken (1734) von Franz Joseph Spiegler: im Schiff drei große und acht kleine Darstellungen aus der Nikolauslegende.
Nordseite von links: Schrecken der Höllen, Tröster der Bedrängten, Erhalter der Kleinen, Vater der Armen.
Südseite von rechts: Liebhaber der Kreuzes, Abtreiben der Ungewitter, Besieger des Todes, Schirmer der Reinheit.
Im Chor die Verehrung der Muttergottes mit dem Kind und zwei Szenen des hl. Nikolaus als Helfer in Wassernot und Bezwinger des Feuers.

1. Obergeschoß — Das prächtige Treppenhaus mit eisernem Geländer führt zum 1. Obergeschoß mit stukkierten Räumen. Im Südflügel das Atelier von Dorothea Schrade, ehemals Speisesaal. Am Ende des Flurs zum Nordflügel die Empore der Nikolauskapelle.

2. Obergeschoß — Im 2. Obergeschoß befindet sich im Südflügel die Wohnung der Familie Schrade. Die Türen mit Oberlicht sind im Gegensatz zu den beiden unteren Stockwerken marmoriert. In den Räumen waren die 10–12 Patres und die Klosteroberen von Zwiefalten untergebracht. Im Südflügel die Wohnung des Propstes.

Hubertussaal — Höhepunkt eines Besuches ist der Hubertussaal über der Kapelle. Seine prunkvollen Malereien und Stukkaturen stehen den Festsälen fürstlicher Residenzen an nichts nach. Man spürt förmlich den heiteren Lebensgeist der damaligen Zeit; es regiert der „Vogel Zeitvorbei". Im Spiegelgewölbe von Joseph Ignaz Wegscheider ein Festschmaus in einem orientalischen Königspalast mit perspektivischer Kuppelmalerei. In den Hohlkehlen erscheinen Putten mit den Büsten des Bacchus, Apollo, Flora und Janus. Wegscheider arbeitete im Gegensatz zu Spiegler (Kapelle) auf abgebundenem Putz über frische Kalktünche (Fresco-Secco-Technik).

Mochental

Besitzer	Land Baden-Württemberg
Pläne	Grundrisse, Schnitte, Ansichten M 1:100 1969, 1976, 1985 Staatl. Liegenschaftsamt Ulm
Alte Ansicht	Lithographie 17,8 x 31,5 um 1830, Württ. Landesbibliothek Stuttgart

Literaturhinweise	– Beschreibung des Oberamts Ehingen, 1893
	– Die Deutschen Burgen & Schlösser, 1987
	– Dörr, Gerd
	  Schwäbische Alb – Burgen, Schlösser, Ruinen, 1988
	– Herrmann, Friedrich
	  Lautertal, Zwiefalter Alb, Laucherttal, 1985
	– Kasper, Alfons
	  Kunstwanderungen kreuz und quer der Donau, 1965
	– Kunstdenkmäler Württemberg, Donaukreis OA Ehingen, 1914
	– Land Baden-Württemberg
	  Burgen, Schlösser und Ruinen, Belser Ausflugsführer, 1980
	– Memminger, Professor
	  Beschreibung des Oberamts Ehingen, 1826
	– Museen und Galerien zwischen Neckar und Bodensee
	– Reichardt, Lutz
	  Ortsnamenbuch des Alb-Donau-Kreises und des Stadtkreises Ulm
	– Wais, Julius
	  Albführer II, 1971

Nikolauskapelle im Nordflügel des Schlosses

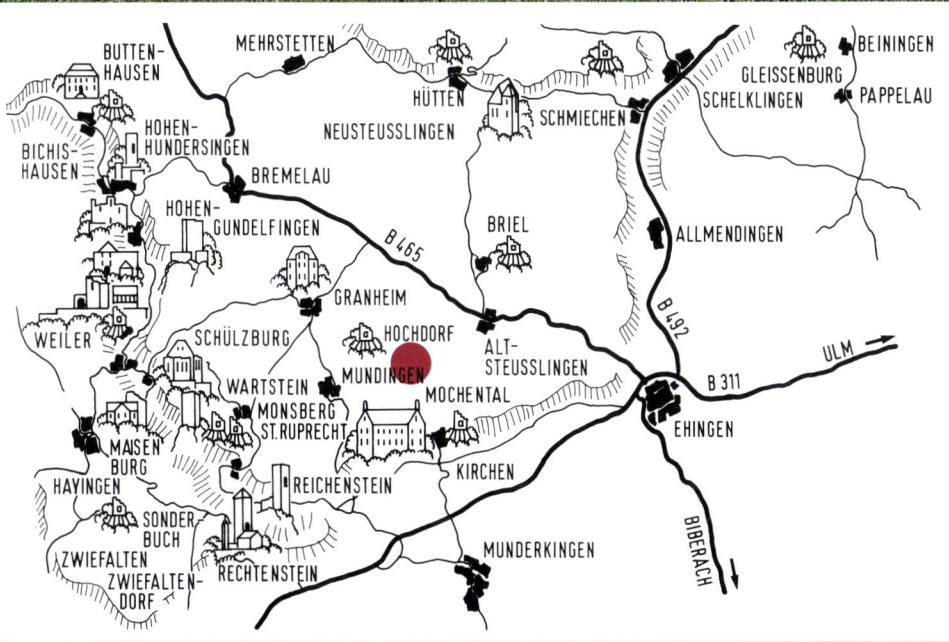

Hochdorf (Schlößlesberg)

Hochdorf (Schlößlesberg)

Lage Zwischen den Ortschaften Mundingen, Granheim und Dächingen liegt am Rande des „Landgerichts" ein idyllisches kleines Tal. Auf einem Felsen erhob sich einst die Burg Hochdorf.
Von der B 465 zwischen Ehingen und Münsingen zur Ortschaft Granheim. Weiter in Richtung Mundingen, nach 1,5 km links beschildert zum Wanderparkplatz „Schlößlesberg". Etwa 20 m davor den Waldweg (unbeschildert) hoch und schließlich am Waldrand entlang zur Burgstelle. Weglänge ca. 200 m.

Wandervorschlag:
Der Parkplatz „Schlößlesberg" ist Ausgangspunkt zahlreicher Rundwanderungen (siehe Informationstafel). Im anschließenden Tal weiträumig angelegte Rastplätze und Spieleinrichtungen.

Gemeinde Stadt Ehingen, Stadtteil Dächingen, Alb-Donau-Kreis

Meereshöhe Burg 655 m, Tal 630 m

Besichtigung Frei zugänglich

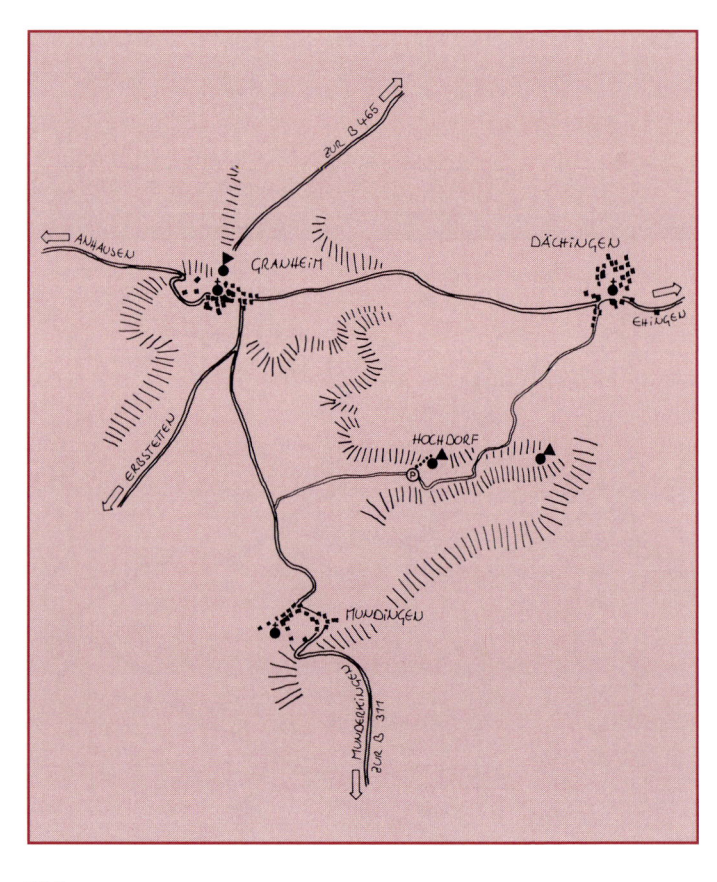

Hochdorf (Schlößlesberg)

Geschichte

Die Flur „Hochdorf" liegt etwa 900 m talaufwärts. Sie bezeichnet eine hoch gelegene Siedlung. Der 1108 in der Chronik von Zwiefalten genannte Rudolf von Hochdorf könnte auf der dort gelegenen Turmhügelburg seinen Stammsitz gehabt haben. Geländespuren dieser Anlage sind noch erkennbar. Leider wurden Hügel und Graben vor einigen Jahren weitgehendst eingeebnet. Die Burg auf dem Schlößlesberg ist aufgrund der festgestellten Mauern im Gelände wesentlich jünger.
Ihre Besitzer waren Ministeriale der Steußlinger und nannten sich Freie Satzmänner zu Hochdorf. Die in der Oberamtsbeschreibung aufgeführte Urkunde von 1270 bezieht sich nicht auf dieses Hochdorf. Rupert und Rudolf von Hochdorf in der Zwiefalter Chronik gehören nach Nagold-Hochdorf bei Calw.

1273 Renhart miles de Hochdorf Zeuge in einer Urkunde. Graf Ulrich II. von Württemberg gestattet seinem Dienstmann Otto von Ehestetten 3 Höfe in Frankenhofen dem Kloster Salem zu verkaufen. Renhart könnte der Erbauer der neuen Burg Hochdorf gewesen sein.
1322 Georg von Hochdorf im Seelbuch des Domstifts Augsburg aufgeführt.
1341 Hans von Hochdorf zu Hochdorf verkauft sein Gut in Sonderbuch.
1350 Heinrich von Hochdorf unter Herzog Werner von Urslingen in Kriegsdiensten der Stadt Bologna.
1378 Die Reichsstadt Ulm zerstört im Krieg gegen den Grafen von Württemberg die Burg Hochdorf und sieben weitere Burgen.
1386 Götz von Hochdorf Zeuge in einer Urkunde.
1434 Erstmalige Erwähnung als Burgstall im Zusammenhang mit dem Lehen Steußlingen.
1469 Graf Eberhard von Württemberg gibt die Lehensgüter, den Burgstall Hochdorf und das Dorf Mühlheim an Wilhelm Löw d. Ä. in Altsteußlingen.
1475 Eigentum des Eberhard von Thürheim.
1479 Das Spital zu Ehingen erwirbt das Dorf Dächingen mit dem Burgstall Hochdorf.

Anlage

Am Rande eines felsigen Steilhanges liegt die abgegrenzte Burgfläche (1) von ca. 22 x 31 m. Auf der Nord- und Ostseite fällt das Gelände um wenige Meter zur Hochfläche hin ab. Bei Grabungen konnte 1972 der Verlauf der polygonalen Umfassungsmauer (4) bis auf die Ostseite vermessen werden. Ihre Stärke beträgt gleichmäßig 1,40 m. Die Grundmauern eines Bergfrieds ließen sich nicht feststellen, dafür die eines etwa 9 m breiten Gebäudes (6) in der Nordostecke. Hier fanden sich Reste des Außenputzes und Brandspuren.

Hochdorf (Schlößlesberg)

1 Kernburg
2 Bergseite
3 Talseite
4 Umfassungsmauer
5 Vom Parkplatz „Schlößlesberg"
6 Gebäude
7 Fundstelle von Putzresten und Brandspuren

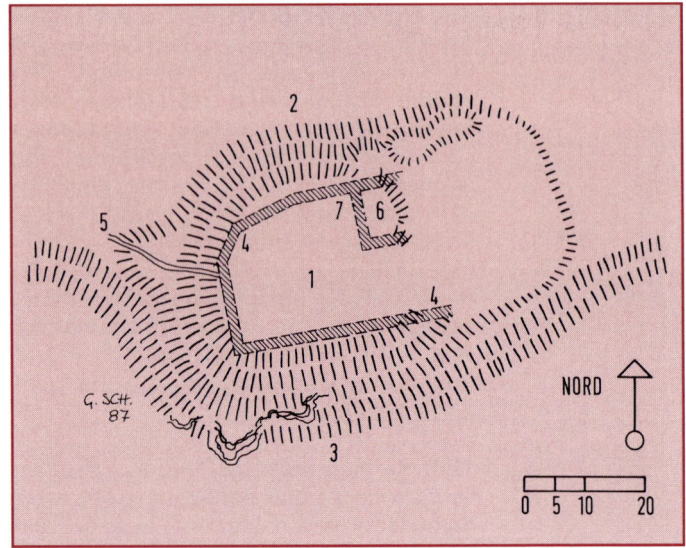

Besitzer	Privat
Literaturhinweise	– Beschreibung des Oberamts Ehingen, 1893
	– Dohl, Gunter
	Regesten der Herren von Hochdorf und der Burg Hochdorf, 1972
	– Kieß, Rudolf
	Der Städtekrieg und die Zerstörung der Burg Hochdorf, im Heimatbuch Mundingen, 1983
	– Memminger, Professor
	Beschreibung des Oberamts Ehingen, 1826
	– Reichardt, Lutz
	Ortsnamenbuch des Alb-Donau-Kreises und des Stadtkreises Ulm

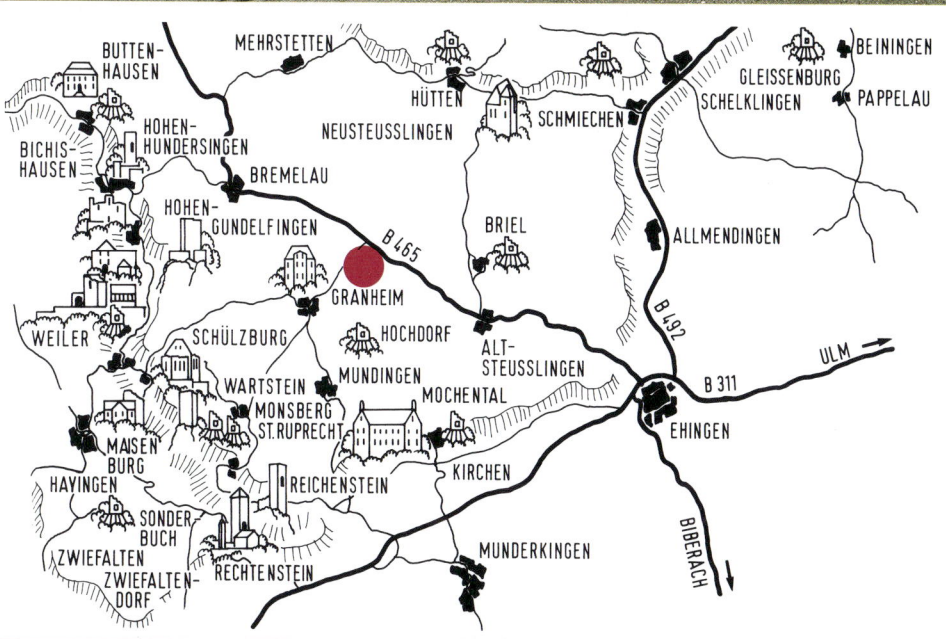

Granheim

Granheim

Lage	Zwischen Ehingen und dem Lautertal erstreckt sich die Hochfläche des Landgerichts. An seinem nördlichen Rand liegen die Ortschaften Mundingen und Granheim. Letztgenannte besitzt am östlichen Ortsende Richtung Frankenhofen–B 465 ein herrschaftliches Schloß. Von der B 465 zwischen Münsingen und Ehingen bei Frankenhofen nach Granheim (2,7 km). Der Ort ist auch von Hayingen über Indelhausen und von Munderkingen über Untermarchtal, Mundingen erreichbar.
Gemeinde	Stadt Ehingen, Stadtteil Granheim, Alb-Donau-Kreis
Meereshöhe	Ortsmitte Granheim 661 m, Schloß ca. 670 m, Lage ehemalige Burg ca. 745 m
Besichtigung	Schloß Privatbesitz – nicht zugänglich Schloßhof eingeschränkt zugänglich
Einkehrmöglichkeiten	Gasthäuser in Granheim
Weitere Sehenswürdigkeit	Ortskirche St. Martin mit zahlreichen Grabsteinen der Speth

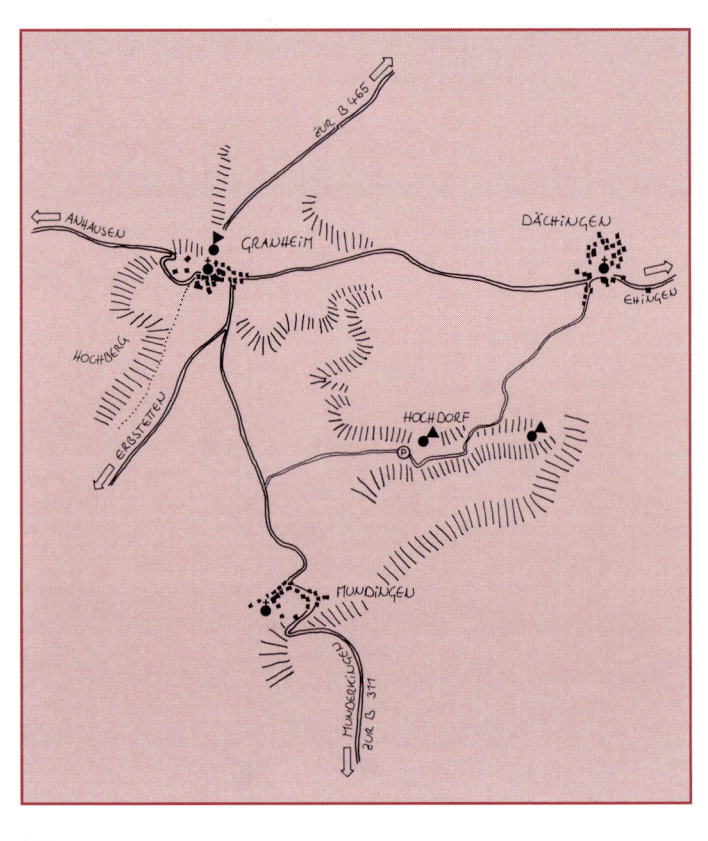

Granheim

Geschichte

Granheim ist der Ort des Grano, ein Beiname mit der Bedeutung „Bart" (althochdeutsch „grana" – Schnurrbart). Die im 13. Jahrhundert genannten Ortsherren stehen in engem Zusammenhang mit der Familie von Gundelfingen. Sie saßen auf einer Burg über Granheim. Erst die Speth ließen sich am Ortsrand nieder (siehe Schülzburg).

1208 Niederadel der Herren von Granheim als Steußlinger Ministerialen genannt, Werner, Hermann und Hugo.
1209 Ritter Hermann von Granheim verkauft seinen Hof und ein Haus in Marchtal dem Kloster Marchtal.
1234 Berthold von Granheim.
1246 Swigger von Gundelfingen und seine Söhne Ulrich und Swigger tragen Abt Konrad von der Reichenau ihre Besitzungen in Granheim zu Lehen auf.
1263 bis 1268 Heinrich von Granheim.
1272 Bischof Eberhard von Konstanz entscheidet einen Streit zwischen Konrad von Gundelfingen, genannt von Granheim, und dessen Bruder Heinrich.
1295 Ernst von Granheim verkauft mit Zustimmung seiner Ehefrau Hiltrud, seiner Söhne Ernst, Heinrich, Konrad, Ludwig, seiner Tochter Gertrud und seines Schwiegersohnes Wezel seinen Hof in Frankenhofen dem Kloster Salem.
1313 Konrad, Kirchherr zu Granheim, und sein Bruder Heinrich, Söhne des Konrad von Gundelfingen, beurkunden ihren Verzicht auf die Güter und Kirchensätze in Burgweiler und Ostrach.
1330 Berthold von Gundelfingen, genannt von Granheim.
1344 Bentz von Gundelfingen, genannt von Granheim.
1356 Konrad Göldin von Granheim erwirbt von Wolf von Gundelfingen die Burg Granheim.
1375 Sibolt, Truchseß von Granheim.
1395 Konrad, Sohn des Truchsessen von Granheim, verkauft an Klara von Dettlingen den „Burgstall" zu Granheim.
1407 Friedrich von Helfenstein, Erbe der Gundelfinger, verkauft Granheim an Jörg von Woellwarth.
1415 Albrecht Speth von Ehestetten erwirbt den Burgstall und den größeren Teil von Granheim. Die Speth bleiben Ortsherren bis 1805.
1464 Vereinigung der Granheimer und Schülzburger Linie der Speth (siehe Schülzburg).
15. Jahrhundert Vermutlich Neubau des ersten Ortsschlosses.
1706 Neubau eines großen Wirtschaftsgebäudes.
1751 Bauernaufstand in Granheim unter dem Vogt Reinhard von Rißtissen und einem Ehinger Franziskaner.
1758 Anton Speth von und zu Schülzburg gestorben. Sein Sohn Gebhard Anton führt die Schülzburger Linie weiter und Johann Baptist Nepomuk stiftet die neue Granheimer Linie (siehe Schülzburg). Die Kinder des Anton sind bei dessen Tod noch unmündig.

Granheim

Johann Baptist Nepomuk von Speth zu Granheim
† 1815

Sohn des Franz Anton (siehe Schülzburg), Direktor der Reichsritterschaft des Kantons Donau
Gemahlin: Anna Freifrau von Trazberg
Kinder: Karl Joseph Alois Xaver Ignatz; Franziska Josepha, Gemahlin von J. von Helmstadt; Maria Antonia, Gemahlin von Reischach zu Emmendingen; Maria Walburga, Gemahlin von M. Asfalg; Maria Josepha, Gemahlin von Prof. Herrmann; Maria Feberonia, Gemahlin von A. Freiherr von Freyberg Allmendingen; u. a.

1776 Freiherr Johann Baptist Nepomuk läßt das neue Schloß anstelle eines älteren Gebäudes erbauen.
1830 Karl Joseph Alois Xaver Ignatz von Speth zu Granheim, Sohn des Johann Baptist Nepomuk, königlich württembergischer Kammerherr und Rittmeister, stirbt ohne männliche Nachkommen.
Töchter: Maria Auguste, Friederike
Granheim gelangt an die Linie Schülzburg.
1886 Neubau eines weiteren Wirtschaftsgebäudes.

1 Schloß
2 Eingang
3 Spethsche Gutsverwaltung
4 Ökonomiegebäude
5 Nebengebäude
6 Schloßhof
7 Zugang Schloßhof
8 Schloßgarten
9 Straße von Frankenhofen – B 465
10 Von Ortsmitte Granheim

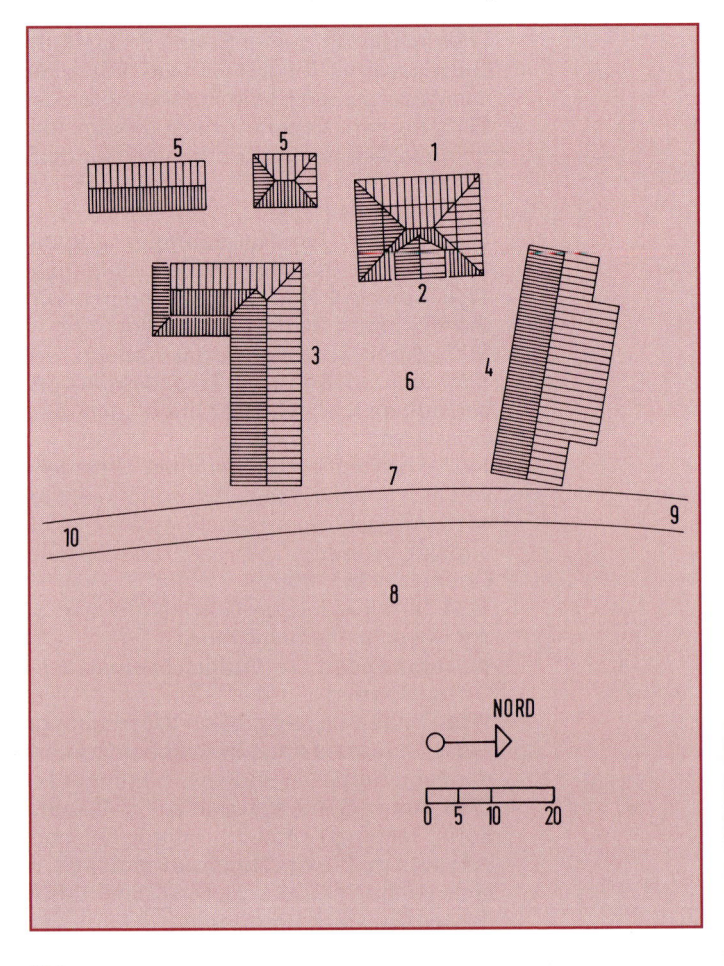

Granheim

Anlage
Die Burg

Von der mittelalterlichen Burg des Ortsadels ist nichts mehr zu sehen. 1395 wird sie bereits als Burgstall bezeichnet. Die Anlage des 13. Jahrhunderts lag auf dem hinter dem Schloß aufsteigenden Schloßberg, Gewann „Burgstall".

Das Schloß

Der Schloßbereich liegt am linken Ortsende von Granheim in Richtung Frankenhofen. 1776 läßt Johann Baptist das dreigeschossige neue Schloß (5) mit Mansardendach anstelle einer älteren Anlage erbauen.
Die reich geschmückte Hoffassade besitzt Pilaster und Mittelrisalit. Im flachen Giebelspitz das Wappen der Speth. Der Eingang mit Oberlichtgitter, darüber ein Balkon auf Säulen. Aus dem Innern sind keine bemerkenswerten Einrichtungen überliefert. Rechts im Hof das Ökonomiegebäude (4) von 1706 mit Spethschem Wappen. Am massiven Giebel Ochsenaugen.
Gegenüber ein weiteres Ökonomiegebäude (3) von 1886 mit Anbau. Es ist umgebaut und Sitz der Gutsverwaltung.

Epitaph des Johann Nepomuk von Speth an der Granheimer Kirche

Granheim

Besitzer	Speth von Schülzburg
Literaturhinweise	– Beschreibung des Oberamts Ehingen, 1893
	– Kunstdenkmäler Württemberg, Oberamt Ehingen, 1914
	– Memminger, Professor
	Beschreibung des Oberamts Ehingen, 1826
	– Reichardt, Lutz
	Ortsnamenbuch, 1986
	– Uhrle, Alfons
	Regesten zur Geschichte der Edelherren von Gundelfingen, Phil. Diss. Tübingen, 1960

Gebäude der Spethschen Gutsverwaltung von 1886 mit angrenzendem Schloßhof

Grafeneck

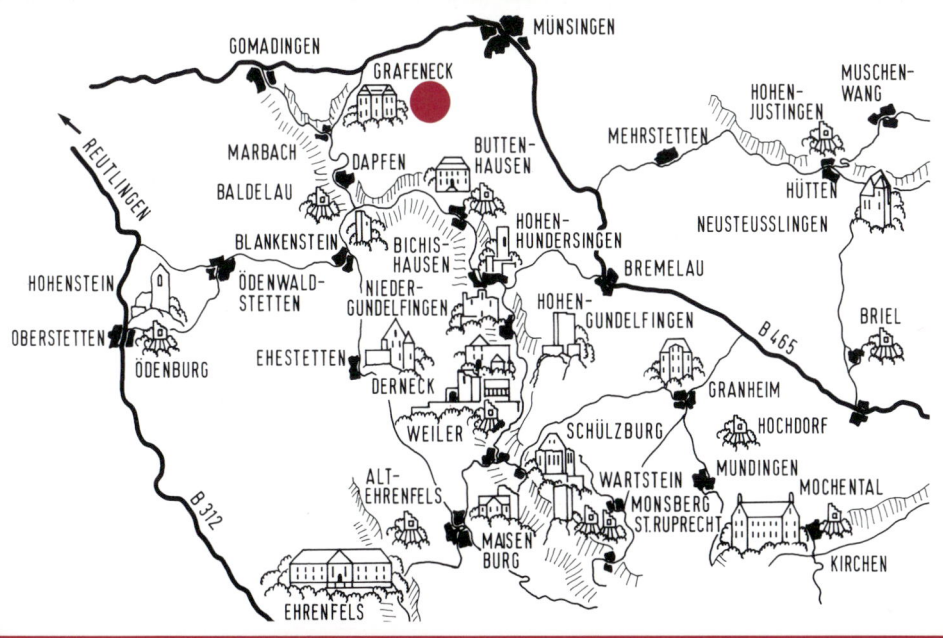

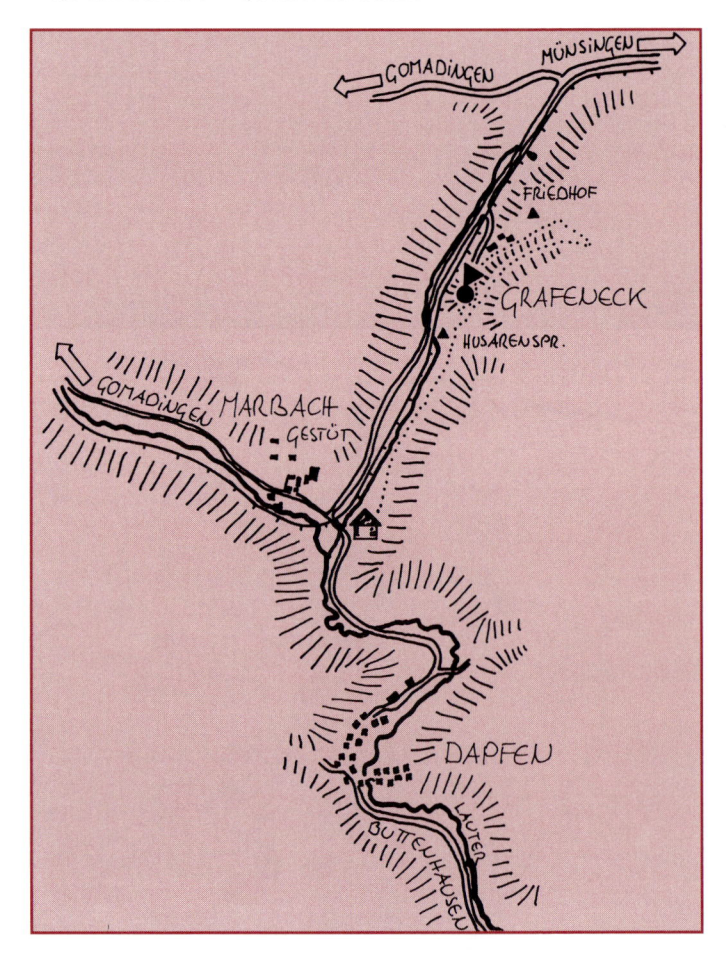

Grafeneck

Lage

Nahe dem vielbesuchten Landgestüt Marbach mündet der Dolderbach in die Große Lauter. Das waldreiche Seitental führt in nordöstlicher Richtung nach Münsingen. Am „Husarensprung", einer Talverengung, liegt das einst bedeutende Schloß Grafeneck.
Von Münsingen in Richtung Reutlingen erste beschilderte Straßenkreuzung nach Marbach abzweigen und ca. 900 m links über die Bahnlinie. Schließlich den befestigten Fahrweg hoch zum Parkplatz beim Schloß.

Wandervorschlag:
Beim Gestütsgasthof Marbach parken. Das Dolderbachtal an der rechten Talseite aufwärts (AV Dreieck) bis zum Pumpwerk. Dem hier einmündenden Forstweg Richtung Münsingen folgen. Nach Erreichen der Hochfläche beschildert links vorbei an der Gedenkstätte zum Schloß. Am Schloßgarten links zum Pumpwerk absteigen und den Weg zurück zum Ausgangspunkt. Marbach – 1,2 km Pumpwerk – 1,6 km Schloß – 1,5 km Marbach.

Grafeneck

Gemeinde	Gomadingen, Landkreis Reutlingen
Meereshöhe	Schloß ca. 690 m, Dolderbach 651 m
Besichtigung	Schloßanlagen frei zugänglich, Schloß privat genutzt – Samariterstiftung, nicht zugänglich
Einkehrmöglichkeit	Gestütsgasthof Marbach
Weitere Sehenswürdigkeiten	Gedenkstätte – Friedhof Haupt- und Landgestüt Marbach
Zum Buch von Karl Morlock „Wo bringt ihr uns hin?" – Geheime Reichssache Grafeneck	Schloß Grafeneck auf der Schwäbischen Alb war Schauplatz einer ebenso gnadenlosen wie systematisch geplanten und durchgeführten Mordaktion in der Zeit des Nationalsozialismus. Sie richtete sich gegen Männer, Frauen und Kinder aus psychiatrischen Krankenhäusern und Heimen. Mehr als 10000 Menschen waren die Opfer dieser „Geheimen Reichssache". Sie wurde beendet, als einzelne Persönlichkeiten mutig ihre Stimme zum Protest erhoben.
Aus der Beschreibung des Oberamts Münsingen, 1825	„Das Schloß Grafeneck, ehemals auch Gravenegg geschrieben, hat eine äußerst romantische Lage auf einer in das stille Tälchen vorspringenden Ecke des Gebirges, zwischen zwei Talzinken, welche sich vor dem Schlosse vereinigen. Es teilt sich in das alte und das neue Schloß, welche durch einen Hof getrennt sind. Das neue Schloß liegt vorwärts an dem Rande gegen das Tal und sieht äußerst freundlich und malerisch in das Tal hinab. Es ist nur einstockig und von Holz gebaut, aber 194 Fuß lang, mit zwei Flügeln versehen, wovon jeder 42 Fuß lang ist, und enthält 31 heizbare und 5 nicht heizbare Zimmer. Auf beiden Flanken stehen noch die Rümpfe von zwei älteren runden Türmen, welche nun zu Altanen benutzt sind, und das Schloß selber ruht auf starken Mauern. Das alte Schloß, welches rückwärts steht, ist zweistockig und von Stein; es enthält in dem Hauptgebäude, welches 109 Fuß lang ist und in zwei Flügelgebäuden, wovon jedes 49 Fuß lang ist, 45 heizbare und 5 unheizbare Zimmer nebst Ökonomie-Einrichtungen. Außer dem Schloßraume stehen noch zwei große Marställe, ein Officiantenbau, ein Billiardzimmer und einige andere Gebäude, und am Fuße des Schloßbergs die Wohnung des Försters."
Geschichte	Die heutigen Schloßbauten stehen anstelle einer mittelalterlichen Burg der Grafen von Urach. Ihre Dienstmannen nennen sich von Grafeneck. Im 15. und 16. Jahrhundert verlegen sie ihren Hauptsitz nach Burgberg bei Heidenheim und Eglingen bei Neresheim. Joachim Gottfried wird 1664 in den Grafenstand erhoben. 1728 stirbt das Geschlecht mit Graf Gottfried Anton aus.

Grafeneck

Geschichte der Burg

1261 Erster urkundlicher Nachweis des Heinrich und Eberhard von Grafeneck.
1274 Schlichtung eines Streits zwischen Ritter Heinrich von Grafeneck und dem Bauhof des Klosters Weissenau zu Bernloch durch Graf Friedrich von Zollern.
1318 Graf Berthold von Grafeneck und seine Frau Agnes schenken ihre Güter in Omendingen dem Kloster Offenhausen.
1368 Berthold von Grafeneck verkauft Rechte über in seinem Besitz befindliche Güter an Graf Ulrich von Württemberg.
1385 Rüdiger von Grafeneck zu Eglingen verkauft seinen Teil an Leuten und Gütern in Weiler bei Gundelfingen an Swigger von Gundelfingen zu Derneck.
1402 Eberhard von Grafeneck Zeuge in einer Urkunde des Renhart Speth.
1407 Eberhard Bürge beim Verkauf der Burg Niedergundelfingen an Jörg von Wöllwarth.
1465 Erhebung der Familie von Grafeneck in den Freiherrenstand.
Um 1490 Verkauf der Burg an Graf Eberhard im Bart.

Zugang zur ehemaligen Schloßkirche

Grafeneck

Geschichte des Schlosses

1521 Grafeneck an Gregor Lamparter verpfändet.
1523 Hans Dietrich von Westerstetten Pfandherr.
1531 Konrad von Bemelberg Pfandherr.
1556–1560 Herzog Christoph von Württemberg läßt die Burg abbrechen und an deren Stelle ein Jagdschloß mit vier Flügeln und einen Terrassengarten auf hohen Stützmauern erbauen.
1650–1654 Herzog Eberhard III. läßt beim Schloß einen Tiergarten anlegen.
1762–1772 Herzog Karl Eugen von Württemberg, Erbauer der Schlösser Monrepos, Solitude, Hohenheim, Scharnhausen und des Neuen Schlosses in Stuttgart, verändert Grafeneck. Mit einem Kostenaufwand von 115 700 Gulden läßt er einen Schloßflügel abreißen und zahlreiche neue Gebäude, u. a. ein Theater, erbauen.
1765 Herzog Karl Eugen richtet im riesigen Gewölbe des Grabens eine Kirche ein.
1785 Karl Eugen erbaut Schloß Hohenheim, worauf Grafeneck als Sitz aufgegeben wird.
1828–1845 Abbruch der unter Karl Eugen errichteten Gebäude.
1834 und 1838 Versteigerung des Inventars.
1842–1904 Sitz eines Forstamtes.
1851 Grafeneck und Marbach kommen als Teilgemeinde zu Dapfen.
1904 Verkauf an Freiherr Max von Tessin. Eine Pferdezucht wird eingerichtet.
1923 Eigentum des Reichsministers Graf von Kanitz.
1925 Eigentum des Stuttgarter Kurhausbesitzers Eugen Wörwag.
1928 Eigentum der Samariterstiftung.
1929 Vom Samariterstift Reichenberg bei Backnang kommen ca. 60 Pfleglinge – „Krüppel und Verwachsene, Einarmige und Gelähmte", wie es in einem Bericht aus dieser Zeit heißt.
1939 Grafeneck wird für „Zwecke des Reiches" beschlagnahmt und die Samariterstiftung mit den Behinderten vertrieben.
Februar 1940 Beginn der Tötung „lebensunwerten Lebens" mit Giftgas in einem Schuppen und Verbrennung der Leichen in drei Öfen des „Krematoriums".
Dezember 1940 Nach der Ermordung von 10 564 Menschen wird die Aktion „Gnadentod" durch den Befehl Hitlers eingestellt.
1941–1945 Das Schloß wird von der Hitler-Jugend für die „Kinderlandverschickung" beschlagnahmt, die Landwirtschaft von der Samariterstiftung betrieben.
1945/46 Erholungsheim für französische Kinder.
1947 Die französische Besatzungsmacht gibt Grafeneck der Samariterstiftung als Eigentum zurück.

Grafeneck

Heutige Schloßanlage

1. Schloß
2. Schloßmauer
3. Überwölbter Burggraben „ehem. Schloßkirche"
4. Gartenlaube
5. Verwaltungsneubau
6. Totenhäuschen
7. Schloßterrasse
8. Zugang Tonnengewölbe
9. Gewölbekeller
10. Schloßgarten
11. Mitarbeiterwohnhaus
12. Parkplatz
13. Dolderbach
14. L 247 Marbach–Münsingen
15. Von Marbach
16. Steige von Münsingen
17. Lage des Corps de Logis
18. Lage des Provis oder Gastbaus
19. Lage des Burgvogthauses
20. Lage der ehem. Stallungen
21. Lage des sog. „Husarenstall"
22. Zur Gedenkstätte

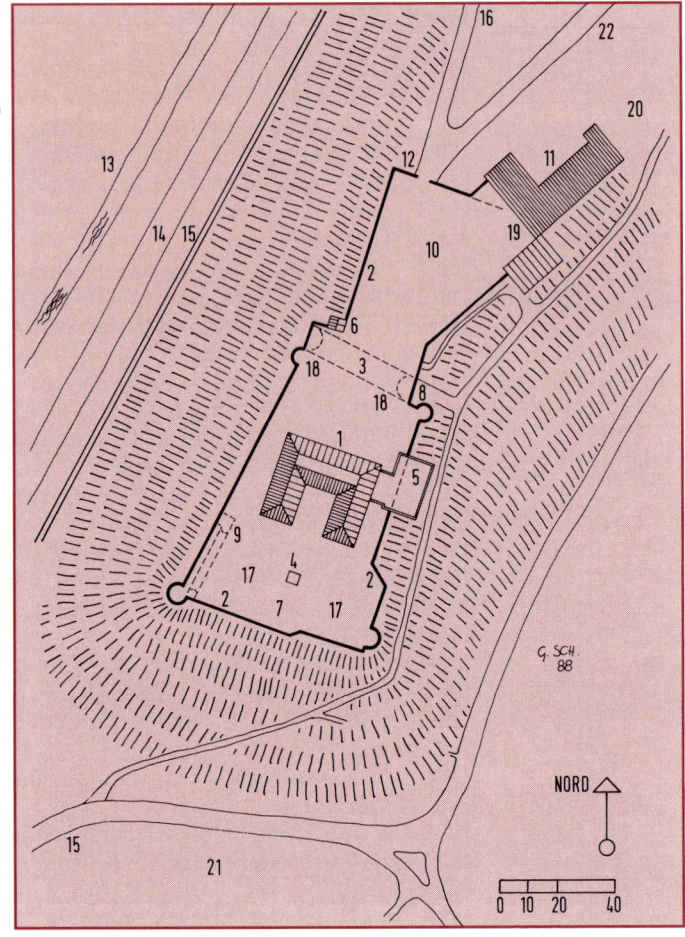

Anlage	Die wechselvolle Geschichte von Grafeneck dokumentiert sich in der baulichen Entwicklung – von der Ministerialenburg der Grafen von Urach zum fürstlichen Jagd- und Residenzschloß. Drei Bauperioden können unterschieden werden:
Die Burg	Der Erstbau einer Burg des 13. Jahrhunderts in Spornlage mit breitem Graben und auf drei Seiten von steil abfallenden Hängen geschützt. Außer der topographischen Situation ist durch die restlose Überbauung der Folgebauten nichts geblieben.
Erster Schloßbau	Nach dem Verkauf an die Württemberger erfolgt schließlich der Abbruch. Herzog Christoph läßt anstelle der Burg 1556–1560 eine Vierflügelanlage mit drei Geschossen und steilem Satteldach erbauen. Die mittelalterliche Ringmauer wird erneuert, die Südost- und Südwestecke erhalten Rundtürme mit spitzen Helmdächern.

Grafeneck

2. Schloßbau
unter
Herzog Karl Eugen

1 Schloß
2 Schloßmauer
3 Corps de Logis
4 Gastbau
5 Eingang Kirche
6 Husarenstall
7 Garten
8 Ehem. Haus des Burgvogts
9 Stallung
10 Opernhaus
11 Kutschenremise
12 Invalidenhäuser

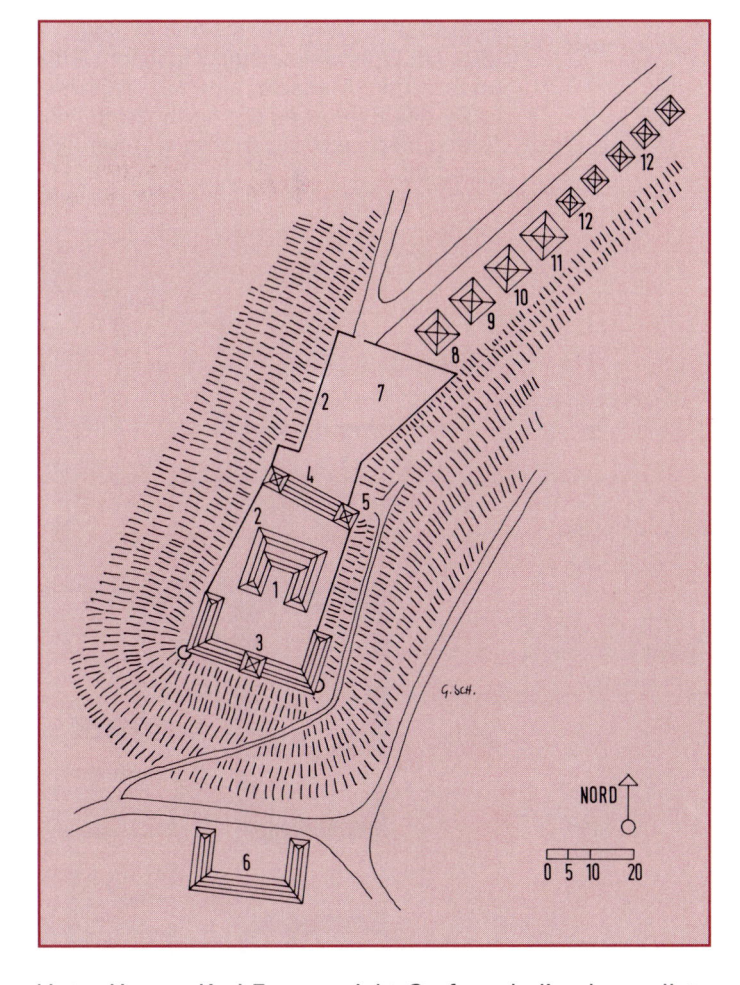

Zweiter Schloßbau

Unter Herzog Karl Eugen erlebt Grafeneck die glanzvollste Zeit. Er ist von den Regenten der späteren Jahre die bemerkenswerteste und umstrittendste Persönlichkeit. Friedrich Schiller an der Grabstätte der Herzogs: „Da ruht er also, der rastlos tätig gewesene Mann! Er hatte große Fehler als Regent, größere als Mensch, aber die ersteren wurden von seinen großen Eigenschaften weit überwogen, und das Andenken an die letzteren muß mit dem Toten begraben werden. Darum sage ich dir, wenn du, da er nun dort liegt, jetzt noch nachteilig von ihm sprechen hörst, traue diesem Menschen nicht, er ist kein guter, wenigstens kein edler Mensch."

1762–1772 wird Johann Friedrich Weyhing mit der Barockisierung und Erweiterung beauftragt. Der Südflügel wird abgebrochen, das Satteldach durch ein Mansardendach ersetzt, auf der südlichen Schloßmauer eine mächtige Dreiflügelanlage (Corps de Logis 3) erbaut, der Halsgraben überwölbt und darin eine Kirche eingerichtet. Vor dem

Grafeneck

Schloß am „Weg ins schöne Wäldle" werden Stallungen (20), ein Opernhaus, eine Kutschenremise, zwölf Invalidenhäuser, ein Magazin und ein Wirtshaus, schließlich am Fuße des Schlosses der sogenannte Husarenstall als Dreiflügelanlage erstellt. In ihm werden Opern und Komödien gehalten.

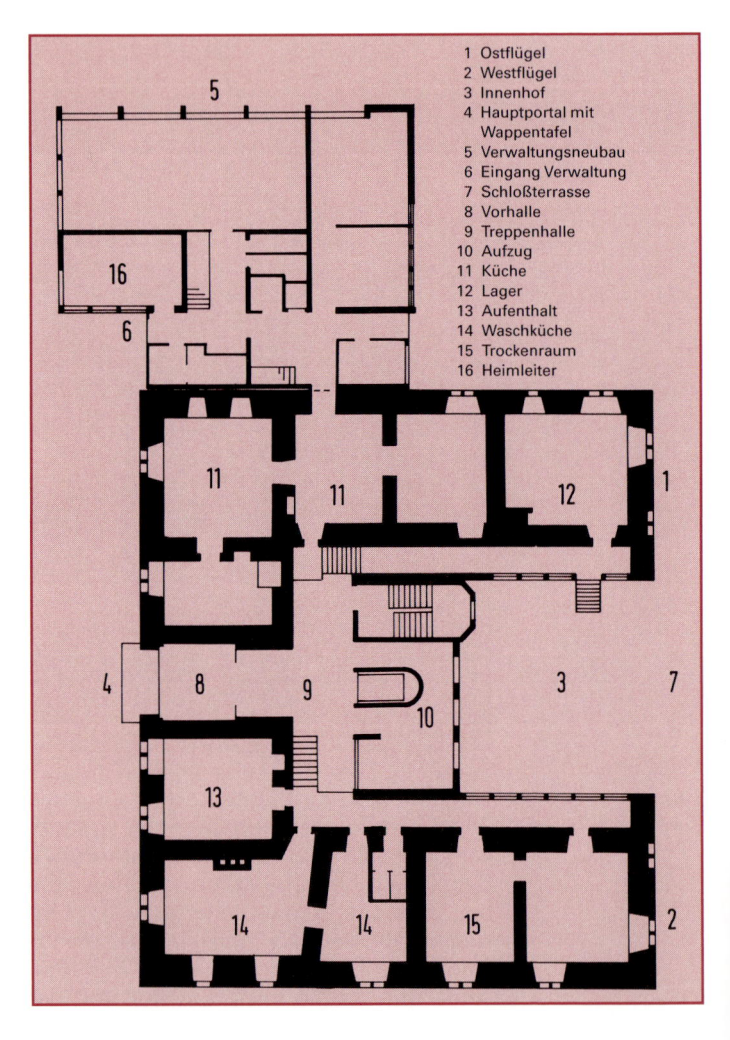

1 Ostflügel
2 Westflügel
3 Innenhof
4 Hauptportal mit Wappentafel
5 Verwaltungsneubau
6 Eingang Verwaltung
7 Schloßterrasse
8 Vorhalle
9 Treppenhalle
10 Aufzug
11 Küche
12 Lager
13 Aufenthalt
14 Waschküche
15 Trockenraum
16 Heimleiter

Heutige Schloßanlage

Grafeneck ist für viele mehr als ein imposantes Schloß. Es ist lebendig gebliebenes Zeugnis württembergischer Geschichte. Die Gesamtanlage wird bestimmt durch die heutige Nutzung. Als Heimstätte für geistig, körperlich, psychisch und sozial behinderte Männer besteht es aus sieben Wohngruppen und einer Werkstatt. Fünf der Wohngruppen befinden sich im Schloß, die anderen in Neubauten. Von den prächtigen Schloßbauten aus glanzvollen Tagen des Herzogs Karl Eugen ist nur wenig geblieben.

Grafeneck

Schloßgarten

Am Eingang zum Schloßgarten (10) die alten Portalpfeiler mit Steinvasen im Stil von 1770. Dahinter beidseitig des Wegs Puttengruppen als Darstellung von Frühling und Herbst. Sie standen ehemals auf den Pfeilern des Tors.

Schloßbau

Das zweigeschossige, stattliche Gebäude mit Mansardendach entspricht im wesentlichen dem ersten Schloßbau; die Dachform ließ jedoch Herzog Karl Eugen ändern und den Südflügel abbrechen. 1834 und 1838 wurde das Inventar versteigert und im Zusammenhang mit der Nutzungsänderung umgebaut und modernisiert. Zu sehen sind noch die Tonnengewölbe im Erdgeschoß. Nicht mehr erkennen läßt sich der Saal im Südflügel des 1. Obergeschosses und die Holzgalerien im Hof. Erhalten geblieben sind zahlreiche Zwillingsfenster in Steingewänden und das Portal. Darüber das Wappen des Freiherrn Max von Tessin.

Schloßterrasse

Die umfangreiche Schloßterrasse umgibt den Hauptbau auf drei Seiten. Mächtige, bis zu 12 m hohe Futtermauern begrenzen sie. An der Südwest- und Südostecke Reste von Rundtürmen der ersten Schloßanlage. Herzog Karl Eugen ließ die oberen Teile abbrechen und die gesamte Südseite überbauen. Das ehemals in Leichtbauweise (verputzter Fachwerkbau) erstellte Gebäude fehlt ebenso wie der Gastbau über dem Schloßgraben.

Schloßkirche

Die eigentliche Kuriosität von Grafeneck befindet sich fast unsichtbarerweise im Schloßgraben. Herzog Karl Eugen ließ nach seinem ersten Besuch in Grafeneck 1748 die baufällige Brücke durch eine neue ersetzen und 1762 verlängern. Der durch ein Tonnengewölbe überbrückte Graben blieb zunächst auf beiden Seiten offen. Er sollte als Stall, später als Speisesaal dienen. Vermutlich noch im gleichen Jahr ließ der Herzog daneben zur Unterbringung seiner zahlreichen Besucher (bis zu 700) ein Gästehaus errichten. 1765 überfiel Karl Eugen die Idee, in das riesige Gewölbe eine katholische Kirche einzubauen. Der damalige Parrer M. Kuhn aus Dapfen berichtet hierzu: „Und gleichwohl kam es mittelst unglaublicher Eilfertigkeit (wobei die Handwerksleute an Sonn- und Werktage, nicht nur bei Tag, sondern auch bei Nacht mit Lichtern schafften, große Felsen mit unsäglich schwerer Arbeit wegräumten, auch deswegen reichlich und bar bezahlt wurde) innerhalb weniger Tage zustande, sodaß den 7. Juli 1765 die erste Messe darin gehalten werden konnte." Zur Ausstattung wurden Orgel, Altar und Heiligenbilder aus der Stuttgarter Schloßkirche geholt.

Der mehr unter- als oberirdisch angelegte Kirchenraum zeigte jedoch bald Folgen. Die Besucher klagten über Atemnot und die Deckengemälde begannen durch die Feuchtigkeit bereits Schaden zu nehmen. Hinzu kam 1770 die Forderung zum Erbvergleich, daß „der Kapellenbau zu

Grafeneck

Grafeneck und auf der Solitude fordersamst ein- und abzustellen" sei.
Geblieben ist der beeindruckende, 33 m lange, 11 m breite und 7,5 m hohe Gewölberaum.

Besitzer	Samariterstiftung, Nürtingen
Pläne	Grundriß von K. A. Koch um 1900 Grundrisse Landesdenkmalamt Tübingen Grundrisse und Schnitte Jetztzustand Samariterstift Grafeneck
Alte Ansichten	Sepiaskizze 32 x 43, 1790, Stuttgart Landesgalerie Gouache 36 x 47, um 1800 Ansicht von Südost, um 1700 Ölbild von Adolf Friedrich Harper, um 1780

Literaturhinweise	– Burgen und Schlösser in Württemberg und Hohenzollern, 1959
	– Ernst, V.
	  Beschreibung des Oberamts Münsingen, 1912
	– Gradmann, Wilhelm
	  Burgen und Schlösser der Schwäbischen Alb, 1980
	– KDW
	  Kunst- und Altertumsdenkmale OA Münsingen, 1912
	– Memminger, Professor
	  Beschreibung des Oberamts Münsingen, 1825
	– Morlock, Karl
	  Wo bringt ihr uns hin? „Geheime Reichssache" Grafeneck, 1985
	  Die Schloßkapelle, in Blätter des Schwäb. Albvereins, Nr. 6, 1977
	  Der Husarensprung, in Blätter des Schwäb. Albvereins, Nr. 2, 1979
	– Pfefferkorn, Wilfried
	  Burgen der Münsinger Alb, in „Münsingen – Geschichte, Landschaft, Kultur", 1982
	– Sachs, Dietrich
	  Grafeneck früher und heute, in „Heimatbuch Gomadingen", 1987
	– Wais, Julius
	  Albführer II, 1971
	– Wölfle, Oberförster
	  Grafeneck, in Blätter des Schwäb. Albvereins

Ölbild von Adolf Friedrich Harper um 1780

Baldelau

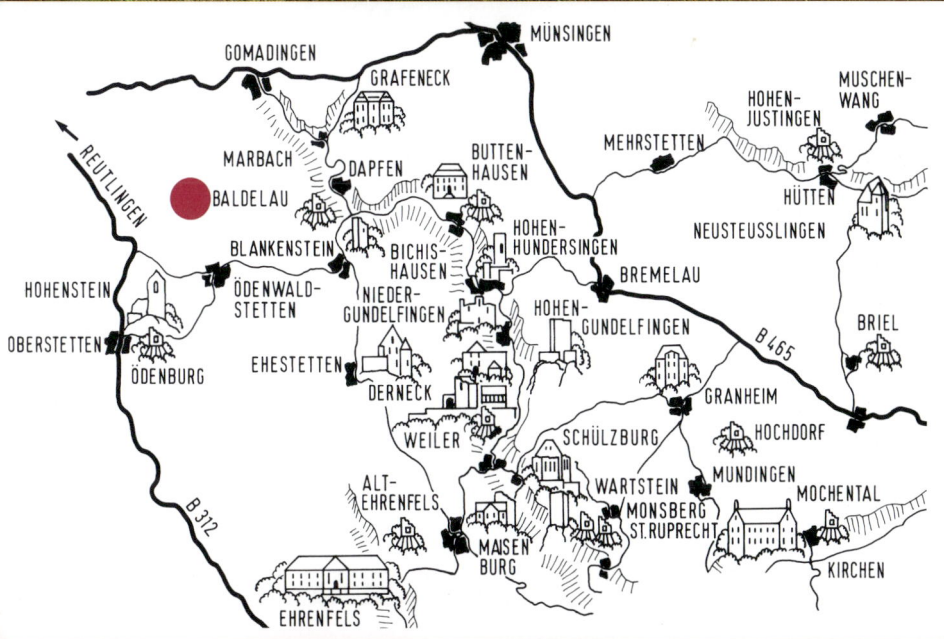

Baldelau

Lage · Zwischen Marbach und Buttenhausen zweigt bei Wasserstetten das Brunnental ab. Nach 600 m kennzeichnet die Felsgruppe „Baldelau" die Einmündung des weit nach Westen reichenden Pfaffentales.
An der Straßenkreuzung Wasserstetten–Eglingen–Marbach 500 m talaufwärts bis zur Ölmühle. Das Auto abstellen und auf dem Feldweg in westlicher Richtung. Erste Wegkreuzung links bis zur Talkante. Nach Erreichen der Anhöhe den Weg verlassen und am Waldrand entlang 200 m zur Burgstelle.

Wandervorschlag:
Vom Wanderparkplatz im Brunnental das Pfaffental aufwärts zum Ottilienloch. Nach 1,1 km rechts (Weg Nr. 2) das Tal verlassen zum Spielplatz auf dem Jörgenbühl. Am Sportplatz vorbei durch den Wald zur Burgstelle und schließlich über das Brunnental zurück zum Ausgangspunkt. Weglänge: Parkplatz – 0,7 km Ottililenloch – 1,9 km Spielplatz – 2 km Baldelau – 1,8 km Parkplatz.

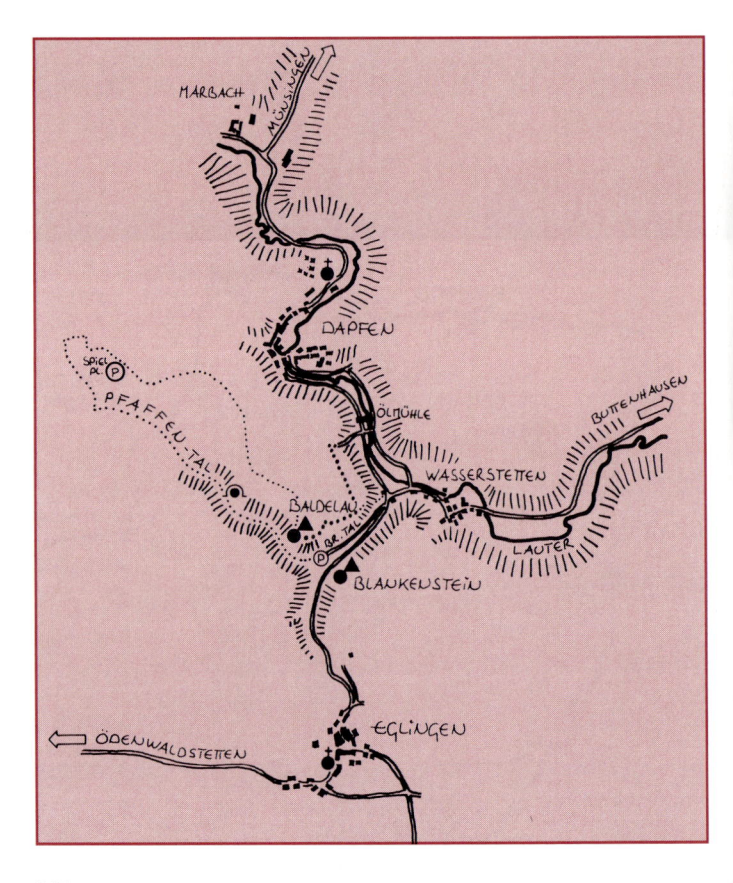

Baldelau

Gemeinde	Gomadingen, Ortsteil Dapfen, Landkreis Reutlingen
Meereshöhe	Burg ca. 700 m, Brunnental 640 m
Besichtigung	Frei zugänglich
Einkehrmöglichkeiten	Gasthäuser in Dapfen
Weitere Sehenswürdigkeit	Ottilienloch (Konstelesloch) NN 670 m, L 10 m, B 2–3 m, H 2–3 m
Geschichte	Die Geschichte von Baldelau und ihrer Besitzer ist nicht bekannt. Der Burgenforscher Koch stellte aufgrund der Geländespuren eine befestigte Anlage fest. 1961 fand Kurt Klatte in 50 cm Tiefe Grundmauerreste und unglasierte Tonscherben aus dem Mittelalter.

1316 und 1462 Erwähnung des Waldnamens „Baldenloch" in Urkunden.
1745 „Baldenlauh" wird als „ein alt zerfallen Schloß" bezeichnet.

1 Burgstelle
2 Halsgraben
3 Mögliche Lage des Bergfrieds
4 Hochfläche
5 Talseite

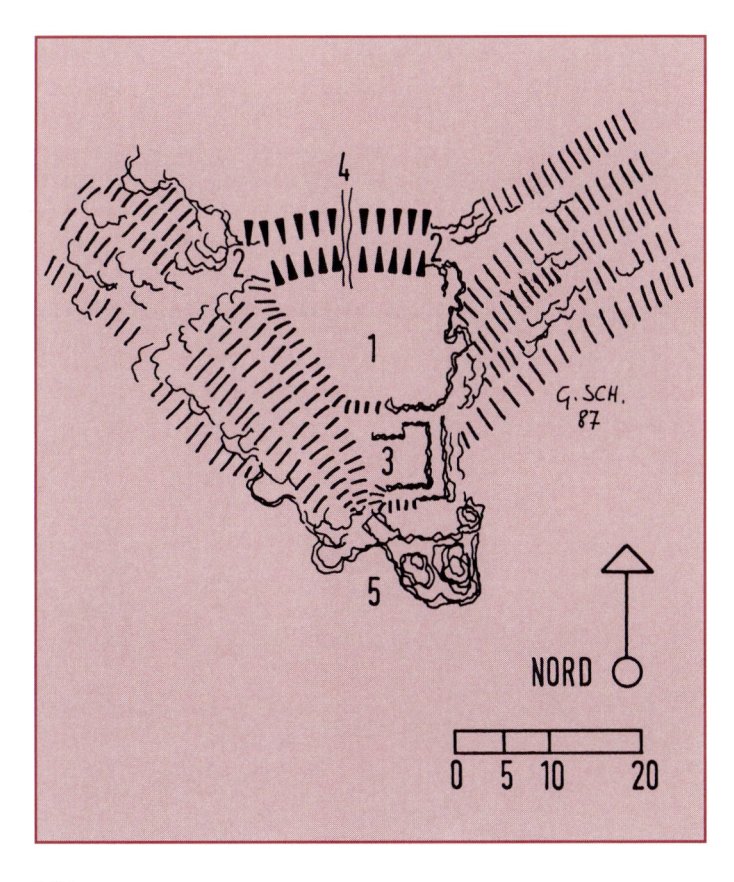

Baldelau

Anlage	Unmittelbar auf der gegenüberliegenden Talkante von Blankenstein liegt die kleine, unscheinbare Burgstelle. Sie wird durch den ca. 17 m langen, 2–3 m breiten und wenig tiefen Halsgraben gekennzeichnet. Auf der anschließenden dreiecksförmigen Fläche von ca. 23 m Länge war nicht viel Platz. Ein Turm (3) ist denkbar, von einer kleinen, befestigten Vorburg zum Berg gesichert. Mauerschutt am Halsgraben deutet auf eine massive Umwehrung. Der steil abfallende Fels sicherte die anderen Seiten.
Besitzer	Gemeinde Dapfen

Literaturhinweise	– Koch, K. A.
	   Blätter des Schwäb. Albvereins, Nr. 42, 1930
	– Schwarz, Harald
	   Die Burgen im Lautertal, im Heimatbuch Gomadingen, 1987
	– Wais, Julius
	   Albführer Band II, 1971

Burgfelsen von Süden

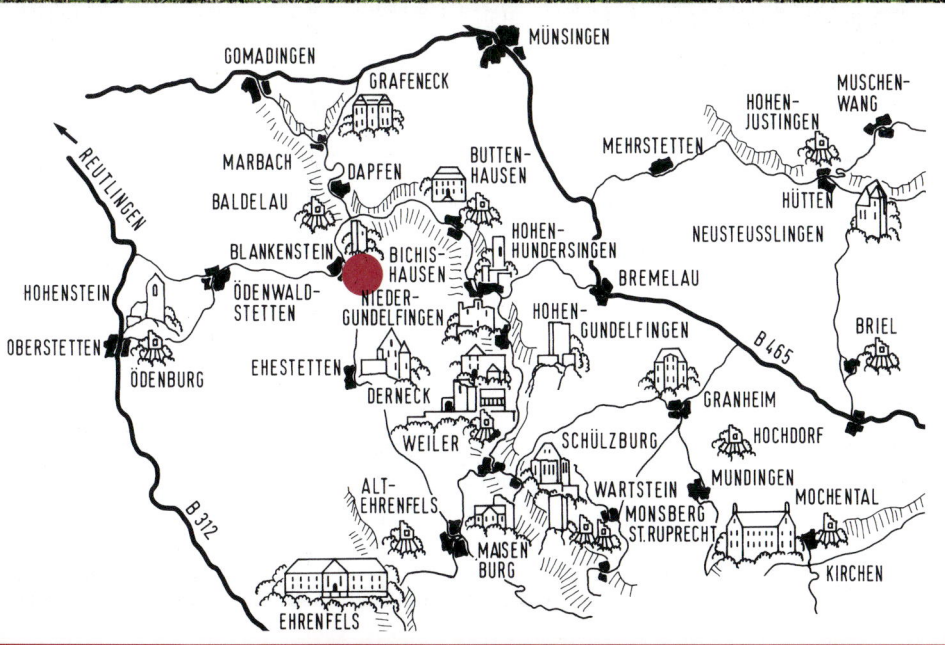

Blankenstein

Blankenstein

Lage	Zwischen Marbach und Buttenhausen mündet bei Wasserstetten das Brunnental in das Lautertal. An einer felsigen Kante im Wald liegt die Burgruine Blankenstein. Von Wasserstetten in Richtung Eglingen–Ödenwaldstetten abzweigen, nach 600 m links in den Waldweg und das Auto abstellen. Dem Hinweisschild „Burgruine Blankenstein 250 m" folgen. Weitere Möglichkeiten: Vom Ortsende in Eglingen Richtung Wasserstetten nach rechts zunächst parallel zur Straße, dann am Waldrand entlang bis zur Ruine. Weglänge ca. 1 km.
Gemeinde	Gomadingen, Ortsteil Wasserstetten, Landkreis Reutlingen
Meereshöhe	Burg ca. 710 m, Pfaffental/Brunnental 640 m
Besichtigung	Frei zugänglich
Einkehrmöglichkeiten	Gasthäuser in Dapfen und Eglingen

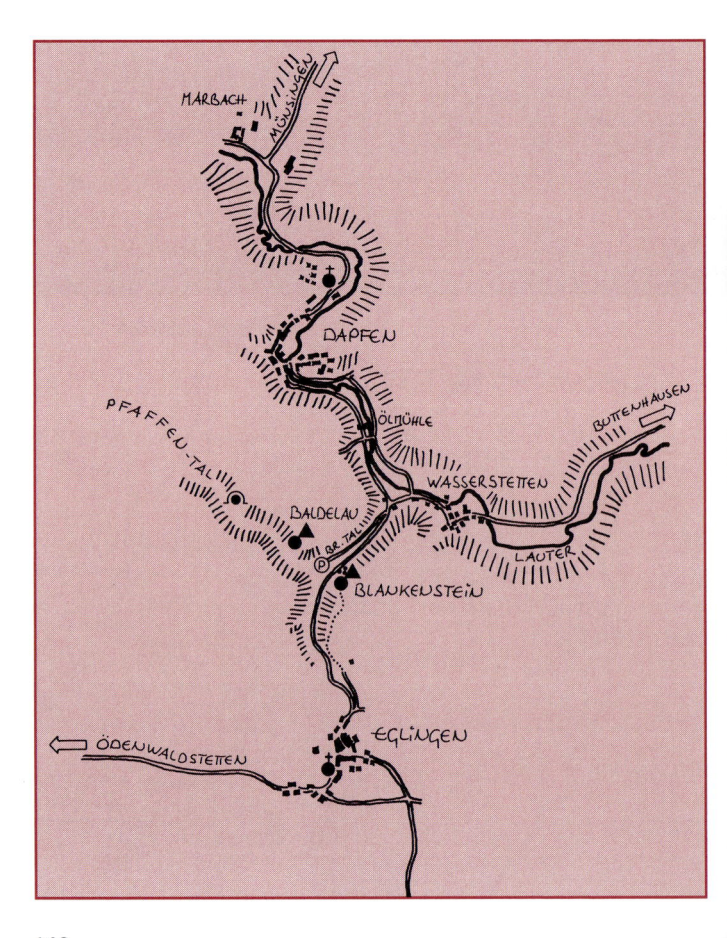

Blankenstein

Geschichte

Die Edelfreien von Blankenstein werden Mitte des 12. Jahrhunderts mit Balbina und Swigger nachweisbar. Der Name läßt verwandtschaftliche Beziehungen zu den Gundelfingern vermuten. Im 13. Jahrhundert heiratet Berthold v. B. Elisabeth, die Erbtochter der Edlen von Steinheim. Daraufhin verliert die Burg als Stammsitz ihre Bedeutung.

1150 Swigger und Balbina von Blankenstein.
Vor 1182 Berthold von Blankenstein.
1228 Hildeboldus de Blankenstain.
1251/1254 Berthold – Bertoldus de Blankenstein.
1255 Berthold und seine Frau Elisabeth gründen das Frauenkloster von Steinheim an der Murr.
1257 Rumbolt von Blankenstein Zeuge in einer Urkunde des Ulrich von Gundelfingen.
1263 Berthold von Blankenstein, Edelmann, Zeuge in einer Urkunde. Graf Ulrich von Württemberg verurteilt in einem Streit das Kloster Salem zu einer Geldzahlung an den Grafen Eberhart von Wartstein.
1269–1286 Mehrfache Erwähnung des Swigger von Blankenstein.
1274 Swigger von Gundelfingen, Konrad von Weinberg, Ulrich von Gundelfingen, der Kleriker Swigger von Blankenstein und sein Bruder, der Edelmann Swigger, beurkunden, daß der letztgenannte der Äbtissin und dem Konvent des Klosters Heiligkreuztal seinen Hof in Indelhausen verkauft hat.
1281 Swigger von Blankenstein überläßt dem Kloster Weißenau Güter in Waldstetten.
1282 Swigger wohnt in Mühlhausen am Neckar.
1296 Berthold von Blankenstein.
1306 Swigger Zeuge in einer Urkunde des Konrad von Gundelfingen.
1316 Swigger Zeuge in einer Urkunde. Konrad von Gundelfingen und Sigebot von Hundersingen schenken dem Kloster Zwiefalten ein Gut in Dürrenstetten.
1320 Swigger verpfändet Weidental an Johann von Gundelfingen und übergibt die Burg Blankenstein mit Dapfen, Ödenwaldstetten und Wasserstetten als Ersatz „für den Schaden, den sie von minen wegen gehebt hant" an Graf Eberhard I. von Württemberg.
1360 Heinrich von Blankenstein bestimmt zu Bürgen Graf Eberhard von Landau, Swigger von Gundelfingen, Eberhard von Reischach, Stephan von Gundelfingen und Swigger von Gundelfingen zu Ehestetten.
1365 Konrad Glahemer, Schreiber des Grafen Eberhard, in Besitz von Blankenstein und Dapfen.
1394 Dietrich Speth Pfandherr von Blankenstein.
1471 Letzter der Blankensteiner stirbt in Mühlhausen am Neckar.
1624 Blankenstein im Landbuch nicht mehr erwähnt.
1977 Instandsetzung des Bergfrieds.

Blankenstein

Anlage

Blankenstein liegt an einer breit gelagerten felsigen Hangkante bei der Einmündung der Pfaffentals in das Brunnental.
Der einzige aufgehende Bauteil ist der Rest des Bergfrieds (1). Nach K. A. Koch nimmt der Raum zwischen dem 40 m langen Halsgraben (3) und dem Bergfried die Kernburg ein. Dies entspricht nicht den sonstigen Anlagen der Lautertalburgen. Die Bergfriede stehen anstelle von Schildmauern in Frontlage; sie übernahmen den Schutz der Burg. Für Blankenstein bedeutet dies, daß im direkten Vorfeld eine vorburgartige Befestigung (2) anzunehmen ist. Reste der Umfassungsmauer (4) finden sich ostseitig.

1 Bergfried
2 Vorburgartige Befestigung
3 Halsgraben
4 Mauerschutt
5 Vorhof
6 Mulde
7 Kleine Höhle
8 Verfüllter Halsgraben
9 Talseite
10 Von der Straße Eglingen–Wasserstetten
11 Von Eglingen

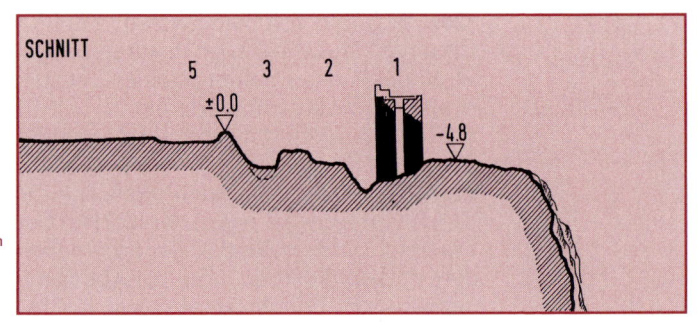

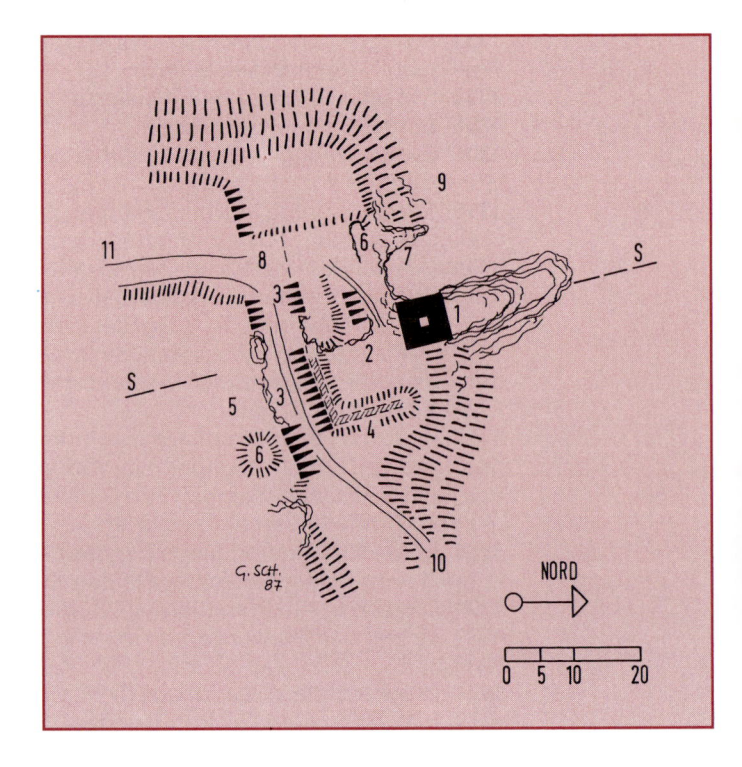

Blankenstein

Westseite des Bergfrieds mit Buckelquaderverblendung

Der Bergfried (1) ist mit einer Grundfläche von ca. 7 x 7 m fast quadratisch. Aufgrund seiner Mauerwerkstechnik zählt er zu den bedeutenden Buckelquadertürmen. Auffallend ist die häufige Verwendung von stehenden Formaten. Die Buckel sind unregelmäßig flach bis eiförmig gerundet bearbeitet.

Abmessungen der Eckquader z. B. (L x B x H): 137 x 80 x 60, 110 x 59 x 50, 64 x 54 x 50, 99 x 52 x 44 cm.

Im Zusammenhang mit den Instandsetzungsarbeiten 1977 erhöhte man die schräg abgestürzte Turmoberkante mit hammerrechtem Kalksteinmauerwerk. Leider wurden die Buckelquaderstöße so verfugt, daß die noch vorhandenen Randschläge weitgehendst nicht mehr erkennbar sind.

Ein 60 x 50 cm großes, nachträglich ausgebrochenes Schlupfloch führt von der Feldseite in das ca. 1 x 1 m große Basisgeschoß. Der Zugang zu diesem Raum erfolgt nicht wie üblich durch ein sogenanntes Angstloch, sondern über eine Art Podest, das die Hälfte des Raumquerschnitts einnimmt. Darin befindet sich ein kreisrundes Loch mit 8 cm Durchmesser.

Wie der Bergfried im oberen Bereich aussah, weiß man nicht. Aufgrund von Scherbenfunden an der Mauerkrone kann angenommen werden, daß das Bauwerk bewohnt war.

Blankenstein

Besitzer	Land Baden-Württemberg
Pläne	Grundriß und Schnitt von K. A. Koch
	Photogrammetrische Aufnahme von Fetzer, Klass, Mohr, Pfefferkorn und Wolpert, 1977
Literaturhinweise	– Ernst, V.
	Beschreibung des Oberamts Münsingen, 1912
	– Koch, K. A.
	Blätter des Schwäb. Albvereins, Nr. 42, 1930
	– Memminger, Professor
	Beschreibung des Oberamts Münsingen, 1825
	– Pfefferkorn, Wilfried
	Burgen der Münsinger Alb, in „Münsingen", 1982
	Buckelquader an Burgen der Stauferzeit, in Württemberg, 1977
	„Blankenstein", in Burgen und Schlösser, 1979/1
	– Piper, Otto
	Blätter des Schwäb. Albvereins, Nr. 11, 1899
	– Sibert, Oberregierungsrat
	in „Albglocken", Beil. z. „Albboten" Münsingen, 1928, Nr. 31
	– Uhl, Stefan
	Buckelquader an Burgen im Donauraum der Schwäb. Alb, 1983
	– Uhrle, Alfons
	Regesten zur Geschichte der Edelherren von Gundelfingen, Phil. Diss. Tübingen, 1960

Halsgraben von Osten

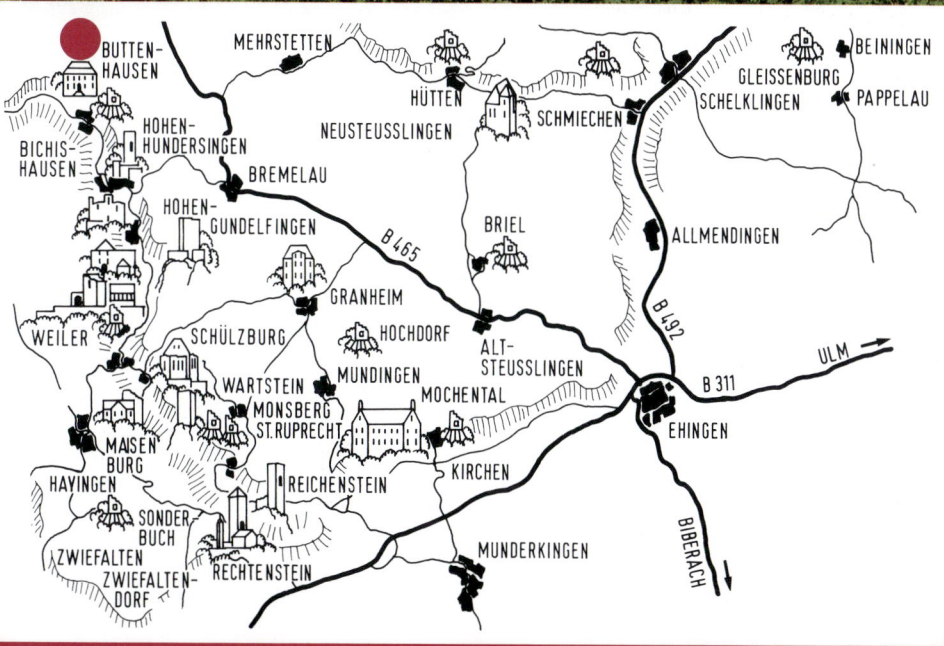

Buttenhausen (Burg)

Buttenhausen (Burg)

Lage	Die eigentliche Burgenlandschaft des Großen Lautertals beginnt bei Buttenhausen zwischen Wasserstetten und Hundersingen. Es ist beliebter Ausgangspunkt und direkt von Münsingen, von der B 465 ab Bremelau und von der B 312 ab Hohenstein-Bernloch erreichbar.
Lage der Burg	Der Standort der ehemaligen Burg ist identisch mit der Lage des neuen Friedhofs. In der Ortsmitte von der Straßenkreuzung Marbach–Hayingen–Münsingen zur Kirche aufsteigen und dem Fußweg in östlicher Richtung zum Friedhof folgen.
Gemeinde	Stadt Münsingen, Ortsteil Buttenhausen, Landkreis Reutlingen
Meereshöhe	Burg ca. 660 m, Lautertal 615 m
Besichtigung	Frei zugänglich
Einkehrmöglichkeiten	Gasthäuser in Buttenhausen
Weitere Sehenswürdigkeiten	Jüdischer Friedhof Schloßarchiv
Geschichte	Memminger berichtet in der Beschreibung des Oberamts Münsingen aus dem Jahre 1825 von zwei Burgen (Schlösser). Die eine liege am Berge hinter der Kirche und werde

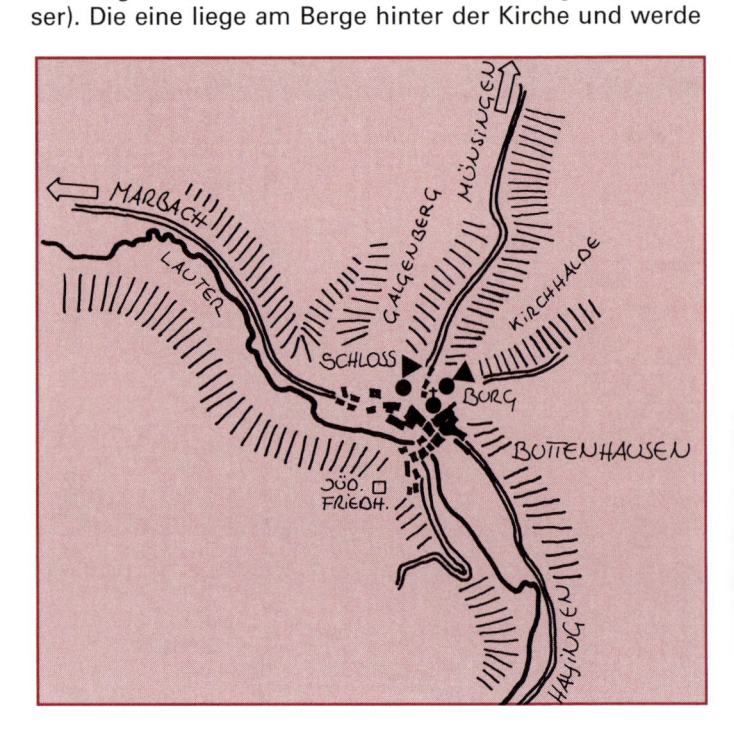

Buttenhausen (Burg)

als Fruchtkasten benutzt. Die andere, welche am Wasser lag, sei in neuerer Zeit abgebrochen und zu Ökonomiegebäuden verwendet worden.

Wann die Burg am Talhang erbaut wurde und in welchem Zusammenhang sie zur Wasserburg stand, ist unklar.

1389 Ritter Friedrich (III.) von Gundelfingen (siehe Niedergundelfingen), Sohn des Swigger (XXI.) verkauft mit Einwilligung des Grafen Eberhard v. Württemberg die Vogtei in Buttenhausen an Konrad, Propst des Klosters St. Maria in Güterstein bei Urach.

1469 Eigentum der Herren vom Stein.

1569 Verkauf der Herrschaft durch Wolf Dietrich vom Stein an Eberhard von Gemmingen.

1611–1624 Nicolaus Herzog, Vogt. Nach seinem Protokoll verbüßen Verurteilte auf der Burg Haftstrafen.

Ab 1740 Die Burg zerfällt; Teilnutzung als Stallungen.

1782 Eigentum des Philipp Friedrich von Liebenstein zu Jebenhausen. Er läßt 25 jüdische Familien in Buttenhausen ansiedeln.

1812 Eigentum des Freiherrn von Münch.

1 Reste Umfassungsmauer
2 Verfüllter Gewölbekeller
3 Strebepfeiler
4 Neue Aussegnungshalle
5 Neue Betonmauer
6 Talseite
7 Fußweg von der Kirche
8 Von der Straße nach Haldenegg und Bremelau
9 Von der Straße nach Apfelstetten
10 Friedhof

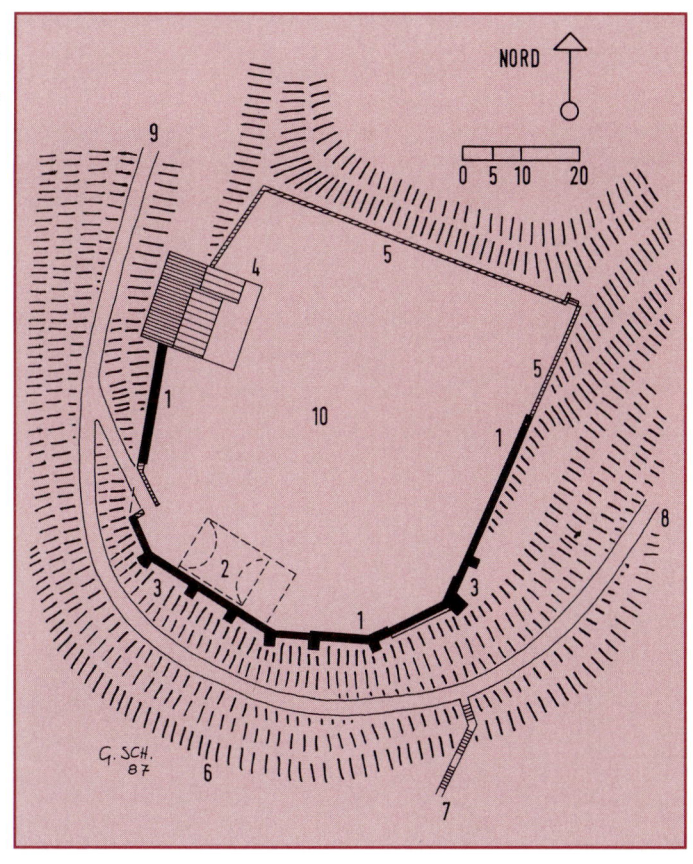

Buttenhausen (Burg)

Anlage	Die Burgstelle liegt in Talhanglage am Ende der von Nordosten nach Südwesten gerichteten „Kirchhalde". Innerhalb ihrer zerfallenen Mauern ließ die Gemeinde den neuen Friedhof anlegen. Reste der polygonalen Umfassungsmauer (1) mit zahlreichen Strebepfeilern sind talseitig bis zu 5 m Höhe erhalten. Die brüstungsartige Ausführung und deren Abdeckung ist willkürlich. Auf der Bergseite wurde die Mauer im Zusammenhang mit dem Neubau einer Leichenhalle durch Betonmauern (5) ersetzt. Der vom Burgenforscher Koch festgestellte Halsgraben ist ebenso verschwunden wie der Keller des 1825 noch genutzten Fruchtkastens (2).
Besitzer	Stadt Münsingen
Plan	Grundriß von K. A. Koch

Literaturhinweise	– Blätter des Schwäb. Albvereins, Jg. 11, 1899
	– Ernst, V.
	  Beschreibung des Oberamts Münsingen, 1912
	– KDW
	  Kunst- und Altertumsdenkmale OA Münsingen, 1926
	– Memminger, Professor
	  Beschreibung des Oberamts Münsingen, 1825

Ostseite der polygonalen Umfassungsmauer mit Strebepfeiler

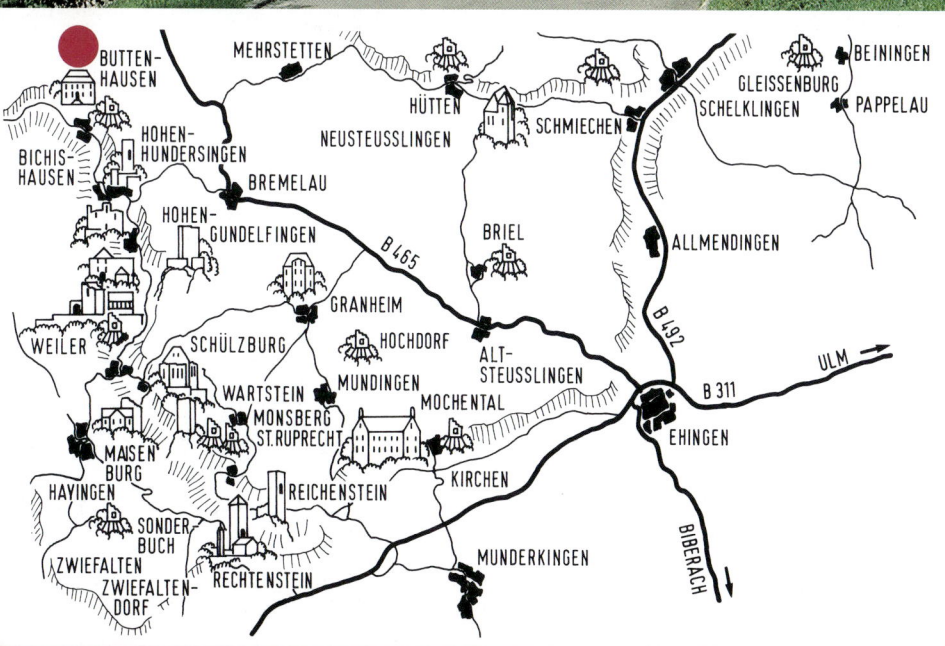

Buttenhausen (Schloß)

Buttenhausen (Schloß)

Lage des Schlosses	Am Ortsende von Buttenhausen in Richtung Marbach liegt rechts der Straße die Schloßanlage, Parkmöglichkeiten an der Straßenkreuzung Münsingen–Marbach–Hayingen.
Gemeinde	Stadt Münsingen, Ortsteil Buttenhausen, Landkreis Reutlingen
Meereshöhe	Schloß ca. 625 m, Lautertal 615 m
Besichtigung	Schloßanlagen frei zugänglich Schloßgebäude nicht zugänglich Schloßarchiv nach Voranmeldung
Geschichte	**1816** Erbauung des neuen Schlosses durch Baron von Münch. **1822** Tod des Barons und Übergang des Besitzes an seinen Schwiegersohn von Weidenbach. **1935** Verkauf an die Stadt Stuttgart, „Gustav-Werner-Stiftung zum Bruderhaus" in Reutlingen wird Pächter. **1959** „Haus am Berg" in Urach als Pächter; ein Heim für pflegebedürftige und gefährdete Menschen wird eingerichtet. **1987** Eigentum der Gesellschaft „Haus am Berg" Landheim Buttenhausen.

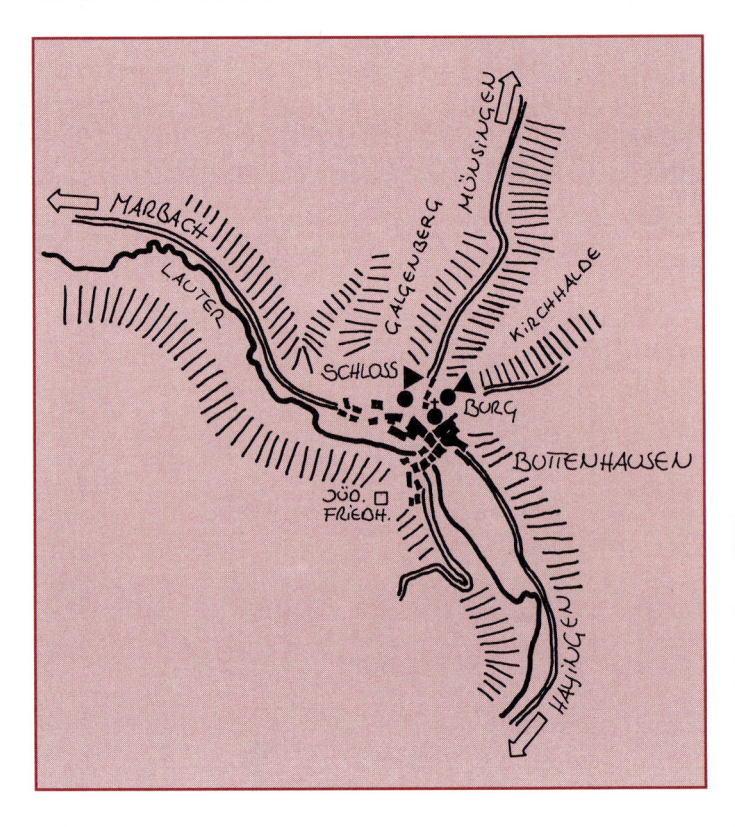

Buttenhausen (Schloß)

Schloß mit Nebengebäude am Fuße des Galgenberges

Anlage

Inmitten einer freundlichen Parkanlage am Fuße des Galgenberges liegen die Schloßgebäude. Der Hauptbau (1) auf etwa 31 x 17 m Grundfläche ist zweigeschossig mit Mansardendach. Ein axial angelegter Treppenaufgang führt zum Eingangsportal mit dem Wappen der Herren von Weidenbach. Von der ehemals umfangreichen Ausstattung des Schlosses sind nur wenige Möbel übrig geblieben. Der Stuck an den Decken ist seit den Instandsetzungsarbeiten ebenfalls weitgehendst verschwunden.
Rechts verbindet ein Flachdachbau das Schloß mit einem eingeschossigen, 44 m langen Fachwerkhaus.
Über Stufen gelangt man links zur Roßbachquelle (7) und einem zweigeschossigen, walmdachgedeckten Gebäude (2). Im Erdgeschoß ist die Ausstellung „Schloßarchiv" eingerichtet.

Buttenhausen (Schloß)

1 Schloßbau
2 Schloßarchiv
　Ausstellung
3 Fachwerkbau
4 Garagen
5 Schloßgarten
6 Bushaltehaus
7 Roßbachquelle
8 Galgenberg
9 Von Münsingen
10 Von Hundersingen
11 Von Wasserstetten

Besitzer	Gesellschaft „Haus am Berg GmbH"
Literaturhinweise	– KDW 　Kunst- und Altertumsdenkmale OA Münsingen, 1926 – Wais, Julius 　Albführer II, 1971 – Nicht veröffentlichte Unterlagen im Schloßarchiv

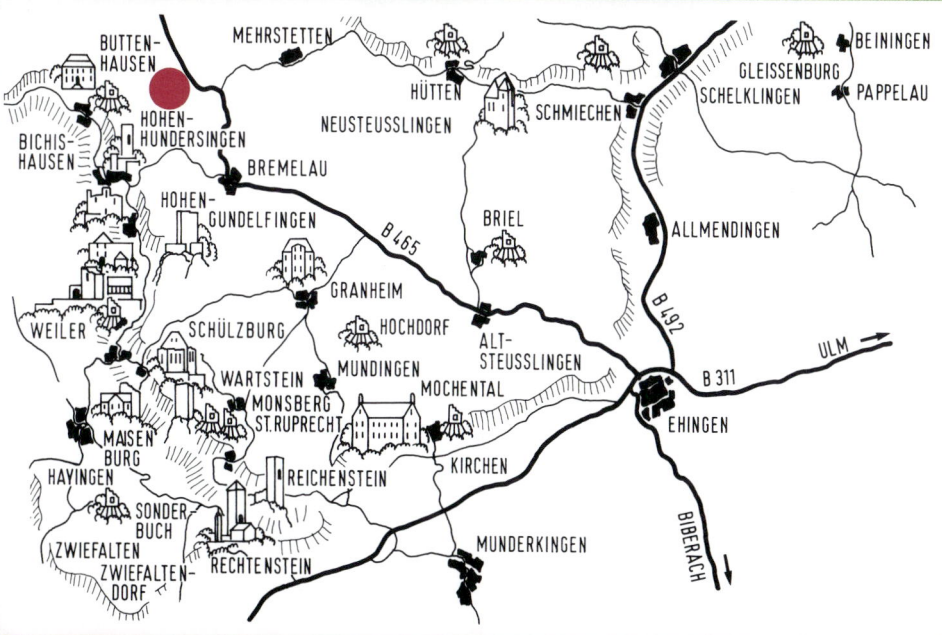

Hohenhundersingen

Hohenhundersingen

Lage
Die erste imposante Burgruine im Großen Lautertal ist Hohenhundersingen. Sie liegt auf steilen, das Dorf Hundersingen überragenden Felsen, an der Straße von Münsingen nach Hayingen. Bei der Bushaltestelle „Alte Post" direkt unterhalb der Ruine besteht Parkmöglichkeit. Unmittelbar dahinter zweigt ein beschilderter Fußweg ab.

Wandervorschlag:
Von der Straßenkreuzung Münsingen–Hayingen–Bremelau über die Lauter. Dem Weg talaufwärts bis unterhalb der Kirche folgen (AV Dreieck). Zu dieser aufsteigen und am Friedhof vorbei den Talhang entlang zur Burgruine. Von dort direkt zurück zum Ausgangspunkt. Weglänge ca. 2,5 km.
Halbtageswanderung: In Hundersingen unterhalb der Kirche parken. Das Lautertal aufwärts (AV Dreieck) nach Buttenhausen. Südlich der Kirche Richtung Haldenegg aufsteigen (AV Dreiblock) und am Machtelsberg vorbei (AV Dreieck) zur Burgruine Hohenhundersingen. Hundersingen – 2,5 km Buttenhausen – 2,4 km Haldenegg – 1,8 km Hohenhundersingen – 0,8 km Hundersingen.

Gemeinde
Stadt Münsingen, Ortsteil Hundersingen, Landkreis Reutlingen

Meereshöhe
Burg ca. 690 m, Lautertal 610 m, Hochfläche 730 m

Besichtigung
Frei zugänglich

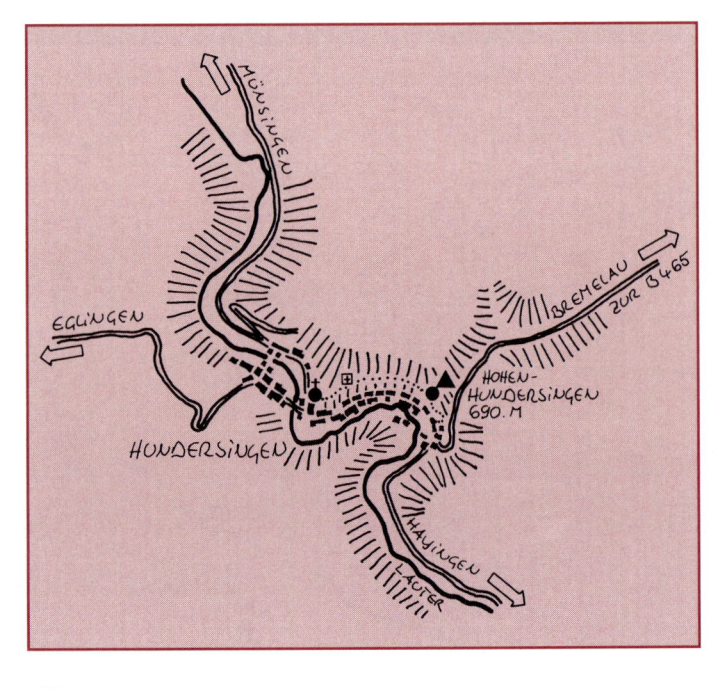

Hohenhundersingen

Auszug aus einem Gedicht des 19. Jahrhunderts
Verfasser unbekannt
Mauerteile der Burgruine stürzen zu Tal und beschädigen das Haus des Johannes Kuhn und des Wagners Manz.

Dort auf des Felsen Krone
gegründet noch raget ein Turm
trotzt seit viel hundert Jahren
des Blitzes Gewalt und den Sturm.
Und an den Felsen hänget,
eine morsche, riesige Wand.
Die hat schon manche Trümmer
hinunter zur Tiefe gesandt.
Drauf kommen Talbewohner
und schlagen sich um das Gestein.
Draus Häuslein sie sich mauern
und schließen ihr Elend hinein.

Geschichte

Das Hochadelsgeschlecht der Hundersinger wird bereits im 12. Jahrhundert mehrfach erwähnt. Theobold und Eberhard schenken 1116 dem Kloster Zwiefalten ein Gut. Ob sie ihren Wohnsitz auf dem Felsen der späteren Burg hatten oder noch im Dorf saßen, ist unbekannt. Die Baureste von Hohenhundersingen stammen nicht aus dem 12. Jahrhundert.

1237 Sigebot von Hundersingen Zeuge in einer Urkunde. Kaiser Friedrich II. nimmt das Domkapitel des Erzstiftes Salzburg in seinen besonderen Schutz.
1263 Sigebot und sein Sohn Sigebot von Hundersingen Zeugen in einer Urkunde anläßlich der Schlichtung eines Streites zwischen dem Kloster Salem und dem Grafen Eberhard von Wartstein.
1273 Sigebot und Rudolf, Brüder von Hundersingen, Zeugen in einer Urkunde. Otto von Ehestetten verkauft an das Kloster Salem seine Besitzungen in Frankenhofen.
1302 Die Edelleute Rudolf von Hundersingen und Swigger von Gundelfingen vermitteln in einem Streit zwischen dem Kloster Salem und den Brüdern Otto und Ortolf von Eglingen.
1303 Rudolf von Hundersingen, Ritter, Zeuge in einer Urkunde anläßlich einer Schlichtung zwischen Swigger dem Alten von Gundelfingen und seinem Sohn Konrad.
1314 Graf Eberhard von Württemberg erhält von Sigebot und Rudolf das Öffnungsrecht.
1315 Mangolt von Hundersingen Zeuge in einer Urkunde. Ritter Burchart vom Stein vergleicht sich mit dem Kloster Zwiefalten.
1316 Sigebot von Hundersingen und Konrad von Gundelfingen schenken dem Kloster Zwiefalten ein Gut in Dürrenstetten.
13. Mai 1352 Rudolf von Hundersingen verkauft seine Burg mit sämtlichen Besitzungen um 1400 Pfund an den Grafen Eberhard II., den Greiner, von Württemberg.
1409 Graf Eberhard von Württemberg verkauft das Dorf Hundersingen mit weiteren Besitzungen an Graf Konrad von Kirchberg. Die Burg bleibt in seinem Besitz.

Hohenhundersingen

1464 Hans „der Jüngere" Truchseß von Bichishausen Lehensherr.
1497 Albrecht Truchseß von Bichishausen, Sohn des Hans, Lehensherr.
1510 Tod des letzten Truchsessen von Bichishausen. Die Burg fällt an Württemberg zurück.
1520 Vertreibung Herzog Ulrichs von Württemberg, Treisch von Buttlar Pfandinhaber.
Um 1530 Zerstörung der Burg.
1534 Hohenhundersingen wieder in Besitz von Herzog Ulrich.
1624 Im Landbuch wird von einem Burgstall berichtet „daran noch ziemlich alt Gemauer zu sehen".
1967 Bestandserhaltende Maßnahmen an der Ruine.

1 Bergfried
2 Halsgraben
3 Hauptburg
4 Vorburg
5 Mauerreste mit fehlender Verblendung
6 Sockel
7 Fenster
8 Eisenleiter
9 Fels
10 Überhängender Fels
11 Fußweg von Hundersingen
12 Höhle
13 Torseite

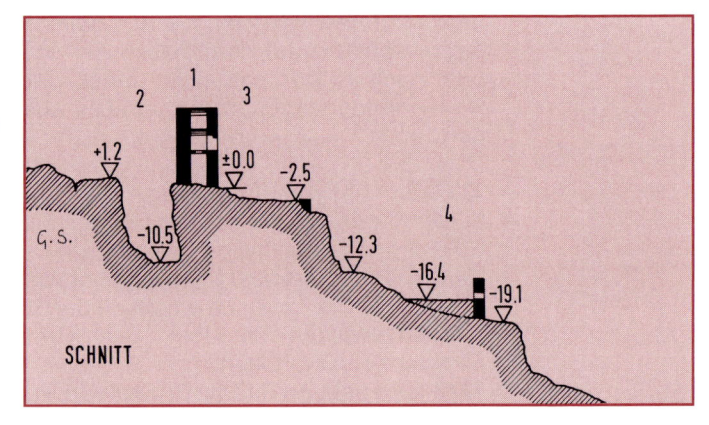

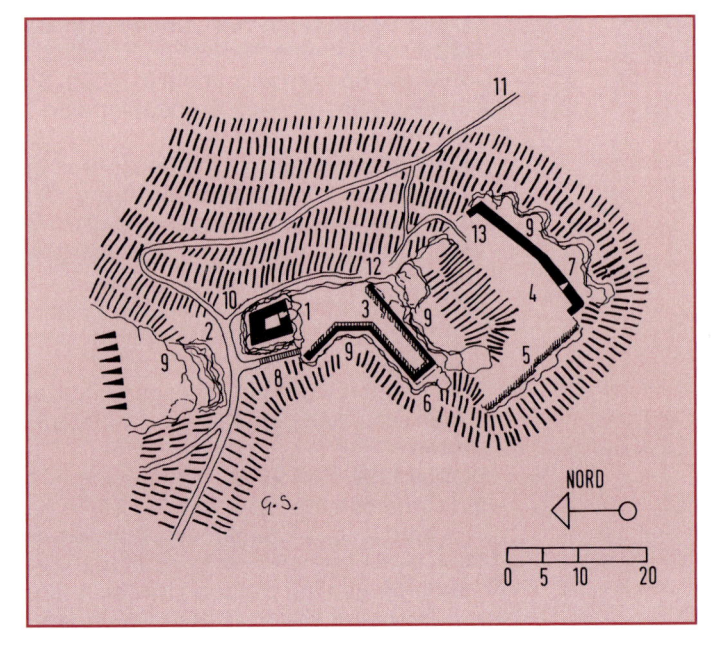

Hohenhundersingen

Anlage

An der Einmündung eines Trockentales von Bremelau in das Lautertal bildet sich eine Felsnase. Sie ist durch einen tiefen Einschnitt von den angrenzenden Talfelsen getrennt. Diese Gegebenheiten hat der Bauherr für die Errichtung seiner kleinen Burg vortrefflich ausgenutzt. Auf isoliertem L-förmigem Felsen, getrennt durch einen tiefen Halsgraben, liegt die Kernburg. Um Abstand zur Feldseite zu gewinnen, wurden zusätzlich zwei Gräben im ansteigenden Gelände zur Hochfläche angelegt.

Vorburg

Auf der südlichen Felsterrasse errichtete man die 20 x 22 m kleine Vorburg (4). Die Verbindung der beiden Abschnitte mußte über den 10 m hoch aufragenden Felsen erfolgen. Otto Piper, der Burgenforscher, fand 1899 noch steinerne Stufen. Eine Umfassungsmauer umschloß die rechteckige Vorburg auf drei Seiten, im Osten am Hang stand das Tor (13). Erhalten geblieben ist die 1,5 m starke Südwand mit einer Scharte. Der weitere Mauerverlauf zur Westseite wird durch Teile mit abgegangener Verblendung nachgewiesen.

Ein schmaler Fußpfad führt direkt unterhalb des senkrecht aufragenden Felsens mit einer kleinen Höhle (12) in den Halsgraben. Über die steile Eisentreppe (8) mit 26 Stufen gelangt man in luftige Höhe. Auf der Felsterrasse erhebt sich links der Bergfried (1). Rechts stand der Palas mit weit über den Fels hinabreichendem Mauerwerk.

Bergfried

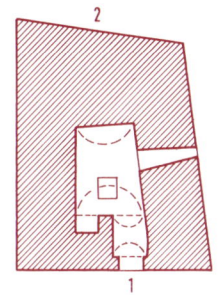

Der Bergfried von Hohenhundersingen ist der skurrilste der Lautertaltürme. Sein viereckiger Grundriß weist nur einen rechten Winkel auf (Seitenlängen 4,75, 5,95, 4,10, 5,45 m). Entsprechend gering ist die Grundfläche; im Verhältnis zu Hohengundelfingen nur ein Drittel. Bemerkenswert sind seine Buckelquader und sein erhaltener, hochliegender Eingang. Er führt in ca. 6 m Höhe zu einem 1,6 x 2 m großen, tonnenüberwölbten Raum. Am Fußboden befindet sich eine viereckige Öffnung; darunter ein schachtartiges Untergeschoß, das kaum als Verlies geeignet war. Der darüberliegende, tonnenüberwölbte Raum ist durch einen 45 x 53 cm kaminartigen Schlitz in der Außenwand erreichbar. Darüber endet der 12 m hoch erhaltene Teil.

Buckelquader

Der Gesamteindruck des Buckelquadermauerwerks wirkt durch die verhältnismäßig ungleiche Schichtung, nicht horizontal verlaufender Fugen und die diverse Buckelbearbeitung kurios. Man kann zwei Formen unterscheiden: Quader mit flach bis kissenförmig bearbeitetem Buckel mit ausgeprägtem bzw. breitem Randschlag und Quader mit weit vorstehendem, z. T. eiförmigem Buckel mit geringem oder fehlendem Randschlag. Abmessungen Eckquader z. B. (L x B x H) 126 x 74 x 60, 135 x 55 x 42, 78 x 79 x 59 cm. Randschlag bis 4 cm, Buckelstärke im unteren Bereich 8–18 cm, Anzahl der Eckquader (auf gleiche Höhe bezogen) Südwest 24, Nordwest 20 Stück.

Hohenhundersingen

Besitzer	Stadt Münsingen
Pläne	Grundriß und Schnitte von K. A. Koch
	Photogrammetrische Aufnahmen von Prof. Mohl, Prof. Mohr, Pfefferkorn, 1976
Literaturhinweise	– Ernst, V.
	Beschreibung des Oberamts Münsingen, 1912
	– KDW
	Kunst- und Altertumsdenkmale OA Münsingen, 1926
	– Memminger, Professor
	Beschreibung des Oberamts Münsingen, 1825
	– Pfefferkorn, Wilfried
	Burgen der Münsinger Alb, in „Münsingen", 1982
	Buckelquader an Burgen der Stauferzeit in Württemberg, 1977
	Eine Buckelquaderstudie, in „Burgen und Schlösser", 77/1
	– Piper, Otto
	Die Burgreste des Großen Lautertals in Bl. des Schwäb. Albvereins, 1899, Nr. 6
	– Uhl, Stefan
	Buckelquader an Burgen im Donauraum der Schwäb. Alb, 1983
	– Uhrle, Alfons
	Regesten zur Geschichte der Edelherren von Gundelfingen, Phil. Diss. Tübingen, 1960
	– Wais, Julius
	Albführer, Band II, 1971

Bergfried von der Grabenseite

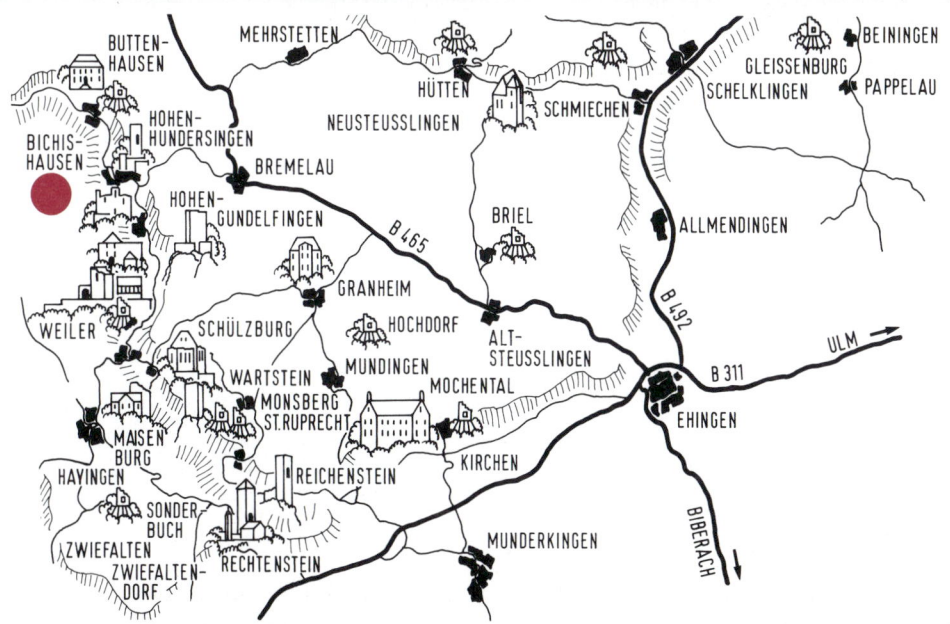

Bichishausen

Bichishausen

Lage	Wenige Kilometer nördlich von Gundelfingen in Richtung Münsingen liegt in einer Talschlaufe der Großen Lauter das malerische Bichishausen. Unmittelbar über der Ortschaft erheben sich die sichtbaren Ruinen der Burg. Vom Gasthaus „Rößle" (Parkmöglichkeit) am Fuße des Burgfelsens die Straße in Richtung Steighöfe aufwärts, nach 50 m rechts abzweigen und auf bezeichnetem Weg in 5 Minuten zum Ziel. *Wandervorschlag:* Der Besuch von Bichishausen läßt sich mit den in Niedergundelfingen und Hohenhundersingen beschriebenen Routen über den an der Lauter entlangführenden Fußweg kombinieren.
Gemeinde	Stadt Münsingen, Ortsteil Bichishausen, Landkreis Reutlingen
Meereshöhe	Burg ca. 640 m, Talsohle 610 m
Besichtigung	Frei zugänglich
Einkehrmöglichkeiten	Gasthäuser in Bichishausen
Weitere Sehenswürdigkeit	Pfarrkirche St. Gallus

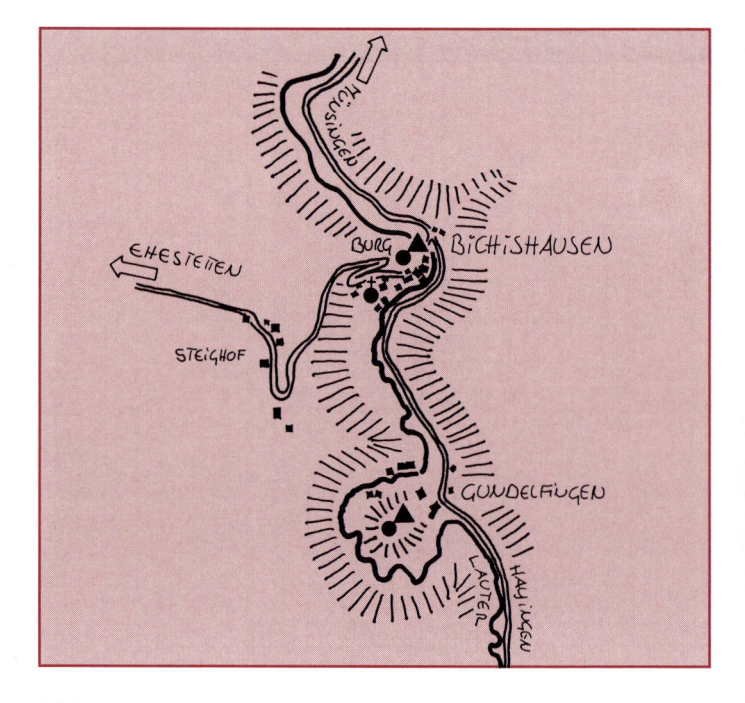

Bichishausen

Geschichte

Mitte des 13. Jahrhunderts nennen sich Herren von Gundelfingen nach Bichishausen. Aufgrund der Buckelquader am Bergfried ist die Bauzeit nicht wie bisher um 1300, sondern in der ersten Hälfte des 13. Jahrhunderts anzunehmen. Als Erbauer wird allgemein Konrad (II.) genannt. Da er jedoch erst nach 1230 geboren wurde, kommt sein Vater Swigger (VI.) von Gundelfingen als Erbauer in Betracht.

Die Linie der Gundelfinger zu Bichishausen

Swigger (VI.)
* um 1190
† vor 1251

Sohn (?) des Swigger (IV.)
Gemahlin: Ita von Entringen
Kinder: Konrad (II.) – Stifter der Linie von Bichishausen, weitere Kinder siehe Burg Niedergundelfingen

Konrad (II.)
* nach 1230
† vor 28. 7. 1302

Sohn des Swigger (VI.), Ritter, württembergischer Landrichter, genannt von Bichishausen und Granheim
Gemahlin: Guta von Hohentanne, um 1265
Kinder: Swigger (XVI.), Heinrich (VIII.), Anna, Ita, Guta

Swigger (XVI.)
* um 1265
† unbekannt

Sohn des Konrad (II.), genannt von Bichishausen, Kirchherr in Raggersburg

Heinrich (VIII.)
* um 1265
† um 1314–1316

Sohn des Konrad (II.), genannt von Bichishausen, Ritter
Gemahlin: N.N., um 1295/1300
Kinder: (?) Heinrich (X.)

Heinrich (X.)
* um 1295
† nach 4. 4. 1344

Sohn des Heinrich (VIII.), genannt von Bichishausen, stirbt ohne Nachkommen

Die Burg und ihre Besitzer

Erste Hälfte des 13. Jahrhunderts Erbauung der ersten Burg Bichishausen mit Buckelquader-Bergfried.
1270 Konrad (II.) trägt seine Allodien dem Hochstift Konstanz zu Lehen auf.
1296 Zur Herrschaft Konrads (II.) gehören außer der Burg, die er selbst „meine Burg Gundelfingen genannt Bichishausen" nennt, im näheren Bereich Teile der Dörfer Bichishausen, Eglingen, Bremelau, Granheim und Dürrenstetten.
Um 1306 Notiz auf der Rückseite eines Habsburger Rodels: „Herr Heinrich von Gundelfingen, der Bichishausen als Burglehen vom Kloster Reichenau hat, hatte den Turm in Bichishausen von Habsburg zu Lehen; er zerstörte ihn im Frieden, ohne die Vögte der Herrschaft Österreichs zu fragen, um seine eigene Burg fester zu machen."
7. April 1344 Heinrich (X.) Zeuge anläßlich einer Verzichtserklärung des Grafen Hartmann von Wartstein.
Vor 1353 Heinrich (X.) verkauft die Burg an die Truchsessen von Magolsheim.

Bichishausen

28. Juli 1353 Johann, Truchseß von Magolsheim, erklärt: „Die Burg Bichishausen, die er vor manchem Jahr gekauft hat, und die offenes Haus der Grafen Eberhard und Ulrich und ihrer Vorderen von Württemberg von den früheren Herren der Burg – von den von Gundelfingen – gewesen ist und dies von jedem Inhaber sein soll, für deren offenes Haus von ihm und allen seinen Nachkommen. Wird diese Abmachung gebrochen, so ist die Burg mit aller Zugehör den Herren von Württemberg verfallen."
1369/70 Johann verkauft seine Burg Magolsheim und Güter in Dettingen an der Erms.
1377 Kuntz, Sohn des Johann, fällt in der Schlacht bei Reutlingen.
1384 Swigger, Truchseß von Bichishausen, Sohn des Johann.
1415 Heinrich, Truchseß von Bichishausen, Sohn des Swigger, verkauft Burg und Burgstall von Granheim an Albrecht Speth von Ehestetten.
1411–1440 Hans, Truchseß von Bichishausen, Sohn des Swigger, Obervogt in Urach, 1435–1440 württembergischer Landhofmeister.
1440–1466 Hans „der Ältere", Truchseß von Bichishausen, Sohn des Hans, Statthalter von Stuttgart, 1450 Vormundschaftsrat Ludwigs II. und Eberhards im Bart. Seine Söhne Swigger, Hans und Albrecht sind früh verstorben.
8. August 1466 Hans der Ältere überläßt seinem Enkel Hans dem Jüngeren Schloß und Dorf Bichishausen sowie die Pfandschaft Hohengundelfingen.
1466–1497 Hans „der Jüngere", Truchseß von Bichishausen, Sohn des Albrecht.
15. Oktober 1495 Albrecht, Truchseß von Bichishausen, Sohn des Hans des Jüngeren, wird aus der Haft in Schloß Neufra entlassen.
Kinder: Albrecht, Schweikart, Anna, Barbara
5. Dezember 1510 Nach dem Tod des letzten Truchsessen von Bichishausen Übergang der Burg mit Zubehör an Heinrich Treisch von Buttlar und seine Ehefrau (Tochter des Albrecht); Neubaumaßnahmen.
1545 Eigentum des Wolf von Vellberg zu Vellberg und seiner Ehefrau Anna (Tochter des Treisch von Buttlar); die Burg wird dem Zerfall überlassen.
23. April 1552 Verkauf an Graf Georg von Helfenstein.
1627 Verkauf an den Fürsten zu Fürstenberg.
1923 In Privatbesitz.
1973–1975 Erwerb und Instandsetzung der Ruine.

Anlage

Bichishausen zeigt in klarer Weise das Beispiel einer spätmittelalterlichen Burg. Sie liegt am Ende eines von der Hochfläche zum Tal hin abfallenden Sporns. Bei den Instandsetzungsarbeiten 1973–1975 entdeckte man unter meterhohem Bauschutt den Stumpf eines Turmes in Buckelquaderbauweise.

Bichishausen

1 Bergfried
2 Palas
3 Oberer Burghof
4 Lage des Brunnens
5 Gebäude mit Gewölbekeller
6 Unterer Burghof
7 Tor
8 Halsgraben
9 Lage der Vorburg
10 Poterne, jetzt Zugang
11 Ehem. Eingang
12 Schildmauer
13 Zwinger
14 Reste Zwingermauer
15 Von Bichishausen

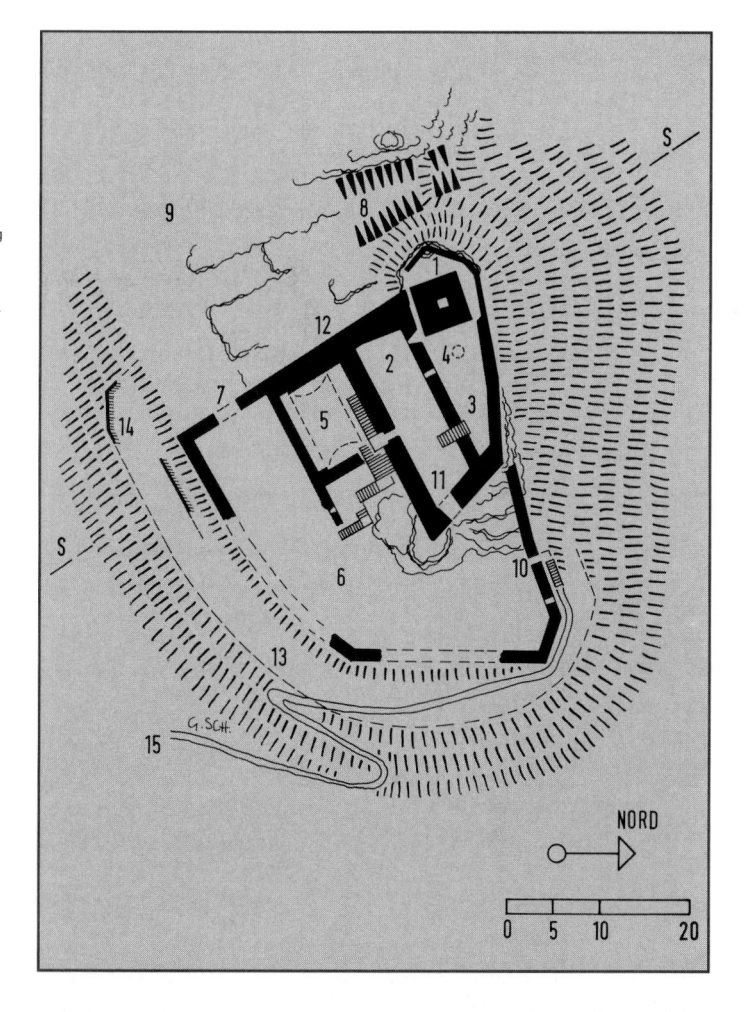

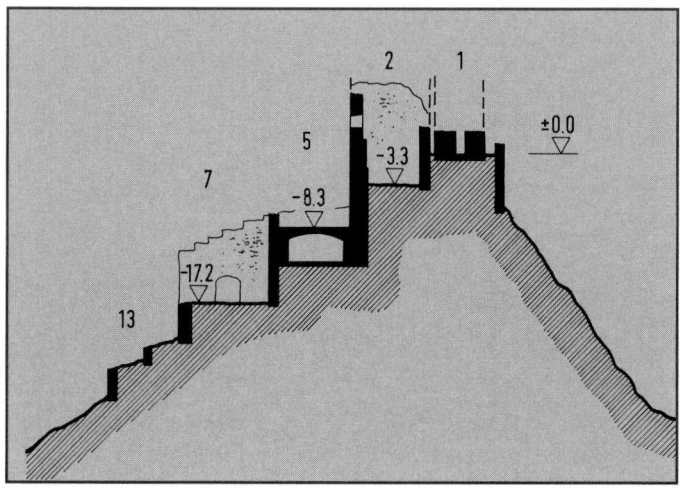

Bichishausen

1. Phase	Er bildete den Kern der ersten Anlage. Als Signalturm kann er nicht gedient haben, denn es bestand keine Sichtverbindung zu der nachbarlich gelegenen Burg Hohengundelfingen. Bichishausen ist somit als eigenständiger, befestigter Wohnsitz anzusehen.
2. Phase	Der völlige Neubau erfolgte um 1300. Eine Notiz gibt Auskunft darüber, daß Heinrich (VIII.) von Gundelfingen zu Bichishausen den Turm im Frieden zerstörte um seine eigene Burg fester zu machen. Aus der ursprünglich kleinen Befestigung mit Bergfried wurde eine Schildmauerburg hinter einem mächtigen Halsgraben. Sie gliedert sich in zwei Teile: der obere mit Palas und Burghof an höchster Stelle des Burgfelsens und der untere mit Wirtschaftsgebäuden, Torbereich und großem Burghof am Fuße des Felsens.

Ruine des Palas, rechts die Innenseite der Schildmauer

Bichishausen

3. Phase

Ein 4–9 m breiter Zwinger umschloß die Anlage talseitig. Die Baumaßnahmen unter Heinrich Treisch von Buttlar im 16. Jahrhundert können nicht verdeutlicht werden. Es ist anzunehmen, daß der Hauptbau den Ansprüchen zeitgemäßen Wohnens angepaßt wurde. In diesem Zusammenhang erfolgte die Aufstockung des Gebäudes am Felsen (5), um von hier bequemer in den erhöht liegenden Palas zu kommen.
Was an Mauerresten übriggeblieben ist, entspricht im wesentlichen der 2. und 3. Bauphase.

Burgtor

Der Fußweg von der Ortschaft führt durch den ehemaligen Zwinger (Reste) zu einer Pforte (10) in der nördlichen Umfassungsmauer. Hier betritt man den Burghof (6). Auf der gegenüberliegenden Seite liegt der eigentliche Eingang – das Burgtor (7). Bereiche der ehemaligen Vorburg (9) außerhalb des Tores sind nicht zugänglich.

Schildmauer

In der Verlängerung der Tormauer beginnt die mächtige 3,60 m starke und hohe Schildmauer (12). Aussparungen von Balken auf der Feldseite weisen auf einen vorgesetzten hölzernen Wehrgang – eine Hurdengalerie. Sie begrenzt auf ideale Weise das Verteidigungssystem zum Halsgraben.
Mitten im Burghof führt eine Treppe zu einem Gebäuderest mit tonnenüberwölbtem Keller (5). Er lehnt sich direkt an die Mauern des 7 m höher gelegenen Palas an. Mit einer 1975 errichteten Stahltreppe wurde das Ersteigen dieses oberen Burgbereiches erst möglich gemacht.

Palas

Der ca. 20 x 8 m große Hauptbau (2) war vier Geschosse hoch. Wesentliche Teile der Außenwände sind noch erhalten. Eine rötliche Verfärbung an der Schildmauerinnenseite und am Bergfried weist auf einen Gebäudebrand hin. Im späten Mittelalter befand sich der Eingng (11) auf der Ostseite (2,45 m starke Giebelseite zum Burghof). Beweis hierfür ist das noch erhaltene Portal mit Riegelbalkenloch. Als Verbindung zum unteren Burghof ist eine aufziehbare Leiter (vergl. Wäscherburg) denkbar. Der obere Bereich war somit zur Burghof- wie zur Feldseite verteidigungsfähig.

Bergfried

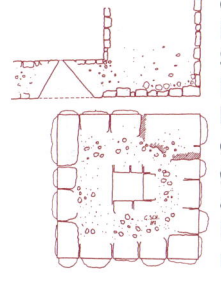

Über steinerne Stufen geht es zum 3,30 m höher liegenden dreiecksförmigen Burghof (3). Er wird im Südosten vom Palas, im Nordosten von der Umfassungsmauer und im Südwesten vom Bergfried abgegrenzt. Der Stumpf dieses Bergfrieds (1) schließt mit der Außenseite der Schildmauer bündig ab. Trotz seiner geringen Abmessung zählt er zu den bedeutenden Bergfrieden des Lautertales (Seitenlängen: 528, 528, 535, 520 cm – Innenmaß: 111 x 108 cm). Die außenseitige Buckelquaderverblendung aus örtlich anstehendem Kalk des Weißen Jura ist sorgfältig gearbeitet. Abmessungen z. B.: 190 x 80 x 55, 136 x 88 x 76, 135 x 100 x

Bichishausen

79 cm (L, B, H), Buckelstärke 16–36 cm, Randschlag 3,5–5 cm teilweise nur angedeutet. Die Anschaulichkeit dieser Steinmetzleistung wird leider durch die verbliebene Höhe von nur 2,50 m beeinträchtigt.

Besitzer	Landkreis Reutlingen
Pläne	Grundriß, Ansicht, Schnitte von K. A. Koch
Alte Ansicht	Zeichnung von Karl Urban Keller, um 1810
Literaturhinweise	– Beck, Rosmarie Die wechselhafte Geschichte der Burg Bichishausen – Ernst, V. Beschreibung des Oberamts Münsingen, 1912 – KDW Kunst- und Altertumsdenkmale OA Münsingen, 1926 – Memminger, Professor Beschreibung des Oberamts Münsingen, 1825 – Pfefferkorn, Wilfried Burgen der Münsinger Alb, in „Münsingen – Geschichte, Landschaft, Kultur", 1982 Buckelquaderstudie, Burgen der Stauferzeit in Württemberg, 1977 Buckelquader an Burgen der Stauferzeit in Württemberg, 1977 – Staatl. Amt für Denkmalpflege Aktenvermerk zur Burgruine Bichishausen, 1971 – Uhl, Stefan Buckelquader an Burgen im Donauraum der Schwäb. Alb, 1983 – Uhrle, Alfons Regesten zur Geschichte der Edelherren von Gundelfingen, Phil. Diss. Tübingen, 1960

Südwestliche Buckelquaderecke des Bergfrieds

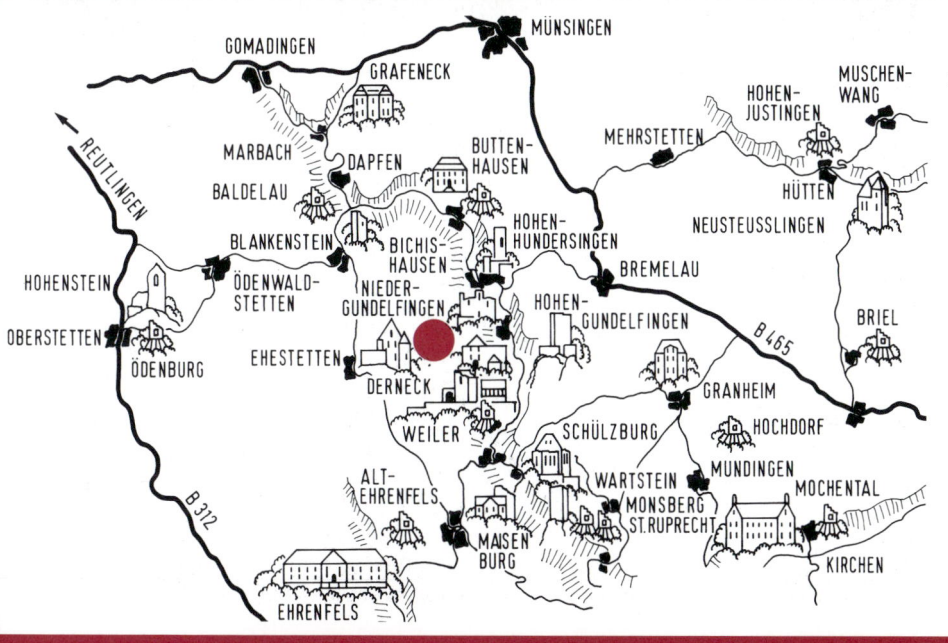

Niedergundelfingen

Niedergundelfingen

Lage
Geographischer Mittelpunkt des Großen Lautertales ist die durch romantisch anmutende Bauten geprägte Ortschaft Gundelfingen. Die Lauter bildet an dieser Stelle eine große Schlinge um einen kegelförmigen Berg. Darauf ragen weithin sichtbar eindrucksvolle Reste von der namensgebenden Burg des einst mächtigen Freiadelsgeschlechtes von Gundelfingen.
Von der Ortsmitte bei der Bushaltestelle (Telefonzelle) führt am Rathaus vorbei ein zuerst befestigter, dann geschotterter Weg in 10 Minuten zur Burg.

Wandervorschlag:
Das Auto beim Gasthof „Wittsteig" abstellen. Von hier über die Lauterbrücke rechts auf befestigtem Weg lauteraufwärts nach Gundelfingen, am Atelier Geiselhart vorbei und schließlich beschildert (AV Stichlinien) zur Burgruine Hohengundelfingen aufsteigen. Wittsteig – Hohengundelfingen ca. 2 km. Den gleichen Weg oder aber über Hohengundelfingen (siehe dort) zurück nach Wittsteig.

Gemeinde
Stadt Münsingen, Ortsteil Gundelfingen, Landkreis Reutlingen

Meereshöhe
Burg 653 m, Talsohle 590 m

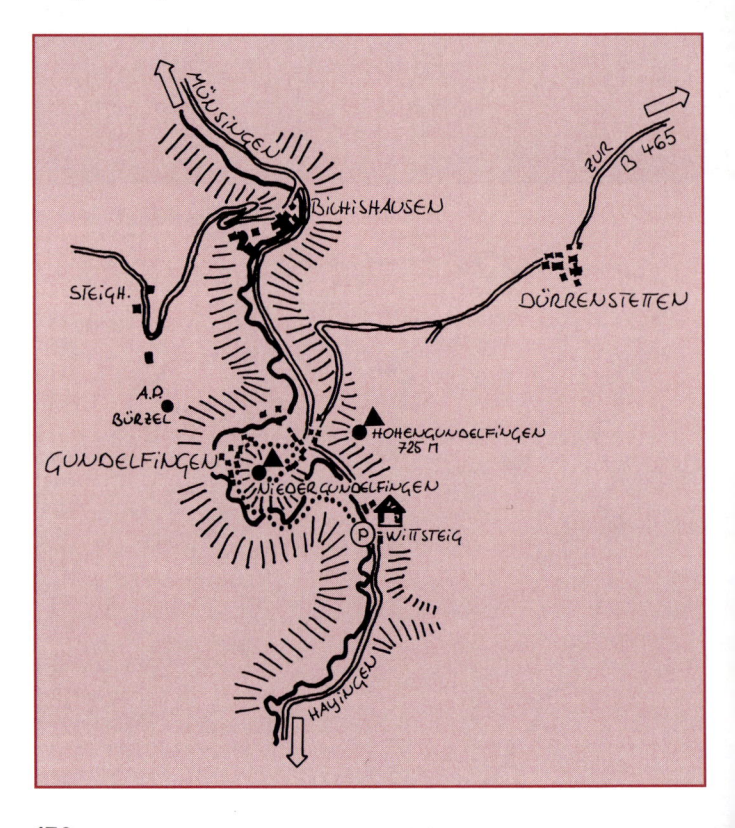

Niedergundelfingen

Besichtigung	Frei zugänglich: Vorgelände, Zwinger, Umgang Hauptburg Nicht zugänglich: Inneres der Hauptburg
Einkehrmöglichkeit	Gasthof „Wittsteig"
Weitere Sehenswürdigkeiten	Atelier-Ausstellung Anton Geiselhart, Antonius-Kapelle
Geschichte	Für den Bereich des Großen Lautertales gilt das Freiadelsgeschlecht der Herren von Gundelfingen als das bedeutendste. Am 26. Februar 1105 unterzeichnet ein Swigger von Gundelfingen als Zeuge bei einer Schenkung an das Kloster St. Blasien. Man nimmt heute allgemein an, daß die Gundelfinger mit den Herren von Steußlingen und den Herren von Justingen (siehe dort) stammes- und wappengleich sind. Gleichfalls anzunehmen ist, daß die Gundelfinger auf dem in Talmitte gelegenen Umlaufberg und nicht auf Hohengundelfingen ihre erste und somit namengebende Burg erbauten. Im Laufe des 13. Jahrhunderts, insbesondere unter den zahlreichen Nachkommen des Swigger (VI.), genannt „der Ältere", bilden sich mehrere Zweige, die meist auf nachbarlich gelegenen Burgen ihren Wohnsitz nehmen. Diese Zersplitterung leitet bereits den allgemeinen Niedergang der Herren von Gundelfingen ein.

Familie von Gundelfingen und Linie Niedergundelfingen

Swigger (I.) * um 1050 † vor 1122	Stammvater der Gundelfinger Kinder: (?) Swigger (II.), Erlewin, Irmgard
Swigger (II.) * vor 1080 † ?	Sohn (?) des Swigger (I.) Gemahlin: N.N., um 1105 Kinder: (?) Swigger, Tochter N.
Swigger (N.) * um 1105 † vor 1157	Sohn (?) des Swigger (II.) Gemahlin: N. von Hirschbühl, um 1130 Kinder: (?) Swigger (III.), Heinrich – Stifter der Linie Hirschbühl, Konrad – Chorbischof in Straßburg
Swigger (III.) * um 1130 † vor 1183	Sohn des Swigger (N.) Gemahlin: N. von Frickingen Kinder: (?) Swigger (IV.), Tochter N.N. – Nonne, Swigger (V.) – Kustos in Speyer
Swigger (IV.) * um 1160 † nach 1228	Sohn (?) des Swigger (III.) Gemahlin: Margarethe von Urach Kinder: (?) Swigger (VI.), Hermann, Tochter N.N., Swigger VII. – Kanoniker in Speyer, Tochter N.N. – Gemahlin von Heinrich von Gundelfingen-Hirschbühl

Niedergundelfingen

Swigger (VI.)
* um 1190
† vor 1251

Sohn (?) des Swigger (IV.)
Gemahlin: Ita von Entringen
Kinder: Ulrich (I.) – Stifter der Linie zu Otterswang und Hayingen, Guta (I.), Swigger (VIII.) – Stifter der Linie Gundelfingen-Hohengundelfingen, Swigger (IX.), Mangold – Mönch, Friedrich (I.) – Kämmerer im Kloster St. Gallen, Berthold (I.) – Unterlandvogt in Wimpfen, Stifter der Linie zu Maisenburg und Granheim, Konrad (II.) – Stifter der Linie zu Granheim und Bichishausen, Heinrich (III.) – Kanoniker in Straßburg, Swigger (X.), fünf weitere Töchter N.N.

Linie Niedergundelfingen

Swigger (IX.)
* um 1220
† nach 1307

Sohn des Swigger (VI.), genannt „der Lange", Erbauer der neuen Burg Niedergundelfingen
Gemahlin: Mechthild N., um 1250
Kinder: Swigger (XIV.) – Stifter der Linie Gundelfingen-Niedergundelfingen-Ehestetten und Ehrenfels, Konrad (VIII.)

Konrad (VIII.)
* um 1255
† nach 30. 7. 1324

Sohn des Swigger (IX.), Ritter
Gemahlinnen:
1. N. von Gundelfingen/Brenz, um 1285
2. Elisabeth von Niefern, um 1290
Kinder: (?) Konrad (XII.), Rosalia, Degenhart – Stifter der Linie zu Derneck, Elisabeth – Chorfrau, Albrecht, Swigger (XIX.) – Johanniterkomtur in Dätzingen, Berthold (V.) – Kirchrektor in Zuffenhausen, Elisabeth (II.) – Priorin, Anna (III.) – Klosterfrau, zwei weitere Töchter N.N.

Konrad (XII.)
* um 1285
† 1348/1350

Sohn des Konrad (VIII.), Hofrichter Kaiser Ludwigs und Landrichter des Grafen Eberhard von Württemberg
Gemahlinnen:
1. N. von Neuffen-Marstetten, um 1310
2. Hiltrud von Eglingen, um 1330
Kinder: Swigger (XXI.), Berthold, Degenhart (II.) – Landrichter, Otto – Kirchherr, Konrad (XIV.) von Ehrenfels, Adelheid (III.) – Nonne, Uta – Nonne, Agnes (I.) – Nonne, Katharina (I.) – Nonne

Swigger (XXI.)
* um 1310/1315
† um 1383/1384

Sohn des Konrad (XII.), Ritter, Hofmeister Herzog Ludwigs des Brandenburgers von Bayern und Herzog Stephans von Bayern, Vogt des Klosters Ottobeuren, Landrichter
Gemahlinnen:
1. N. von Neuffen, um 1335
2. Agnes von Zollern-Schalksburg, vor 1356
Kinder: Swigger (XXVI.) zu Seefeld und Ehrenfels, Elisabeth, Huphemia, Friedrich (III.), Anna – Priorin in Steinheim, Agnes, zwei weitere Töchter N.N.

Niedergundelfingen

Friedrich (III.)
* um 1360
† um 1411/1412

Sohn des Swigger (XXI.), Ritter.
Mit seinen Kindern und den Kindern seines Bruders Swigger (XXVI.) stirbt die Linie Niedergundelfingen aus.
Gemahlin: Gräfin Agnes von Eberstein, um 1390
Kinder: Margarethe (III.) – 1. Gemahlin H. von Landsberg, 2. Gemahlin G. von Geroldseck zu Sulz, Ursula – Hofmeisterin Markgraf Karls von Baden – 1. Gemahlin A. V. Hattstatt von Weiler, 2. Gemahlin H. von Krenkingen, Kaspar – Propst von St. German in Weißenburg

Die Burg und ihre Besitzer

Um 1100 (1080) Mögliche erste Burg als Stammsitz.
Um 1250 „Swigger (IX.) de Novogundelfing", Ritter, erbaut Niedergundelfingen.
1264, 1268 Swigger von Neugundelfingen urkundlich nachgewiesen.
11. Februar 1407 Friedrich (III.) verkauft Niedergundelfingen mit anderen Besitzungen um 3765 Gulden an Jörg von Woellwarth.
1. März 1409 Verkauf des Besitzes um 4000 Gulden an Wolf von Stein zu Klingenstein.
1617 Niedergundelfingen in Besitz der Reichlin von Meldegg.
Um 1700 Nach einer Beschreibung gehören zur Burg eine Kapelle, ein Backhaus, Scheuer und Stallungen sowie mehrere Wiesen, Äcker und Fischwasser.
Um 1750 „Das Schloß sei zwar alt, könne aber doch ohne große Kosten repariert werden."
1833 Baron Reichlin Meldegg verkauft die Burg an Privat. Danach häufiger Besitzerwechsel. Baron Dr. Carlo Reichlin in Mogliano/Veneto besitzt noch bis 1930 mehrere Grundstücke des ehemaligen niedergundelfingischen Besitzes.
1906 Erwerb durch Oberschulrat Freytag. Einbau einer Wohnung in die Burgruine.
1966 Einsturz wesentlicher Teile der westlichen Umfassungsmauer und anschließender Wiederaufbau.

Niedergundelfingen nach einem alten Ölbild um 1750

Niedergundelfingen

1 Palas
2 Burghof
3 Torhaus
4 Torhalle
5 Burgtor
6 Brunnen
7 Gewölbekeller
8 Ringmauer
9 Romanisches Doppelfenster
10 Vorburg
11 Eingestürzter und wiederaufgebauter Ringmauerteil
12 Graben
13 Kapelle
14 Ehemalige Schalentürme
15 Zwingermauer
16 Mauerreste Vorburg
17 Mauerschutt der eingestürzten Ringmauer
18 Mauerkante
19 In den Fels eingeschnittener Zwinger
20 Zwinger
21 Weg von Gundelfingen

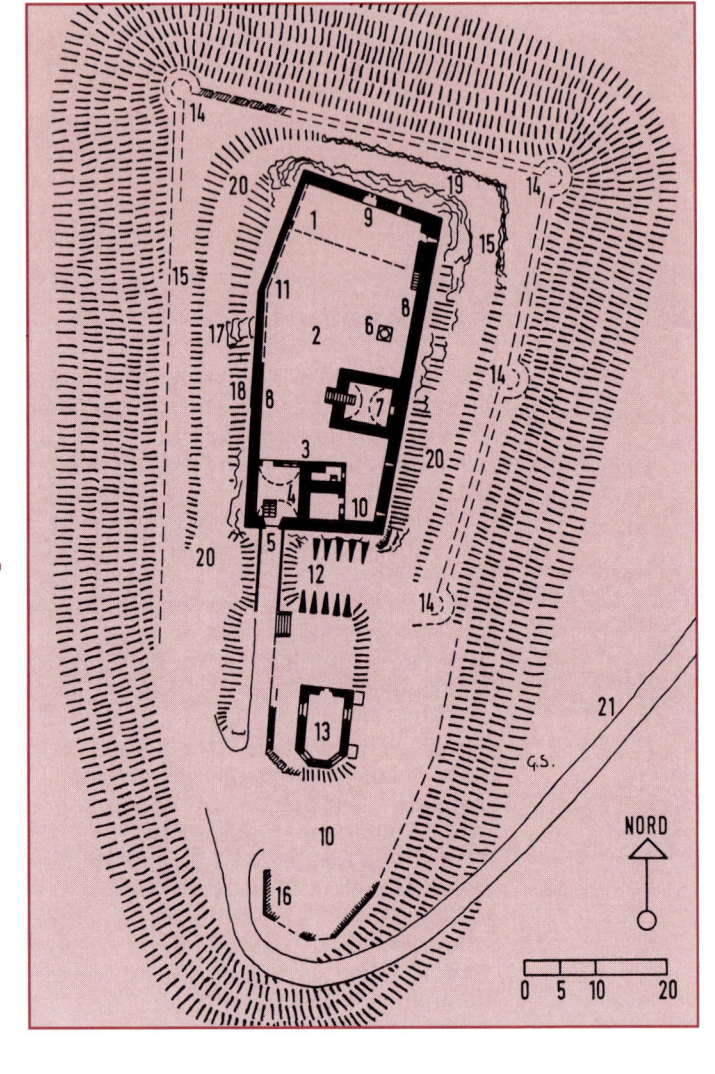

Anlage
Das erhaltene Mauerwerk von Niedergundelfingen entstammt im wesentlichen dem von Swigger (IX.) um 1250 errichteten, spätromanischen Bauwerk. Nachträgliche Umbauten haben das Erscheinungsbild einer Ringmauerburg wenig beeinträchtigt. Die Vorburg (10) im Süden schützte die im Mauerviereck (48 x 22 m) umschlossene Kernburg. Eine Zwingermauer (15) mit Schalentürmen wurde später hinzugebaut.

Kapelle
Über den Burgweg erreicht man das Gelände der ehemaligen Vorburg. Nur kümmerliche Reste sind davon noch erkennbar. Gleich rechts erhebt sich die neu renovierte Burgkapelle St. Michael (13) mit polygonalem Chorabschluß (Schlüssel beim Besitzer). Das barockisierte Innere

Niedergundelfingen

von 1700 besitzt einfache Stuckdekoration und an der Decke ein Allianzwappen; die Schlichtheit des Raumes entspricht auch dem Hochaltar mit vergoldeter Dekoration. Ein um 1855 von Ankelin beschriebenes Ölgemälde mit Darstellung der Dorfbewohner, des Schloßherrn und Ortsgeistlichen ist offensichtlich abhanden gekommen.

Kernburg – Äußeres – Gegenüber der Kapelle liegt die Kernburg mit ihrem bis zu 12 m hoch aufragenden Bering. Die Torseite wird geprägt durch den von Oberschulrat Freytag geschickt in eine Mauerlücke eingefügten Wohntrakt. Eine Rampe führt über den Abschnittsgraben (12 m) zum spitzbogigen Tor (5) mit Tuffstein-Quadereinfassung. Darüber ein in die Mauer eingefügtes Sandsteinwappen der Herren von Gundelfingen. Das Tor bleibt für den Besucher verschlossen.

Zwinger Ein Rundgang durch den Zwinger (20), auf der linken Seite beginnend, zeigt anschaulich den imponierenden Bering der Kernburg. Die Westmauer wurde nach dem Einsturz von 1966 fast auf der gesamten Länge bis zur erkennbaren Mauerkante vor dem ehemaligen Torhaus wieder aufgebaut. Nordseitig (Torgegenseite) zeugen Reste eines romanischen Zwillingsfensters (9) vom Palas. Auf der anschließenden Ostwand werden durch den Wechsel der Mauerwerkstechnik an Kanten und Trennfugen, Umbauphasen erkennbar. Putzreste weisen darauf hin, daß die Burg verputzt war. Links des teilweise in den Fels geschnittenen Zwingers erkennt man noch Teile der Zwingermauer.

Kernburg – Inneres – Die Kernburg gliedert sich in den Bereich des Torhauses auf der Südseite, den Palas (1) im Norden und den dazwischen liegenden Burghof (2). Hier befindet sich der heute noch 6 m tiefe, wasserführende Brunnen (6) und ein tonnenüberwölbter Keller (7). Nach einer Darstellung von 1750 waren Palas und Torhaus dreigeschossig, die unteren beiden Stockwerke massiv und das obere in Fachwerkbauweise erstellt. Das Torhaus ist im Erdgeschoß mit überwölbter Torhalle (4) noch alter Bestand; der Überbau von 1920 und der Anbau von 1950.

Die Art der Vermauerung weist fast durchweg Verarbeitung aus hammerrechten Steinen auf, mit einer Ausnahme: an der Innenseite der Ostwand erkennt man zwischen Gewölbekeller und Südmauer regelmäßige, kleinteilige, handwerklich sorgfältig gehauene Kalksteinquader. Dies ließe möglicherweise eine Datierung vor 1200 zu. Es ist somit denkbar, daß beim Neubau um 1250 Mauerteile der ersten Gundelfinger Burg Wiederverwendung fanden.

Besitzer	Privat
Pläne	Schnitt und Grundriß von K. A. Koch um 1900
Alte Ansicht	Zeichnung nach einem alten Ölbild um 1750 von K. A. Koch

Niedergundelfingen

Literaturhinweise
- Ernst, V.
  Beschreibung des Oberamts Münsingen, 1912
- KDW
  Kunst- und Altertumsdenkmale OA Münsingen, 1926
- Memminger, Professor
  Beschreibung des Oberamts Münsingen, 1825
- Pfefferkorn, Wilfried
  Burgen der Münsinger Alb, in „Münsingen – Geschichte, Landschaft, Kultur", 1982
- Piper, Otto
  Die Burgreste des Großen Lautertales, in „Blätter des Schwäb. Albvereins", 1899, Nr. 6
- Schleker, Martin
  Das Große Lautertal und seine Burgen
- Uhrle, Alfons
  Regesten zur Geschichte der Edelherren von Gundelfingen, Phil. Diss. Tübingen 1960
  Beiträge zur Geschichte der Herren von Gundelfingen, in „Münsingen – Geschichte, Landschaft, Kultur", 1982
- Unbekannt
  Beschreibung der Dörfer Bichishausen und Gundelfingen, 1932

Nordwestansicht der Burg vom Aussichtspunkt Bürzel

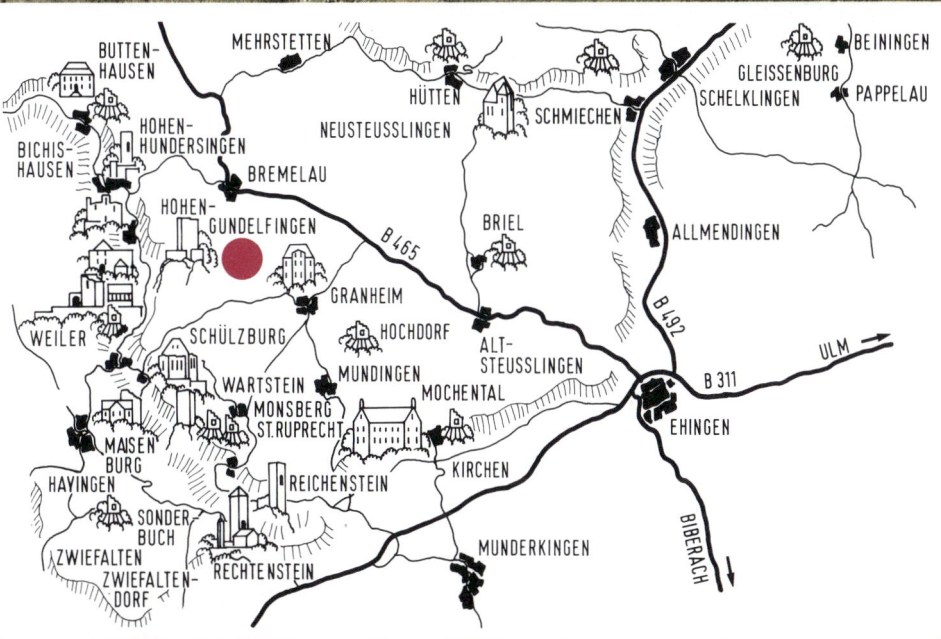

Hohengundelfingen

Hohengundelfingen

Lage

Beliebtestes Ausflugsziel im Großen Lautertal zwischen Gomadingen und Lauterach ist die Burgruine Hohengundelfingen. Sie erhebt sich auf bizarren Weißjura-Massenkalkfelsen über der malerischen kleinen Ortschaft Gundelfingen. Nicht nur die imponierende Lage der Ruine, sondern auch der weite Blick ins liebliche Tal der Lauter mit den nahe gelegenen Burgen Niedergundelfingen, Hohenhundersingen, Weiler und Derneck beeindrucken den Besucher.

Hohengundelfingen ist vom Wanderparkplatz an der Straße von Gundelfingen nach Dürrenstetten auf fast ebenem Wanderweg (AV Dreieck) in ca. 10–15 Minuten leicht zu erreichen.

Wandervorschlag:
Ausgangspunkt ist der südlich von Gundelfingen gelegene Parkplatz beim Gasthof „Wittsteig". Der bezeichnete Wanderweg (AV gelbes Dreieck) führt über Stufen zwischen den Häusern am Talhang steil hoch durch den Wald zur Burgruine. Weglänge ca. 1 km.

Auf dem Rückweg empfiehlt sich ein Besuch der Burgruine Niedergundelfingen. Den Aufstiegsweg zunächst zurück bis zur zweiten Weggabelung, nach rechts zur Straße Gundelfingen–Dürrenstetten und auf dieser ca. 400 m abwärts nach Gundelfingen. Weiter siehe Niedergundelfingen.

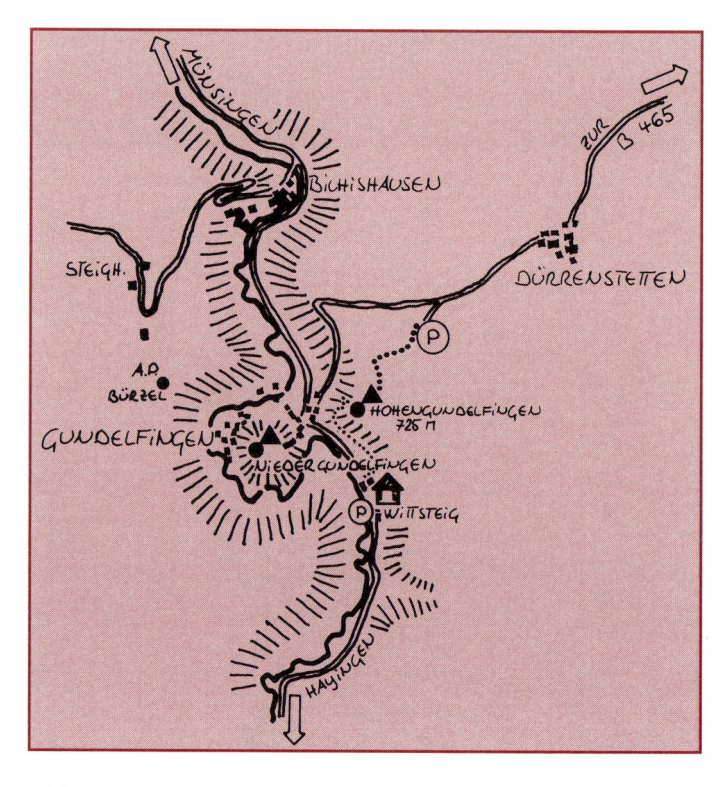

Hohengundelfingen

Gemeinde	Stadt Münsingen, Ortsteil Gundelfingen, Lkr. Reutlingen
Meereshöhe	Burg 725 m, Lautertal 590 m
Besichtigung	Frei zugänglich
Einkehrmöglichkeit	Gasthof „Wittsteig"
Weitere Sehenswürdigkeit	Atelier-Ausstellung Anton Geiselhart
Geschichte	In älteren Beschreibungen wird Hohengundelfingen als die Stammburg der Freiadelsfamilie von Gundelfingen bezeichnet. Aufgrund der Mauerwerksmerkmale des Bergfrieds und angrenzender Mauern kann jedoch eine Datierung nicht vor dem 12. Jahrhundert erfolgen. Somit ist wahrscheinlich, daß der Stammsitz als namengebende Burg auf Niedergundelfingen errichtet wurde. (Die Gundelfinger im 11. und 12. Jahrhundert siehe Niedergundelfingen.) Die Gründung von Hohengundelfingen als repräsentativer Sitz erfolgt demnach von dort aus vermutlich unter Swigger (IV.). Er lebte etwa von 1160 bis 1228.

Swigger (IV.) möglicher Erbauer der Burg und die nachfolgenden Besitzer der Gundelfinger Familie

Swigger (IV.) * um 1160 † nach 1228	Sohn (?) des Swigger (III.) (siehe Niedergundelfingen) Gemahlin: Margarethe von Urach, um 1190 Kinder: (?) Swigger (VI.), Hermann, Swigger (VII.), zwei Töchter
Swigger (VI.) * um 1190 † vor 1251	Sohn (?) des Swigger (IV.) Gemahlin: Ita von Entringen Kinder: Ulrich (I.) – Stifter der Linie zu Otterswang und Hayingen, Guta (I.), Swigger (VIII.), Swigger (IX.) – Stifter der Linie Niedergundelfingen, Mangold, Friedrich (I.), Berthold (I.) – Stifter der Linie zu Maisenburg und Granheim, Konrad (II.) – Stifter der Linie zu Granheim und Bichishausen, Heinrich (III.), Swigger (X.), fünf weitere Töchter
Swigger (VIII.) * um 1215 † nach 1291	Sohn des Swigger (VI.), Ritter, genannt „der Ältere", Stifter der Linie Hohengundelfingen Gemahlin: Agnes von Graisbach, ? um 1240 Kinder: Swigger (XIII.), Heinrich (VI.) – Ritter, Konrad (VII.) ? – Abt in Kempten und St. Gallen, Ludwig (I.) ? – Subdiakon im Kloster Kempten
Swigger (XIII.) * 1240 † um 1307–1313	Sohn des Swigger (VIII.), Ritter, mit seinem Bruder Heinrich letzter der Gundelfinger zu Hohengundelfingen Gemahlin: N.N. – ohne Nachkommen

Hohengundelfingen

Die Burg und ihre Besitzer

1236 Swigger (VIII.) von Gundelfingen beurkundet auf der Burg, daß er dem Kloster Salem sein Gut in Frickingen als Eigentum überträgt.
17. Oktober 1246 Ausstellung einer Urkunde auf Hohengundelfingen. Swigger (VIII.), seine Söhne Ulrich und Swigger (XIII.) übertragen ihre Besitzungen in Ennabeuren, Bremelau, Granheim, Daugendorf und Asenheim dem Abt Konrad von Reichenau als Lehen.
Um 1250 Gundelfingische Erbteilung, Swigger (VIII.), ältester von sieben Söhnen, erhält Hohengundelfingen.
4. Januar 1273 Swigger (VIII.) bestätigt mit Zustimmung seiner Söhne Heinrich und Swigger (XIII.) den Verkauf seiner Güter in Frankenhofen an das Kloster Salem.
22. Januar 1293 Letzter urkundlicher Nachweis der Gundelfinger auf Hohengundelfingen, danach Verkauf an die Habsburger.
1306–1315 Berthold (I.) von Gundelfingen, Unterlandvogt in Wimpfen, erster bekannter Pfandherr.
1316–1325 Graf Ulrich von Schelklingen und sein Sohn Graf Heinrich von Teck in Pfandbesitz.
1326 Albrecht von Stöffeln verspricht, die Burg mit Zubehör um die Pfandsumme von 800 Pfund Heller durch Württemberg oder Österreich auslösen zu lassen.
1330–1338 Johann (I.) von Gundelfingen, Pfandinhaber.
1357, 1373 Swigger (XX.) von Gundelfingen, Sohn des Johann (I.), nennt sich „von Hohengundelfingen".
14. Mai 1377 Swigger (XX.) fällt in der Schlacht bei Reutlingen auf württembergischer Seite.
Zwischen 1377 und 1389 Zerstörung der Burg durch die „Städter".
1378–1409 Georg von Woellwarth.
1409–1413 Wolf vom Stein zu Klingenstein.
1414–1428 Stephan (II.) von Gundelfingen-Neufra nennt sich „von Hohen Gundelfingen".
1429–1436 Wolf vom Stein zu Klingenstein.
1437 Heinrich von Stöffeln löst die Pfandschaft mit Erlaubnis des Herzogs Friedrich von Österreich um 1608 Gulden aus und gibt sie seinem Verwandten Degenhard (III.) von Gundelfingen zu Neufra weiter. Hohengundelfingen als „Burgstall" bezeichnet.
1445–1454 Konrad vom Stein, Sohn des Wolf von Stein zu Klingenstein.
1455 Degenhard (III.) und sein Bruder Wilhelm (I.) von Gundelfingen.
1466 Truchseß Hans von Bichishausen.
1503 Schweikhart (Swigger XXIX.) löst mit Erlaubnis König Maximilians I. um 2000 Gulden das Pfand von den Erben des Hans von Bichishausen aus.
1504 Weiterverpfändung um 2300 Gulden an Adam von Stein und Klingenstein.

Hohengundelfingen

1537 Schweikhart erwirbt wiederum die Pfandschaft um 2432 Gulden von den Erben des Adam von Stein.
26. Dezember 1546 Nach dem Tod des Schweikhart (Swigger XXIX.), letzter der Gundelfinger (siehe Burg Derneck), Übergang der Pfandschaft an seine Adoptivtocher Maria von Gundelfingen und deren Ehemann Graf Georg von Helfenstein.
1627–1751 Mit dem Aussterben der Helfensteiner (siehe Helfenstein, Hiltenburg Band I) gelangt der „Burgstall" Hohengundelfingen an den Innsbrucker Hofkanzler von Lindner, danach an den Herrn von Pappus und schließlich 1751 an die Familie von Landsee.
1744 Verkauf des Besitzes um 68000 Gulden an den Grafen von Palm.
1805 Landeshoheit Württemberg.
1812 Erwerb durch den Feldherrn von Gumppenberg-Pöttmös.
1866 Bernhard Levi und Simon Höchstetter aus Buttenhausen in Besitz.
1899 Baron Otto Spruner von Mertz.
1906 Teilgemeinde Dürrenstetten.
1921 An Privat.
1939 An Hans Römer, Fabrikant in Neu-Ulm.
1949–1965 Umfassende Instandsetzungsarbeiten und Ergänzen von Mauerteilen.

Halsgraben mit Zugangsseite und Bergfried

Hohengundelfingen

1 Bergfried
2 Halsgraben
3 Untere Vorburg
4 Burghof
5 Zisterne
6 Zwinger
7 Gebäude
8 Unterer Burghof – Burggarten
9 Zugang Hauptburg
10 Poterne
11 Oberes Tor Vorburg
12 Unteres Tor Vorburg
13 Kamelfels
14 Frauenfels
15 Steiler Fels
16 Geböschte Mauer
17 Aussichtspunkt
18 Orientierungstafel
19 Weg vom Parkplatz
20 Weg von Gundelfingen

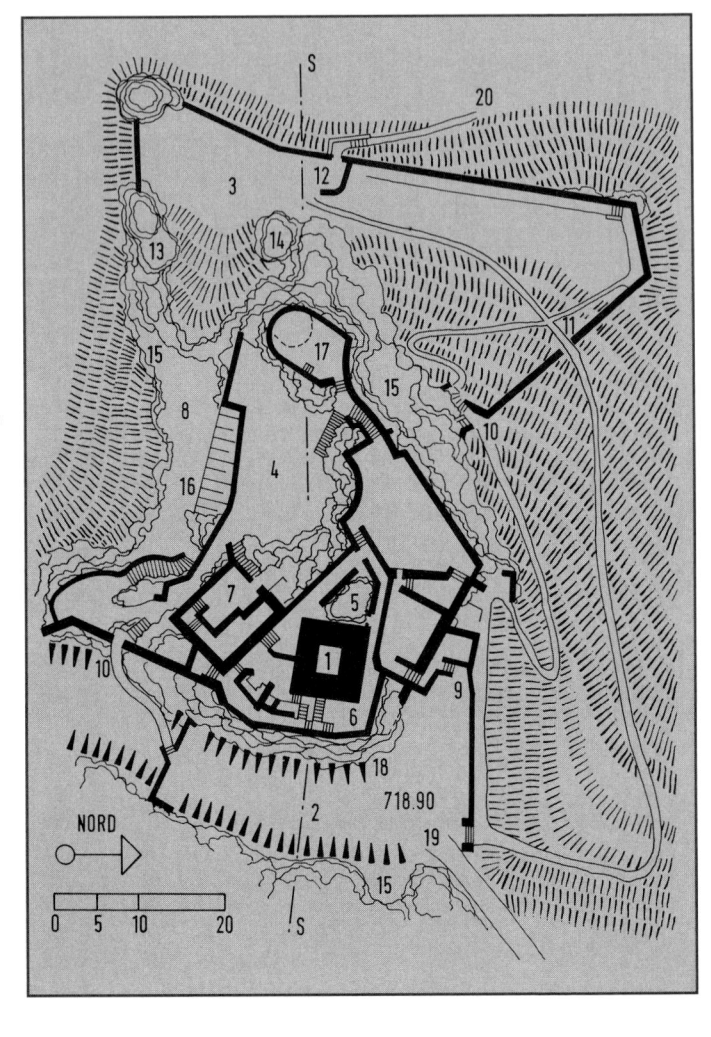

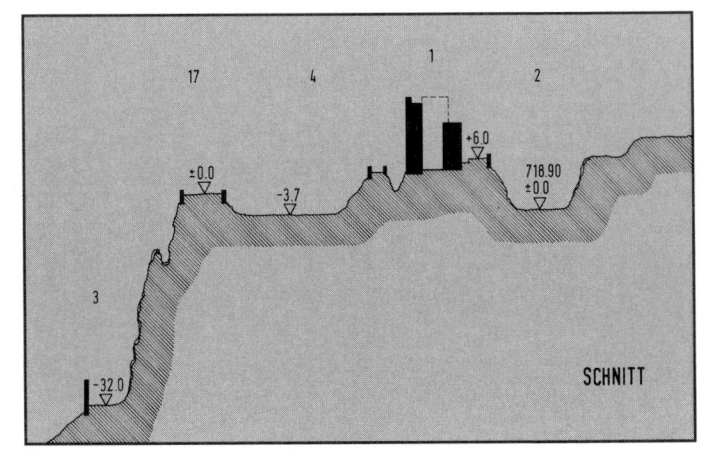

SCHNITT

Hohengundelfingen

Südöstliche Umfassungsmauer mit Poterne

Anlage

Hohengundelfingen ist die umfangreichste Anlage des gesamten Lautertales. Sie zeigt im ruinösen Zustand noch anschaulich den Typus einer Burg in Spornlage. Ein künstlich in den Fels geschnittener Halsgraben (6 m tief, 12 m breit), schützt die Befestigung von der Bergseite. Das gewonnene Steinmaterial fand zugleich Verwendung zum Bau. Unmittelbar am Grabenrand liegt die schildartige Wehrmauer in polygonaler Form. Dahinter ist an höchster und somit gefährdetster Stelle der imposante Bergfried situiert. Das felsige Gelände fällt dahinter ab, so daß Wohn- und Nutzbauten tiefer lagen. Wehrmauer und Bergfried übernahmen somit eine ideale Form der Schutzfunktion. K. A. Koch nimmt auf seiner Rekonstruktionszeichnung eine Brücke über den Halsgraben an. Diese könnte nur links vom Bergfried gelegen haben. Eher wahrscheinlich ist der Zugang auf der Nordseite am Graben (heutiger Aufgang). Der Bergfriedrest und die angrenzende Mauer bei der Zisterne stammen aus dem beginnenden 13. Jahrhundert. Das restliche Mauerwerk läßt sich durch die Vorgehensweise bei der Instandsetzung nur schwer einschätzen. Die Wandreste mit erkennbarer Mauertechnik weisen Bruchsteinmauerwerk auf. Dies läßt verputzte Oberflächen und somit eine jüngere Datierung annehmen.
Der Besucher gelangt vom Halsgraben (2) über neu angelegte Treppen (9) in den inneren Bereich der Kernburg.

Hohengundelfingen

Zisterne
Gleich links erhebt sich der Stumpf des kolossalen Bergfrieds in Buckelquaderbauweise. Unmittelbar davor ist noch die in den Fels gespitzte Zisterne erhalten. Ein festgemauerter Schleifstein diente zum Verschluß der Abflußöffnung.

Palas
Ob der Palas hier oder südlich vom Bergfried anzunehmen ist, bleibt unklar. Die sichtbaren Mauerzüge lassen keine eindeutige Zuordnung erkennen. Nicht gesichert sind die Angaben über Bauteile in einem veröffentlichten Grundrißplan.

Südöstliche Buckelquaderecke am Bergfried

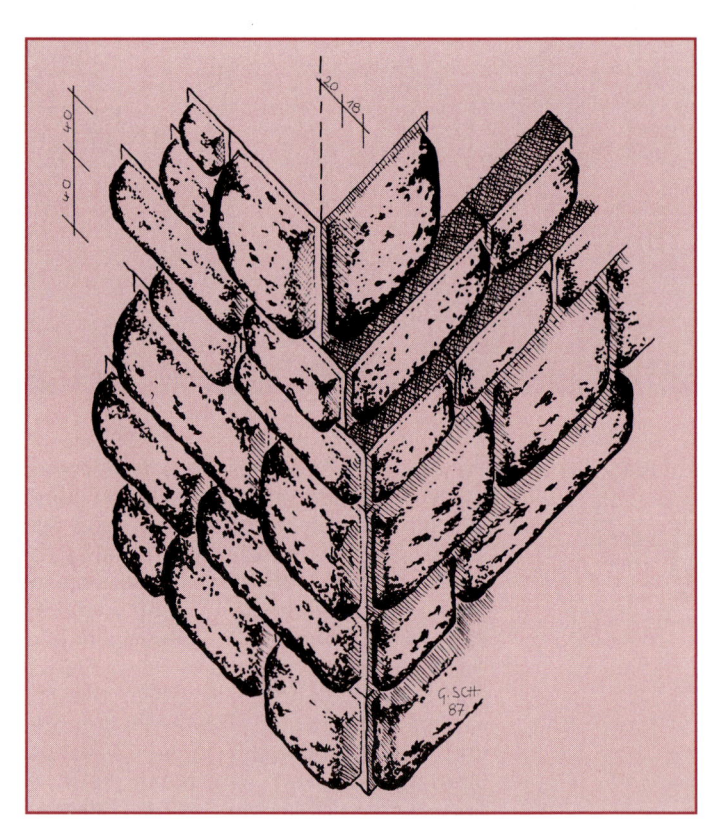

Bergfried
Der Aufgang an der Feldseite des Bergfrieds sowie der Einbau sind neueren Datums. Eine Bronzetafel gibt in lateinischer Sprache Aufschluß: „In harter Arbeit ließ dieses erbauen Hans Römer – 1960".
Die Buckelquaderbauweise von Hohengundelfingen ist von allen Bergfrieden im Großen Lautertal die perfekteste. Wilfried Pfefferkorn hat nach einer photogrammetrischen Aufnahme festgestellt, daß durch Überlagerung eines Rasters von 29,22 cm (Ulmer Werkschuh) sehr häufige Übereinstimmung besteht. Es wurde also nicht zufällig gearbeitet, sondern ein bestimmtes Maß bei der Einstellung für die am

Hohengundelfingen

Bau beteiligten Handwerker vorausgesetzt. Der Grundriß ist fast quadratisch – Seitenlängen an das Basis: 8,00 m, 8,30 m, 8,13 m, 8,20 m. Wandstärke unten: 2,80 m, oben 1,0 m. Quader: Länge z. B. 144, 176, 188, 127 cm, Breiten z. B. 120, 78, 90, 98 cm, Höhen z. B. 64, 73, 61, 40 cm, Buckelstärke 13–48 cm, Randschlag 3–6,5 cm, bei den Eckquadern gleichmäßig 6,5 cm.
Auf der Feldseite ist der Sockel durch zwei Rücksprünge stärker ausgebildet (siehe Zeichnung). Nach den Unterlagen des Besitzers ist dies der Originalzustand; erst darüber entschied man sich für ein nachträgliches Aufmauern von im Gelände liegenden Steinen.

Poterne Die Wehrmauer am Halsgraben folgt nach Süden dem Felsrand bis zum steil abfallenden Talhang. Eine Poterne (10) führt hier in den Graben. Auf der gegenüberliegenden, äußersten Felsplattform (17) soll das sogenannte Frauenhaus gestanden haben. Das vorhandene Mauerwerk gibt jedoch nicht den Grundriß eines Gebäudes wieder. Die

Burghof Wand zwischen dem Burghof (4) und dem sogenannten „Burggarten" (8) wurden bei den Instandsetzungsarbeiten künstlich geböscht.

Untere Burg Die untere Burg (3) – ganz im Schutze des Burgfelsens zur Talseite – kann nicht als Vorburg im üblichen Sinne gelten, da sie keine Schutzfunktion für die Kernburg übernehmen konnte. Sie ist als eigenständig, aber zur Burg gehörig zu betrachten. Reste der 85 cm starken Umfassungsmauer mit einer Pforte (12) in Richtung Gundelfingen sind erhalten. Etwas willkürlich ergänzte man bei den Instandsetzungsarbeiten im nördlichen Bereich.
Innerhalb der Befestigung standen die Wirtschaftsgebäude. Kleinere Höhlen und Stollen zwischen Kernburg und unterer Burg können auf Fußsteigen von hier erreicht werden.

Besitzer Privat

Pläne Längsschnitt und Grundriß von K. A. Koch
Lageplan von 1966
Photogrammetrische Aufnahmen, Prof. Mohl, Prof. Mohr, Pfefferkorn 1976

Alte Ansichten Ansicht, frei nachempfunden von K. A. Koch
Zeichnung von Lavis Kolb, 1827

Literaturhinweise
– Baur, Willy
  Hohengundelfingen, 1966
– Ernst, V.
  Beschreibung des Oberamts Münsingen, 1912
– KDW
  Kunst- und Altertumsdenkmale OA Münsingen, 1926
– Memminger, Professor
  Beschreibung des Oberamts Münsingen, 1825
– Pfefferkorn, Wilfried
  Burgen der Münsinger Alb, in „Münsingen – Geschichte, Landschaft, Kultur", 1982

Hohengundelfingen

Buckelquader an Burgen der Stauferzeit in Württemberg, 1977
Eine Buckelquaderstudie, in „Burgen und Schlösser", 77/1
– Piper, Otto
Die Burgreste des Großen Lautertales, in Blätter des Schwäb. Albvereins, Nr. 6, 1889
– Rothenbacher, Franz
Das Große Lautertal, 1926/1958
– Schleker, Martin
Das Große Lautertal und seine Burgen
– Uhl, Stefan
Buckelquader an Burgen im Donauraum der Schwäb. Alb, 1983
– Uhrle, Alfons
Regesten zur Geschichte der Edelherren von Gundelfingen, Phil. Diss. Tübingen, 1960
Zur Geschichte der Burg Hohengundelfingen in gundelfingischer Zeit, in „Münsingen", 1982
– Wais, Julius
Albführer, Band II, 1971
– Unbekannt
Beschreibung der Dörfer Bichishausen und Gundelfingen, 1932

Imposante Buckelquader am Bergfried

Derneck (Degeneck)

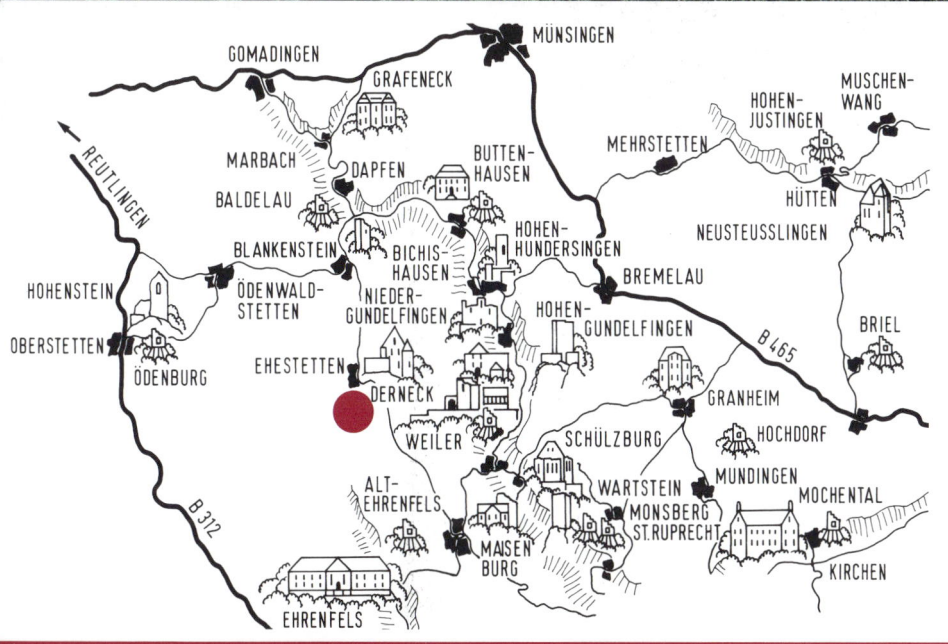

Derneck (Degeneck)

Lage	Zwischen Hayingen und Gundelfingen mündet nördlich von Weiler das Ehestetter Tal in das Lautertal. Am Ende eines Höhensporns, der von beiden Tälern begrenzt wird, liegt die vielbesuchte Burg Derneck. Eine beschilderte Straße zweigt vom Lautertal in Richtung Münzdorf und Burg Derneck ab. Nach 700 m rechts in den Wald und in einer Kehre hoch bis zum Parkplatz beim Forsthaus. Von hier sind es noch 500 m bis zur Burg. *Wandervorschlag:* Das Auto auf dem Parkplatz beim Gasthof „Wittsteig" südlich von Gundelfingen abstellen. Auf bezeichnetem Wanderweg (AV gelbes Dreieck) über die Lauter, durch den Wald am Talhang aufwärts und an Wacholderheiden vorbei nach Derneck. Weglänge Wittsteig–Derneck 2 km.
Gemeinde	Stadt Hayingen, Ortsteil Münzdorf, Landkreis Reutlingen
Meereshöhe	Burg 655 m, Lautertal 588 m
Besichtigung	Frei zugänglich bis auf die Räume des Wanderheimes.
Unterkunft	Wanderheim Burg Derneck des Schwäb. Albvereins.
Einkehrmöglichkeit	Burgschenke
Weitere Sehenswürdigkeit	Bettelmannshöhle

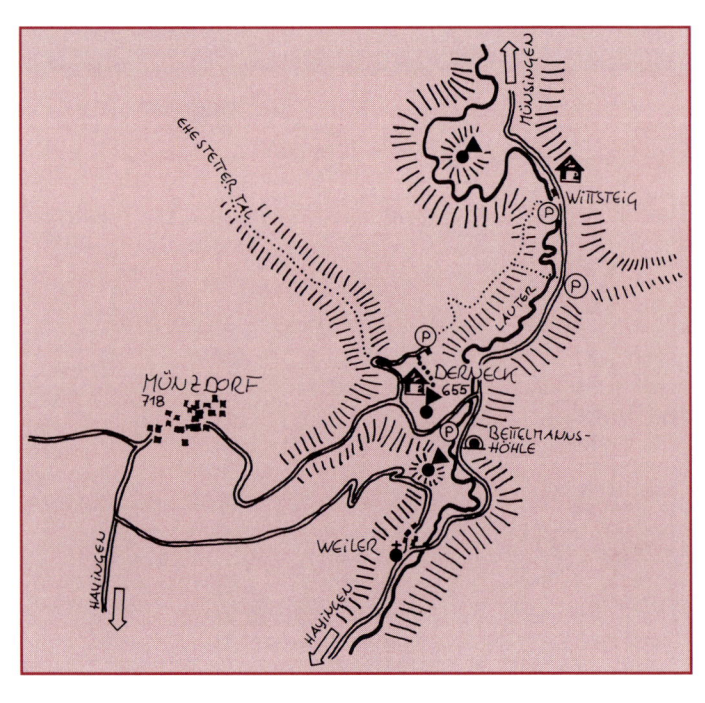

Derneck (Degeneck)

Die Linie der Gundelfinger zu Derneck

Im Zusammenhang mit dem Niedergang der Gundelfinger Linie zu Niedergundelfingen bildet sich der neue Zweig zu Derneck unter Degenhart. Er ist der Erbauer der Burg und der Stammvater der bis 1546 dauernden Gundelfinger Familie.

Degenhart
* um 1285
† um 1351

Sohn des Konrad (VIII.) (siehe Burg Niedergundelfingen)
Gemahlin: Gräfin Anna von Kirchberg, um 1320
Kinder: Stephan (I.), Verena – Klosterfrau, Elisabeth – Klosterfrau, Brigitte, Klara (II.) (?) – Nonne, Margarete (I.), ULrich (IV.) (?) – Johanniterkomtor in Rheinfelden, Swigger (XXII.), Lutzie – Nonne

Swigger (XXII.)
* um 1320
† um 1393

Sohn des Degenhart, Ritter, genannt von Derneck
Gemahlin: N. Klekk, um 1350
Kinder: Swigger (XXVII.), genannt der Jüngere und von Derneck, ohne Nachkommen

Stephan (I.)
* um 1320
† um 1384/1395

Sohn des Degenhart, Ritter, genannt von Derneck
Gemahlin: Margareta von Hewen
Kinder: Heinrich (XI.) (?), Stephan (II.), Heinrich (XII.) – Abt in St. Gallen, Anna – Äbtissin in Buchau

Stephan (II.)
* um 1360
† Juni 1428

Sohn des Stephan (I.) Ritter, genannt von Derneck, Hohengundelfingen und Neufra, Rat der Grafen Eberhard des Milden und Eberhard des Jüngeren von Württemberg
Gemahlin: Anna von Waldburg, 1397
Kinder: Eberhard (I.), Stephan (III.) – Kirchherr in Hayingen, Wilhelm (I.), Johann (IV.) – Johanniter auf Rhodos, Elisabeth (IX.) – Chorfrau in Buchau, Degenhart (III.) – Richter am Hofgericht in Rottweil

Wilhelm (I.)
* um 1400
† 1459

Sohn des Stephan (II.) genannt zu Neufra, Rat der Grafen Ludwig und Eberhard von Württemberg
Gemahlin: Gräfin Magdalena von Lupfen, 1436
Kinder: Jörg, Magdalena – Chorfrau in Buchau, Tochter N.N., Erhard (II.), Degenhart (IV.) – Pfarrektor, Konrad (XI.) – Chorherr, Wilhelm (III.), Agnes (?)

Erhard (II.)
* um 1440
† 13. 3. 1513

Sohn des Wilhelm (I.), wohnt auf Derneck, Diener der Herrschaft Württemberg, stirbt kinderlos

Jörg
* um 1437
† 15. 5. 1489

Sohn des Wilhelm (I.), genannt zu Neufra, Rat des Grafen Eberhard im Bart
Gemahlin: N. von Kirchberg, 1471
Kinder: Barbara – Äbtissin in Buchau, Stephan (IV.) – Rat des Grafen Eberhard im Bart und Herzogs Eberhard II. von Württemberg, Swigger (XXIX.), Katharina (III.), Johann (X.), Georg (III.), Wilhelm (V.)

Derneck (Degeneck)

Schweikhart (Swigger XXIX.)
* 1476
† 26. 12. 1546

Sohn des Jörg, Obervogt in Urach, Rat Herzog Ulrichs von Württemberg, Rat König Ferdinands, Vizestatthalter der Habsburger in Stuttgart, letzter des Gundelfinger Geschlechts. Swigger hatte mehrere uneheliche Kinder – Sebastian, Ulrich, Leonhard, Peter, Eberhard und Ludwig. Mit Matthäus Gundelfinger, Bürgermeister in Biberach an der Riß, Enkel von Leonhard, sterben die Gundelfinger 1649 endgültig aus.

Die Burg und ihre Besitzer

Um 1350 Erbauung der Burg.
21. Februar 1351 Degenhard (I.) von Gundelfingen nennt sich erstmals „von Degeneck".
5. März 1357 Swigger (XXII.) und Stephan (I.) von Derneck bezeugen die Gefangennahme ihres Onkels Swigger von Hohengundelfingen durch den Ritter Martin Falterer.
6. April 1365 Swigger (XXII.) verpfändet seiner Mutter Anna von Kirchberg, Werner von Zimmern und seinem Bruder Stephan (I.) die Hälfte und ein Drittel der anderen Hälfte von Hayingen sowie die Hälfte der Burg Derneck.
9. Juli 1386 Swigger (XXVII.) fällt in der Schlacht bei Sempach.
9. Mai 1437 Wilhelm (I.) erhält die Erlaubnis, in seiner Burg Derneck für ein halbes Jahr durch einen Priester auf einem Traualter Messe lesen zu lassen.
24. Juni 1469 Teilung des Besitzes von Wilhelm (I.), Erhard (II.) erhält Derneck.
31. Januar 1496 Konrad Wöscher aus Ehingen beurkundet, daß er durch eigenes Verschulden in das Gefängnis seines Herrn, des Erhard (II.) Freiherr in Derneck, gekommen ist.
26. Dezember 1546 Nach dem Tod des letzten Gundelfingers Derneck in Besitz seiner Adoptivtochter Maria und deren Ehemann Graf Georg von Helfenstein.
1627 In Besitz des Hauses Fürstenberg.
5. Oktober 1647 Verkauf an die Geschwister Speth von Zwiefaltendorf und weiter an Hektor von Beroldingen.
1647 Flüchtungsrecht der Münzdorfer Einwohner auf Derneck.
1673 Konrad Ludwig Reichlin von Meldegg Besitzer.
1677 Johann Leopold Geiger Besitzer.
29. Oktober 1686 Ermordung einer Frau mit drei unmündigen Kindern durch einen unerkannt gebliebenen Täter.
1768 Derneck um 9000 Gulden wieder an das Haus Fürstenberg. Instandsetzungsarbeiten und Aufstockung des „Jägerhauses".
1828 Übergang an Württemberg.
1928–1965 Forstwohnung.
1967/68 Umfangreiche Instandsetzungsarbeiten und Umbau zu einem Wanderheim durch den Schwäbischen Albverein.

Derneck (Degeneck)

1 Halsgraben
2 Zwinger
3 Innerer Zwinger
4 Schildmauer
5 Burghof
6 Brunnen
7 Wanderheim, ehem. Forsthaus
8 Burgschenke, ehem. Scheuer
9 Backhaus
10 Schuppen
11 Holzschopf
12 Neues Tor
13 Weg vom Parkplatz
14 Ringmauer

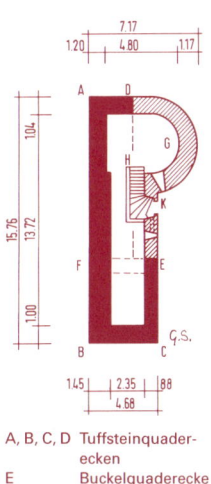

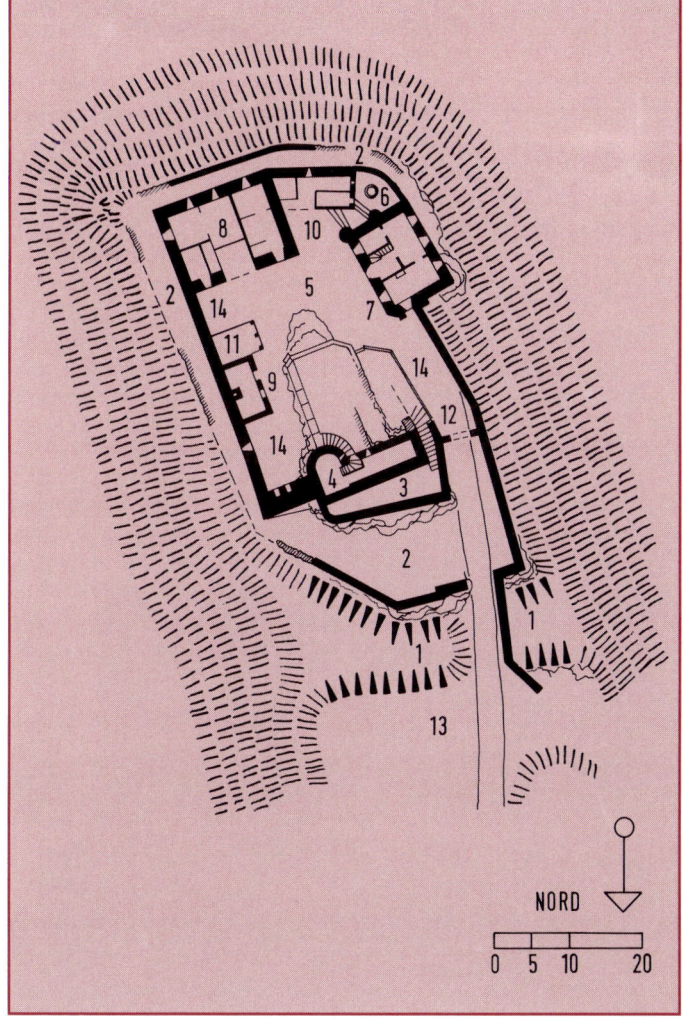

A, B, C, D Tuffsteinquaderecken
E Buckelquaderecke
K Eingang
G Rundturm
H Neue Treppe

Anlage

Die Schildmauerburg Derneck liegt in Spornlage und ist vermutlich die jüngste der Lautertalburgen. Sie gliedert sich in den ca. 16 x 30 m großen vorburgartigen Zwinger und die ca. 43 x 30 m umfassende Kernburg. Reste der eigentlichen Vorburg, die im Bereich der Bildnische gelegen haben soll, sind nicht erkennbar.

Zwinger

Der Besucher betritt die Anlage über den 8–10 m breiten Halsgraben (1). Hier befand sich das äußere Tor. Ein in Resten erhaltener Zwinger umfaßt die Burg lediglich auf drei Seiten. Im Bereich des ehemaligen Forsthauses endet die Zwingermauer am Felsen.

Derneck (Degeneck)

Schildmauer — Bereits im Vorfeld dominiert das sogenannte „Steinhaus" (4) mit einer vorgelagerten Wehrmauer (3). Es wurde mindestens einmal umgebaut. Die Erstphase umfaßte die 15,76 m lange Schildmauer A–B–D mit einem Wehrturm B–C–E–F. Die Ecken des Bruckensteinmauerwerks A, B, C, D weisen glatt bearbeitete Tuffsteinquader und die Ecke E Buckelquader auf, die einzigen auf Derneck.

Buckelquader — Größe z. B. 60 x 34, 53 x 55, 60 x 48 cm, Randschlag 4 cm, Buckel grob berarbeitet 4–15 cm stark.
In der zweiten Bauphase wurde die Wand E–F aufgebrochen, durch einen Rundturm (G) zur Burghofseite erweitert, ein neuer Eingang geschaffen und vermutlich mit Fachwerk aufgestockt. Die Schildmauer könnte sich nun zum schildmauerartigen Wohnturm (Donjon) verändert haben. Ein Bauwerk, das sich gleichermaßen gut zur Feld- und Burghofseite verteidigen ließ.

Halsgraben und Schildmauer von Norden

Derneck (Degeneck)

Neue Treppen führen vom Burghof zum rundbogigen Eingangsportal mit Tuffsteinquadern und erhaltenem Balkenriegelloch. Über schmale Stufen steigt man zur einbetonierten Plattform auf der Schildmauer.

Links vom neuen Tor am Burgweg bei C–E befinden sich die Grundmauern eines jüngeren Gebäudes. Konturen des Giebels waren noch vor einigen Jahren erkennbar.

Burghof

Ehem. Forsthaus

Die Gebäude, die sich der Umfassungsmauer entlang um den Burghof gruppieren, entstammen im wesentlichen der fürstenbergischen Zeit. Lediglich der massive Unterbau des ehemaligen Forsthauses (Erdgeschoß und Keller) ist älter. Das Innere ließ 1967 der Schwäbische Albverein zu Unterkunftsräumen für die zahlreichen Wanderfreunde des großen Lautertales ausbauen. Die restlichen Gebäude dienten der landwirtschaftlichen Nutzung.

Burghof mit Schildmauerrückseite und Rundturm

Derneck (Degeneck)

Scheune	In der ehemaligen großen Scheune (8) ist der Kiosk mit Burgschenke eingerichtet. Ein kleiner Anbau auf der rechten Seite bildet mit dem ehemaligen Forsthaus einen freien Winkel. Dazwischen befindet sich der überdachte tiefe Burgbrunnen (6). Vor der hohen Umfassungsmauer auf der Ostseite ducken sich das niedere Backhaus (9) und ein Holzschopf (11).
Besitzer	Land Baden-Württemberg
Pläne	Grundriß und Längsschnitt, K. A. Koch, 1923 Grundrißskizze von O. Piper, 1899
Ansicht	Zeichnung von L. Kolb, 1827, Württ. Landesbibliothek Stuttgart
Literaturhinweise	– Antonow, Alexander Burgen des südwestdeutschen Raumes im 13. u. 14. Jh., 1977 – Ernst, V. Beschreibung des Oberamts Münsingen, 1912 – Holtz, Helmut Rund um Burg Derneck, 1977 – KDW Kunst- und Altertumsdenkmale OA Münsingen, 1926 – Lochmann, Ernst Burg Derneck, das neue Wanderheim des Albvereins, in Blätter des Schwäb. Albvereins, Jg. 74, 1968 – Meinel, Richard Ein Streifzug durch die Geschichte der Burgruine Derneck und der Herrschaft Gundelfingen, in Blätter des Schwäb. Albvereins, Jg. 74, 1968 – Memminger, Professor Beschreibung des Oberamts Münsingen, 1825 – Pfefferkorn, Wilfried Burgen der Münsinger Alb, in „Münsingen – Geschichte, Landschaft, Kultur, 1982 – Piper, Otto Die Burgreste des Großen Lautertales, in Blätter des Schwäb. Albvereins, 1899, Nr. 6 – Rothenbacher, Franz Das Große Lautertal, 1926/1958 – Schleker, Martin Das Große Lautertal und seine Burgen – Uhrle, Alfons Regesten zur Geschichte der Edelherren von Gundelfingen, Phil. Diss. Tübingen, 1960 Die Herren von Gundelfingen zu Derneck und Neufra, in „Münsingen", 1982 – Wais, Julius Albführer II, 1971

Weiler (Kapf)

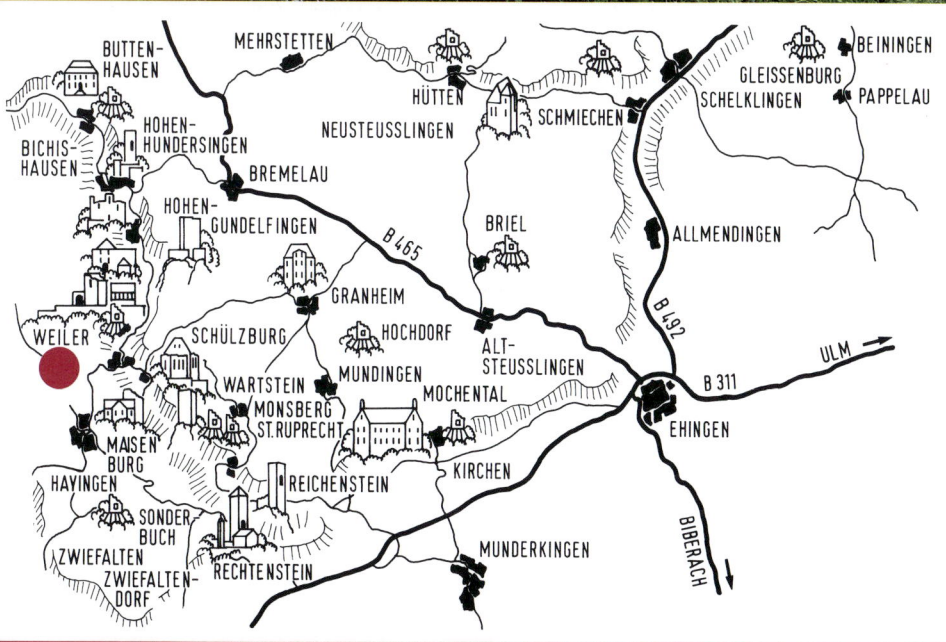

Weiler (Kapf)

Lage	Zwischen Gundelfingen und Hayingen liegt in unmittelbarer Nachbarschaft zur Burg Derneck ein Kalvarienberg. Das weithin sichtbare Kreuz auf felsiger Anhöhe über der Lauter kennzeichnet die Burgstelle. Von dem kleinen Ort Weiler mit schmucker Kapelle zweigt eine Straße in Richtung Münzdorf ab. Nach der zweiten Kehre unmittelbar am Sattel zwischen Talhang und Berg das Auto abstellen. Empfehlenswert ist der Besuch des aussichtsreichen „Käpfle" mit einer Wanderung zur Burg Derneck (AV Dreieck). Wandervorschlag siehe dort und Schloß Ehestetten (Ehestetten – Ehestetter Tal – Burg Derneck – Burgstelle Weiler – Münzdorf – Ehestetten).
Gemeinde	Stadt Hayingen, Ortsteil Münzdorf, Landkreis Reutlingen
Meereshöhe	Burg 650 m, Lautertal 588 m
Besichtigung	Frei zugänglich
Einkehrmöglichkeit	Burg Derneck
Weitere Sehenswürdigkeit	Bettelmannshöhle

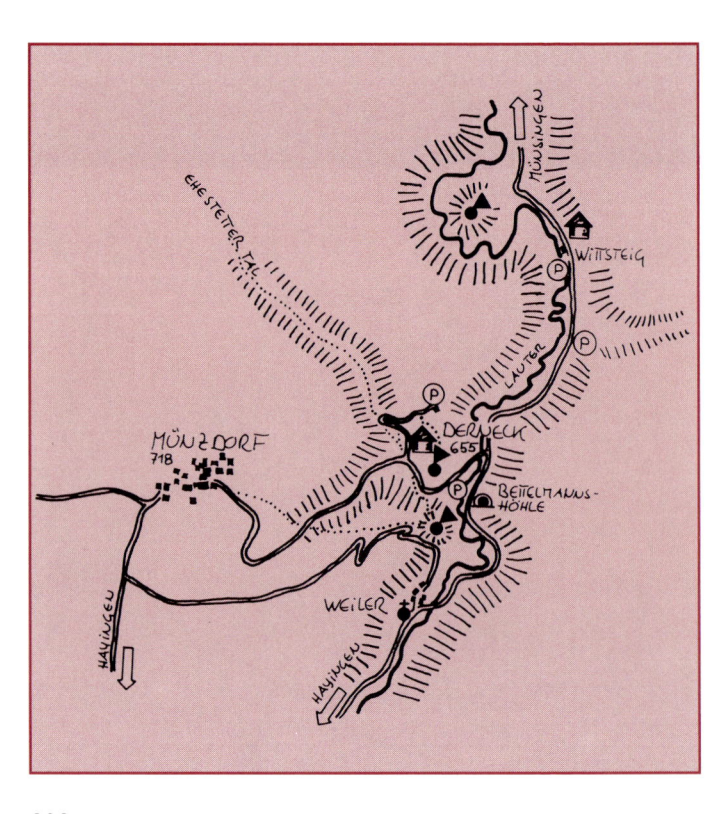

Weiler (Kapf)

Geschichte

Über die Burg Weiler und ihre Besitzer gibt es bis jetzt keine Nachweise. Der Berg ist als Burgstelle bisher weitgehendst unbeachtet geblieben. Lediglich Memminger erwähnt sie in der Oberamtsbeschreibung von 1825: „Bei dem Orte steht ein, in das Tal vorspringender, Bergkopf, von den Einwohnern Käpfle, auch Burgstall genannt. Auf demselben stand die Burg Weiler, wovon man noch Überreste bemerkt und der Ort Weiler auch Burgstall Weiler genannt wird."

Die Erbauungszeit kann aufgrund der Keramikfunde in die erste Hälfte des 12. Jahrhunderts datiert werden. Folglich ist sie mit den frühen Burganlagen von Niedergundelfingen, Maisenburg und Wartstein gleichzusetzen. Als Bauherren kommen die Herren von Gundelfingen oder nicht bekannte Edelfreie, auch Hochadlige in Frage.

1 Gipfellage
2 Grabenreste
3 Wallreste
4 Ebene Flächen
5 Talseite
6 Aussichtspunkt
7 Kalvarienberg – Kreuzwegstationen
8 Vom Sattel Richtung Münzdorf

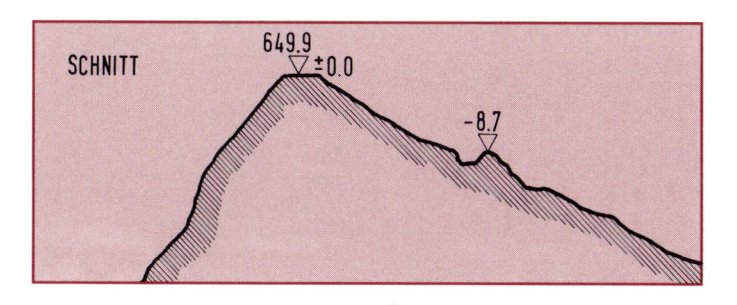

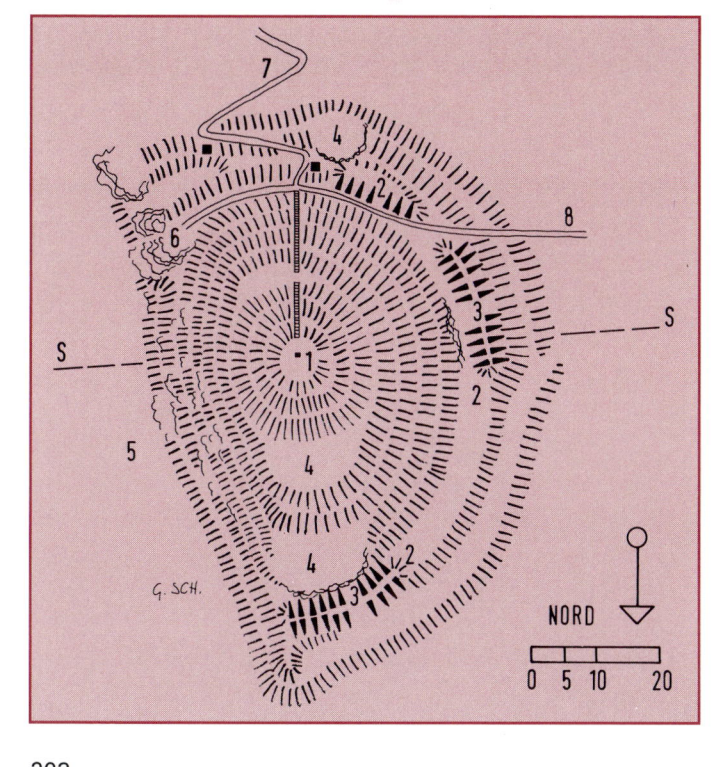

Weiler (Kapf)

Entgegen der genannten Burgen wurde Weiler in der Folgezeit nicht erneuert oder ausgebaut, sondern vermutlich noch vor 1200 dem Zerfall überlassen.

Anlage Weiler ist mit Niedergundelfingen die einzige Gipfelburg im gesamten Lautertal. Der Berg gleicht einem flachgedrückten Kegel mit felsigem Steilgelände zum Tal hin abfallend. Zur Ostseite stellt ein breit gelagerter Sattel die Verbindung zum Talhang her. Für große Bauten gab es keinen Platz. Auf dem 5 x 4 m umfassenden Gipfel (1) ist nur ein Wach- oder Wohnturm denkbar. Etwa 8 m unterhalb umzog auf drei Seiten ein Wall- und Grabensystem (2, 3) den Berg. Geländespuren sind noch vorhanden. Innerhalb dieses abgegrenzten Raumes sind auf der Nordseite zwei nierenförmige Flächen übereinander gelagert erkennbar. Sie können als Standort für notwendige Gebäude, vermutlich aus Holz, angenommen werden.

Besitzer Stadt Hayingen
Plan Grundrißskizze von K. A. Koch
Literaturhinweise
– Bizer, Chr.; Götz, R,; Kies, W.
Vergessene Burgen, in „Münsingen – Geschichte, Landschaft, Kultur", 1982
– Memminger, Professor
Beschreibung des Oberamts Münsingen, 1825

Burgberg Weiler von Süden, rechts Burg Derneck

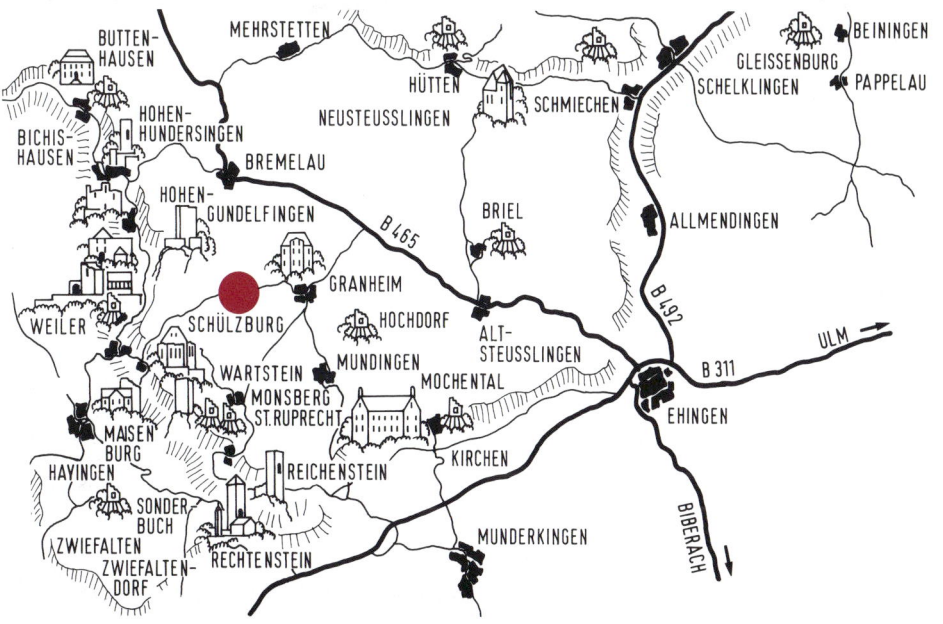

Schülzburg

Schülzburg

Lage	Östlich von Hayingen beginnt bei Anhausen der für Motorfahrzeuge gesperrte Teil des Lautertales. Direkt hinter der Abzweigung nach Erbstetten liegt in Talhanglage die imposante Ruine der Schülzburg. Von Hayingen ins Lautertal nach Indelhausen und weiter Richtung Granheim nach Anhausen. Ein Parkplatz befindet sich direkt unterhalb der Ruine (Informationstafel). Der Aufstieg ist direkt von hier aus möglich. Wer es bequemer mag, geht ca. 100 m talabwärts und am Spethschen Amtshaus vorbei auf dem Forstweg zur Ruine. *Wandervorschlag:* Vom Wanderparkplatz unterhalb der Maisenburg wenige Meter talaufwärts bis zur Kläranlage. Dort links in das romantische Fichteltal (AV Dreiblock), erste Abzweigung rechts (beschildert), steil aufwärts über Felsen zu den Gerberhöhlen und weiter zum Ringwall Althayingen. Dem Wall von links nach rechts folgen. Den bezeichneten Weg direkt nach Anhausen, zur Ruine Schülzburg aufsteigen und die Straße entlang zurück zum Ausgangspunkt. Parkplatz – 1 km Ringwall – 1,5 km Schülzburg – 1 km Parkplatz.
Gemeinde	Stadt Hayingen, Stadtteil Anhausen, Landkreis Reutlingen
Meereshöhe	Burg ca. 610 m, Anhausen 579 m
Besichtigung	Frei zugänglich äußerer Schloßhof Führungen nach Vereinbarung

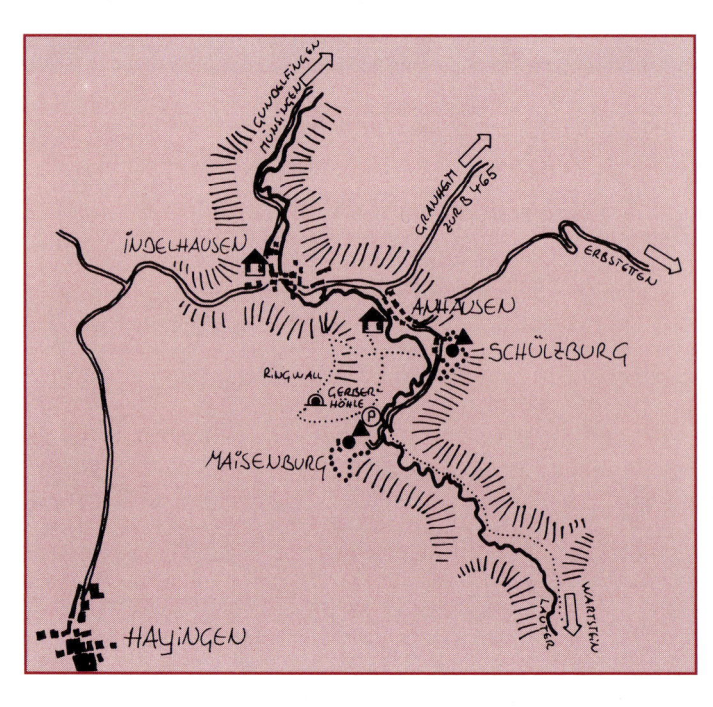

Schülzburg

Burg- und Schloßruine mit Spethschem Amtshaus

Einkehrmöglichkeiten	Gasthäuser in Anhausen und Indelhausen
Weitere Sehenswürdigkeiten	Gerberhöhle, Ringwall Althayingen
Beschreibung des unversehrten Schlosses 1855	Eine steinerne Brücke führt über den Burggraben in den äußeren, teils von Gebäuden, teils von einer Brustwehr umschlossenen Hof. Der unten massive, oben mit vorstehenden Riegelwänden erbaute westliche Teil des Schlosses ist sehr alt und mag wohl noch aus der Zeit der ersten Erbauung der Burg herrühren. Er enthält u. a. den im Geschmack des vorigen Jahrhunderts restaurierten Rittersaal mit vielen Bildnissen des Spethschen Geschlechts und den fast eine halbe Wand einnehmenden Stammbaum. Aus späterer Zeit stammt das östlich angebaute neue Schloß, welches die noch bewohnbaren Räumlichkeiten enthält, unter welchen ein trauliches Turmzimmer sowie die Schloßkapelle bemerkenswert sind. Durch ein an der Lauter angebrachtes Druckwerk wird das nötige Wasser nicht nur auf die beträchtliche Höhe des Schlosses, sondern auch durch alle Stockwerke desselben getrieben.

Schülzburg

Die Schülzburg bei Abschluß der Bestandssicherung 1988

Geschichte

Die Erbauungszeit der mittelalterlichen Schülzburg kann nicht mit Sicherheit belegt werden. Der Hinweis auf der Informationstafel an der Ruine, die Burg sei im 11. Jahrhundert entstanden, ist irreführend. Kein verbliebener Bauteil stammt aus dieser Zeit.

Zu Beginn des 13. Jahrhunderts erscheint ein Ort mit dem Namen „Schiltenburc, Schiltesburc". Er ist möglicherweise in dem landwirtschaftlichen Großbetrieb des Klosters Salem in der Wüstung Altmannshausen aufgegangen.

Erst Walter von Stadion wird die Gründung der (neuen?) Schülzburg zugeschrieben. Weitere Untersuchungen vor Ort könnten sicherstellen, ob ein Vorgängerbau bestanden hat. Unsicher ist auch, welchen Bauteilen die Buckelquader zuzuordnen sind (siehe Anlage).

Schülzburg

1169 Nach den Angaben der Besitzerin: Erbauung der Schülzburg durch die gräflich wartsteinischen Wilzinger.
1208 Kloster Salem erwirbt von den Grafen von Wartstein Güter in „Schildenburc", Altmannshausen, Weilerfeld und Bolstetten.
1329 Ritter Walter von Stadion erhält den Besitz im Tausch gegen Güter bei Emerkingen. Ihm wird der Neubau der Burg zugeschrieben, dessen Teile noch erhalten sind.
1339 Erwerb durch Reinhard „Speet", Vorfahre der späteren Besitzer „Speth".
1362 Eitel von Stadion trägt die Feste Schülzburg Herzog Rudolf von Österreich zu Lehen auf.
1374 Die Brüder Walter, Burkard und Konrad von Freyberg verzichten auf die Schülzburg mit Zubehör zugunsten der Grafen Eberhard II. und Ulrich von Württemberg.
1409 Graf Eberhard verpfändet die Burg mit den Ortschaften Anhausen, Altmannshausen, Hundersingen und Apfelstetten um 4000 fl. an Graf Konrad von Kirchberg.
1452 Übergang der Pfandschaft an Albrecht Speth. Ihm wird die Schülzburg mit Zubehör jedoch ohne Hundersingen und Apfelstetten am 6. März 1464 für 2440 fl. zum Mannlehen gemacht.
1466 Wolf Speth verkauft Getreide an Degenhart von Gundelfingen, der Schülzburg als württembergisches Lehen bezeichnet.

Gesamtansicht von Süden mit Anhausen

Schülzburg

1495 Reinhard Speth zu Schülzburg Zeuge in einer Urkunde auf Schloß Neufra.
1502 Reinhard verspricht, daß er Freiherr Erhart von Gundelfingen Güter im Wert von 600 fl. zu Lehen machen wolle.
1508 Erwähnung der Schloßkapelle.
1520 Reinhard, Swigger von Gundelfingen und Bastian Welling vergleichen Abt Sebastian von Zwiefalten mit Bernhard Pfeifer, seinen Söhnen und Hans Schneider.
1568 Ausmalung der Kapelle.
1605 Bau des neuen Schlosses vor der mittelalterlichen Burg durch Hans Reinhard II. Verlegung der Wohn- und Schlafräume in den neuen Bau. In der Burg verbleiben der Rittersaal, die Tafelstube, verschiedene Sammlungen und Pferdestallungen.
1751 Einkerkerungen von aufständischen Bauern aus Granheim in der Schülzburg.
1758 Der Familienbesitz wird nach dem Tod des Franz Anton Speth in die Schülzburger und Granheimer Linie geteilt.
1763 Neubau des Spethschen Amtshauses unterhalb des Schlosses.
1764 Maria Anna, Witwe des Franz Anton Speth, erwirbt in Vormundschaft für ihren Sohn Gebhard Anton Indelhausen und Maisenburg.
1830 Nach dem Tod von Karl Alexander Speth zu Granheim fällt der Granheimer Besitz an die Speth zu Schülzburg.
14. Februar 1884 Zerstörung der gesamten Schloßanlage durch Feuer.
1984 bis 1987 Bestandssicherung der Ruine.

Palasruine der mittelalterlichen Burg

Schülzburg

Die Linie von Speth zu Schülzburg

Albrecht † 1465	Württembergischer Haus- und Landhofmeister, Stifter der Linie Speth zu Schülzburg, Sohn des Heinrich Speth von Ehestetten Gemahlin: Clara von Ehestetten Kinder: Wolf, Caspar, Ludwig zu Zwiefaltendorf
Wolf 1465–1476 † 1492	Sohn des Albrecht Gemahlin: Anna von Hornstein Kinder: Reinhard, Georg, Hans, Christoph
Reinhard (I.) 1476–1527	Sohn des Wolf, 1492–1495, Besitz gemeinsam mit seinen Brüdern Gemahlinnen: 1. Beatrix von Weilingen, † ohne Kinder 2. Sybille von Stein
Diebold (I.) † 1527	Sohn des Hans Reinhard Gemahlin: Anna Renner von Allmendingen Kind: Hans Reinhard (I.)
Hans Reinhard (I.) 1540–1575	Sohn des Diebold, württembergischer Jägermeister Gemahlin: N. von Neuhausen Kinder: Diebold (II.), Maria N.
Diebold (II.) 1575–1588	Sohn des Hans Reinhard (I.) Gemahlin: Katharina von Neuhausen Kinder: Hans Reinhard (II.), Stephanus † ledig in Lothringen
Hans Reinhard (II.) 1588–1635 † 1635 a. d. Pest	Sohn des Diebold (II.), Rat und Mitglied im Ausschuß der Reichsritterschaft Gemahlin: Regina von Riedheim Kinder: Anna Maria, Regina – Gemahlin von S. von Stotzingen, Adam (I.), Anna Franziska – Gemahlin von H. von Hacken
Adam (I.) 1636–1646	Sohn des Hans Reinhard (II.) Gemahlin: Ursula Füchsin von Dornheim Kind: Adam (II.)
Adam (II.) 1646–1693	Sohn des Adam (I.) Gemahlin: Maria Susanna Eleonora von Thurn und Taxis Kinder: M. F. Fendrich, Maria Theresia – Gemahlin von 1. Freiherr von Stadion, 2. J. J. a Saint Vincenz, Josef Tiber, Adam (III.), Maria Mechtildis – Gemahlin von H. Chr. von Freyberg, Jörg Adolf, Hans Franz Reinhard
Josef Tiber 1693–1747	Sohn des Adam (II.) Gemahlin: Maria Fugger, geborene Gräfin Schenk zu Castell

Schülzburg

	Kinder: Maria Elisabeth Theresia – Gemahlin von Reichlin von Meldegg, A. Barbara – Gemahlin von M. Reichlin von Meldegg und Vellheim, Franz Anton, Maria Karina Franziska – Gemahlin von F. von Trazberg, Josef Adam Willibald, Josef Willibald Anton, Johanna Barbara, Franz Anton Joseph, Maria Antonia Josepha
Franz Anton 1747–1765	Sohn des Josef Tiber Gemahlin: Maria-Anna von Ulm, Langenrain/Griesingen Kinder: Maria Joh., Maria Josepha, Karina, Gebhard-Anton, Johann Baptist Nepomuk – Begründer der neuen Granheimer Linie, Maria Theresia, Maria Johanna, Maria Hildigardis
Gebhard-Anton 1765–1794	Sohn des Franz Anton, führt nach der Teilung die Linie der Schülzburger weiter Gemahlin: Maria Franziska von Freyberg-Öpfingen Kinder: unter den 25: Maria Anna, Theresia Walburga, Kreszentia, Josepha, Johann Baptist, Antonius, Joseph
Johann Baptist 1794–1842	Sohn des Gebhard-Anton, Oberforstmeister Gemahlinnen: 1. Wallburga von Eyb 2. Maria Anna von Eyb (Schwestern) Kinder: Alexander Carl, Maria Theresia, Friedrich Karl, Franziska Maximiliana Walburga, Maria Anna, Karl Friedrich
Karl Friedrich * 1810 1842–1887	Sohn des Johann Baptist, Herr zu Schülzburg und Granheim Gemahlin: Klementine von Adelmann Adelmannsfelden, Gräfin, 1843 Kinder: Karl Johann Friedrich, Reinhart – gefallen 1870 in der Schlacht von Wörth, Reinhard Karl
Karl Johann Friedrich * 1844 1887–1904	Sohn des Karl Friedrich, Freiherr, königlicher Kammerherr und Landgerichtsrat, geboren in der Schülzburg Gemahlin: Clara von Ow Wachendorf Kinder: Reinhard, Edmund
Reinhard 1904–1962	Sohn des Karl Johann Friedrich, letzter Majoratsherr der Schülzburg, 1962 stirbt er an den Folgen eines Verkehrsunfalles Gemahlinnen: 1. Gabriele von Solemacher 2. Margarete Lengersdorf
Margarete 1962–1982	Tochter des Reinhard
ab 1982	Margit Speth von Schülzburg-Stier Wohnsitz Schloß Granheim

Schülzburg

1 Vorburg
2 Graben
3 Äußerer Schloßhof –
 Schloßgarten
4 Innerer Schloßhof
5 Palas
6 Schloßbau 16. Jh.
7 Brunnen
8 Anbau
9 Zwinger
10 Rundturm
11 Gewölbekeller
12 Brücke
13 Wirtschaftsgebäude
14 Scheuer,
 Wirtschaftshof

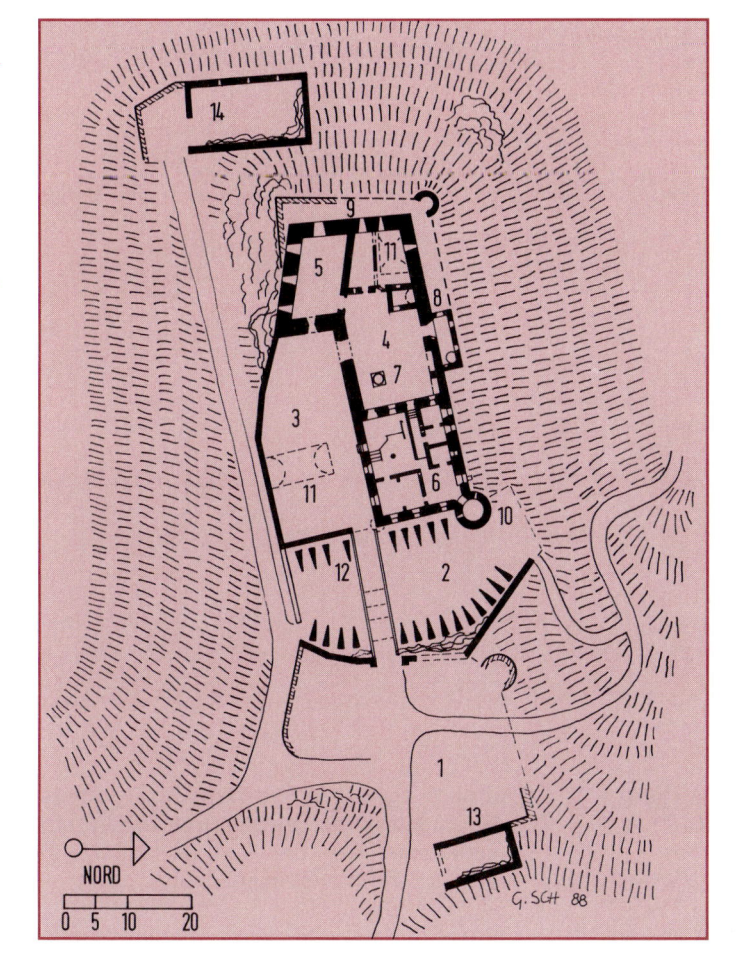

Anlage   Die Schülzburg ist die größte und imponierendste Anlage des Lautertales. Ihre verbliebenen Bauteile entstammen der mittelalterlichen Burg des 14. Jahrhunderts und des Schloßneubaues aus dem 16. Jahrhundert. Sie bilden gleichsam eine Komposition von alt und neu. Darstellungen vor dem Brand machen dies noch deutlicher.

Erstanlage   Über die Erstanlage wird viel gerätselt. Entstammen die in Wiederverwendung vermauerten Buckelquader der Burg des 14. Jahrhunderts? Denkbar ist auch eine Anlage um 1200. Die fraglichen Buckelquader könnten dann einer Schildmauer oder einem Bergfried zugesprochen werden. Parallelen zu Bichishausen drängen sich auf.
Für den Besucher bleibt festzuhalten: die Ruine am Graben (6) sind die Reste des Schloßbaues; die Ruine am äußersten Bergende (5) sind die Reste der Burg des 14. Jahrhunderts. Beide Gebäude begrenzen einen äußeren (3) und einen inneren Hof (4).

Schülzburg

Rekonstruktion der Schloßanlage vor dem Brand von 1884 G. Schmitt

Vorburg

Eine ausgedehnte Vorburg (1) – geringe Reste – füllte den Raum zwischen Graben und Talhang. Das zusätzliche Wirtschaftsgebäude des Schlosses (14) – Reste – lag auf der Westseite am steilen Felshang.

Äußerer Schloßhof

Eine steinerne Brücke auf Pfeilern – im Westteil erhalten – führt in den geräumigen, äußeren Schloßhof (3). Gewaltige Futtermauern begrenzen die Tor- und Südseite. Etwa in der Mitte der Einstieg zu einem wieder entdeckten, tiefen Gewölbekeller (11).

Schloßbau

Rechts der ca. 19 x 16 m große, viergeschossige Renaissancebau (6) mit erhaltenen Außenmauern. Die Grabenseite schmückt rechts ein Rundturm und links ein Erker. An den Giebeln gemauerte und verputzte Ziergesimse.
Durch das Portal gelangt man ins Vestibül mit Rundsäule. Der Grundriß ist im Erdgeschoß durch die verbliebenen Mauerreste ablesbar. Die Räume besaßen Kreuzgratgewölbe. Dem Eingang gegenüber die ehemalige Küche mit großem, 225 cm langem Ausgußstein und erhöhtem, offenem Kamin. Eine Treppe führte von hier durch den Eckturm zum 1. Obergeschoß (Speisezimmer). Darüber das Turmzimmer mit Sterngewölbe, farbig gefaßt. Die weiteren Zimmer des Schlosses wurden als Wohn- und Schlafräume genutzt.

Schülzburg

Buckelquader — Bemerkenswert an den Außenwänden, die in Wiederverwendung und ohne Ordnung eingefügten Buckelquader. Sie reichen stellenweise bis zum 1. Obergeschoß. An der Hofseite übergreifend zur angrenzenden Schloßhofmauer. Buckelquader: z. B. (L x H) 93 x 43, 61 x 40, 53 x 44, 122 x 50 cm, Buckel 12–18 cm, wenig bis gut rundlich abgearbeitet, Randschlag 4–4,5 cm breit.

Innerer Schloßhof — Hinter dem Renaissancebau liegt der innere Schloßhof (4). Er wird vom äußeren Hof durch eine starke Mauer mit einem 3 m breiten Tor getrennt. Hinter der gegenüberliegenden Außenwand Reste eines zweigeschossigen Anbaues. Beide Mauern waren zur Verbindung der Wohnbauten (5 + 6) mit einem hölzernen Wehrgang gedeckt.

Palas — Den Abschluß der Anlage bildet der mittelalterliche Palas (5). Er besaß ursprünglich drei massive Stockwerke und ein oberstes Geschoß in Fachwerk; dieses hurdengalerieartig weit vorkragend. Erhalten geblieben ist ein tiefer Keller mit Tonnengewölbe (11) und die Wände der massiven Bauteile. Die Fenster wurden später verbreitert. Das vom Erdgeschoß zum inneren Hof führende Portal hat Tuffquader. Ebenso die beiden Türöffnungen im ersten Obergeschoß als Zugänge zu einer hölzernen Galerie. Im südlichen Teil lag der im 18. Jahrhundert eingerichtete Rittersaal, im

Buckelquader an der Schloßruine

Schülzburg

nördlichen die Kapelle. Bei genauer Betrachtung lassen sich Reste von Wandmalereien erkennen. Bekannt ist aus der Schloßkapelle die „Schülzburger Christus-Johannes-Gruppe". Außerdem gehörten zum Palas zwei Pferdeställe, eine Küche, sechs beheizbare Zimmer und die Tafelstube.

Besitzer	Freifrau Margit Speth von Schülzburg-Stier
Pläne	Grundriß mit Schnitten von K. A. Koch, 1923 Skizzen mit Ansichten und Grundrissen, Müller Bestandsaufnahme, Architekt Brändle, 1984
Alte Ansichten	Darstellung auf der Stammtafel der Speth, Öl auf Leinwand Lithographie in BOA, 1825 Aquarell von F. Geiselhart, 1878 Aquarell von A. Seyffer, 1816, Württembergische Landesbibliothek Stuttgart Mehrere Radierungen von Karl-Friedrich Speth von Schülzburg
Literaturhinweise	– Blätter des Schwäbischen Albvereins, 1897, 9. Jahrgang, Nr. 4 – Gradmann Beschreibung des Oberamts Münsingen, 1912 – Historische Stätten, Bd. VI – Kasper, Alfons Kunstwanderungen kreuz und quer der Donau, 1965 – Klein, G. Burgruine Schülzburg, 1968 – Kunst- und Altertumsdenkmale Oberamt Münsingen, 1926 – Memminger, Professor Beschreibung des Oberamts Münsingen, 1825 – Pfefferkorn, Wilfried Münsingen – Geschichte, Landschaft, Kultur, 1982 – Schleker, Martin Das Große Lautertal und seine Burgen – Piper, Otto Blätter des Schwäb. Albvereins, 1899, 11. Jahrgang, Nr. 6 – Speth-Schülzburg, Margit Freifrau von Die Schülzburg und ihre Geschichte, 1988 – Uhl, Stefan Buckelquader, 1983 Manuskript – Uhrle, Alfons Regesten der Herren von Gundelfingen, Phil. Diss. Tübingen, 1960 – Wais, Julius Albführer II, 1971

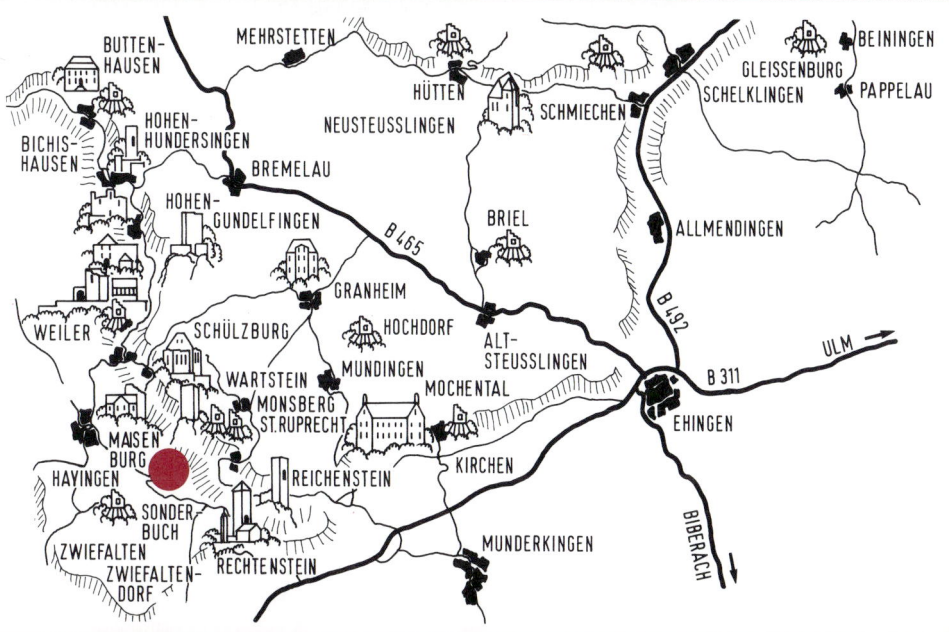

Maisenburg

Maisenburg

Lage	Lautertalabwärts zweigt die Straße von Gundelfingen in Indelhausen nach Hayingen und in Anhausen nach Ehingen ab. Einen Kilometer südlich von Anhausen endet die das Tal begleitende Straße bei einem Wanderparkplatz. Unmittelbar darüber liegt die Ruine Maisenburg. An der Hinweistafel den bezeichneten Wanderweg (AV Dreieck) in Richtung Hayingen am Talhang aufwärts, nach 600 m zur bewohnten Vorburg. *Wandervorschlag:* Vom Wanderparkplatz unterhalb der Maisenburg wenige Meter talaufwärts bis zur Kläranlage. Dort links in das romantische Fichteltal (AV Dreiblock), erste Abzweigung rechts (beschildert) steil aufwärts über Felsen zu den Gerberhöhlen und weiter zum Ringwall Althayingen. Dem Wall von rechts nach links folgen und Richtung Indelhausen (westlich) zum Fahrweg. Diesen nach links bis zur Maisenburg und anschließend das kurze Wegstück abwärts zum Ausgangspunkt. Parkplatz – 1 km Ringwall – 2,2 km Maisenburg – 0,6 km Parkplatz.
Gemeinde	Stadt Hayingen, Ortsteil Indelhausen, Landkreis Reutlingen
Meereshöhe	Burg ca. 620 m, Lautertal 575 m
Besichtigung	Nur nach Voranmeldung zugänglich Instandsetzung der Kernburg vorgesehen

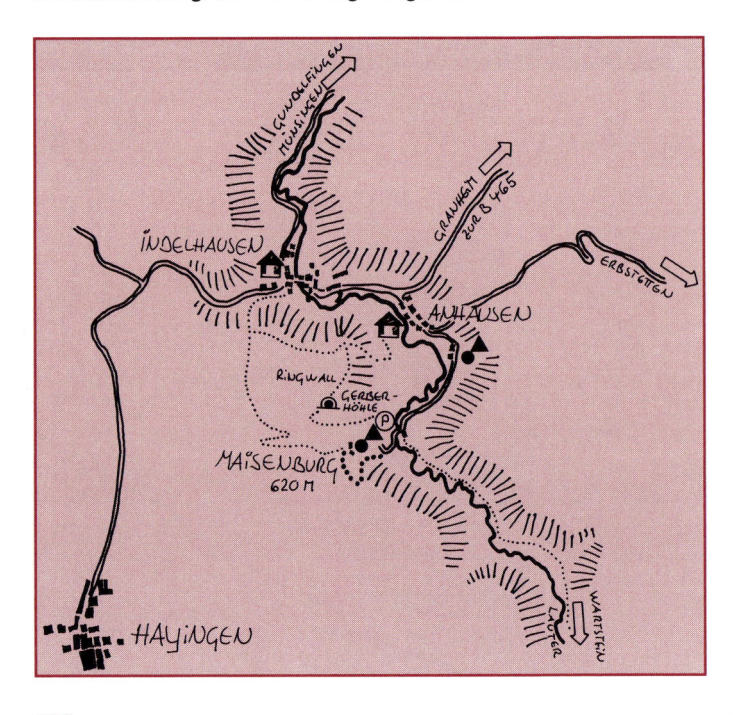

Maisenburg

Einkehrmöglichkeiten	Gasthöfe in Anhausen
Weitere Sehenswürdigkeiten	Gerberhöhle, Ringwall Althayingen
Maisenburg in der Beschreibung des Oberamts Münsingen, 1912	Das Schloß Maisenburg wurde erst zu Anfang der 1820er Jahre des Daches beraubt und dem Untergang geweiht. Es bestand aus einem länglichen Mauerviereck, mit einer starken Schildmauer gegen Westen, wo der Wirtschaftshof vorgelegt ist. Ein Rundbogentor führte aus dem südlich anschließenden, gegen Norden von der Wand des Burgfelsens überhöhten Zwinger in den inneren Burghof. „Links desselben befanden sich der Länge nach, an die Umfassungsmauern angebaut und durch einen offenen Gang getrennt, die in Riegelwänden gebauten Gesindewohnungen; unter diesen je ein Keller. Rechts des Hofraums füllte die Wohnung des Burgherrn die Umfassungsmauern ganz aus." (So schreibt 1855 Ankele.) Die Burg hatte Quellwasser. Der Ziehbrunnen, an der Felswand des Zwingers, ist erhalten. Er zeigt ein Spethsches Ehewappen mit der Jahreszahl 1623. Mit der Rückwandnische und dem Vordach zwischen hängendem Gesträuch ergibt der Brunnen ein romantisches Idyll.
Geschichte	Bereits im 12. Jahrhundert nennt sich ein Freiadelsgeschlecht von Maisenburg. Witigou „der Ältere" stiftet ein Gut an das Kloster in Zwiefalten. Witigou „der Jüngere" wird zur Zeit Kaiser Lothars III. um 1135 wegen Landfriedensbruch verurteilt (Witigou des Maisunburc, libera propagine ortus). Sie sind jedoch nicht die Erbauer der heute noch in Resten erhaltenen Burg. Wie die Herren von Gundelfingen in den Besitz gelangen, ist ungeklärt.

Die Linie der Gundelfinger zu Maisenburg

Berthold * nach 1230 † nach 31. 10. 1307	Sohn des Swigger (VI.) (siehe Niedergundelfingen), Ritter, Unterlandvogt in Wimpfen Gemahlinnen: 1. N. von Stöffeln (?) 2. N. von Maisenburg (?), um 1275 Kinder: Swigger (XV.), Berthold (III.), Friedrich (II.), Heinrich (VII.), Anna (?), Berthold (IV.)
Heinrich (VII.) * nach 1285 † nach 27. 3. 1351	Sohn des Berthold (I.) Gemahlinnen: 1. N. von Thierberg, um 1310 2. Truchsessin Luitgard von Stetten, um 1325 Kinder: Berthold (VII.) ?, Anna (IV.), drei weitere Töchter N.N.

Maisenburg

Berthold (VII.)
* um 1310
† unbekannt

Sohn des Heinrich (VII.), genannt von Maisenburg
Gemahlin: N. Schenkin von Otterswang, um 1330 (?)
Kinder: Berthold (IX.) (?), Swigger (XXIV.) – Kustos im Kloster Ellwangen, Elisabeth (VI.), eine weitere Tochter N.N.

Berthold (IX.)
* um 1330
† nach 2. 2. 1379

Sohn (?) des Berthold (VII.), genannt von Maisenburg, letzter der Linie zu Maisenburg
Gemahlin: Anna von Hoppingen, um 1360
Kinder: Tochter N.N., Gemahlin von Rudolf von Baustetten

1125 Witigou (Witigo) der Ältere von Maisenburg.
1268 Erste Erwähnung des „Castrum Maisenburg" (noch 1. Anlage?).
1306 Berthold (I.) von Gundelfingen zu Maisenburg Pfandherr von Hohengundelfingen.
1318 Berthold (III.) von Maisenburg Zeuge in einer Urkunde.
1332 Berthold (VII.) (Benz), genannt von Maisenburg.
1362 Berthold wird Bürge für Hans den Truchsessen von Magolsheim, mehrfach Siegler in Urkunden.
1365 Berthold (?) von Gundelfingen, genannt von Maisenburg, Bürge in einer Urkunde anläßlich des Verkaufes von Steinhausen durch Hermann, Schenk von Winterstetten, an das Kloster Schussenried.
7. August 1368 Berthold (IX.) gibt zusammen mit seiner Gemahlin Anna von Hoppingen seine Burg Maisenburg mit den Besitzungen in Indelhausen und Sonderbuch wegen zu hoher Schulden auf.
Nach 1379 Die Familie von Baustetten gelangt durch Erwerb oder über eine Erbtochter des Berthold in Besitz der Maisenburg.
1399 Heinrich von Baustetten zu Maisenburg Zeuge in einer Urkunde anläßlich der Anteilsveräußerung des Kirchensatzes in Hayingen durch Friedrich von Gundelfingen an Stefan von Gundelfingen.
1413 Heinrich erklärt die Maisenburg zu einem „offenen Haus" für den Grafen Eberhard von Württemberg.
1494 Ulrich von Baustetten zu Maisenburg und Erhard von Gundelfingen übergeben dem Abt von Zwiefalten ihre Streitigkeiten um die Mühle in Indelhausen zur Entscheidung.
1515 Veit von Baustetten zu Maisenburg stellt Swigger von Gundelfingen zur Errichtung einer Sägemühle in Indelhausen einen Platz zur Verfügung.
1538 Weigand von Baustetten zu Maisenburg verkauft den Besitz an seinen Schwiegervater Christoph und seinen Schwager Stoffel Jörg Reichlin von Meldegg.
1733 Eigentum des Baron Kronthal.
1735 Eigentum der Familie Osterberg.
1764 Eigentum der Familie von Speth.
1818 Nach einer Beschreibung gehören zur Burg 200 Mor-

Maisenburg

gen Äcker und Weiden, 23,75 Tagwerk Wiesen und Gärten, 300 Morgen Holz und das Dorf Indelhausen.
1820 Aufgabe der Hauptburg als Wohnsitz und anschließender Zerfall, Nutzung der Vorburg bis heute als landwirtschaftliches Anwesen.
24. Juni 1822 Auf der Burgwiese wird ein Schäfer mit seinen 216 Schafen vom Blitz erschlagen.

1 Hauptburg
2 Vorburg
3 Halsgraben
4 Zwinger
5 Schildmauer
6 Tor Hauptburg
7 Gewölbekeller
8 Hof Hauptburg
9 Ehem. Gebäude
10 Brunnen
11 Vorhof
12 Zwingermauer
13 Hof Vorburg
14 Pächterhaus
15 Gewölbekeller
16 Holzremise
17 Holzschopf
18 Ehem. Gebäude
19 Schopf
20 Ökonomiegebäude
21 Neues Mauerwerk
22 Ehem. Umfassungsmauer
23 Tor Vorburg
24 Fahrweg von Indelhausen
25 Vom Lautertal
26 Palas

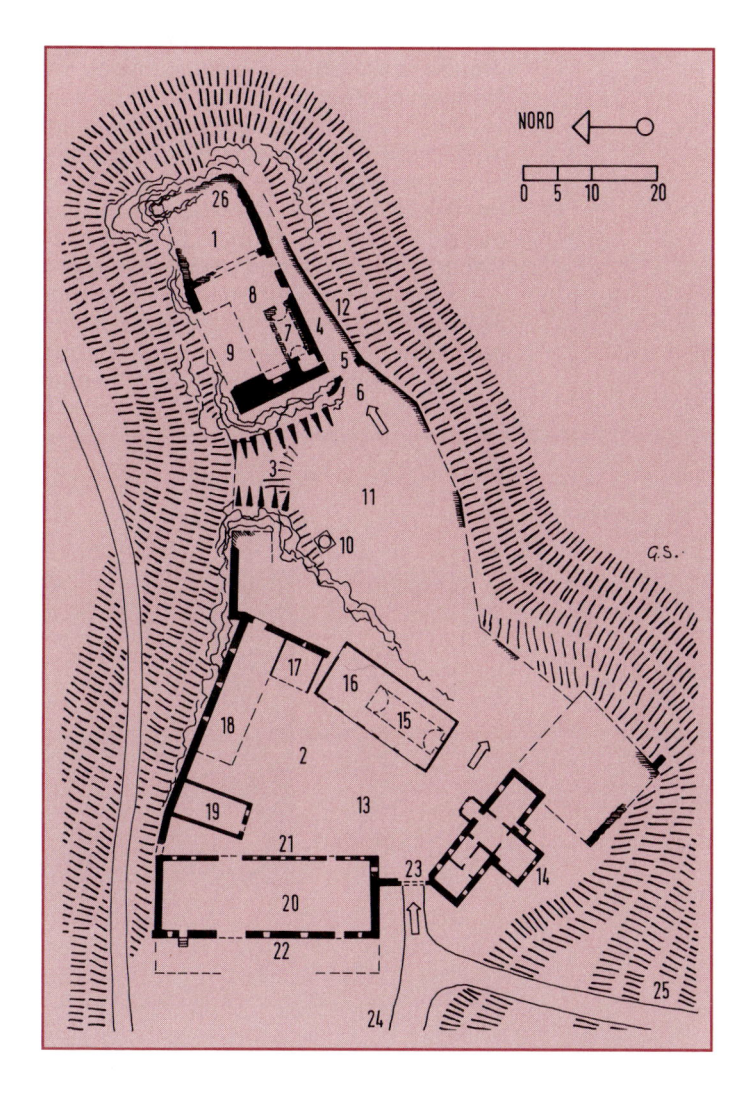

Anlage   Die kleine Burg in Spornlage hoch über dem Lautertal entspricht dem Typus der Schildmauerburg. Ihre zeitliche Zuordnung ist unklar. Das erhaltene Mauerwerk der Kernburg entstammt möglicherweise erst dem beginnenden 14. Jahrhundert. Entgegen gleichartigen Befestigungen – wie Bichishausen – besitzt die Maisenburg eine ausge-

Maisenburg

Vorburg

dehnte Vorburg. Sie diente als Wirtschaftshof zur Versorgung der Burg. Nachdem man den Wohnsitz aufgegeben hatte, wurde sie zum eigenständigen landwirtschaftlichen Betrieb. Laufende Umbaumaßnahmen des 19. und 20. Jahrhunderts bestimmen ihr Aussehen.

Der Weg führt direkt zum Tor (23) mit dem Wappen der Familie Speth zu Schülzburg. Rechts das zweigeschossige Pächterhaus (14) mit später angebauter Wiederkehr. Links das Ökonomiegebäude mit weit ausladendem Vordach. Die Wände zur Feldseite sind identisch mit der ehemaligen Umfassungsmauer. Sie folgt auf der anschließenden Nordseite dem Felsabsturz bis zum Halsgraben. Eine Zugbrücke an dieser Stelle im Zusammenhang mit der Schildmauer ist nicht denkbar. Unter einer eingeschossigen, hölzernen Remise (16) auf der Ostseite des polygonalen Hofes befindet sich noch der tonnenüberwölbte Keller eines älteren Gebäudes. Der Fels begrenzt an dieser Stelle den Zugang zur Hauptburg. Mit einer flankierenden Mauer (Reste) erweitert er sich burghofartig bis zum Halsgraben. Der mehrfach beschriebene Brunnen ist unter Schutt begraben und das Spethsche Wappen verschwunden.

5 Schildmauer Feldseite mit Buckelquader
7 Keller mit Tonnengewölbe
9 Umfassungsmauer
27 Mauerkante
28 Tor

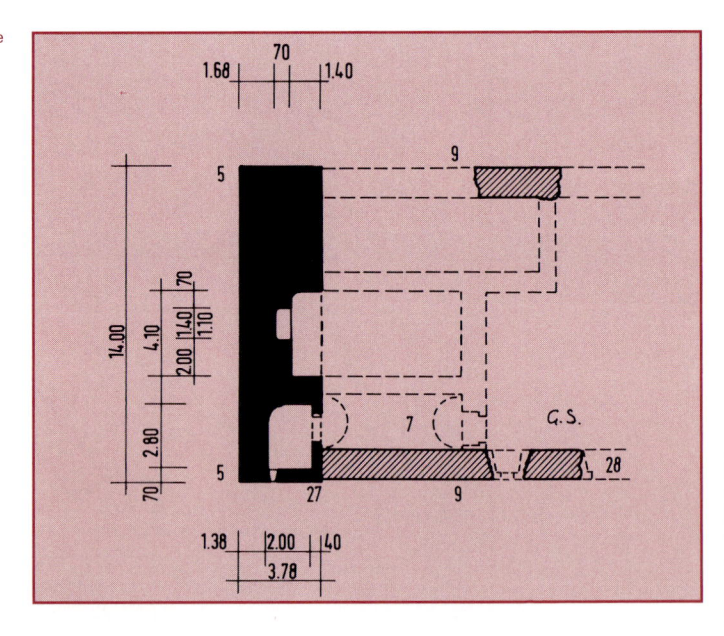

Schildmauer

Unmittelbar auf dem Felsen des Halsgrabens erhebt sich die beachtliche Schildmauer (5). Sie ist vermutlich ein Bauteil der 2. Anlage. Ihre Buckelquaderverblendung beschränkt sich auf die 14 m lange Feldseite und auf die 3,78 m breiten Stirnseiten. Nach einer Erweiterung erhielt sie eine beachtliche Aufstockung. Das Verhältnis des Vorhandenen mit einer frühen Ansicht läßt eine Höhe von ca. 16 m vermuten.

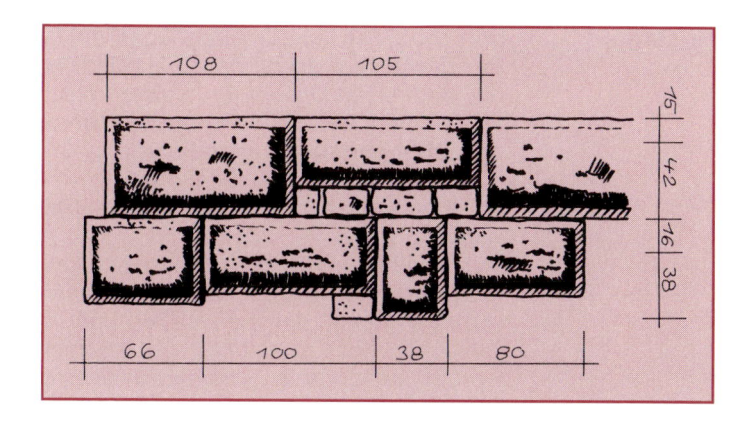

Maisenburg

Buckelquader   Abmessung z. B. 114 x 62, 125 x 32, 100 x 42, 66 x 47, 108 x 54 cm (L x H), Randschlag 3–4 cm, Buckel bis 40 cm stark. Bemerkenswert sind die teilweise unterschiedlichen Höhen der Steine innerhalb einer Schicht. Dadurch entsteht der Eindruck von eingemauerten Buckelquadern.

Die Maisenburg von Südwesten, rechts Ruine Schülzburg

Maisenburg

Kernburg

Im Schutz der Schildmauer liegen die Reste der Kernburg. Der Versatz auf der Südseite – kein Mauerverband – zeigt die unterschiedlichen Bauweisen. Nach einer Abbildung von Beginn des 19. Jahrhunderts besaß die Maisenburg trotz ihrer geringen Ausmaße von ca. 35 x 15 m ein beachtliches Aussehen. Die Schildmauer mit Aufbau und der Palas am Felsabsturz ragten deutlich über die Gebäude der Vorburg.
Durch den ehemaligen Zwinger (nur südseitig) gelangt man zu den Resten des Tores. Innerhalb der Viereckanlage standen rechts der Palas (26) und links zwei kleinere Gebäude; vom torseitigen (7) ist noch der tonnenüberwölbte Keller mit tuffsteinquadereingefaßtem Zugang erhalten. Die nischenartigen Aushöhlungen der Schildmauer sind im Zusammenhang mit den später hinzugefügten Gebäuden zu sehen.
Der jetzige Zustand der Ruine erfordert dringend substanzerhaltende Maßnahmen.

Besitzer Speth von Schülzburg-Stier

Pläne Grundriß und Schnitte, K. A. Koch
Bestandsaufnahme Architekt R. Brändle 1988

Ansicht Darstellung von Süden von Beginn des 19. Jahrhundets

Literaturhinweise
– Antonow, Alexander
  Burgen des südwestdeutschen Raumes im 13. und 14 Jahrhundert, 1977
– Bischoff, Bernhard
  Die Maisenburg, in „Indelhausen" Heimatbuch, 1974
– Ernst, V.
  Beschreibung des Oberamts Münsingen, 1912
– KDW
  Kunst- und Altertumsdenkmale OA Münsingen, 1926
– Memminger, Professor
  Beschreibung des Oberamts Münsingen, 1825
– Pfefferkorn, Wilfried
  Burgen der Münsinger Alb, in „Münsingen – Geschichte, Landschaft, Kultur", 1982
– Piper, Otto
  Die Burgreste des Großen Lautertales, in Blätter des Schwäb. Albvereins, 1899, Nr. 6
– Uhl, Stefan
  Buckelquader, 1983
– Uhrle, Alfons
  Regesten zur Geschichte der Edelherren von Gundelfingen, Phil. Diss. Tübingen, 1960
– Wais, Julius
  Albführer II, 1971

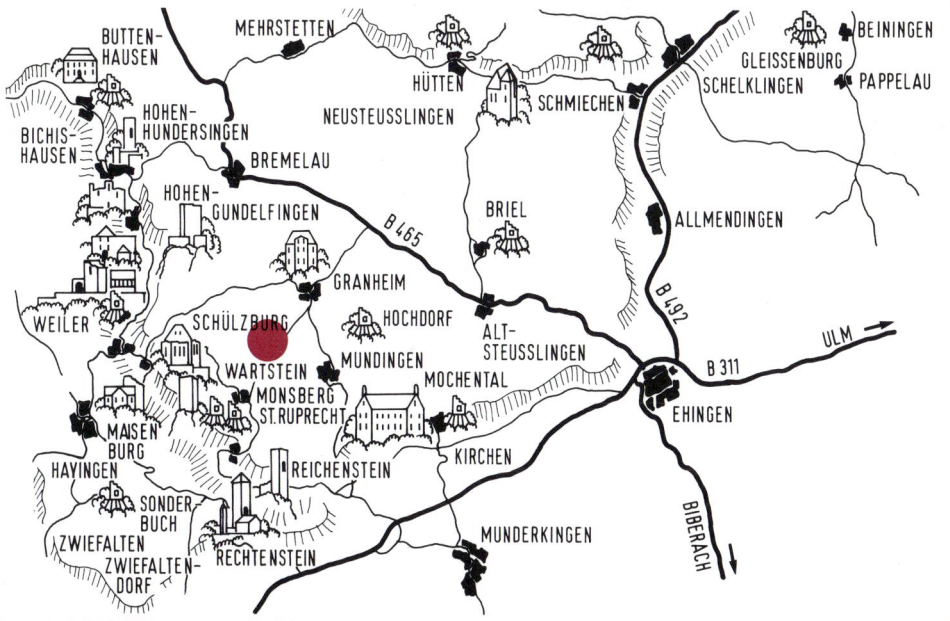

Wartstein

Wartstein

Lage

Der untere Teil des Großen Lautertales ist zwischen der Laufenmühle bei Lauterach und Anhausen mit dem Auto nicht zu befahren. Das Durchwandern dieses Gebietes bietet dadurch einen ganz besonderen Reiz. An einer bemerkenswert exponierten Stelle liegt die Burgruine Wartstein.
Von der B 465 zwischen Ehingen und Münsingen über Granheim oder von Hayingen über Anhausen erreicht man die Ortschaft Erbstetten. In Ortsmitte bei der Kirche links (westlich) den beschilderten Fahrweg bis zum Wanderparkplatz. Schließlich auf bezeichnetem Fußweg (AV Dreieck, HW 2, 800 m) zur Ruine.

Wandervorschlag:
Von Hayingen oder Erbstetten nach Unterwilzingen. Das Auto am Parkplatz neben der Straße im Tal abstellen. An der Lauter aufwärts bis zur Einmündung des Marientales. Den bezeichneten Weg rechts in den Wald und über die Burgstellen St. Ruprecht und Monsberg zur Ruine Wartstein. Schließlich am Gemsfels ins Tal absteigen und an der Lauter entlang zurück zum Ausgangspunkt.
Weglänge: Unterwilzingen – 2,5 km Wartstein – 4 km Unterwilzingen.

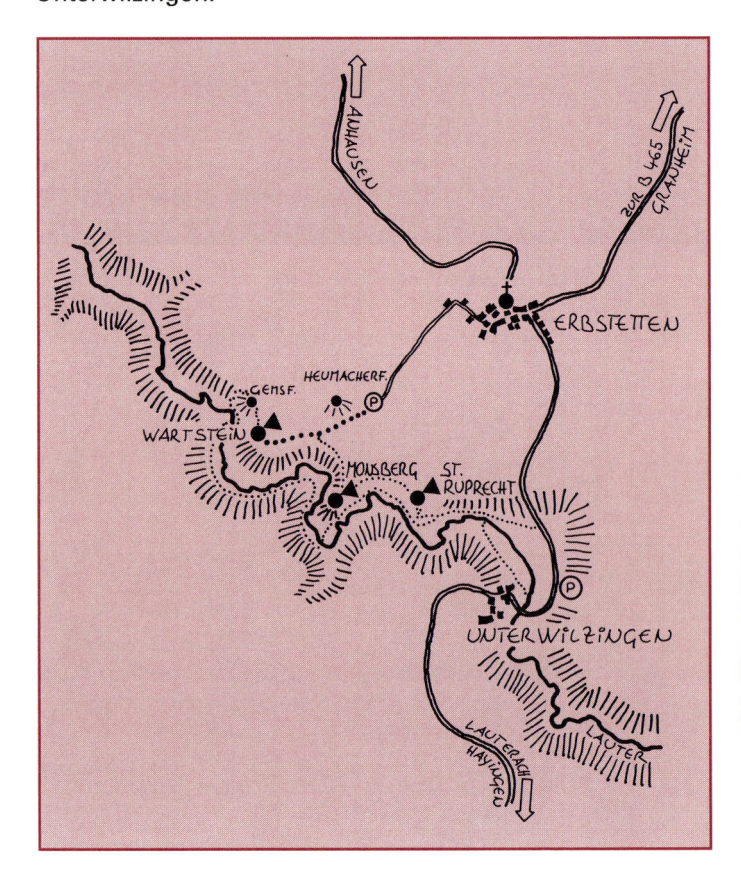

Wartstein

Gemeinde	Stadt Ehingen, Stadtteil Erbstetten, Alb-Donau-Kreis
Meereshöhe	Burg ca. 660 m, Wartsteinbrücke Lauter 556 m
Besichtigung	Frei zugänglich
Einkehrmöglichkeiten	Gasthäuser in Erbstetten und Unterwilzingen
Aug. Ankelin Beschreibung der Ruine von 1855	„An den auf steilen Felsen emporragenden Resten des Wartturmes schloß sich das doppelgieblige Herrenhaus an, welches durch eine den Berg herabziehende Ringmauer mit einem Gebäude verbunden war, worin sich das mit einer Zugbrücke wohl verteidigte Schloßtor befand. Ein tiefer, noch wohl kenntlicher Graben zog sich der Mauer entlang bis hieher herab. Eine hohe bogenförmige Mauer verband mit dem Torgebäude ein westlich gelegenes größeres Gebäude, welches wahrscheinlich die Ställe und Vorratskammern enthielt und wieder durch eine Mauer mit dem Herrenhaus zusammenhing und den großen unebenen Hofraum umschloß. In dem Raum des letztgenannten Gebäudes befinden sich noch Kellerspuren."
Geschichte	Rapoto, zweiter Sohn des Grafen Heinrich I. von Berg und seiner Gemahlin Adelheid, Gräfin von Mochental, erscheint 1134 bei Herzog Friedrich II. von Schwaben und 1139 bei König Konrad III. Vermutlich ist er identisch mit der Person des Grafen Rapoto von Wartstein, der im Zwiefalter Nekrolog genannt ist. Er käme als Stifter der Wartsteiner Linie in Frage.

1185–1209 Henricus comes de Wartstein.
Um 1200 Gerichtsstätte der Grafen von Wartstein in der Flur „Landgericht" zwischen Mochental und Mundingen.
1224 comes Hermannus de Wartstein
1263 Streit zwischen dem Grafen Eberhard von Wartstein und dem Kloster Salem. Graf Ulrich von Württemberg verurteilt das Kloster zu einer Geldzahlung an den Grafen, diesen zu einer Schadensersatzleistung an die Kirche in Erbstetten.
1268 Graf Eberhard von Wartstein beurkundet einen Streit zwischen dem Kloster Salem und Swigger von Gundelfingen.
1270–1280 Eberhard mehrfach Zeuge und Siegler in Urkunden.
1282 Graf Eberhard verzichtet zugunsten des Klosters Salem auf seine Vogtei in Altmannshausen, Winden und Anhausen.
1291 Graf Eberhard und seine Söhne Otto, Hartmann, Gottfried, Burkhard, Konrad und Egeno vermachen dem Kloster Zwiefalten Güter in Wilzingen.
1296 Graf Otto von Wartstein, Zeuge in einer Urkunde.

Wartstein

Um 1300 Verkauf von wartsteinischem Besitz an die Habsburger.
1307 Graf Hartmann von Wartstein, Zeuge in einer Urkunde.
1318 Konrad und Gottfried, Grafen von Wartstein.
1319 Die Grafen Hartmann und Götz von Wartstein, Brüder, beurkunden, daß sie sich mit dem Kloster Beuron wegen ihrer Ansprüche an des Klosters Hof zu „Krutschemern" verglichen haben.
1320 Streit mit dem Kloster Salem um den Zehnten von Altheim.
1339 Graf Ulrich von Württemberg Pfandherr des wartsteinischen Wildbanns.
1342 Graf Hartmann Zeuge in einer Urkunde des Konrad von Gundelfingen.
1344 Graf Hartmann von Wartstein und seine Söhne Hartmann und Heinrich verzichten auf ihre Erbschaft an der Kirche in Schemmerberg zugunsten ihres Vetters, des Grafen Gottfried von Wartstein und seiner Ehefrau Katharina.
2. Januar 1359 Kaiser Karl IV. weist die Klage des Johann (II.) gegen die Stadt Ravensburg wegen „Brechung" seiner Feste Wartstein (Niederwartstein) ab. Die Zerstörung sei nicht aus Eigennutz, sondern wegen des Reiches Nutzen und des Landfriedens geschehen. Möglicherweise handelt es sich aber um die Zerstörung der Burg „St. Ruprecht" (siehe dort).
1375 Graf Heinrich von Wartstein, Siegler in einer Urkunde.
1385 Elisabeth von Wartstein, Chorfrau in Buchau.
5. März 1392 Heinrich von Wartstein, seine Gemahlin und ihr Sohn Hans verkaufen die Burg Wartstein mit sämtlichen Besitzungen, Lehen, Mannschaft und eigenen Leuten um 3000 Dukaten an die Herzöge Stephan, Friedrich und Johann von Bayern.
1394 Walter von Königseck, Pfandherr, Modernisierungsmaßnahmen und Ausbau der Burg.
1481 Friedrich Schenk, Burgvogt auf Wartstein.
Juli 1495 Zerstörung der Burgen Wartstein und Monsberg; das Geschlecht der Wartsteiner bereits ausgestorben.
3. Februar 1508 Albrecht von Bayern überträgt das „usgebrannte Sloß" an Graf Eitel Friedrich II. von Zollern.
18. Februar 1508 Die Ruine wird Eigentum des Hans Speth von Granheim.
1523 Wartstein und Erbstetten in Besitz des Ritters Hans Renner von Allmendingen.
1527 Eigentum des Diepold Speth von Schülzburg durch Heirat.
1848 Eigentum der Gemeinde Erbstetten.
1924 Instandsetzungsarbeiten an der Ruine.
1968–1970 Instandsetzungsarbeiten, Anbau einer Wendeltreppe.

Wartstein

1 Schildmauer
2 Reste Palas
3 Aufgang Aussichtsplattform
4 Halsgraben
5 Vorburg
6 Ehem. Tor
7 Ehem. Umfassungsmauer
8 Weg zum Gemsfels
9 Weg vom Heumacherfels
10 Weg nach Erbstetten und Monsberg
11 Steiler Fels zum Lautertal

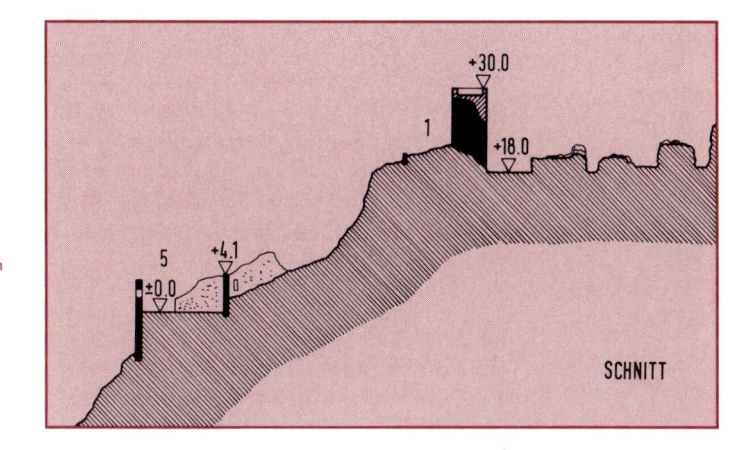

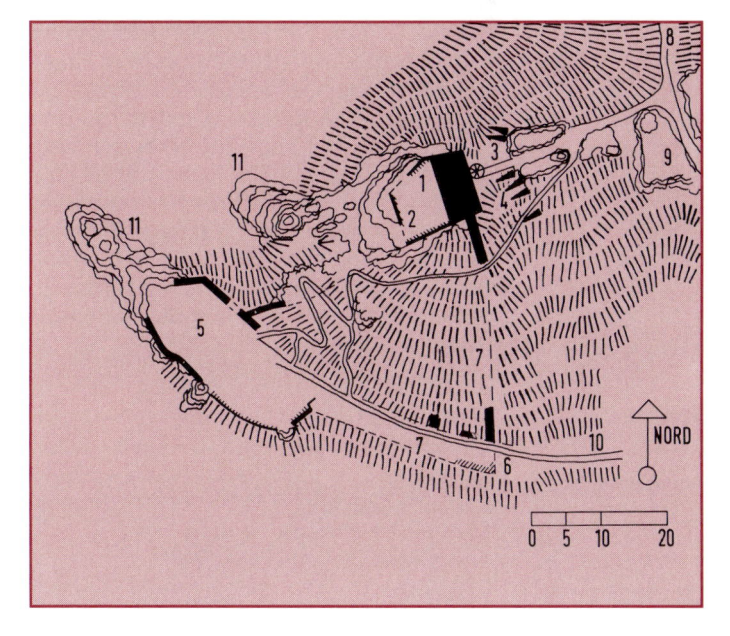

Anlage
Wartstein ist ein weiteres beachtliches Beispiel einer Schildmauerburg in Spornlage. Sie sitzt nordseitig an der Kante von fast 100 m steil abfallenden Felsen. Diese Gegebenheit macht sie zur imponierendsten der Lautertalburgen.

Schildmauer
Der von weitem immer wieder sich zeigende, 12 m hohe, turmartige Bau ist der Rest der Schildmauer. Ihr trapezförmiger Grundriß mißt feldseitig 9,30 m und burgseitig 10,70 m, die Stirnseiten Nord 4,20, Süd 4,70 m. Das Mauerwerk besteht aus kleinteiligen, meist lagerhaften Kalksteinen mit starken Eckquadern aus Tuff. Dr. Ing. Haible berichtet über die 1924 durchgeführten Ausbesserungsarbeiten u. a.: „Auf der Turmoberfläche (Schildmauer) sind noch

Wartstein

etwa 1,70 m hohe und 0,60 m starke Mauerreste der Turmstuben vorhanden." Dieser beschriebene obere Abschluß wurde bei den letzten Instandsetzungsarbeiten als Plattform mit Brüstung ausgebaut und über eine außenliegende Wendeltreppe zugänglich gemacht. Dies mag den Wanderer einerseits beglücken, den Denkmalpfleger andererseits weniger begeistern. Mehrere grabenartige, in den Fels gehauene Sperren beherrschen das Vorfeld bis zur angrenzenden Hochfläche.

Palas Im Schutze der Schildmauer befand sich der von Ankelin beschriebene doppelgiebelige Palas (2). Aufgrund der Geländesituation am Felsabsturz und der Mauerreste kann die Grundfläche nicht größer als 7,00 x 10,70 m betragen haben.
Reste der 110 cm starken Umfassungsmauer (7) an der Stirnseite der Schildmauer kennzeichnen den Abschluß zum Graben. Der Burgenforscher K. A. Koch konnte hier noch den Ansatz eines überdachten Wehrganges erkennen. Er verband die Kernburg mit dem Tor der tieferliegenden

Vorburg Vorburg (6). Sie liegt auf einer schmalen Felsterrasse am Rande des Steilabfalls. Reste der 65 cm starken, polygonalen Umfassungsmauer reichen weit über den Felsen hinab. Sie entstammen einer jüngeren Bauphase. Die Burg Wartstein war eine ausgedehnte Anlage, die sich auf den Felsen fast bis zur Talsohle fortsetzte. Mauerschutt macht dies deutlich. Welchen Umfang die Bauten einnahmen, ist nicht mehr feststellbar.

Besitzer	Stadt Ehingen, Stadtteil Erbstetten, Alb-Donau-Kreis
Pläne	Grundriß und Schnitte von K. A. Koch
Alte Ansichten	Aquarellisierte Tuschezeichnung von A. Seiffer, 1816, Württ. Landesbibliothek Stuttgart Stich von E. Emminger Aquarell von Frhr. von Hayn, 1850
Literaturhinweise	– Ernst, V. Beschreibung des Oberamts Münsingen, 1912 – Kasper, Alfons Kunstwanderungen kreuz und quer der Donau, 1965 – Koch, K. A. Burgruine Wartstein, Blätter des Schwäb. Albvereins, Jg. 38, 1926 – Kunstdenkmäler Württemberg, Oberamt Münsingen, 1926 – Memminger, Professor Beschreibung des Oberamts Münsingen, 1825 – Reichardt, Lutz Ortsnamenbuch des Alb-Donau-Kreises und des Stadtkreises Ulm – Schleker, Martin Das Große Lautertal und seine Burgen – Wais, Julius Albführer Band II, 1971 – Weiß Zur Geschichte der Burg Wartstein, Blätter des Schwäb. Albvereins, Jg. 38, 1926

Monsberg

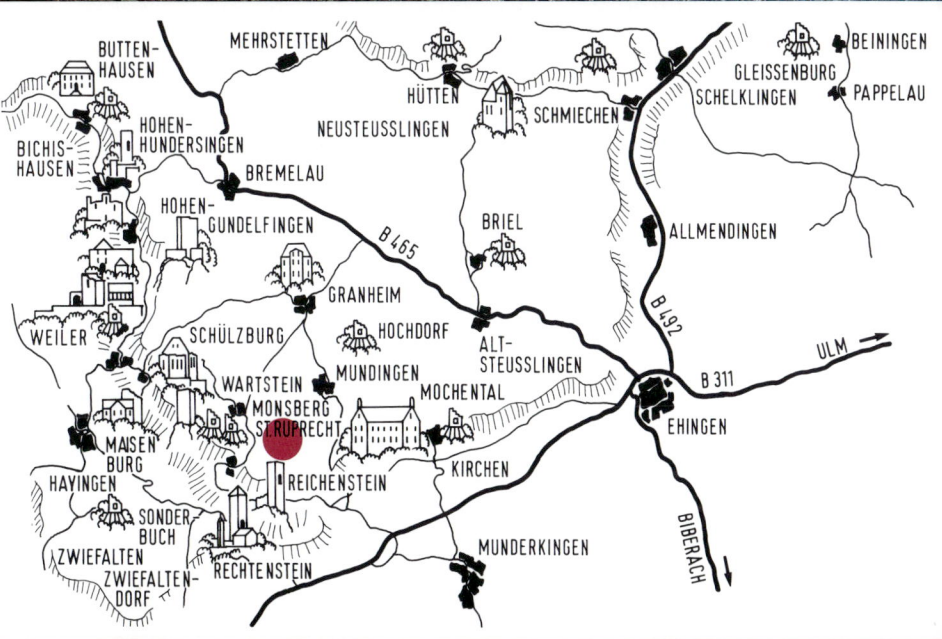

Monsberg

Lage	Die weniger bekannte Burgruine Monsberg liegt in unmittelbarer Nähe zum Wartstein. Von der B 465 zwischen Ehingen und Münsingen über Granheim oder von Hayingen über Anhausen erreicht man die Ortschaft Erbstetten. In Ortsmitte bei der Kirche links (westlich) auf beschilderter, schmaler Straße zum Wanderparkplatz. Weiter den Weg bis zur Einmündung in den Wald, nach links abzweigen und leicht bergab in etwa 10 Minuten zur Ruine (beschildert AV Unterwilzingen). Gesamtweglänge ca. 900 m. *Wandervorschlag:* Zu der Ruine Wartstein und Burgstelle St. Ruprecht (siehe Wartstein).
Gemeinde	Stadt Ehingen, Stadtteil Erbstetten, Alb-Donau-Kreis
Meereshöhe	Burg 591 m, Lautertal 555 m
Besichtigung	Frei zugänglich
Einkehrmöglichkeiten	Gasthäuser in Erbstetten und Unterwilzingen

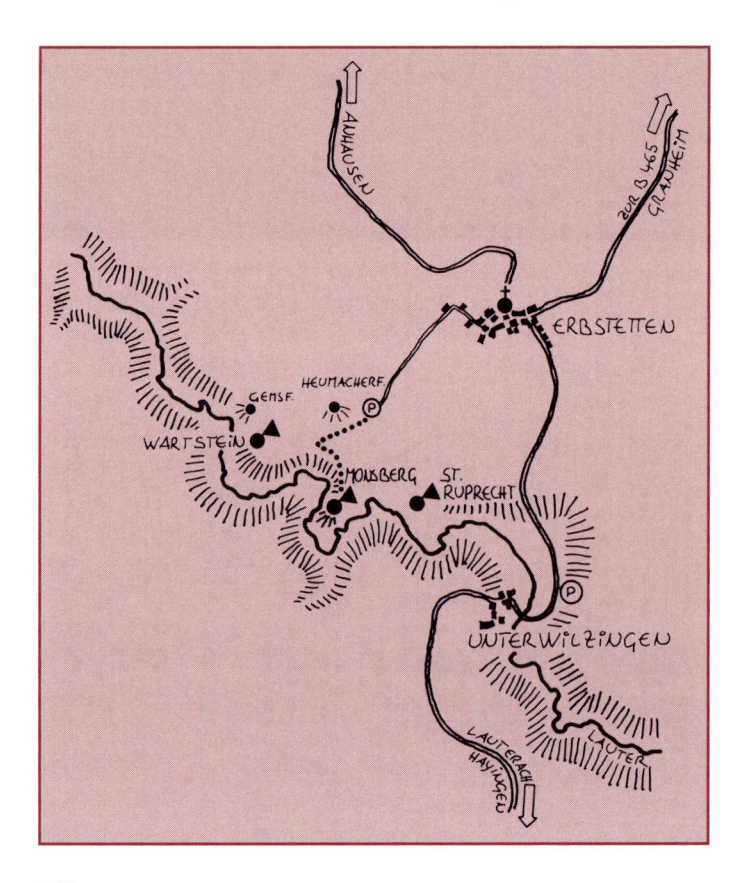

Monsberg

Geschichte

Monsberg war die „Burg des Munt", vermutlich ein Ministeriale der Grafen von Wartstein. Sie ist eine von drei Burgen, die sich auf engem Raum im direkten Herrschaftsgebiet der Wartsteiner befindet. Im 13. Jahrhundert werden die „Munt" mehrmals genannt, 1208 Albert, genannt Munt von Hayingen, 1224 Ritter Albert, genannt Munt, 1263 Eberhard und sein Sohn Albert. Ob sie auf Monsberg saßen, ist nicht eindeutig nachgewiesen.

1258 „Ulricus de Mundisberc" im Salemer Urkundenbuch als bereits verstorben bezeichnet.
21. April 1379 Graf Konrad von Aichelberg verkauft die Burg Monsberg mit allem Zubehör, Wiesen und Äcker, die in den Bauhof gehören, Eigenleute und Vogtleute sowie Güter in Ober- und Unterwilzingen um 580 Pfund Heller an Hans vom Stein zu Klingenstein.

Nordseite des Burgfelsens mit Resten eines Gewölbekellers

Monsberg

Mauerreste des Wohnturmes Südseite

1394 Ritter Konrad vom Stein zu Monsberg verkauft um 24 Pfund Heller das Vogtrecht des Klosterhofes in Unterwilzingen an das Kloster Zwiefalten.
1399 Ritter Konrad vom Stein, genannt der Monsberger, Siegler in einer Urkunde anläßlich der Veräußerung des Kirchensatzes von Hayingen durch Friedrich (III.) von Gundelfingen an seinen Vetter Stephan (II.) von Gundelfingen zu Derneck.
1405/1411 Verkauf von Monsberger Besitzungen an das Kloster Zwiefalten.
1422 Ritter Konrad vom Stein zu Monsberg gibt Herzog Ludwig von Bayern Teile der Monsberger Besitzungen zu Lehen; sie bleiben bayrisch bis 1803.
Juli 1495 Zerstörung der Burgen Monsberg und Wartstein, Aufgabe als Wohnsitz und anschließender Zerfall.
Vor 1515 Der „Burgstall" Monsberg Eigentum der Herzöge von Bayern.
1515 Dietrich Speth von Zwiefalten verkauft das bayrische Lehen an Konrad Renner von Allmendingen.

Monsberg

1586 Joachim und Philipp Renner von Allmendingen verpfänden Monsberg und ihre Güter in Granheim für 1000 Gulden an Diepolt Speth von Schülzburg.
1593 Philipp Renner von Allmendingen verkauft den halben Teil des Dorfes Granheim und Monsberg für 18600 Gulden an Katharina von Neuhausen, Witwe des Diepolt Speth, und ihre Söhne Reinhard und Stefan.
6. Juli 1593 Monsberg wird Lehen der Freiherrn von Speth.
1848 Eigentum der Gemeinde Erbstetten.

1 Mauerreste Wohnturm
2 Mauerreste Gewölbekeller
3 Umfassungsmauer
4 Vorburg
5 Graben
6 Fußweg vom Lautertal
7 Fußweg von St. Ruprecht
8 Fußweg von Erbstetten und Wartstein
9 Fels
10 Felseinschnitt
11 Halsgraben

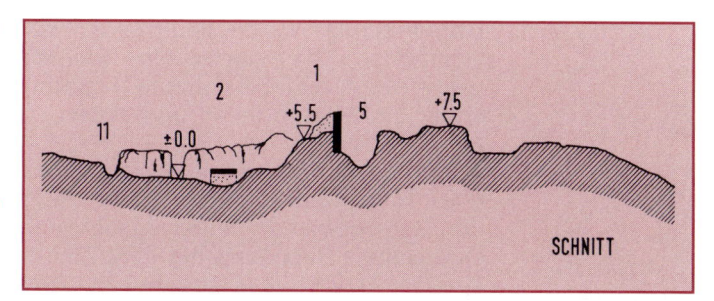

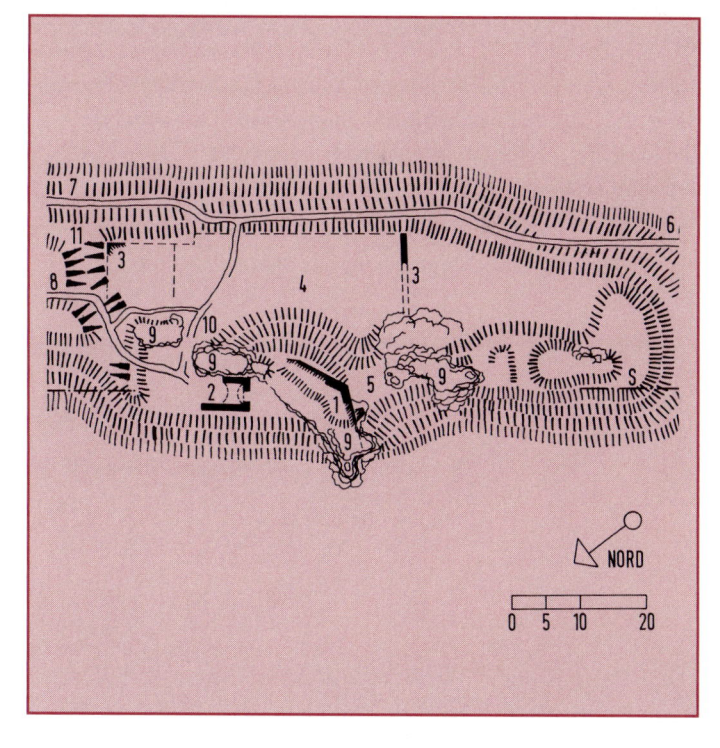

Anlage

Im Gegensatz zur Burg Wartstein liegt Monsberg nicht in luftiger Höhe, sondern auf einem flachen, felsigen Sporn, der auf drei Seiten von der Lauter umflossen wird. Ein schmaler Halsgraben und mehrere Felseinschnitte sichern die Burg vom nordöstlich ansteigenden Talhang.

Monsberg

Vorburg	Man kann drei Abschnitte unterscheiden. Die rechteckige Vorburg auf einer Grundfläche von ca. 45 x 25 m besaß einen geräumigen Hof (4). Die Wirtschaftsgebäude lagen beim Halsgraben (11) und an der angrenzenden Umfassungsmauer. Von dieser sind Reste der Südwestseite und der Ostecke erhalten. Das Gelände um den Burghof ist gut überschaubar. Nach Nordwesten bilden ausgeprägte Felsen den Abschluß. Hier kann die Kernburg angenommen werden. Das erhaltene Mauerwerk ist vermutlich der Rest eines wohnturmartigen Gebäudes (1) mit polygonalem Grundriß. Die Wände sind 120 cm stark und aus wenig lagerhaften, hammerrechten Steinen verschiedenster Größe hergestellt. Sie verlaufen in stumpfem Winkel zueinander und weisen innen und außen abgerundete Kanten auf. Am Fuße des Felsens zur Bergseite erkennt man den Rest eines tonnenüberwölbten Kellers (2). Zwischen Kernburg und Bergspornende deuten Mauerschutt und Mulden auf eine weitere Bebauung hin. Ihre Zuordnung ist nicht eindeutig. Auf einer alten Ansicht von 1721 sind außerhalb der Mauern Reste eines Turmes dargestellt. Vermutlich stand hier eine vorgesetzte Warte, kein Bergfried.
Kernburg	
Besitzer	Stadt Ehingen, Stadtteil Erbstetten, Alb-Donau-Kreis
Pläne	Grundriß und Schnitte von K. A. Koch, 1923
Alte Ansicht	Darstellung der Ruine von 1721
Literaturhinweise	– Dohl, Gunther Die Geschichte der Burg Monsberg – Ernst, V. Beschreibung des Oberamts Münsingen, 1912 – Kunstdenkmäler Württemberg, Oberamt Münsingen, 1926 – Mall, Siegfried Der Monsberg – eine vergessene Burgruine im Lautertal, Schwäbische Zeitung 24. 12. 1976 – Memminger, Professor Beschreibung des Oberamts Münsingen, 1825 – Reichardt, Lutz Ortsnamenbuch des Alb-Donau-Kreises und des Stadtkreises Ulm – Wais, Julius Albführer Band II, 1971

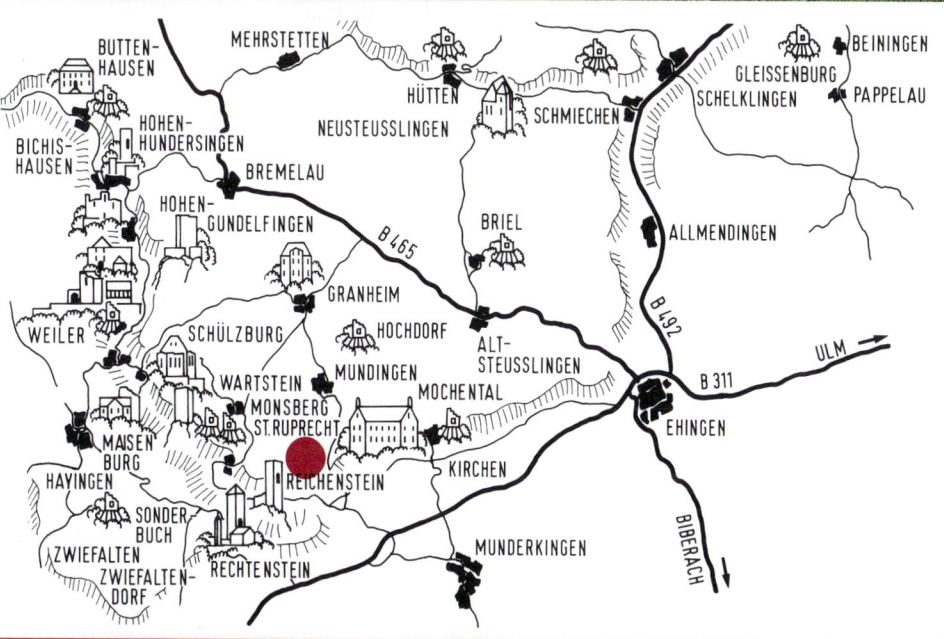

St. Ruprecht

St. Ruprecht

Lage	Zur Gruppe der wartsteinischen Burgen im unteren Teil des Lautertales gehört die viel umrätselte Burgstelle St. Ruprecht. Sie liegt an der Einmündung des Marientales aus Richtung Erbstetten in das Lautertal. Von der B 465 zwischen Ehingen und Münsingen über Erbstetten oder von der Straße zwischen Hayingen und Obermarchtal erreicht man die Ortschaft Unterwilzingen. Das Auto an der Straße in Richtung Erbstetten abstellen. Lauteraufwärts bis zur Einmündung des Marientales und schließlich im Wald hoch (beschildert) zur Burgstelle. Weglänge ca. 1,2 km. St. Ruprecht ist auch vom beschriebenen Wanderparkplatz (siehe Monsberg und Wartstein) bei Erbstetten über die Burgruine Monsberg erreichbar. Wandervorschlag: siehe Burgruine Wartstein
Gemeinde	Stadt Ehingen, Stadtteil Erbstetten, Alb-Donau-Kreis
Meereshöhe	Burg 603 m, Lautertal 554 m

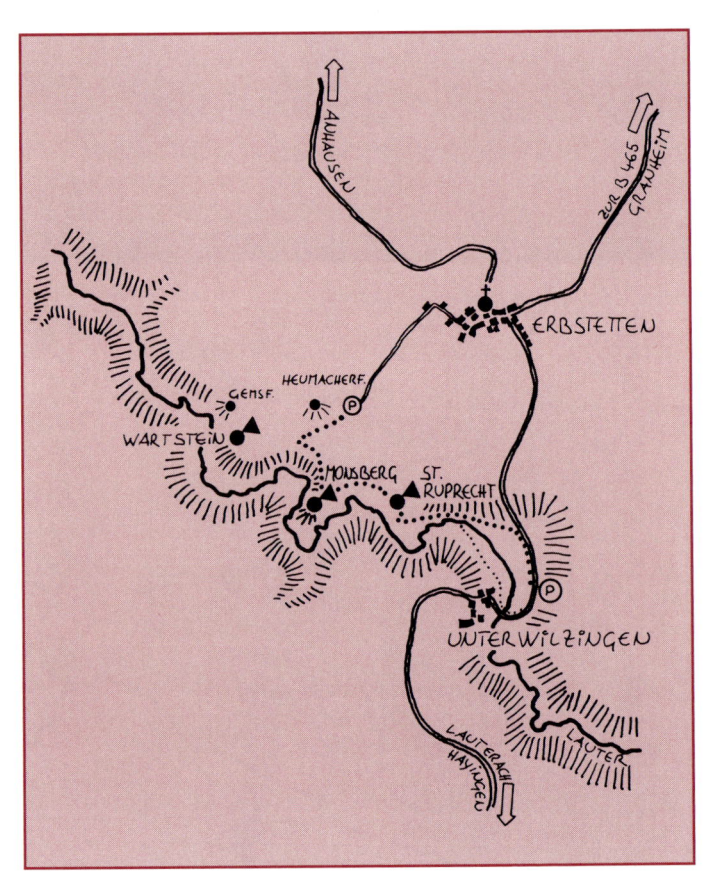

St. Ruprecht

Besichtigung	Frei zugänglich
Einkehr-möglichkeiten	Gasthäuser in Erbstetten und Unterwilzingen
Beschreibung des Oberamts Münsingen, 1825	St. Ruprecht lag unterhalb Monsberg, auf einer vorspringenden Anhöhe des linken Lauterufers. Unter den Überresten zeichnet sich noch eine große Mauer aus, auch findet man noch einen zerfallenen Keller. Hier soll sich ein Mönchskloster und auch ein Nonnenkloster befunden haben. Den Platz nennt man noch „auf dem Kapuziner", und eine benachbarte Schlucht heißt die Pfaffenhölle oder Klosterhölle.
Geschichte	Urkundliche Nachweise über die Burg sind nicht bekannt. Die Bezeichnung St. Ruprecht taucht erstmals am 19. März 1422 auf. Konrad vom Stein zu Monsberg verkauft das ehemalige wartsteinische Lehen, die Fischenz zu Daugendorf, an das Kloster Zwiefalten. Als Ersatz überträgt er den Herzögen von Bayern (siehe Monsberg) laut Urkunde folgende Teile des Zugehörs der Burg Monsberg: „Ein Jauchert Acker zu Monsberg auf Ochsensteig gelegen an dem Acker genannt St.-Ruprechts-Acker."
Dieser Hinweis zeigt, daß der Besitz vermutlich einer Kirche gehörte. Auch die überlieferten Bezeichnungen „auf dem Kapuziner" und „Klosterhalde" sowie die Sage von den Mönchen von St. Ruprecht lassen eine spätmittelalterliche klösterliche Niederlassung an Stelle der Burg annehmen. Trotz dieser Hinweise kann aufgrund der topographischen Situation – das Abriegeln des Geländes durch einen tiefen Halsgraben, Ummauerungen und Steinbauten – eine mittelalterliche Burg angenommen werden. Keramikfunde weisen die Gründung in den Anfang des 12. Jahrhunderts oder sogar noch früher. Rapoto, der Sohn des Grafen von Berg, vermutlicher Stifter der Wartsteiner Linie, ist als Erbauer denkbar. Sollte es sich um die in Urkunden genannte Burg Niederwartstein gehandelt haben, wäre sie nicht – wie meist angenommen – Ende des 12. Jahrhunderts, sondern erst 1359 durch die Reichsstadt Ravensburg zerstört worden.
Anlage	Die Burgstelle liegt am Ende eines vom Lauter- und Mariental umschlossenen Höhensporns. Der noch 6 m tiefe und 25 m lange Halsgraben kennzeichnet die anschließende ca. 80 x 50 m große Anlage. An höchster Stelle lag die Kernburg (7). Deutlich erkennbar Teile der Grundmauern im Gelände mit Mulden und Schutt.
Von der nach Süden 8–12 m tiefer liegenden Vorburg zeigen sich noch geringe Reste der Umfassungsmauer (3).

St. Ruprecht

1 Halsgraben
2 Mauerschutt
  Schildmauer
3 Mauerreste
  Umfassungsmauer
4 Fels
5 Fußweg vom Lautertal
6 Fußweg von Wartstein
7 Lage der Kernburg

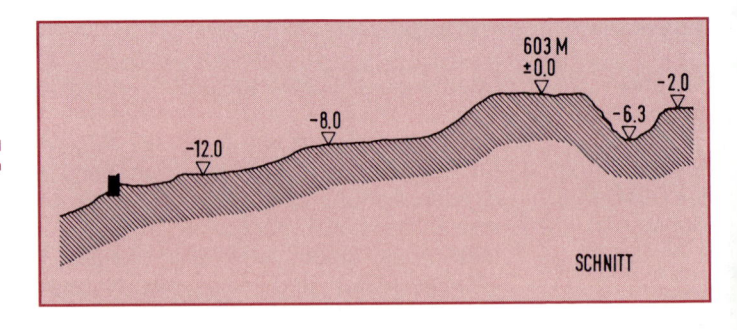

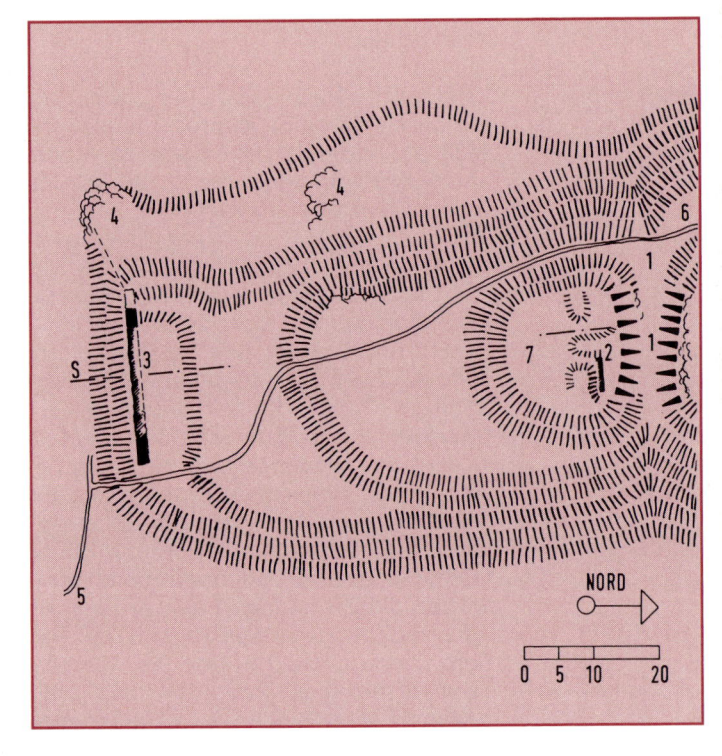

Besitzer	Stadt Ehingen, Stadtteil Erbstetten, Alb-Donau-Kreis
Pläne	Lageplan Staatliches Vermessungsamt Reutlingen mit Eintragungen von Chr. Bizer, 1981
	Grundriß von K. A. Koch
Literaturhinweise	– Bizer, Chr.; Götz, R.; Kies, W.
	Vergessene Burgen, in „Münsingen, Geschichte, Landschaft, Kultur", 1982
	– Ernst, V.
	Beschreibung des Oberamts Münsingen, 1912
	– Memminger, Professor
	Beschreibung des Oberamts Münsingen, 1825
	– Wais, Julius
	Albführer, Band II, 1971

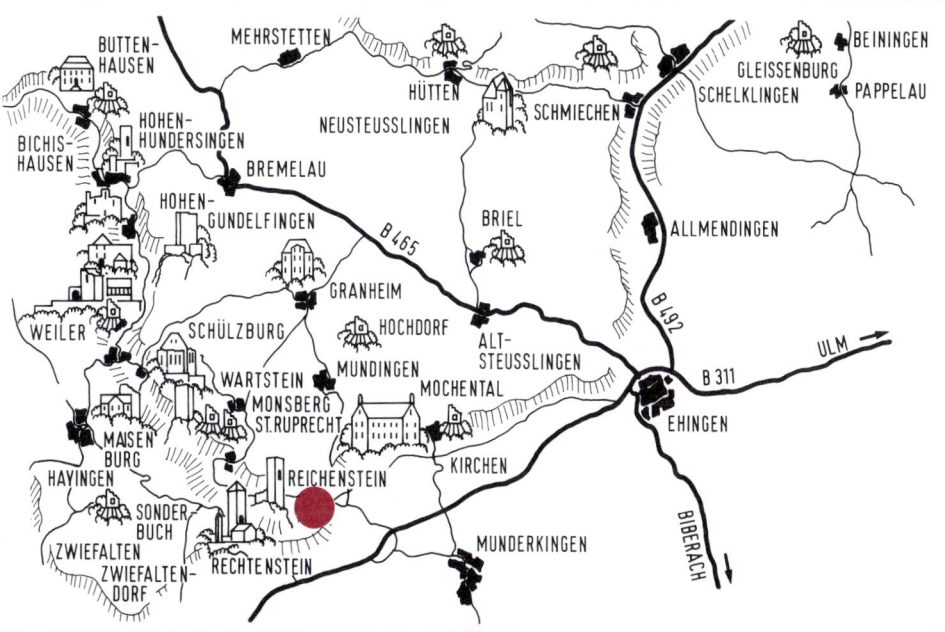

Reichenstein

Reichenstein

Lage	Reichenstein ist die letzte der Lautertalburgen kurz vor der Einmündung der Lauter in die Donau. Eine Straße führt von Munderkingen über Lauterach in Richtung Hayingen zur Ortschaft Reichenstein. Am östlichen Ortsrand, nahe des weithin sichtbaren Bergfrieds, zweigt ein Fußweg ab (beschildert Ruine, Laufenmühle, Weg Nr. 2). *Wandervorschlag:* Mit dem Pkw von Lauterach das Tal aufwärts bis zum Wanderparkplatz vor der Laufenmühle (Einmündung Wolfstal). Zu Fuß zur Laufenmühle und den Schotterweg aufwärts Richtung Reichenstein. In der ersten Kehre rechts ab – beschildert – zur Ruine. Weglänge ca. 800 m. Den Weg wieder zurück oder aber durch die Ortschaft und am Ende (an der Straße von Lauterach nach Hayingen) den Tobel rechts ab zum Lautertal und zurück zum Ausgangspunkt. Weglänge ca. 2,2 km
Gemeinde	Lauterach, Ortsteil Reichenstein, Alb-Donau-Kreis
Meereshöhe	Burg ca. 590 m, Lautertal 535 m, Laufenmühle 523 m
Besichtigung	Frei zugänglich, Turm gesperrt
Einkehrmöglichkeit	Gasthaus Laufenmühle
Weitere Sehenswürdigkeiten	Wasserfall bei der Laufenmühle Wolfstal mit Bärenhöhle

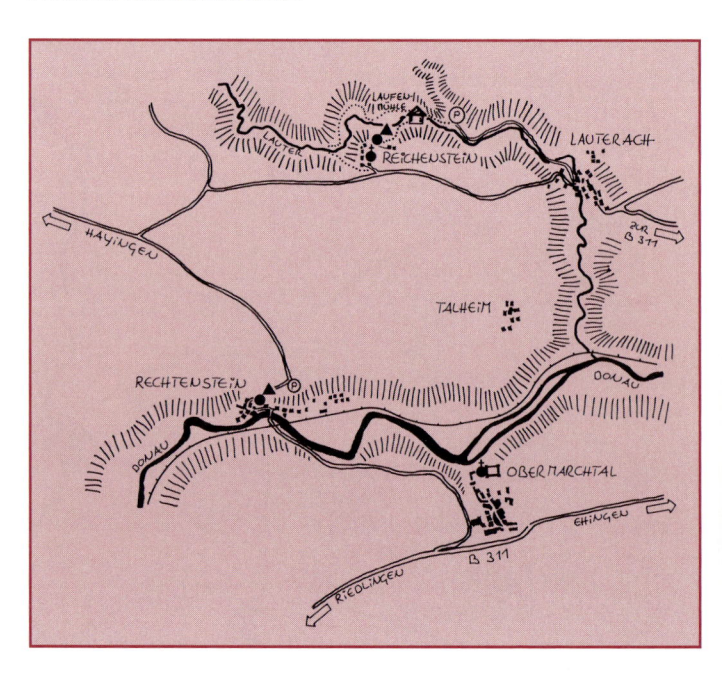

Reichenstein

Der Laufenmüller Ignaz Reiser und die Zerstörung der Burg 1525

Im Bauernkrieg wird die Burg Reichenstein durch die aufständischen Bauern unter Führung des Laufenmüllers Ignaz Reiser zerstört. Seine Familie besitzt die am Fuße der Burg gelegene Laufenmühle schon seit dem 15. Jahrhundert vom Kloster Zwiefalten in Erbpacht. Reiser verbringt seine Jugendjahre im Kloster und zieht später als Landsknecht unter Georg von Frundsberg nach Italien. Sein Vater stirbt. Reiser kehrt in die Heimat zurück und übernimmt die Laufenmühle. Als Kriegserfahrener führt er die Bauern 1525 gegen die Burg Reichenstein, zerstört sie und erschlägt den Burgherrn Jakob von Stein. Der Ermordete entstammt der Steinschen Nebenlinie Uttenweiler und besitzt zu Beginn des 16. Jahrhunderts noch Anteile an Reichenstein.

Bericht des Zwiefalter Geschichtsschreibers Arsenius Sulger, 1525

Es klingt unglaublich, mit welcher Schnelligkeit dieses unsinnige Gebaren der Treulosen gleich einem Blitz durch ganz Deutschland fuhr. Zu eben dieser Zeit waren diese kriegslustigen Feinde auf unserem Berg Teutonicus – gewöhnlich Teutsch-Buch genannt – 12000 an der Zahl zusammengekommen.
Ihr Anführer und Oberhaupt war einer namens Reiser, von Rechts wegen unserer Jurisdiktion unterstellt. Eben diese verursachten uns unersetzbaren Schaden, insbesondere unserem Archiv, da sie Akten scheußlich zerfetzten und mit Schwertern Lagerbücher durchschnitten. Unsere Patres waren gezwungen, unterdessen an sichere Orte sich zu begeben. Sie gingen zur Burg Gundelfingen, wo durch Wachtposten bei Tag und Nacht die Feindseligkeiten der Bauern ferngehalten wurden. Als schließlich durch schlaues Vorgehen ihre erster Anführer in eine Schlinge gelockt war, ließ ihn die Obrigkeit enthaupten. Gegen die übrigen wurden Reiter des Truchsessen ausgesandt, durch deren Überfall nicht wenige umkamen. Die anderen wurden in die Flucht getrieben und nach allen Seiten zerstreut.

Geschichte

Reichenstein ist ein Prunkname der ritterlich-höfischen Zeit. Mitte des 14. Jahrhunderts wird die Burg zum Stammsitz einer Nebenlinie der Stein zu Rechtenstein. Ihre Vorgänger und Erbauer sind vermutlich Ministerialen der Grafen von Wartstein.

1. Juli 1276 Ulrich von Gundelfingen beurkundet auf Reichenstein, daß er und seine Brüder auf die Klage wegen Besitzansprüchen gegen das Kloster Salem Abstand nehmen, wenn dieses auf die Bezahlung seiner Schulden verzichtet. Als Zeugen werden u. a. Graf Eberhard von Wartstein und Anselm von Reichenstein genannt.
1290 Wolf II. vom Stein zu Reichenstein.
1303 Konrad von Reichenstein Zeuge in einer Urkunde.
1315 Ritter Burkhart vom Stein vergleicht sich mit dem Kloster Zwiefalten auf der Burg Reichenstein.
1364 Eigentum der Stein von Reichenstein.

Reichenstein

1368–1387 Eigentum des Bertholt vom Stein von Reichenstein.
1387 Walther und Konrad von Reichenstein, Brüder des Bertholt.
1394 Rudolf von Reichenstein erhält den Besitz von Württemberg als Lehen.
1446 Degenhart von Gundelfingen und Wolf vom Stein von Klingenstein verbürgen sich für Wolf vom Stein von Reichenstein gegenüber Ursula Fry wegen 600 Gulden.
1452 Wolf vom Stein zu Reichenstein Beisitzer in einer Gerichtsverhandlung in Riedlingen.
1490 Die Reichensteiner sterben aus; Übergang des Besitzes an die von Schwangau.
1492 Eigentum des Gilg von Bocksberg.
1499 Eigentum des Klosters Zwiefalten.
1525 Zerstörung der Burg.
Um 1600 Reichenstein als „ein alter Burgstall" bezeichnet.
1971/72 Instandsetzung des Bergfrieds.

1 Kernburg
2 Vorburg
3 Halsgraben
4 Bergfried
5 Palas
6 Gebäude
7 Mauerschutt
8 Talseite
9 Ökonomiegebäude
10 Von Reichenstein – Ortschaft und Lautertal

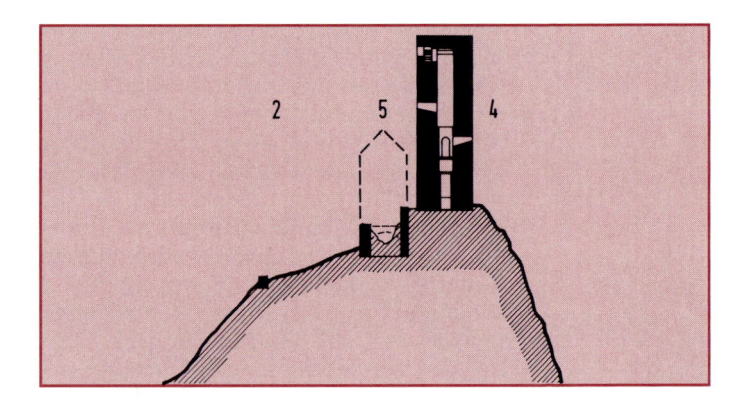

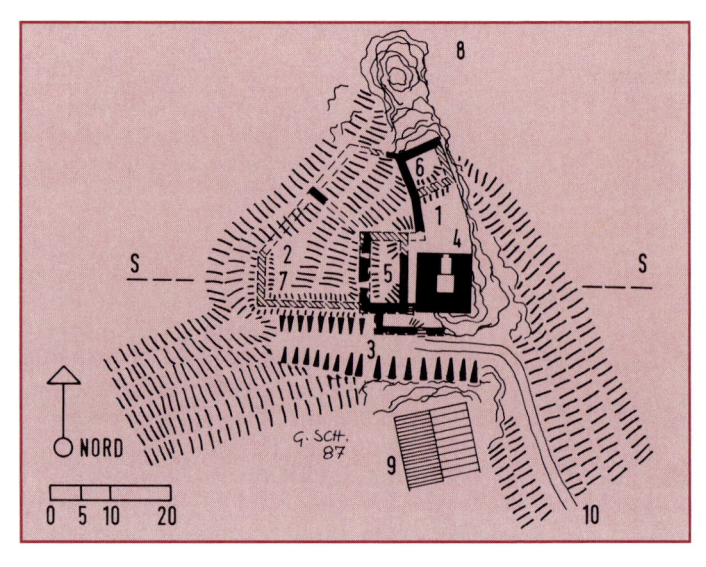

Reichenstein

Anlage

Die ehemals kleine Burg Reichenstein liegt auf einem bizarren, 40 m hohen Einzelfelsen direkt über der Lauter. Innerhalb der polygonalen Fläche von ca. 30 x 25 m scheint alles eng und gedrückt. Entsprechend schmal ist auch der Halsgraben 5–6 m tief in den Fels geschnitten. An ihm stehen auf gleicher Höhe der hochaufragende Bergfried (4) und mit einem Abstand von kaum 1,5 m der Palas (5). Reste der Außenmauern sind erhalten. Das vom Burgenforscher Koch festgestellte Kellergewölbe ist nicht mehr zu sehen. Im Anschluß daran folgte die Umfassungsmauer (Schutt) dem Halsgraben (3) und dem steilen Hang zum nordseitigen Felsen. Hier könnte ein weiteres Gebäude (6) gestanden haben. Es umfaßte mit dem Bergfried und dem Palas einen kleinen Hof, der sich zur sturmfreien Seite in Richtung Laufenmühle öffnete.

Der Bergfried von der Grabenseite mit Buckelquaderecke

Reichenstein

Bergfried

Der 20 m hohe Bergfried aus der ersten Hälfte des 13. Jahrhunderts stellt im Gegensatz zu den anderen Lautertaltürmen eine Eigenart für sich dar. Die Ecken sind bis in eine Höhe von etwa 4 m mit Quadern vermauert, die auf einer Seite glatte, auf der anderen Buckel und Randschlagbearbeitung aufweisen (siehe Zeichnung). Darüber erfolgt die Eckausbildung ausschließlich mit glatten Tuffsteinen. Dasselbe Material findet Verwendung für die Aussteifung der riesigen Wandflächen in Form von einzelnen Schichten in unterschiedlicher Abfolge.
Buckelquader: L, B, H z. B: 70 x 37 x 41, 79 x 32 x 38, 84 x 56 x 37, 82 x 33 x 40 cm, Buckelstärke 5–20 cm, Randschlag 3–4 cm.
Der Eingang des 7,86 x 7,36 m großen Bergfrieds liegt talseitig in 6 m Höhe. Aufgrund der 3 m starken Wände ist der Innenraum entsprechend klein. Den obersten Abschluß bildet unter der eingezogenen Betonabdeckung ein Tonnengewölbe. Nach außen wirkt der neue Abschluß ungünstig auf das Gesamterscheinungsbild.

Besitzer	Land Baden-Württemberg
Pläne	Grundriß und Schnitte von K. A. Koch
Alte Ansicht	Bleistiftzeichnung von A. Seyffer, 1816, Württ. Landesbibliothek Stuttgart

Literaturhinweise	– Beschreibung des Oberamts Ehingen, 1893
	– Koch, K. A.
	  Blätter des Schwäb. Albvereins, 28, 1916
	– Kunstdenkmäler Württemberg, Oberamt Ehingen, 1914
	– Memminger, Professor
	  Beschreibung des Oberamts Ehingen, 1826
	– Reichardt, Lutz
	  Ortsnamenbuch des Alb-Donau-Kreises und des Stadtkreises Ulm
	– Wais, Julius
	  Albführer, Band II, 1971
	– Weiss, Karl
	  Die Herren von Stain zu Rechtenstein gesessen in Rechtenstein und in Reichenstein, 1935

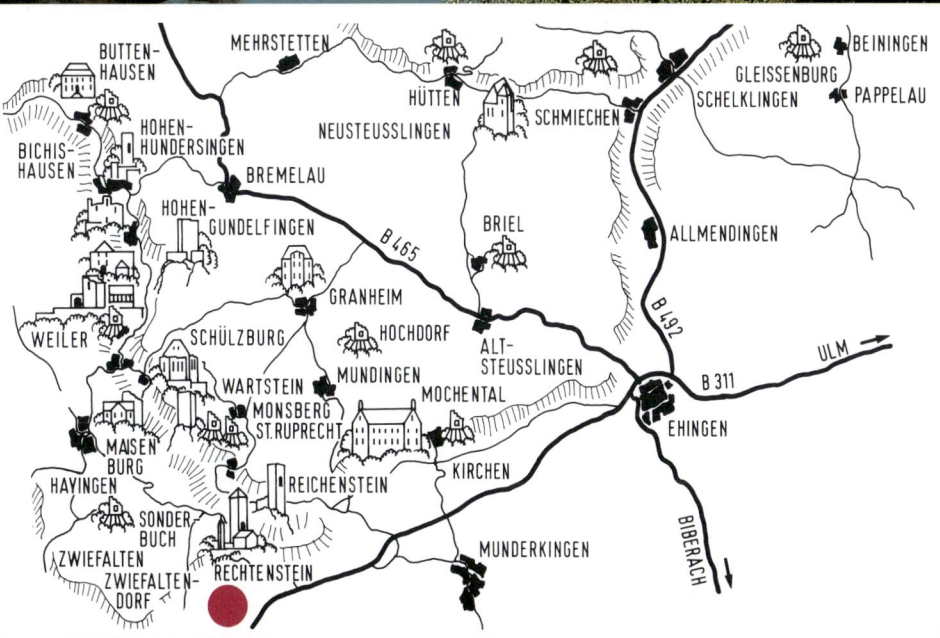

Rechtenstein

Rechtenstein

Lage	Zwischen Riedlingen und Ehingen liegt, malerisch auf steilem Felsen über der Donau, Rechtenstein. Die mittelalterliche Bebauung eng gedrängter Häuser mit schmucken Giebeln unterhalb der Ruine hat sich bis heute erhalten. Von der B 311 bei Obermarchtal nach Rechtenstein abzweigen (2,5 km), weiter Richtung Hayingen und am Ortsende kurz vor Erreichen der Hochfläche in einer Linkskurve rechts zum Wanderparkplatz „Sommerberg". Schließlich geradeaus, beschildert, noch 200 m zur Ruine. *Wandervorschlag:* Vom Wanderparkplatz Sommerberg zur Ruine, an der Kirche vorbei ins Tal absteigen und donauabwärts linksseitig über Brühlhof bis zur Lautereinmündung (AV Dreieck). Das Lautertal aufwärts über Lauterach und Laufenmühle zur Burgruine Reichenstein (siehe dort). Am Wasserbehälter vorbei zurück zum Ausgangspunkt. Rechtenstein – 3,4 km Lautermündung – 3,1 km Reichenstein – 2,3 km Rechtenstein.
Gemeinde	Rechtenstein, Alb-Donau-Kreis
Meereshöhe	Burg ca. 540 m, Donau 512 m
Besichtigung	Frei zugänglich, Schlüssel zum Turm bei Familie Dreher im Schloßhof
Einkehrmöglichkeiten	Gasthäuser in Rechtenstein

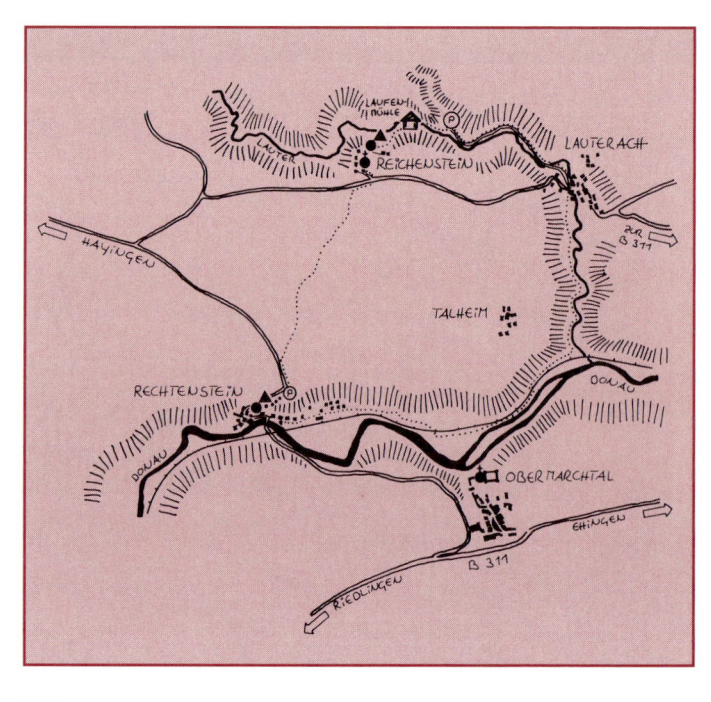

Rechtenstein

Weitere Sehenswürdigkeiten

Kirche zum Hl. Georg
„Geisterhöhle" im Burgfelsen, falls geschlossen, Schlüssel beim Wirt „Zur Brücke".

Der spätere Finanzrat Eser besucht Rechtenstein
Auszug „Aus meinem Leben", 1810

Über alles ging mir der zerklüftete überhängende Fels mit seiner domartigen Höhle gegenüber der Donaubrücke bei Rechtenstein, auf welchem damals noch das jetzt zur Ruine gewordene Schloß der Freiherrn von Stein zum Rechtenstein thronte. Der Amtsdiener, ein langer, hagerer Mann mit feuerrotem Haar, das in einem langen Zopfe über seinen Rücken hing, empfing mit seiner Frau und seinen gleichfalls mit mächtigen Zöpfen geschmückten Söhnen den alten und den jungen „gestrengen Herrn" mit tiefen Bücklingen. Die beiden jungen Leute wurden mir als Führer zur Verfügung gestellt. Anderntags wurde zunächst das alte Schloß, ein mächtiger Holzbau mit ungemein hohem, überhängendem Giebel und massigem Turme, besucht, dessen hoher Saal und dunkle Gemächer längst gänzlich verlassen, nur den Vögeln und Fledermäusen, die, aus ihrer Ruhe aufgestört, in Schwärmen umherflatterten, zur Wohnung dienten.

Geschichte

Rechtenstein ist der namengebende Stammsitz einer weit verzweigten schwäbischen Adelsfamilie. Stein, auch mit „ai" aus der schwäbischen Schreibweise, war „die Burg". Diese Bezeichnung wird seit dem 11. Jahrhundert zu einem typischen Burgennamenbildungsmittel, zuerst für Burgen auf Felsen und dann ganz allgemein. Erst im 14. Jahrhundert wird aus Stain (Stein) Rechtenstein, als das Geschlecht auf anderen Burgen saß. Es bilden sich vier Hauptlinien: Rechtenstein, Reichenstein, Niederstotzingen und Jettingen. Zu Rechtenstein gehören die Nebenlinien Emerkingen, Klingenstein und Untermarchtal.

1156 Erstmalige Erwähnung der Herren „vom Stain".
1171 Ritter Hugo vom Stain und seine Gemahlin Mathilde schenken dem Kloster Marchtal ein Söldgut in Rechtenstein mit einigen Leibeigenen.
1174 Hugo vom Stain mit Kaiser Friedrich Barbarossa in Italien. Er stirbt dort 1190.
1197 Mehrfache Erwähnung des Ortes.
1228 Rudegerus de Staine.
1296 Ritter Wolfram vom Stain beurkundet, daß der ihm eingeräumte Weinberg zu Immenroden Eigentum des Klosters Zwiefalten sei.
1315 Ritter Burkhart von Stein vergleicht sich mit dem Kloster Zwiefalten über die Nutzung eines Gutes in Aichstetten.
1342 Heinrich von Rechtenstein verkauft alle seine Güter in Dächingen an das Kloster Zwiefalten.
1345 Wolf und Swigger von Stein Bürgen in einer Urkunde.

Rechtenstein

1363 Berthold von Stein, genannt der Halbritter, Zeuge in einer Urkunde.
1366 Herzog Leopold von Österreich ernennt Konrad II. von Stein zum Landvogt von Schwaben.
1385 Walz von Stein zu Rechtenstein, Siegler in einer Urkunde.
1398 Walter von Stein zu Rechtenstein, genannt Schäferhut, verkauft Güter und den Kirchensatz von Hundersingen an Hans Felber, Altbürgermeister in Biberach.
1410 Erstmals werden zwei Burgen Rechtenstein genannt. Wolf von Stein verkauft beide an Graf Eberhard von Württemberg, der die eine an Hans von Stein und die andere an Wolf von Stein versetzt.
1446 Wolf von Stein zu Rechtenstein stirbt kinderlos. Rechtenstein geht durch Heirat seiner Schwester Elsbeth an Peter von Hohenegk.
1451 Albrecht Speth, württ. Hofmeister, Pfandherr der Burg des Hans von Stein.
1539 Bernhard von Stein zu Emerkingen gelangt durch Heirat der Erbtochter Anna von Hohenegk wieder in Besitz der Stammburg.
1558 Bernhard III. von Stein erhält vom Kaiser das Recht auf Stock und Galgen.
1630 Johann Adam von Stein zu Rechtenstein wird Präsident des Kaiserlichen Hofgerichts in Rottweil.
1686 Freiherr von Stein zu Rechtenstein, Kaiserlicher Hochgerichtspräsident stirbt in Rottweil.
1712 Tod des Franz Puppelin von Stein.
1739 Heinrich Ferdinand, letzter der Ritter von Rechtenstein, wird in der Johanneskapelle der Obermarchtaler Schloßkirche beigesetzt.
Epitaph-Inschrift:
„Hier ruht Heinrich Ferdinand, des hl. röm. Reiches Reichsfreiherr von Stain in Rechtenstein, Herr der Herrschaft Emerkingen, Unterstadion und Harthausen, gottgeweihter Soldat, der letzte seines Geschlechts, während 57 Jahren Ritter des Malteserordens, im Kampf mit den Feinden Christi und des Deutschen Reiches zu Wasser und zu Land ausgezeichnet, trotz dreimaligem Schiffbruches infolge eines der jungfräulichen Mutter gegebenen Gelöbnisses heil und unversehrt geblieben, in den letzten 3 Jahren seines Lebens erblindet." Der Besitz geht an die Gräfin von Fugger, geb. Stein, an die von Eyb, von Tänzel, von Freyberg-Öpfingen und die von Rehling.
1816/1818 Graf Cäsar Reuttner von Weyl zu Achstetten erwirbt Rechtenstein.
1817 Teile der Burg werden wegen Baufälligkeit abgebrochen.
1835 Eigentum der Fürsten von Thurn und Taxis.
1869 Verkauf an die Rechtensteiner Bürger.
1982 Instandsetzung der Ruine.

Rechtenstein

1 Hauptburg
2 Palas
3 Bergfried
4 Sog. Archivgebäude
5 Kirche
6 Ehem. Fruchtkasten
7 Ehem. Halsgraben
8 Innere Vorburg, zweite Burg?
9 Äußere Vorburg
10 Umfassungsmauer der Vorburgen
11 Ehem. Tor mit Rundtürmen
12 Ehem. Reitstall
13 Wappen in Pilasternische
14 Ehem. Pfistereigebäude
15 Stallgebäude
16 Ehem. Zehntscheuer
17 Felsen mit Mauerresten
18 Graben
19 Sommerberg
20 Straße von Hayingen

Anlage

Die Überreste der Burg und die nachmittelalterliche Bebauung bilden noch heute eine erkennbare Gesamtheit. Rechtenstein ist eine Abschnittsburg und besaß zumindest zeitweise zwei selbständige Burgen. Mit gut 200 m Länge zählt sie zu den umfangreichsten der Alb. Ihre Abschnitte bilden die mittelalterliche Kernburg am Ende des schmalen Höhensporns, die zweite angrenzende Burg und getrennte Vorburgen. Nicht weniger als vier Tore mußten bis zur Kernburg durchschritten werden. Keines ist mehr erhalten.

Rechtenstein

Burgscheuer
Vorburg

Der Fahrweg vom Parkplatz Sommerberg führt zur Vorburg mit der ehemaligen Zehnt- oder Burgscheuer (16). Sie ist 34 m lang mit steilem Satteldach, zwei prächtigen Rundbogentoren und rechts das Steinsche Wappen von 1682.

Den Beginn des Verteidigungssystems bildet südseitig ein künstlicher Graben (18) mit einem isolierten Felsen. Die wenigen Mauerreste sind vermutlich Teile eines Turmes oder wehrhaften Gebäudes zum Schutze der südlichen Burgflanke. Zugang vom Waldweg vor der Burgscheuer über den Sommerberg mit schöner Aussicht.

Der anschließende weiträumige Ökonomiehof ist vermutlich identisch mit dem Vorhof der ehemaligen zweiten Burg. Bei Grabungen konnte ein Tor (11) mit zwei flankierenden Rundtürmen sichergestellt werden. Links der ehemalige Reitstall (12), heute Ökonomiegebäude mit Wohnteil. Am Westgiebel ein vermauertes Pilasterportal mit Steinschem Wappen von 1692.

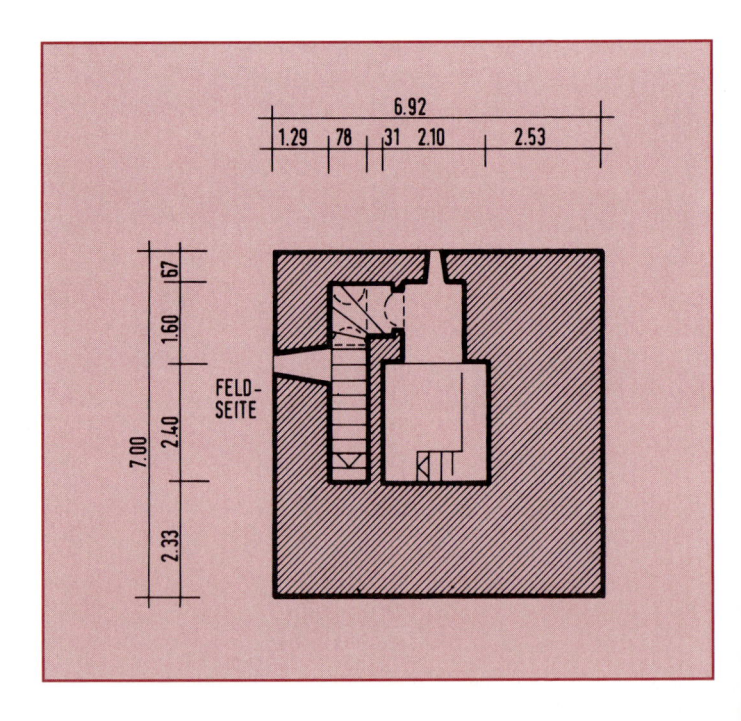

Bergfried

Man überschreitet den teilweise verfüllten Graben (7), links das sogenannte Archivgebäude von 1497 mit schmalem Durchschlupf zur Kernburg. Der einzige aufgehende Rest der ursprünglichen Burg, der Bergfried (3), bildet förmlich eine Sperre. Als Mauerwerksmerkmal weisen die Außenquader im unteren Bereich vereinzelt Buckelquader und darüber glatt bearbeitete Tuffsteine auf.

Tafel am Eingang: Willst zu leben von Händel rein, hüt dich vor Freyberg, Rechberg und Stain.

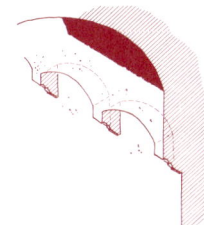

Rechtenstein

Die untere Hälfte des Turmes ist durch Veränderungen geprägt. Größere Rundbogenöffnungen wurden zur besseren Belichtung der Räume geschaffen, diese gar im Innern vergrößert. Fünf gewölbetragende Konsolen mußten geschaffen werden, um die Last des darüberliegenden Tonnengewölbes zu übernehmen. Der hochliegende Eingang wurde vermauert und die Geschoßdecken verändert. Ursprünglich geblieben ist der dritte Stock. Vom 2,10 x 2,40 m großen Innenraum führt ein Rundbogenportal in die feldseitige Außenwand. Über 15 schmale Stufen erreicht man das nächste Geschoß. Darüber liegt eine Plattform, die 1982 im Zusammenhang mit dem pyramidenförmigen Ziegeldach eingebaut wurde.

Palas

Die Öffnung des Bergfrieds nach Westen mit 6,90 m Höhe bildete zum angrenzenden Palas (2) eine Einheit. Auch die Wände sind ohne Versatz und im Verband hergestellt.

Kirche und Bergfried von Westen

Rechtenstein

Erhalten ist der tonnenüberwölbte Keller. An der Südflanke des Bergfrieds stand ein schmales, hohes Gebäude. Seine Erbauung ist im Zusammenhang mit Erweiterungsbauten und der Modernisierung zu sehen. Über einen kleinen Vorhof mit Mauerresten gelangt man zum westlichen Ende der Burg mit den Grundmauern des ehemaligen Fruchtkastens (6).

Kirche St. Georg	Unmittelbar unterhalb liegt die 1744 neu erbaute St.-Georgs-Kirche. Das Äußere mit Pilastergliederung, der Turm auf viereckigem Unterbau zum Achteck übergehend mit gedrücktem Zwiebelturm. Das Innere mit Spiegelgewölbe und spätbarocker Einrichtung. Die Stifterwappen von Stein und Freyberg.
Besitzer	Kernburg: Gemeinde Rechtenstein Landwirtschaftlich genutzte Gebäude: Privat
Pläne	Grundriß und Schnitt von K. A. Koch
Alte Ansichten	Skizze 16. Jahrhundert im Staatsarchiv Stuttgart Ölbild von E. Emminger, 1882, Museum Biberach Federzeichnung von 1890

Literaturhinweise	– Beschreibung des Oberamts Ehingen, 1893
	– Kasper, Alfons
	  Kunstwanderungen kreuz und quer der Donau, 1965
	– Knupfer, Anton
	  Die Herren von Stain zu Rechtenstein und ihre Burg, in „Festheft Rechtenstein", 1982
	– Koch, K. A.
	  Blätter des Schwäb. Albvereins, 28, 1916
	– Kunstdenkmäler Württemberg, Donaukreis I, 1914
	– Mayer
	  Blätter des Schwäb. Albvereins, 15, 1903
	– Memminger, Professor
	  Beschreibung des Oberamts Ehingen, 1826
	– Neher, Dr. Anton
	  Rechtenstein und die Herren von Stain zu Rechtenstein und Reichenstein
	– Piper, Otto
	  Blätter des Schwäb. Albvereins, 11/1899
	– Reichardt, Lutz
	  Ortsnamenbuch des Alb-Donau-Kreises und des Stadtkreises Ulm
	– Wais, Julius
	  Albführer, Band II, 1971
	– Weiss, Karl
	  Die Herren von Stein zu Rechtenstein, 1935

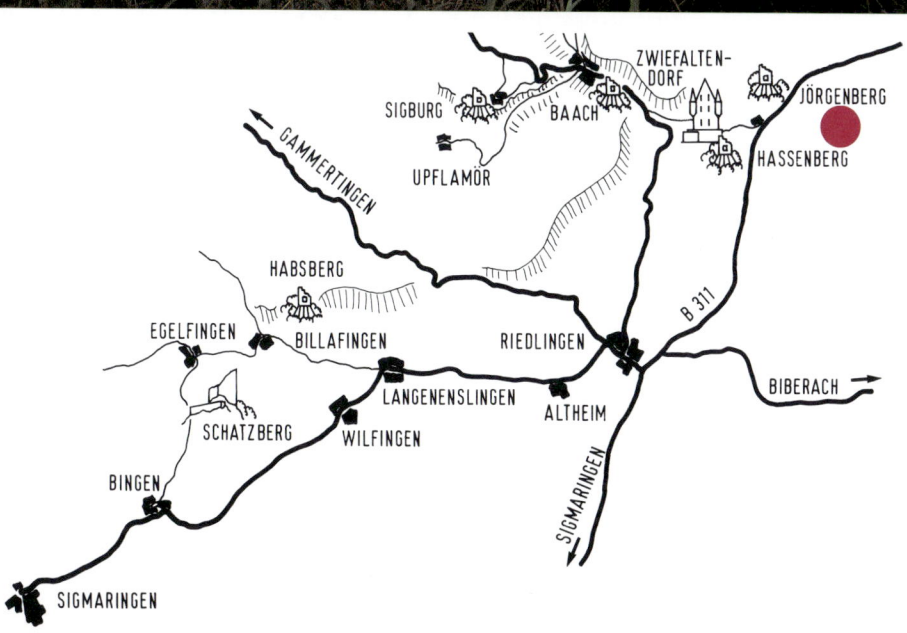

Jörgenberg

Jörgenberg

Lage	Zwischen Ehingen und Riedlingen liegt die bekannte Klosteranlage Obermarchtal. Hier durchbricht die Donau den südlichen Ausläufer des Jura. Auf einem steilen Felsen oberhalb der Einöde Mittenweiler lag die Burg Jörgenberg. Von der B 311 zwischen Obermarchtal und Datthausen in Richtung Mittenhausen abzweigen. In einer Rechtskurve führt links ein verwachsener Weg in den Wald, der nach 150 m direkt zur Burgstelle führt. Mittenhauen ist auch von Rechtenstein aus über eine schmale Straße (Abzweigung bei der Donaubrücke) erreichbar. Es empfiehlt sich, das Auto bei Mittenhausen abzustellen und die wenig befahrene Straße bis zur Einmündung des Waldweges zu gehen. Weglänge ca. 800 m.
Gemeinde	Obermarchtal, Ortsteil Mittenhausen, Alb-Donau-Kreis
Meereshöhe	Burg 573 m, Mittenhausen Donautal 519 m
Besichtigung	Frei zugänglich

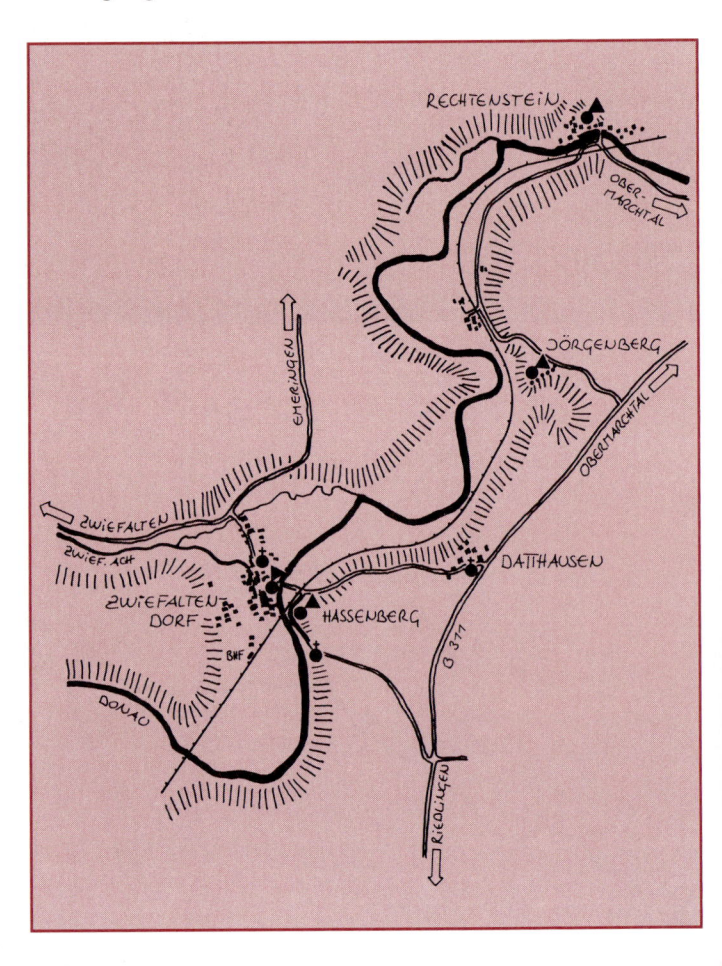

Jörgenberg

Geschichte

Mittenhausen, der Ort des Mito, war Lehen der Grafen von Berg. Jörgenberg könnte demnach als Bergsche Dienstmannenburg entstanden sein.

1243–1251 Dietrich von Jörgenberg, Propst im Kloster Obermarchtal.
1296 Eigentum des Heinrich Bosse von Zwiefalten (Zwiefaltendorf).
Bis 1370 Eigentum des Bruno von Hertenstein, Jörgenberg bereits als Burgstall bezeichnet.

1 Hauptgebäude, Palas
2 Zwinger
3 Halsgraben
4 Runder Eckturm
5 Mauerschutt
6 Hof
7 Burgfelsen
8 Talseite Donau
9 Bergseite
10 Weg von der Straße nach Mittenhausen

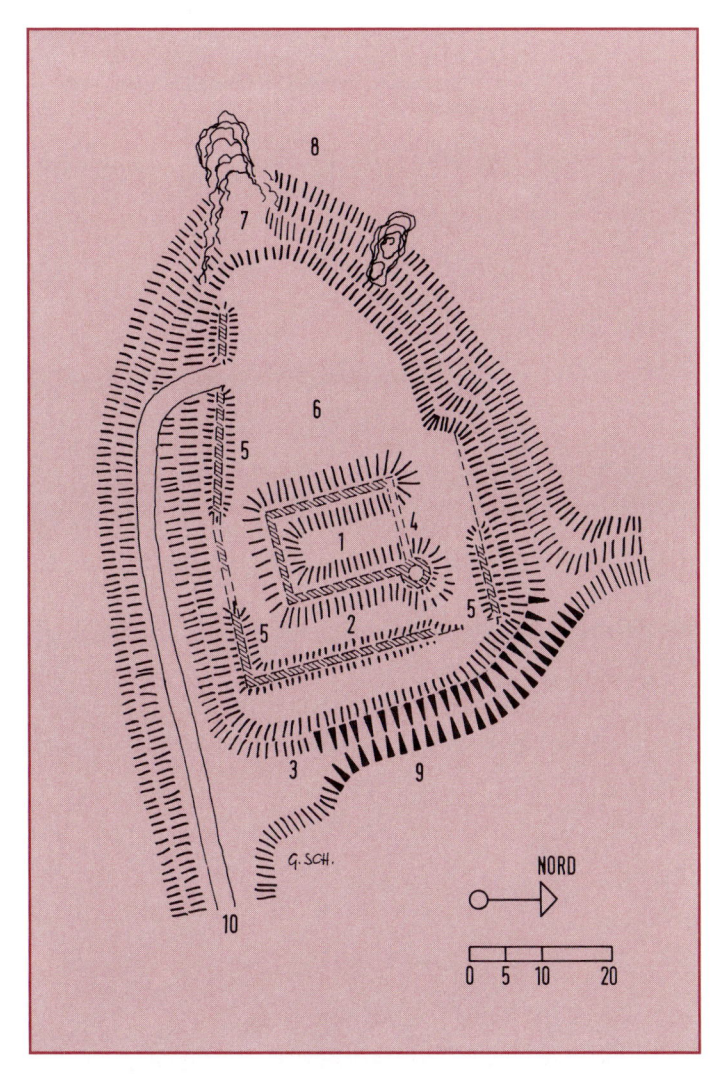

Anlage

Die Burgstelle liegt in Spornlage an der Einmündung des Hasentales in das Donautal. Ein hakenförmiger Halsgraben (3) kennzeichnet die dreiecksförmige, ca. 35 x 65 m große

Jörgenberg

Anlage. Der Weg führt an der südlichen Burgflanke vorbei zum ehemaligen Eingang. Kümmerliche Mauerreste lassen den Verlauf der Umfassungsmauer erkennen. Im östlichen Teil gewaltige, 1–4 m hohe Schutthügel des ehemaligen Palas (1) mit Rundturm. Er stand in der Mitte der Anlage und ist als Hauptbau anzusehen. Von den oberen Stockwerken bestand Sichtverbindung zu den Burgen Hassenberg und Zwiefaltendorf.

Besitzer	Stiftung Liebenau
Literaturhinweise	– Beschreibung des Oberamts Ehingen, 1893
	– Kunstdenkmäler Württemberg, Donaukreis, OA Ehingen, 1914
	– Memminger, Professor
	Beschreibung des Oberamts Ehingen, 1826

Jörgenberg am Ende eines Höhensporns von Süden

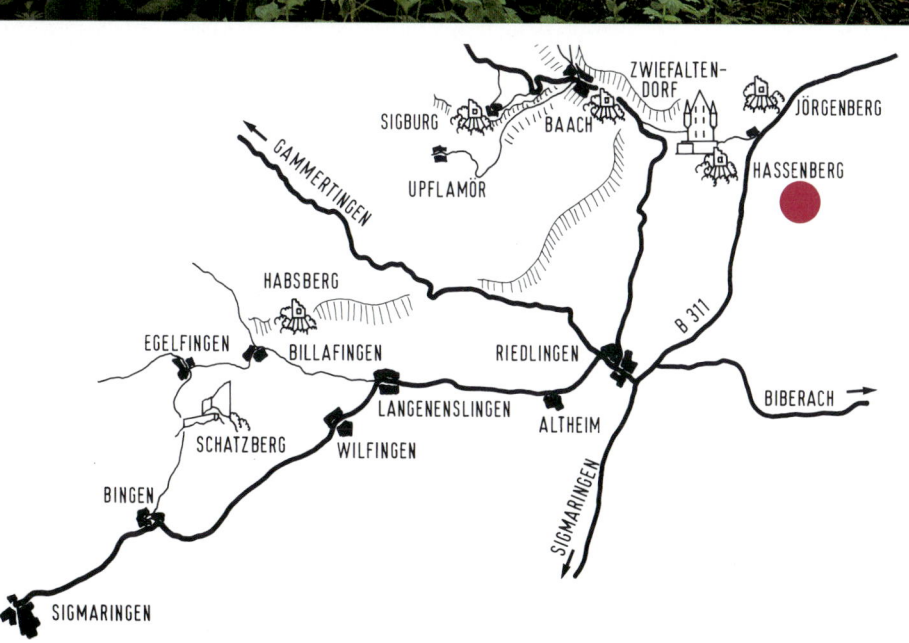

Hassenberg

Hassenberg

Lage	Zwischen Ehingen und Riedlingen durchschneidet die Donau den Südrand der Schwäbischen Alb. Es bilden sich steil abfallende Talhänge. Bei Zwiefaltendorf erhebt sich unmittelbar am südöstlichen Ortsende direkt über der Donau der Hassenberg. Von der B 311 bei Datthausen in Richtung Zwiefalten abzweigen und nach 1,5 km zur Ortschaft. An der Straßenkreuzung beim Bahnübergang den Fußweg im Wald hoch zur Burgstelle. Weglänge: Ortsmitte – 600 m Hassenberg. *Weitere Möglichkeit:* Die Straße von Zwiefaltendorf nach dem Bahnübergang rechts Richtung B 311 bis zur sogenannten Burgkapelle. Den bezeichneten Weg (AV) über der Straße nach links am Wald bis zu einem umsäumten Wiesengrundstück. An diesem entlang zur gegenüberliegenden Burgruine. Weglänge: Burgkapelle – 400 m Hassenberg.
Gemeinde	Stadt Riedlingen, Stadtteil Zwiefaltendorf, Landkreis Biberach/Riß
Meereshöhe	Burg 555 m, Donautal 515 m
Besichtigung	Frei zugänglich
Einkehrmöglichkeiten	Gasthäuser in Zwiefaltendorf

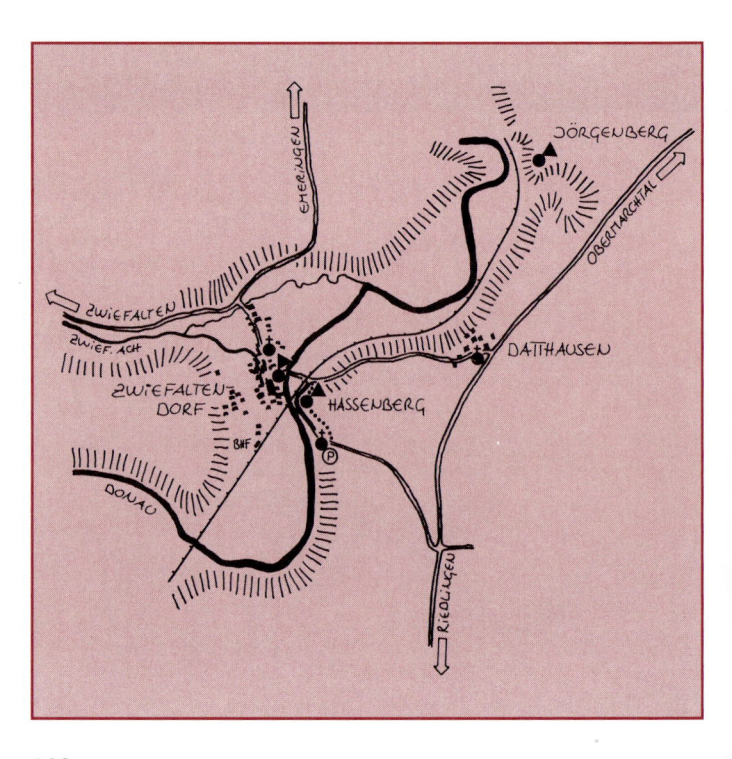

Hassenberg

Geschichte

Die Nachweise von Hassenberg, auch Hassenburg und Hassenmauer bezeichnet, sind spärlich. Ende des 13. Jahrhunderts stirbt der Ortsadel von Zwiefalten aus. Die anschließenden geschichtlichen Zusammenhänge mit der Ortsburg einerseits und der Burg auf dem Hassenberg andererseits sind nicht eindeutig.

1355 Erstmalige Ewähnung von Hassenberg im Zusammenhang mit einer Wiese zwischen Hassenberg und Bechingen.
1393 Wilhelm Johann von Stadion verkauft die Mühle in Zwiefalten und die zerfallene Burg Hassenberg an das Kloster Marchtal für 160 Pfund Heller.
1430 „Die Heiden, die gen Hassenburg gehören."
1536 Hassenmauer, Burgstall jenseits der Donau.

1 Hauptburg
2 Vorburg
3 Zwinger
4 Zugang Vorburg
5 Halsgraben
6 Palas mit Keller
7 Kellerfenster
8 Umfassungsmauer
9 Mauerschutt
10 Fußweg von der Burgkapelle
11 Aussichtspunkt und Kreuz
12 Talseite Zwiefaltendorf

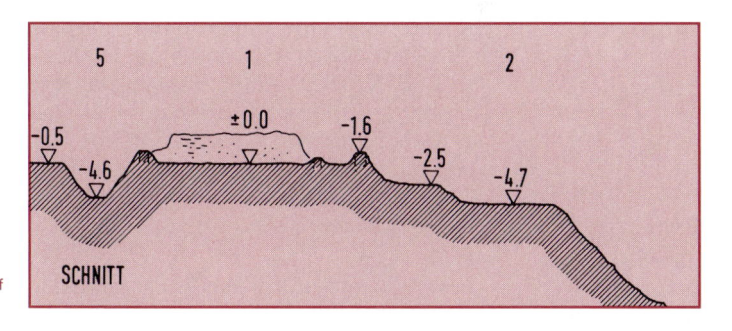

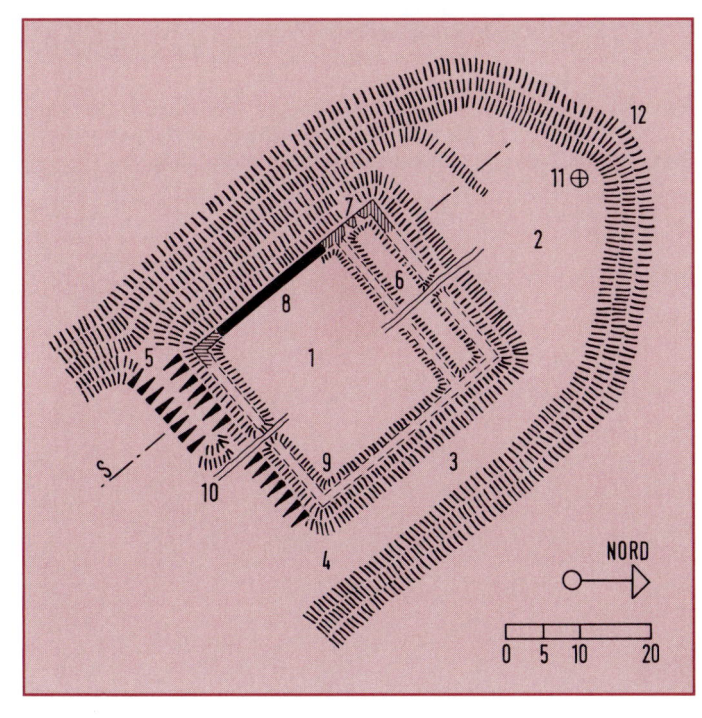

Hassenberg

Anlage

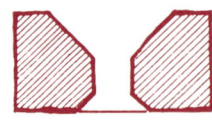

Hassenberg liegt auf einer Bergecke über der Donau, durch einen Halsgraben von der angrenzenden Hochfläche getrennt. Die Hauptburg umschließt ein Rechteck von ca. 27 x 31 m. Ihre Umfassungsmauer (8), meist in Schutthügeln erkennbar, zeigt sich am deutlichsten auf der Südwestseite mit der 3,70 m hoch aufragenden Wand. Sie besteht aus hammerrechten Kalksteinen unterschiedlicher Größe mit meist durchgehenden Lagerfugen. An der Außenseite zwei Kellerscharten (7) in Tuffsteineinfassung. Dahinter lag der Palas (6). Mit etwa 9 x 27 m nahm er die gesamte Breite der Hauptburg ein und saß mit drei Seiten an der Umfassungsmauer auf.

Der Zugang zur Burg (4) erfolgte über einen Zwinger (3), er führte zur tiefer gelegenen Vorburg (2) auf der Nordwestseite.

Burgkapelle

Die neu renovierte Burgkapelle (Marienkapelle) mit Sühnekreuz liegt 400 m südlich an der Straße von Zwiefaltendorf zur B 311. 1509 stiftet Margareta von Speth, geb. von Neipberg, 50 Pfund Gulden zum Ausbau. Außen achteckiger Dachreiter mit welscher Haube, innen Holzkassettendecke und gotisches Sterngewölbe im Chor.

Besitzer Von und zu Bodmann

Literaturhinweise
 – Ernst, Viktor
   Beschreibung des Oberamts Riedlingen, 1923
 – Memminger, Professor
   Beschreibung des Oberamts Riedlingen, 1827
 – Kasper, Alfons
   Kunstwanderungen kreuz und quer der Donau, 1965
 – Uhl, Stefan
   Burgen, Schlösser und Adelssitze im Landkreis Biberach, 1986
   Die Burgruine Hassenberg, in Heimatkundliche Blätter für den Landkreis Biberach, Heft 2, 1984

Zwiefaltendorf (Burg und Schloß)

Zwiefaltendorf

Lage	Zwischen Ehingen und Riedlingen liegt am Südrand der Schwäbischen Alb Zwiefaltendorf. Das klare Wasser der Zwiefalter Ach mündet hier in die Donau. Schon im Mittelalter wurde die günstige Situation der von Wasser umschlossenen Landzunge zum Bau einer Burg genutzt. Wenige Meter daneben erhebt sich heute das schmucke Schloß der Freiherrn von Bodman. Von der B 311 zwischen Riedlingen und Obermarchtal bei Datthausen oder von der B 312 Riedlingen–Reutlingen bei Baach (Zwiefalten) nach Zwiefaltendorf. Das Schloß liegt am südöstlichen Ortsende direkt neben der Straßenbrücke über die Donau. Die Besichtigung von Schloß und Kirche läßt sich leicht mit einer kurzen Wanderung zur Burgruine Hassenberg ergänzen (siehe dort).
Gemeinde	Stadt Riedlingen, Ortsteil Zwiefaltendorf, Landkreis Biberach/Riß
Meereshöhe	Burg und Schloß ca. 529 m, Hassenberg ca. 555 m
Besichtigung	Frei zugänglich: Umgang Schloß, Burggraben und Mauern einsehbar Nicht zugänglich: Schloßbau – privat genutzt
Einkehrmöglichkeiten	Gasthäuser in Zwiefaltendorf
Weitere Sehenswürdigkeiten	Pfarrkirche St. Michael mit zahlreichen Epitaphen Zwiefaltendorfer Höhle unter dem Gathaus „zum Rößle"

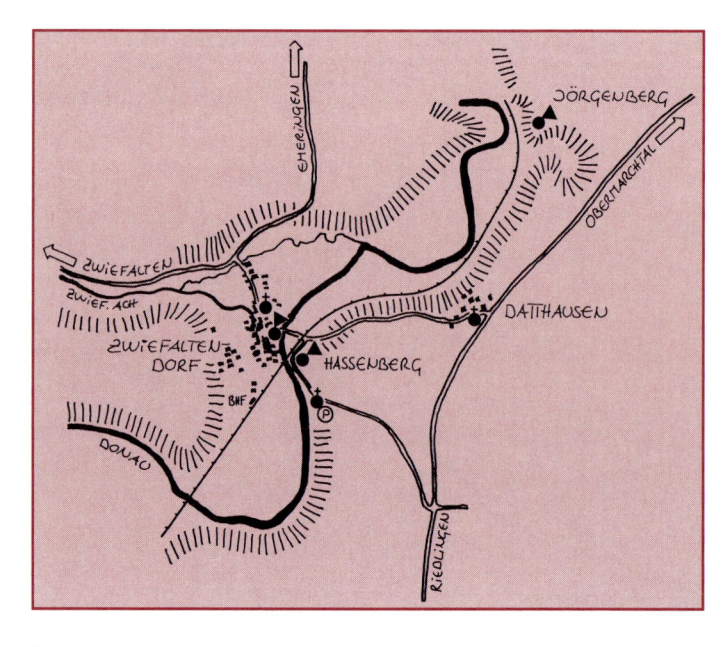

Zwiefaltendorf

Schreiben des Herzogs Eberhard vom 29. Mai 1660

Herzog Eberhard (III.) von Württemberg erteilt seinem Lehnsmann Bernhard Speth von und zu Zwiefalten zu Untermarchtal die Erlaubnis, von den zwei je zur Hälfte von Württemberg lehnbaren Schlössern zu Zwiefalten(dorf) das eine, das nicht mehr zu reparieren ist, abzubrechen, das anfallende Holz, die Ziegel und die Steine zu verkaufen und mit dem Erlös das andere Schloß und nach Möglichkeit auch das Kaufhaus und andere gemeinsame Gebäude daselbst instandzusetzen.

Geschichte der Burg

Vom Ende des 11. bis zum 13. Jahrhundert wird das staufische Dienstmannengeschlecht der Herren von Zwiefalten nachgewiesen. Ob diese oder erst die um 1200 im Ort nachgewiesenen Herren von Bossen auf der Burg saßen, bleibt unklar.

1091/1095 Dietrich von Zwiefaltendorf überträgt den Schutz des Waldes Erliloch zwischen Zwiefaltendorf und Baach Abt Roger von Zwiefalten.
Um 1129 Konrad schenkt seine Güter in Markdorf und Oberstadion dem Kloster Ochenhausen.
Um 1200 Erstmalige Erwähnung des Heinrich Bosse von Zwiefaltendorf.
1230 Dietrich von Zwiefaltendorf.
Um 1290 Das ehemals staufische Dienstmannengeschlecht stirbt mit Reinher oder Burkhard von Zwiefaltendorf aus.
1311 Einnahme der Burg durch den Grafen Ulrich von Berg zu Schelklingen.
1320 Eigentum der Grafen von Württemberg.
1441 Albrecht Speth und Klara von Ehestetten erhalten Zwiefaltendorf zunächst als württembergisches Lehen und dann als Eigentum.
1487 Ludwig Speth, Sohn des Albrecht, verkauft den Besitz an seinen Vetter Hans, Sohn des Dietrich von Berg, um 7000 rhein. Gulden.
3. April 1517 Herzog Ulrich von Württemberg läßt während seiner Auseinandersetzung mit Dietrich Speth, Neffe des Hans Speth, Burg und Ort Zwiefaltendorf niederbrennen.
1534 Dietrich Speth, Flucht nach Wien.
1536 Erwähnung der abgebrannten Burg mit Wassergraben in einem Lagerbuch.
1550 Familie Speth wieder in Besitz von Zwiefaltendorf.
Um 1600 Aufstand der Bauern in Zwiefaltendorf und Ehestetten gegen den „Tyrannen" Wilhelm Dietrich Speth; ein württembergischer Vogt übernimmt die Verwaltung.
1615 Tod des Wilhelm Dietrich Speth. Sein Sohn Ulrich stirbt 1616 und Georg Dietrich 1639, beide kinderlos. Übergang der Herrschaft an den dritten Sohn Bernhard.
1633/34 Plünderung von Zwiefaltendorf durch die Schweden unter Feldmarschall Horn.
1660 Abbruch der stark beschädigten Wasserburg.

Zwiefaltendorf

1 Schloß
2 Ehem. Wasserburg
3 Graben
4 Sog. Jägerhaus
5 Große Schloßscheuer
6 Mühle
7 Eingang Schloß
8 Tor Schloßmauer
9 Umfassungsmauer der Burg
10 Ecktürme
11 Vermauerte Öffnung
12 Öffnung
13 Vermauertes Tor ehem. Zufluß
14 Buckelquader
15 Grabenmauer
16 Zwiefalter Ach
17 Donaubrücke
18 Von Datthausen
19 Lage eines Ökonomiegebäudes

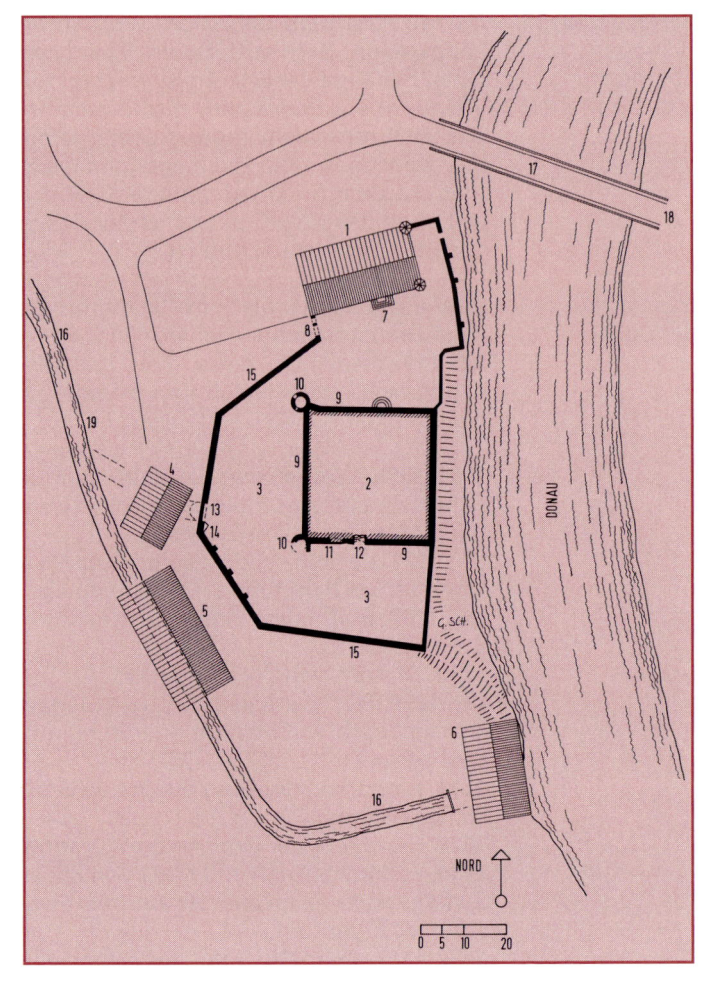

Burganlage

Die aus dem 13. Jahrhundert stammende Wasserburg (2) von Zwiefaltendorf zählte zu den bemerkenswertesten Burgen der Umgebung.

Am Zufluß der Zwiefalter Ach in die Donau errichtete der Bauherr eine fast quadratische Anlage. Die Ostseite wurde direkt an die Donau situiert, zur Westseite ein bis zu 20 m breiter, bogenförmiger Graben angelegt und diesen etwa in der Mitte durch die Zwiefalter Ach gespeist. Das Wasser konnte sich gleichermaßen um die Burg verteilen und der Donau zufließen. Die Ach mündet heute weiter südlich bei der Mühle (6) in die Donau. Sie wurde im Zusammenhang mit dem Neubau der Schloßanlage verlegt, um den Burggraben trockenzulegen.

Leider sind von der Burg nur wenige Reste geblieben. Nach dem Abbruch legte man auf dem eingeebneten Plateau den Schloßpark an. Dieser Zustand zeigt sich heute dem Besucher.

Zwiefaltendorf

Deutlich erkennbar sind die Umrisse durch die Umfassungsmauer (9) im Graben. An der Nordwest- und Südwestecke Reste von Rundtürmen mit Tuffquadern, Innendurchmesser 2,60 m mit 1,15 m Mauerstärke. Bedeutend höher ragt die Mauer des gegenüberliegenden Grabenrandes. Der ehemalige Zufluß der Zwiefalter Ach ist vermauert. Zu erkennen ist das Rundbogentor (13) direkt unterhalb des sogenannten Jägerhauses (4). An der linken Torleibung ein Wasserabweiser, 1 m vorstehend mit Buckelquadern (14) aus Tuff, (L x B x H) 45 x 38 x 35, 70 x 45 x 40 cm. Randschlag 4–5 cm, Buckel einseitig bis 10 cm grob bearbeitet. Möglicherweise in Wiederverwendung vermauert.

Geschichte des Schlosses

Es ist unklar, wann das heutige Schloß erbaut oder aus welchem Gebäude es entstanden ist. Aufgrund der Urkunde vom 29. Mai 1660 ist bekannt, daß es bereits zwei Schlösser gab. Für das eine, mit Sicherheit die Wasserburg, erhielt Bernhard Speth die Erlaubnis zum Abbruch, für das andere die Erlaubnis zur Instandsetzung.

1663 Bernhard Speth von Untermarchtal, Eigentümer des Besitzes Zwiefaltendorf, gestorben. Sein Sohn Ulrich Bernhard heiratet Maria, Freiin von Weiden.
1702 Adam Bernhard, Sohn des Ulrich Bernhard, heiratet Barbara Therese Schad von Mittelbiberach-Warthausen, Freiherr zu Untermarchtal, Zwiefaltendorf, Ehestetten und Eglingen; stirbt kinderlos. Sein Bruder Adam Josef Tiberius übernimmt den Besitz.
1713 Franz Josef Speth geboren.
1775 Johann Nepomuk Speth heiratet Wilhelmine, Gräfin von Sicking.
1785 Maximilian Speth geboren. Ab 1817 wohnhaft in Zwiefaltendorf, stirbt 1856.
1834 Anläßlich der Heirat mit Mathilde, Gräfin von Henisson-Walworth, beauftragt Maximilian den Maurermeister Moder, Weißputzmeister Leonhard Wagner aus Zwiefaltendorf und Zimmermeister Steiger aus Riedlingen mit der Umgestaltung des Schlosses.
1835 Rudolf Dietrich Heinrich Speth geboren, Gemahlin Maria Elisabeth, Gräfin von Bissingen-Nippenburg.
1878 Nach dem Tod des Rudolf Speth heiratet die Witwe Elisabeth den Freiherrn Franz von und zu Bodman. Johann Rudolf, Sohn des Franz aus erster Ehe, erhält den Besitz Zwiefaltendorf.
1905 Johann Rudolf, Freiherr von und zu Bodman, heiratet im August Josefine Köth-Wandscheid. Sie halten im September feierlichen Einzug in Zwiefaltendorf.
1926 Johann Rudolf gestorben. Sein Sohn Dr. med. Franz Freiherr von und zu Bodman, * 1909, † 1945, übernimmt den Besitz.
1982–1985 Renovierung des Schlosses.

Zwiefaltendorf

Schloßanlage
Schloßbau

Das malerisch an der Donau gelegene Schloß (1) der Freiherrn von und zu Bodman nimmt die äußere nördliche Ecke der Gesamtanlage ein. Vermutlich nicht eigenständig erbaut, sondern aus einem stattlichen Ökonomiegebäude der 1660 abgebrochenen, mittelalterlichen Burg entstanden.
Der zweigeschossige Bau auf rechteckigem Grundriß (13,50 x 24,60 m) besitzt am Ostgiebel schmucke Eckerker mit spitzen Helmdächern. Die scheinbare Axialität des Gebäudes aufgrund der Eingangssituation setzt sich im Innern nicht fort. Inwieweit die Umbauten von 1834 sich hier auswirkten, ist unklar. Das Treppenhaus führt versetzt von der Eingangshalle ins Obergeschoß. In den Erkerzimmern erhaltene Stuckdecken.

Schloßhof

Der Schloßhof wird zur Donau durch eine Mauer mit Strebepfeilern abgeschlossen. Auf der Westseite grenzt sie mit Tür und Tor an die äußere Grabenwand (15) der ehemaligen Burg an.

Sogenanntes Jägerhaus

Unmittelbar zwischen dieser und der Zwiefalter Ach liegt das sogenannte Jägerhaus (4). Möglicherweise handelt es sich um das im Schriftverkehr mit Herzog Eberhard bezeichnete zweite Schloßgebäude. Später wurde es in den landwirtschaftlichen Betrieb eingegliedert und als Melkerhaus bezeichnet. Es besitzt zwei Keller mit Tonnengewölbe und im Erdgeschoß kreuzgratüberwölbte Räume.

Schloßscheuer

Das große vorgelagerte Ökonomiegebäude (19) ist abgegangen. Die Zwiefalter Ach fließt unmittelbar hinter dem Jägerhaus vorbei und unter der Schloßscheuer (5) hindurch. Es besitzt massive Giebel mit Okuli und gequaderte Ecklisenen und Bänder.

Besitzer Von und zu Bodman

Alte Ansicht Schloß auf dem Porträt der Mathilde von Speth, um 1840

Literaturhinweise
– Beck, Otto
  Kunst und Geschichte im Landkreis Biberach, 1983
– Kasper, Alfons
  Kunstwanderungen kreuz und quer der Donau, 1965
– Oberamtsbeschreibung Riedlingen, 1825
– Oberamtsbeschreibung Riedlingen, 1923
– Sauter, Ortsvorsteher
  Stammtafel der H. von Speth und Schloß, in Jubiläumsschrift Zwiefaltendorf
– Uhl, Stefan
  Burgen, Schlösser und Adelssitze im Landkreis Biberach, 1986, Sonderheft „BC"
– Wais, Julius
  Albführer II, 1971

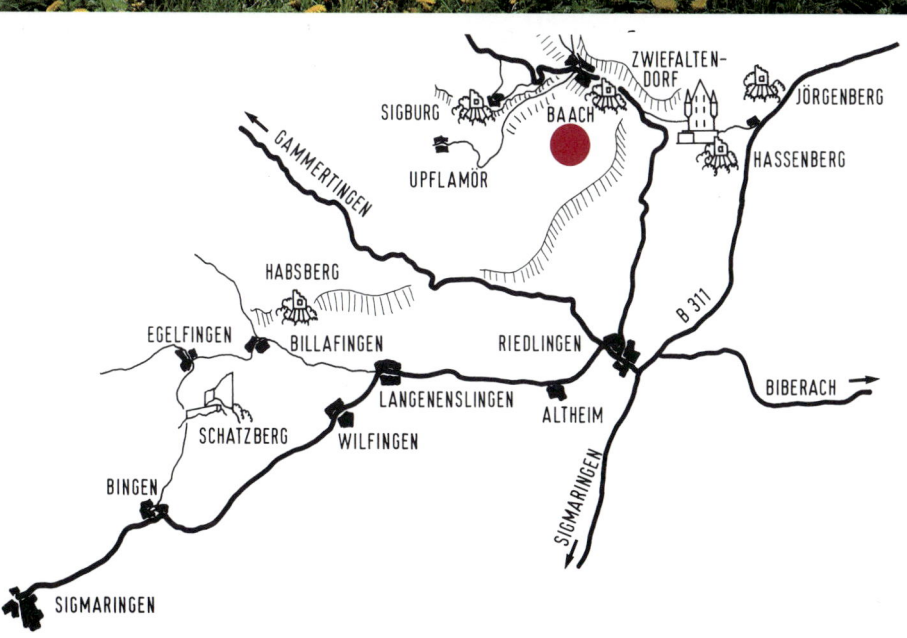

Schloßberg Baach

Schloßberg Baach

Lage	Die Bundesstraße 312 führt von Riedlingen in Richtung Reutlingen zum bekannten Klosterort Zwiefalten. Eine monumentale Schauseite und zwei hohe Türme der Kirche beherrschen das eng eingeschnittene Achtal. Einen Kilometer vor Zwiefalten liegt die bereits 1938 eingemeindete Ortschaft Baach. Am gegenüberliegenden Talhang (westlich) erhebt sich der bewaldete Schloßberg. Von Baach in Ortsmitte unter der B 312 hindurch den befestigten Weg das Tal durchqueren. Weiter geradeaus am Waldrand des Schloßberges entlang bis zum Sattel. Das Auto abstellen und nach rechts (östlich) ca. 200 m zum Halsgraben. *Wandervorschlag:* Von Baach wie oben beschrieben zur Burgstelle. Auf dem Rückweg am Sattel rechts in den Wald, den Schloßberg nordseitig abwärts ins Achtal und zurück zum Ausgangspunkt.
Gemeinde	Zwiefalten, Ortsteil Baach, Landkreis Reutlingen
Meereshöhe	Burg ca. 618 m, Achtal 528 m, Baach 535 m
Besichtigung	Frei zugänglich
Weitere Sehenswürdigkeit	Klosterkirche Zwiefalten

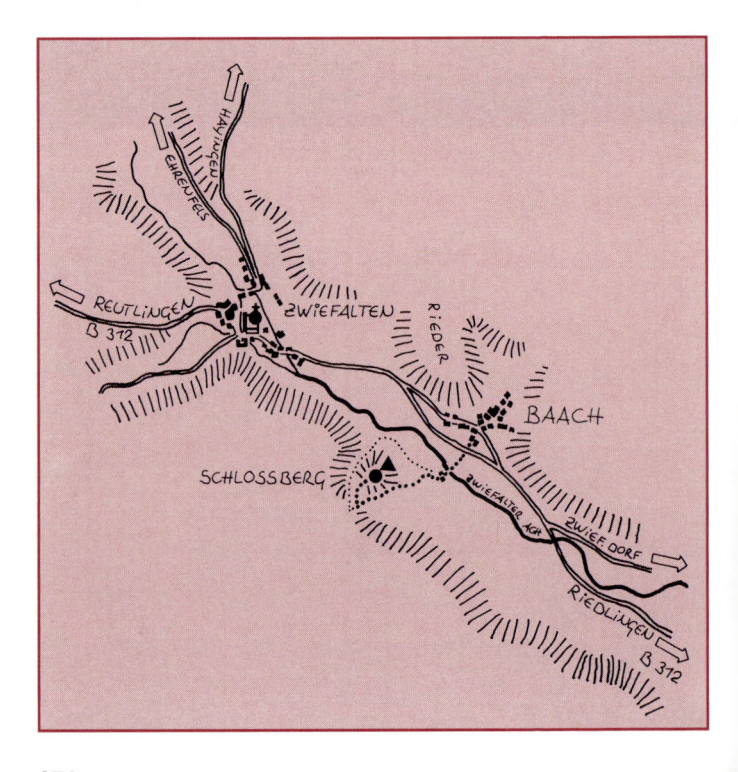

Schloßberg Baach

Geschichte

Im Mittelalter werden in Baach (Bach) zwei Burgen nachgewiesen. Der Ortsadel saß auf dem Schloßberg und die Herren von Rieder (Riedt) auf der nördlich über Baach gelegenen Anhöhe. Ihre Besitzer, Dietrich und Ludwig, sind bereits 1111 anläßlich einer Schenkung bekannt. Die genaue Lage der Burg Rieder konnte noch nicht festgestellt werden.

Um 1100 Die Siedlung Baach (Bach) wird vom Kloster Zwiefalten durch Rodung angelegt.
1188 Ulrich von Bach, erster urkundlicher Nachweis, Burgherr auf dem Schloßberg.
1297 Wesentliche Besitzungen von Baach gehen an das Kloster Zwiefalten.
1306 und 1336 Konrad von Bach in Zwiefalter Urkunden genannt.
1481 Raphan von Bach übergibt sein Gut dem Kloster Zwiefalten. Wann die Burg auf dem Schloßberg aufgegeben wurde, ist nicht bekannt.

Steinwall und Halsgraben von Südwesten

Schloßberg Baach

1 Halsgraben
2 Wall
3 Mauerschutt, Umfassungsmauer
4 Zwinger
5 Mauerschutt, Zwingermauer
6 Lage eines runden Turmes
7 Talseite

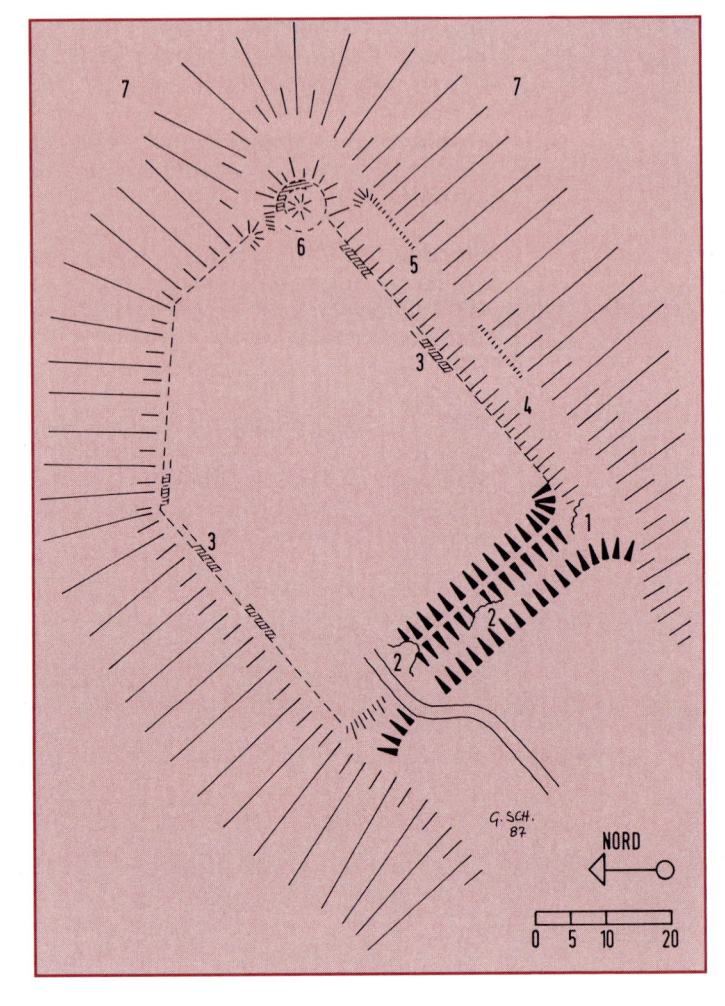

Anlage	Die ausgedehnte Anlage liegt am östlichen Ende des Schloßberges. Ihre Grundfläche von ca. 65 x 50 m entspricht einem Rechteck mit abgeschnittener Ecke. Der Verlauf der Umfassungsmauer (3) ist durch Mauerschutt und Geländespuren erkennbar. In der äußersten Ecke zum Tal ist ein Turm (6) anzunehmen (Mulde). Auf der angrenzenden, flach abfallenden Südseite befand sich ein etwa 6 m breiter Zwinger (4), der an den Halsgraben (1) anschloß.
Besitzer	Privat (ehemalige Holzgerechtigkeit vom Kloster)

Literaturhinweise	– Ernst, V.
	  Beschreibung des Oberamts Münsingen, 1912
	– Heimatbuch der Gemeinde Zwiefalten, 1982
	– Kasper, Alfons
	  Kunstwanderungen kreuz und quer der Donau, 1965
	– Memminger, Professor
	  Beschreibung des Oberamts Münsingen, 1825

Sigeberg (Sigburg)

Sigeberg (Sigburg)

Lage	Wenige Kilometer westlich von Zwiefalten liegt auf einem exponierten Höhenrücken Upflamör. Die weiten, freien Berghänge enden am Friedinger Tal, Katzensteige und Geisinger Tal. Hier erhob sich auf steilem Felsen einst die Burg Sigeberg. Von Zwiefalten Richtung Upflamör. Nach ca. 3,3 km hinter der Straßenkreuzung Mörsingen/Hochberg am Parkplatz „Tanzplatz" bei der Einmündung des Geisinger Tales parken. Das felsengesäumte Tal aufwärts (AV Raute) bis zur Einmündung des Weges von Hochberg am Waldteil Sigburg. Unmittelbar links führt ein im Sommer meist verwachsener Weg zur Burgstelle. Parkplatz „Tanzplatz" – 1,6 km Burgstelle.
Gemeinde	Zwiefalten, Ortsteil Upflamör, Landkreis Reutlingen
Meereshöhe	Burg ca. 655 m, Geisinger Tal ca. 620 m, Upflamör 760 m
Besichtigung	Frei zugänglich
Weitere Sehenswürdigkeit	Große Heuneburg am Friedinger Tal, keltische Fliehburg
Geschichte	Sigeberg wird als Gründung des Siegfrieds, des zweiten Sohnes von Graf Marquard von Altshausen, angesehen. Die in der Folge genannten Herren von Sattel zu Sigeberg besaßen die Burg als Ministerialen.

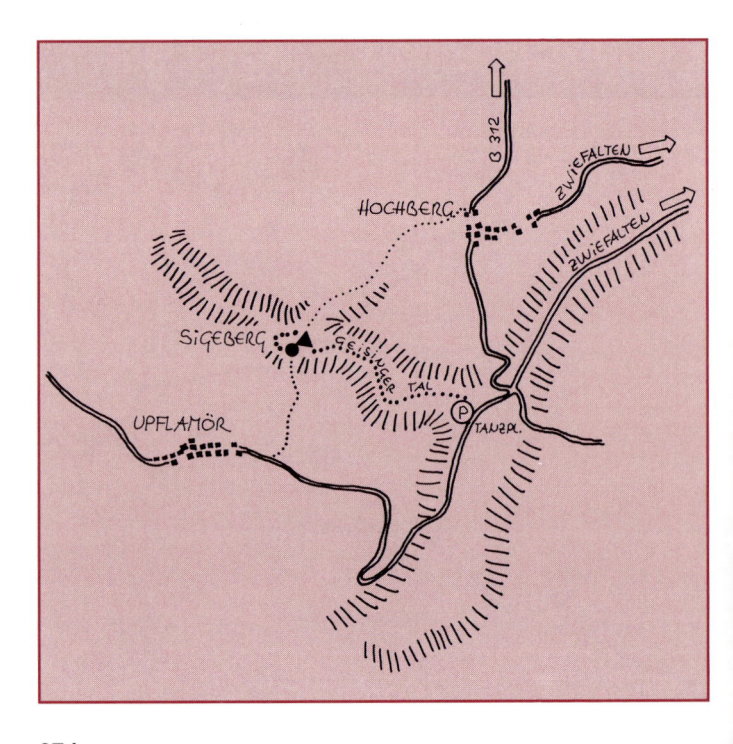

Sigeberg (Sigburg)

Sulgers Hinweis auf die Zerstörung der Burg durch die Ulmer 1381 beruht vermutlich auf einer Annahme, nachdem Sigeberg bereits 1350 als Burgstall bezeichnet wird.
Ob eine Beziehung zu den in der Chronik der Grafen von Zimmern aufgeführten Brüder Berno und Arnoldt von Siegburg besteht, ist unklar. Berno nennt sich von Siegburg zu Haigerloch.

1210–1246 Werner von Sigeberg.
1265 Siegfried von Sigeberg, Ministeriale von Reichenau.
1287 Die Brüder Kraft und Peter nennen sich „Sattel von Sigeberg".
1301 Walter von Sigeberg als Riedlinger Bürger bezeichnet.

1 Kernburg
2 Abschnittsgraben
3 Vorburg
4 Halsgraben
5 Möglicher Wirtschaftshof
6 Wall
7 Graben
8 Geisinger Tal
9 Von Upflamör
10 Von Hochberg

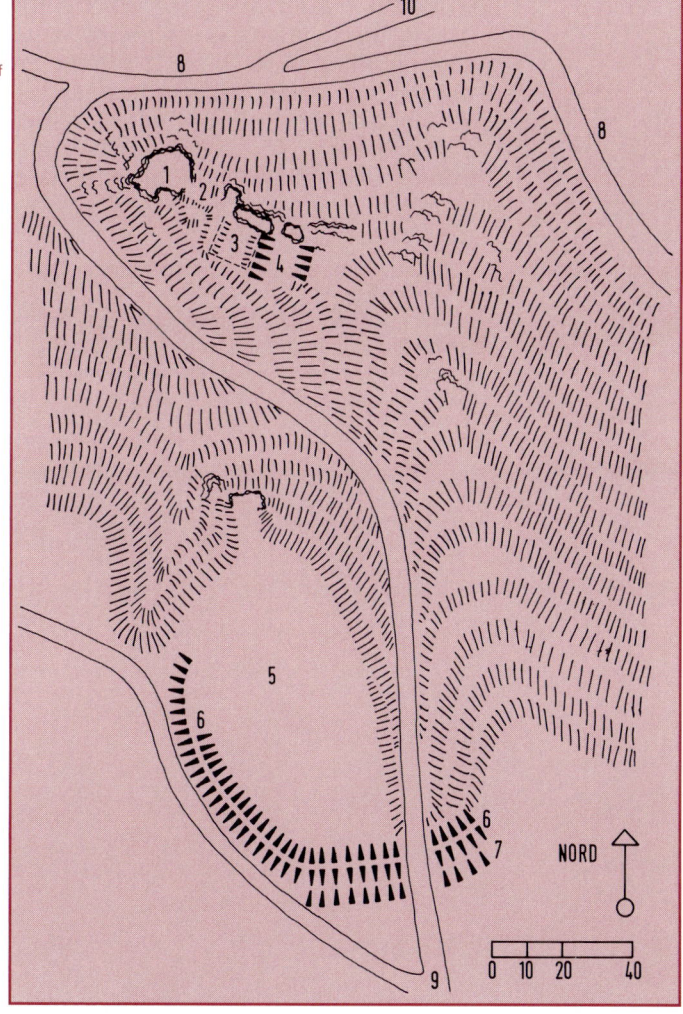

Sigeberg (Sigburg)

1311 Die Grafen von Veringen verkaufen die Burg mit Upflamör, Elnhausen und Weschlinshülbe für 540 Pfund Heller an das Kloster Zwiefalten.
1350 Vogtei und Gericht zu Upflamör und Dürrenwaldstetten Zubehör des „Burgstalls" Sigeberg.

Anlage	Sigeberg besteht aus zwei Anlagen: Die am Ende eines gratigen, flachabfallenden Sporns gelegene Burg und die höher gelegene Vorbefestigung am Talrand.
Vorbefestigung	Der im Süden und Westen bogenförmig angelegte Wall (6) und Graben (7) kennzeichnet die Anlage. Sie umfaßte vermutlich den ausgelagerten Wirtschaftshof der Burg auf einer Fläche von ca. 90 x 55 m.
Hauptburg	Unterhalb der talseitigen Hangkante lag auf einem fast isolierten Felsen die eigentliche Burg. Sie gliedert sich durch Abschnittsgräben getrennt in Vorburg (3) ca. 14 x 15 m und Kernburg (1) ca. 13 x 14 m. Ein festes Haus oder ein turmartiges Gebäude ist denkbar.
	In den zerklüfteten Felsen der einsamen Burgstelle haben sich zahlreiche Füchse eingenistet, die aus ihren Bauten immer wieder Ziegel- und Tonscherben zutage fördern.
Besitzer	Land Baden-Württemberg
Literaturhinweise	– Beschreibung des Oberamts Riedlingen, 1923
	– Manz, Gerhard
	Upflamör und Sigeberg, in Heimatbuch Zwiefalten, 1982
	– Memminger, Professor
	Beschreibung des Oberamts Riedlingen, 1827

Schloßberg (Sonderbuch)

Schloßberg (Sonderbuch)

Lage	Zwischen Hayingen und Zwiefalten liegt Sonderbuch. Am Ortsende in Richtung Oberwilzingen die Straße nach rechts verlassen. Innerhalb eines Wiesengrundstückes liegt im freien Gelände am Beginn des Rentales die Burgstelle.

Wandervorschlag:
Von Zwiefalten an der Straße nach Sonderbuch das Rental aufwärts bis zur Burgstelle (beschildert AV Dreiblock). An der Kirche vorbei in Richtung Westen über den Sonderbucher Berg zur Wimsener Höhle und das Ach-Tal zurück zum Ausgangspunkt. Weglänge: Zwiefalten – 3,2 km Sonderbuch – 3,4 km Wimsen – 3,1 km Zwiefalten.

Gemeinde	Zwiefalten, Ortsteil Sonderbuch, Landkreis Reutlingen
Meereshöhe	Burg ca. 675 m
Besichtigung	Frei zugänglich

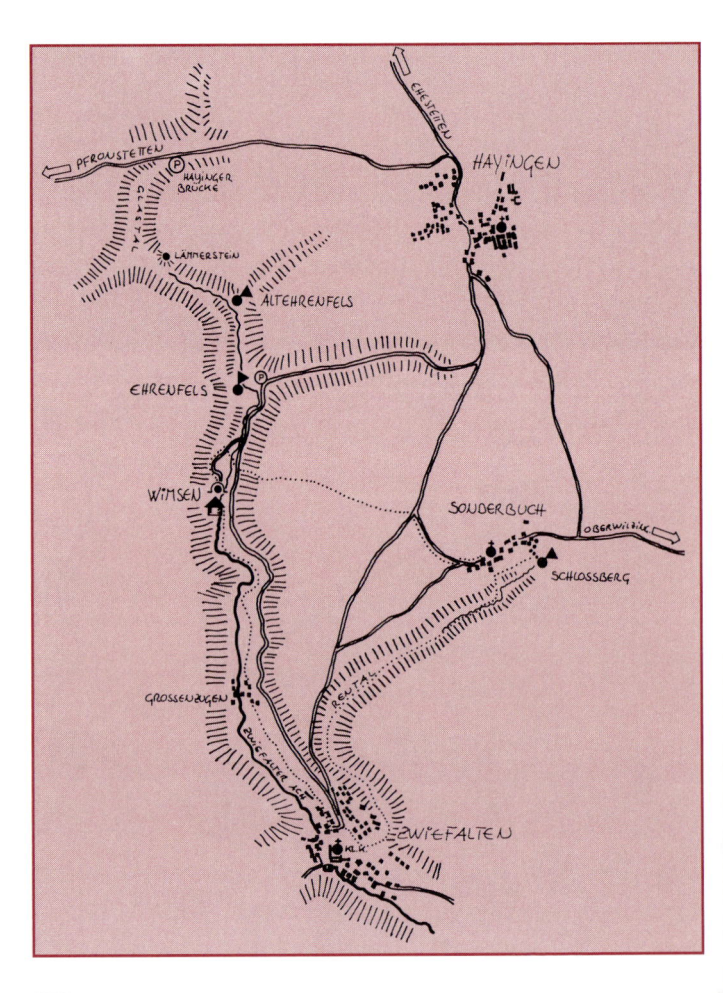

Schloßberg (Sonderbuch)

Geschichte

Der sogenannte Schloßberg am Ortsrand ist zu den Turmhügelburgen des 11. und 12. Jahrhunderts zu zählen. Hier hatte der Ortsadel seinen Stammsitz. Nachdem die Nachweise sich auf das 12. Jahrhundert beschränken, ist die Burg vermutlich schon bald aufgegeben worden. Bereits um 1300 treten die Gundelfinger auf. Die Ortschaft Sonderbuch – Sunderbuch – Sundirinbouch – der südliche Buchenwald – ist bis 1432 Zubehör der Burg Ehrenfels.

1100 Erstmalige Erwähnung Sonderbuchs, von Hayingen aus gegründet und benannt.
1132 Ulrich und Rupert von Sonderbuch schenken dem Kloster Zwiefalten einen Wald bei Wimpfen, „Maisenhart" genannt, ihre Schwester Mechthilde von Dürmentingen Güter zu „Stainkart" und Luitgart einen halben Hof bei Upflamör.

1 Burghügel
2 Graben
3 Brunnen
4 Weg von Sonderbuch

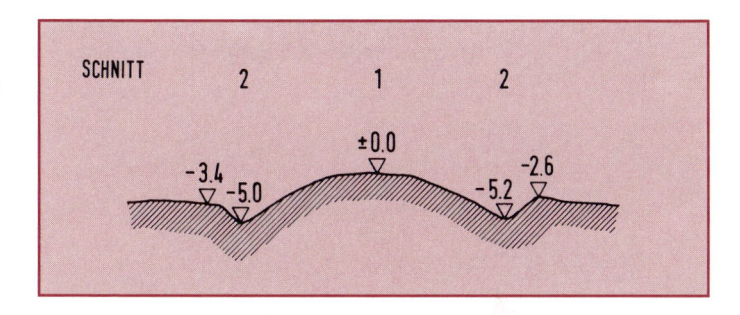

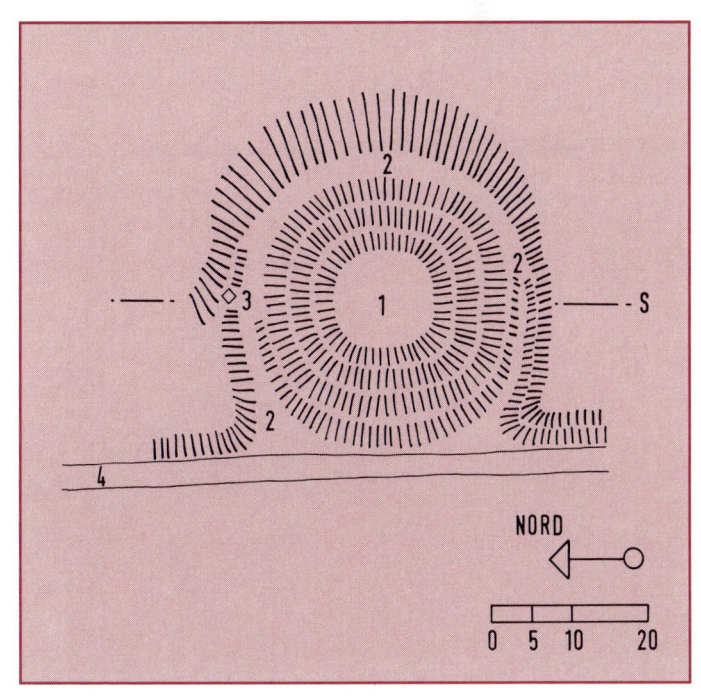

Schloßberg (Sonderbuch)

Anlage

Der sogenannte Schloßberg liegt an einem von Ost nach West leicht abfallenden Hang am Beginn des Rentales. Die Geländespuren – Burghügel, Graben- und Wallreste – kennzeichnen eine Turmhügelburg. Das umliegende Gelände ist südseitig 2,5 und nordseitig 3,5 m unter dem Niveau der ca. 11 x 12 m großen, fast kreisrunden Oberfläche. Dies war gerade ausreichend für einen Turm, ein kleineres Holzgebäude und die Umwehrung – vielleicht mehr eine Abgrenzung mit Palisaden. Der flache, keilförmig eingeschnittene Graben umzieht den Hügel noch auf drei Seiten; im Norden ist dieser durch das Anlegen einer Brunnenstube teilweise und im Süden durch einen befestigten Feldweg völlig verebnet.

Besitzer Privat

Literaturhinweise
- Beschreibung des Oberamts Ehingen, 1893
- Heimatbuch der Gemeinde Zwiefalten, 1982
- Memminger, Professor
  Beschreibung des Oberamts Ehingen, 1826

Versuch einer rekonstruktiven Darstellung der Turmhügelburg auf dem Schloßberg von G. Schmitt

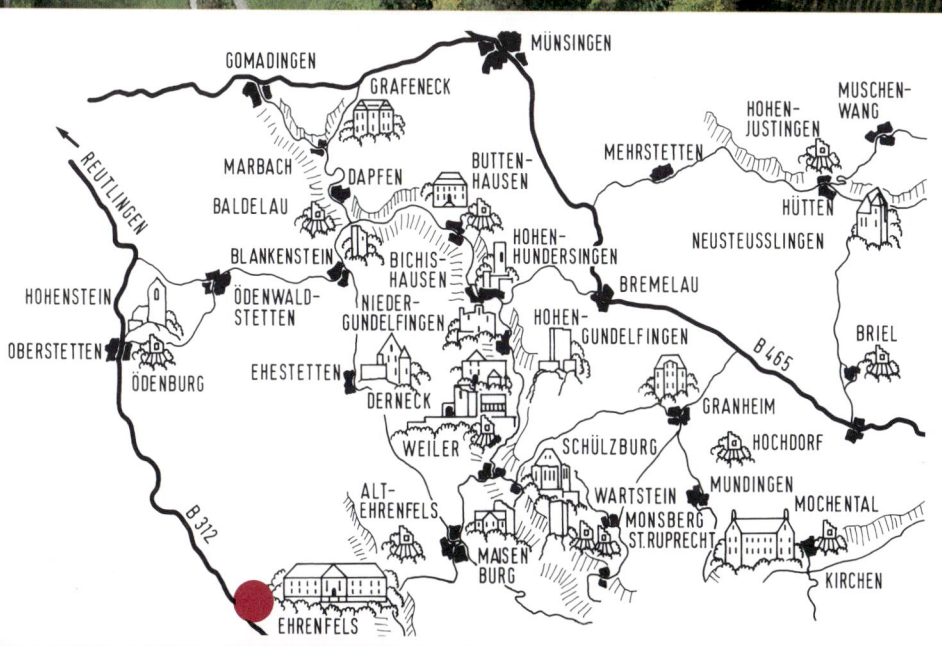

Ehrenfels (Neuehrenfels)

Ehrenfels (Neuehrenfels)

Lage | Zwischen Hayingen und Zwiefalten findet der Alb-Besucher mit Wimsener Höhle und Glastal eines der reizvollsten Gebiete. An der Einmündung des Werfentales liegt auf einer breiten Hangterrasse das Schloß Ehrenfels. Es ist direkt von der Straße aus erreichbar.

Wandervorschlag:
Vom Parkplatz bei der Wimsener Höhle (Friedrichshöhle) das Tal aufwärts nach Ehrenfels. Am Schloß links vorbei Richtung Hayinger Brücke (AV Dreieck). Nach Erreichen des Glastales dieses abwärts an Altehrenfels vorbei (Aufstieg 5 Minuten) zum Schloß und weiter zum Ausgangspunkt zurück.
Weglänge: Wimsener Höhle – 0,9 km Ehrenfels – 1,3 km Glastal – 1,6 km Ehrenfels – 0,9 km Wimsener Höhle.
Weitere Wandermöglichkeit siehe Altehrenfels.

Gemeinde | Stadt Hayingen, Landkreis Reutlingen

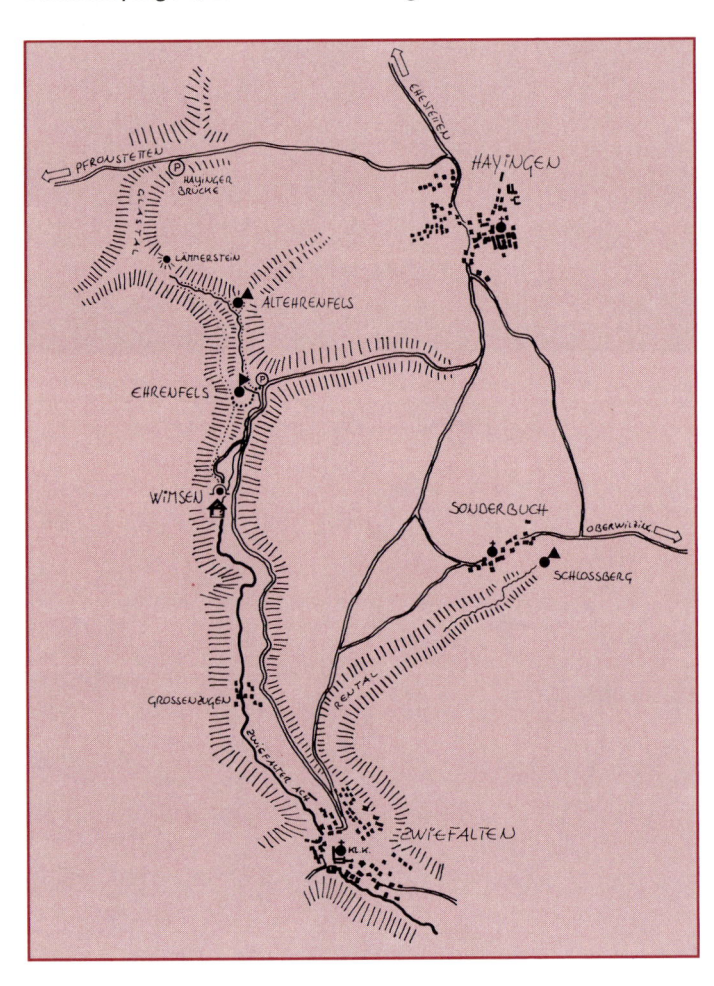

Ehrenfels (Neuehrenfels)

Meereshöhe	Schloß ca. 590 m, Glastal 570 m
Besichtigung	Schloßgebäude und Park nicht zugänglich
Einkehrmöglichkeit	Gasthof „Friedrichshöhle" (Wimsen)
Weitere Sehenswürdigkeit	Wimsener Höhle (Friedrichshöhle)
Philipp Christian Friedrich Graf von Normann-Ehrenfels	Bedeutendster und fähigster Minister des württembergischen Königs Friedrich. Durch seine antiständische Gesinnung und seine Tüchtigkeit bei der Organisation der Volksbewaffnung war der preußische Offizierssohn dem Kurfürsten aufgefallen. Nach dem Tode seines Freundes Zeppelin wurde er engster Berater. Bereits 1801 in den Gesprächen über die Entschädigungen für die linksrheinischen Territorialverluste des Hauses Württemberg bestand er seine erste Bewährung. Seinem Verhandlungsgeschick mit Napoleon und Talleyrand 1805 war es schließlich zu verdanken, daß Friedrich König wurde. Aber nicht nur als Diplomat stellte Normann seine Fähigkeiten unter Beweis, er prägte auch im wesentlichen den Aufbau der Verwaltung Neu-Württembergs.
	1756 als Sohn eines preußischen Offiziers geboren. **1772 bis 1778** Absolvierung der Hohen Karlsschule. **1782** Dozent für Rechtswissenschaft an der Karlsschule. **1791** Hofgerichtspräsident. **1800** Aufstieg in den Geheimen Rat. **1802 bis 1812** Staatsminister, zunächst für die neuen Lande, später für den Gesamtstaat. **1803 bis 1805** Präsident der Ellwanger Oberlandesregierung. **1806** Erhebung in den württembergischen Grafenstand. **1806 bis 1812** Chef des Departements des Innern. **1807** Chef des Departements der auswärtigen Angelegenheiten. **1838** gestorben.
Geschichte	Nahe von Ehrenfels lag vermutlich die Ortschaft Wimsheim (um 1100 „Wiminisheim", 1329 „Wimsheim" und 1429 „Wymbhaim"). Um 1430 bestanden noch zwei Höfe, aus denen vermutlich ein in Urkunden genannter Maierhof hervorging. An seiner Stelle liegt heute das Schloß. **1735 bis 1740** Abt Augustin Stegmüller aus Zwiefalten läßt „Neuehrenfels" als Sommersitz erbauen. **1744 bis 1765** Fertigstellung von Ehrenfels unter Abt Benedikt aus Zwiefalten. **1803** Eigentum des Herzogs Friedrich II. von Württemberg (1803 Kurfürst, 1806 König).

Ehrenfels (Neuehrenfels)

23. Juli 1803 Kurfürst Friedrich schenkt seinem Staatsminister Philipp Christian Friedrich von Normann für besondere Verdienste Schloß Ehrenfels mit dem Gut Maßhalderbuch und die Wimsener Mühle, dazu 600 Jauchert Wald samt kleiner Jagd mit allen Rechten wie die früheren Inhaber, insbesondere Patrimonialgerichtsbarkeit, Zehntrechten, Frondiensten, Weiderechten, Bannrecht der Mühle, Fisch- und Krebsfang.

1822 Graf Karl Friedrich Lebrecht von Normann-Ehrenfels, Sohn des Philipp, Führer des europäischen Philhellenen-Bataillons im Befreiungskrieg in Griechenland.

1 Schloßhof
2 Hauptbau
3 Ehem. Schloßtor
4 Portal zum Hauptbau
5 Schloßkapelle
6 Ehem. Handwerkerbau
7 Stallungen
8 Scheune
9 Schloßpark
10 Backhaus
11 Ruine der ehem. Mahlmühle
12 Glastal
13 Zur Straße Hayingen–Zwiefalten
14 Von Wimsen
15 Vom Glastal/Hayinger Brücke

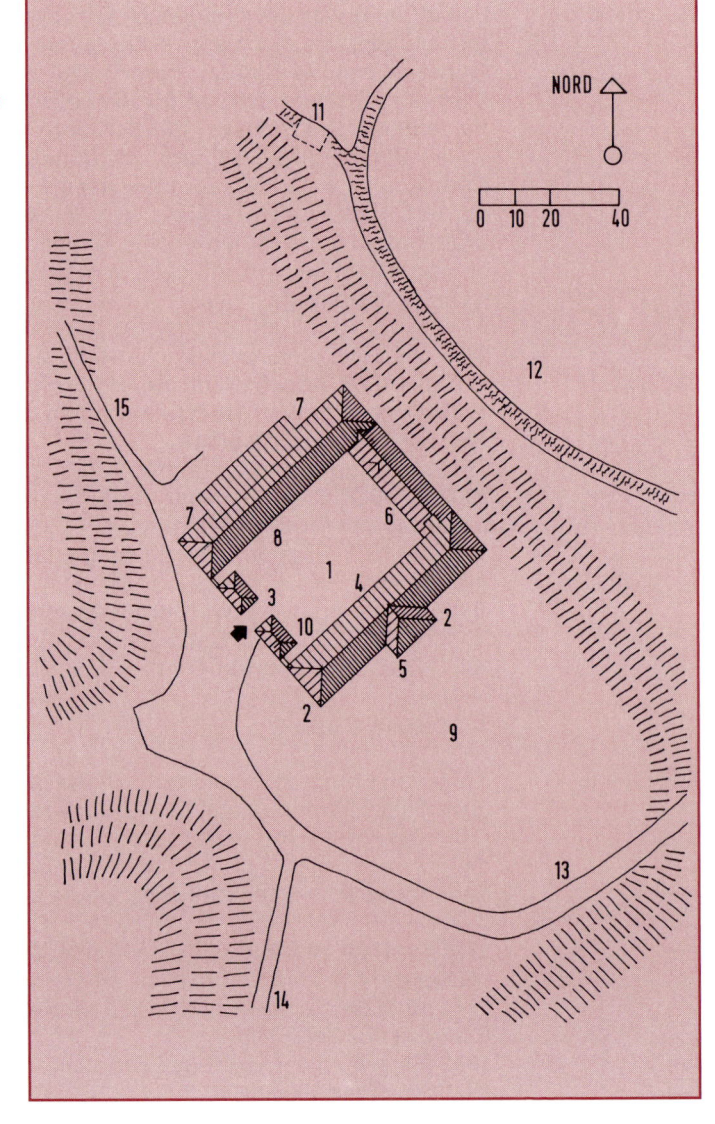

Ehrenfels (Neuehrenfels)

Anlage Schloß Ehrenfels, als Vierflügelanlage erbaut, steht auf einer breiten Geländeterrasse in Talhanglage. Der Name wurde von der bereits 1516 abgebrochenen Burg wenig oberhalb im Glastal übernommen. Die Fassade wirkt streng, axial, fast archaisch – ganz der Architektur gewidmet, wenig der barocken Pracht.

1 Schloßhof
2 Hauptbau
3 Ehem. Schloßtor
4 Portal zum Hauptbau
5 Schloßkapelle
6 Ehem. Handwerkerräume
7 Stallungen
8 Scheune
9 Schloßpark
10 Backhaus

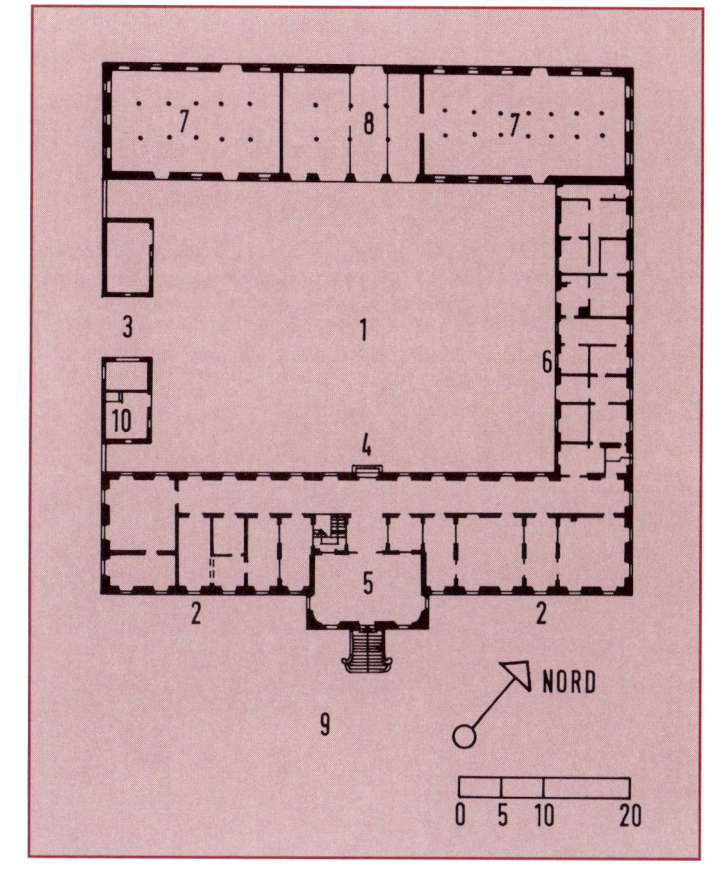

Schloßhof Um den rechteckigen, ca. 32 x 46 m großen Schloßhof (1) gruppieren sich Gebäude unterschiedlicher Höhe und Breite. Unberücksichtigt dessen schließen die Fassaden außenseitig jeweils bündig ab. Im Südwesten zwei eingeschossige, kleine Gebäude mit Walmdach, rechts das Backhaus (10). Gegenüber das ehemalige Handwerkerhaus (6), ein Verbindungsgebäude zwischen großer Scheuer (7 + 8) und Schloßbau.

285

Ehrenfels (Neuehrenfels)

Hauptbau	Der zweigeschossige Hauptbau (2) mit Walmdach besitzt zur Südostseite einen risalitartigen Gebäudevorsprung. Große, über zwei Geschosse reichende Fenster kennzeichnen die dahinter liegende Schloßkapelle (5). Eine steile Freitreppe führt in den mit großen Bäumen bestandenen Park. Im Schloßhof das Pilasterportal zum Hauptbau mit gedrücktem Rundbogen und Wappen des Bauherrn. Dahinter ein breiter Flur mit Treppenhaus und direktem Zugang zur Kapelle. Beachtenswert die riesige, kreuzgratüberwölbte Untergeschoßhalle mit 66 m Länge.
Besitzer	Von Ravensburg-Göler
Plan	Grundriß in KDW, 1926
Alte Ansichten	Abbildung in Morgenblatt für die gebildeten Stände, 1809 Schwäbische Heimat, 1969

Literaturhinweise	– Baden und Württemberg im Zeitalter Napoleons – Katalog zur Ausstellung Graf von Normann-Ehrenfels, 1987
	– Ernst, V.
	  Beschreibung des Oberamts Münsingen, 1912
	– Kasper, Alfons
	  Kunstwanderungen kreuz und quer der Donau, 1965
	– Kunst- und Altertumsdenkmale in Württemberg, Oberamt Münsingen, 1926
	– Memminger, Professor
	  Beschreibung des Oberamts Münsingen, 1826
	– Wais, Julius
	  Albführer, Band II, 1971

Südostseite des Hauptbaues mit Schloßkapelle

Alt-Ehrenfels (Ehrenfels)

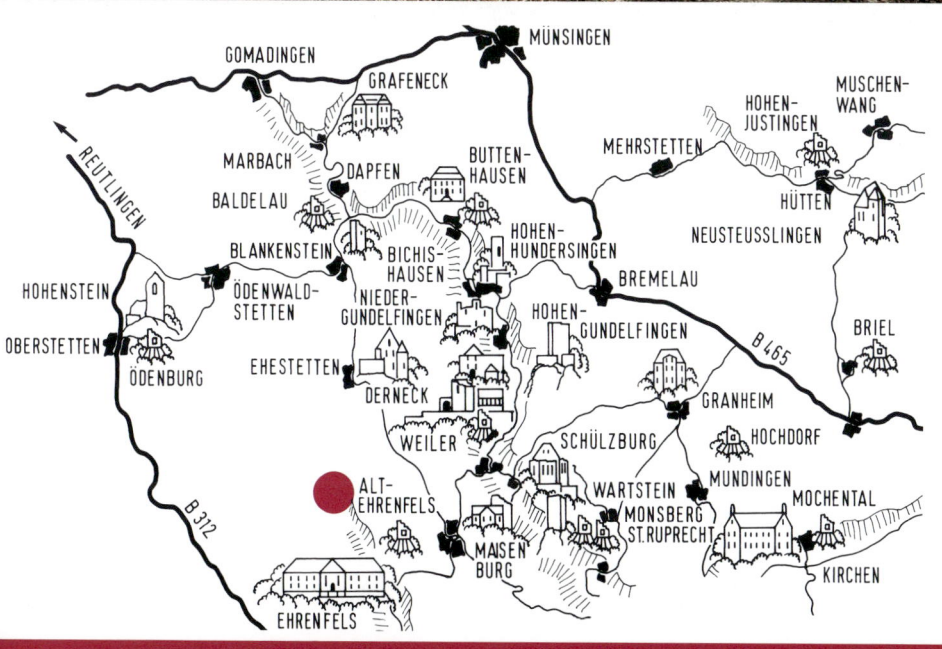

Alt-Ehrenfels (Ehrenfels)

Lage Östlich von Hayingen beginnt bei der „Hayinger Brücke" an der Straße nach Aichstetten das Glastal. Dieses noch einsame, wildromantische Tal mit klarem Gewässer wird von steil aufragenden Felsen gesäumt. Bei der Einmündung des Schweiftales liegt die Ruine. Zwischen Hayingen und Zwiefalten unterhalb von Schloß Ehrenfels parken. Das Tal aufwärts, bei der zweiten Brücke rechts in Richtung Hayingen, Lämmerstein, nach 50 m (AV beschildert) links steil hoch zur Burgruine; Weglänge ca. 900 m.

Wandervorschlag:
Vom Wanderparkplatz „Hayinger Brücke" das Glastal abwärts am Lämmerstein vorbei und bei der zweiten Brücke links hoch zur Ruine. Anschließend das Glastal weiter bis Ehrenfels. Entweder am Schloß vorbei den beschilderten Wanderweg (AV Dreieck, HW 2) zurück zum Ausgangspunkt oder aber den Weg weiter talabwärts bis zur Wimsener Höhle.
Weglänge: Hayinger Brücke – 2,2 km Alt-Ehrenfels – 1 km Ehrenfels – 0,9 km Wimsener Höhle – 0,9 km Ehrenfels – 2,4 km Hayinger Brücke.

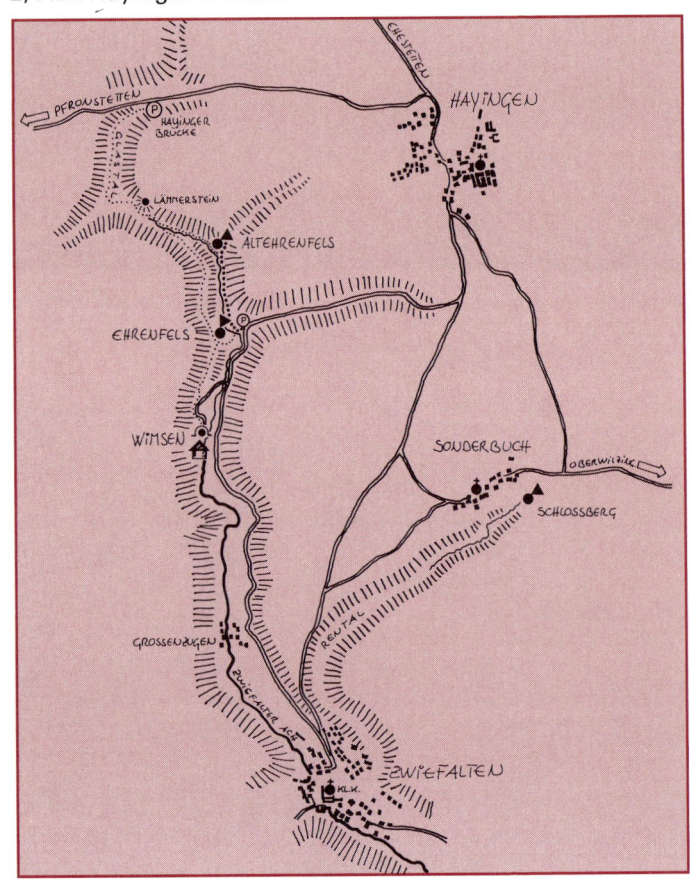

Alt-Ehrenfels (Ehrenfels)

Gemeinde	Stadt Hayingen, Landkreis Reutlingen
Meereshöhe	Burg ca. 605 m, Glastal 572 m
Besichtigung	Frei zugänglich
Einkehrmöglichkeit	Gasthof „Friedrichshöhle" (Wimsen)
Weitere Sehenswürdigkeit	Wimsener Höhle (Friedrichshöhle)
Geschichte	

Die Burg ist Mitte des 13. Jahrhunderts Sitz der Herren von Ehrenfels, vermutlich Ministerialen der Gundelfinger. Anselm von Ehrenfels, Abt in Zwiefalten, stirbt als letzter seines Geschlechts 1383. Nach der Teilung der umfangreichen Besitzungen des Swigger (VI.) von Gundelfingen bildet sich aus der Linie zu Niedergundelfingen ein neuer Zweig derer zu Ehestetten und Ehrenfels. Es spricht dafür, daß die Gundelfinger, durch die zahlreichen Erbteilungen geschwächt, die Burg Ehrenfels schließlich selbst nutzen.

März 1257 Anselm von Ehrenfels, Zeuge in einer Urkunde.
1293 Heinrich von Ehrenfels, Mönch im Kloster Zwiefalten.
1302 Berthold von Ehrenfels verzichtet zugunsten des Klosters Zwiefalten auf seine Ansprüche an Güter und Vogtei zu Bechingen und Emeringen gegen eine Entschädigung.
1337 Swigger von Ehrenfels, Bürge in einer Urkunde, Heinrich von Hayingen verkauft seinen Zehnten an Degenhart von Gundelfingen.
1342–1344 Swigger von Gundelfingen (XVIII.), genannt von Ehrenfels, mehrfach Zeuge in Urkunden, * um 1280/1285, † um 1352, Gemahlin: Schenkin von Schmalenegg zu Otterswang, um 1310.
1358 Konrad (XIV.) von Gundelfingen zu Ehrenfels bekennt, daß er die Bannmühle seines Vetters, Swigger von Gundelfingen von Derneck, an seine drei Schwestern Uta, Agnes und Katharina (Klosterfrauen) verkauft hat (siehe Burg Niedergundelfingen) Konrad (XIV.), Sohn des Konrad (XII.), * um 1330, † nach August 1382.
1363 Swigger (XXI.) von Gundelfingen zu Ehrenfels erhält von Württemberg eine Mühle in Gundelfingen als Lehen.
1398 Ritter Swigger von Gundelfingen zu Ehrenfels verkauft an Ursula der Kälblerin und dem Ulmer Bürger Heinrich Krafft das Dorf Eglingen und „an den lieben Herrn St. Vyt der Kirche zu Hayingen" sein Gut in Tigerfeld.
1403 Swigger verkauft an das Kloster Zwiefalten seine Eigenleute Hans den Fuchs zu Tigerfeld, Irmelin die Sinsgenginin zu Derendingen und ihren Sohn Heinz mit allen Rechten und ein Gut im Weiler Hohenberg.

Alt-Ehrenfels (Ehrenfels)

1408 Swigger (XXVI.) zu Seefeld von Ehrenfels (Stifter der bayrischen Linie) verkauft die Burg an die Kaib von Hohenstein.
1430 Jörg der Kaib zu Ehrenfels, Bürge in einer Urkunde anläßlich des Verkaufes von Emerfeld durch Hans von Hornstein zu Schatzberg zu Wilflingen und seiner Ehefrau an Anna von Gundelfingen.
1469 Eigentum des Grafen Ulrich von Württemberg, der Baumaßnahmen durchführen läßt.
1474 Eigentum des Klosters Zwiefalten.
1516 Die Burg ist Schlupfwinkel für Wegelagerer, worauf Abt Sebastian von Zwiefalten ihre Zerstörung anordnet.

1 Halsgraben
2 Schildmauer
3 Einstieg
4 Fels
5 Mauerecke
6 Mauerschutt
7 Von Hayingen und vom Glastal
8 Glastal
9 Hochfläche
10 Lage des Tores
11 Gebäude

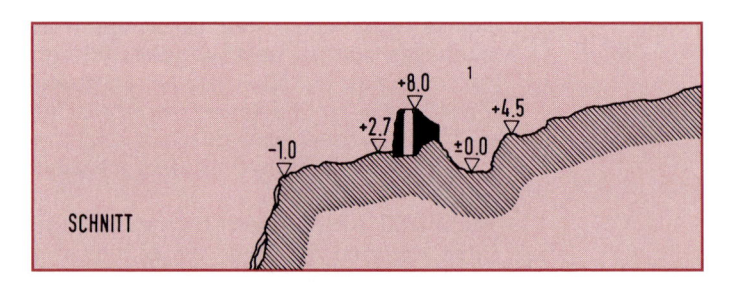

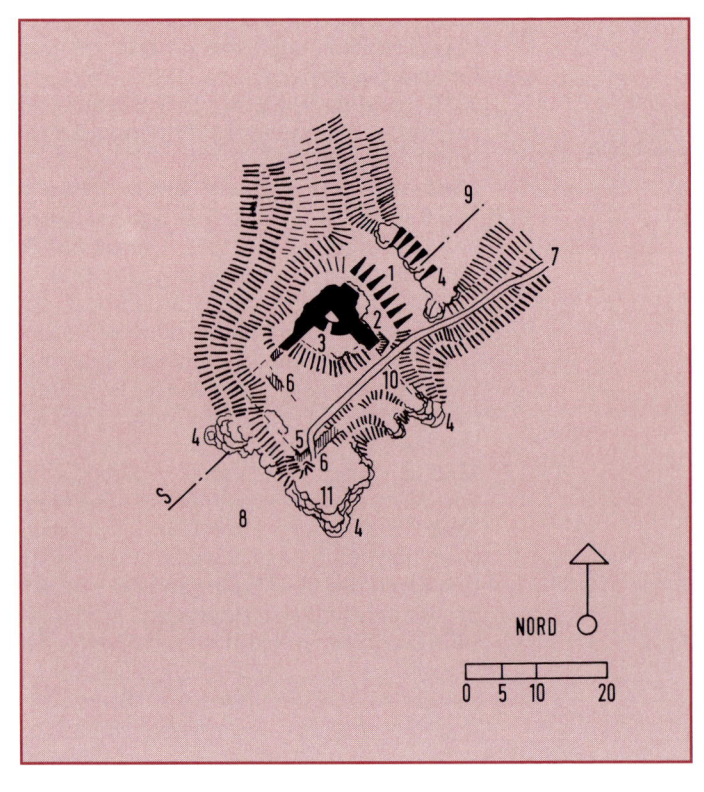

Alt-Ehrenfels (Ehrenfels)

Anlage

Alt-Ehrenfels ist eine abgeschiedene Burgruine. Sie wird auf drei Seiten von felsigen Steilhängen zum Glas- und Schweiftal begrenzt. Am ansteigenden Talhang liegt ein 15 m langer und 4 bis 5 m tiefer Halsgraben (1). Die Anlage bildet ein Rechteck mit ca. 22 x 20 m Größe. Im Norden erhebt sich der brüchige Rest eines bergfriedartigen Bauwerks. Der Grundriß – außen kreisförmig – setzt sich nach innen durch die Schildmauer unterbrochen fort. Der Innenraum ist dreieckig (1,40 x 2,21 m). Seine Wände bilden mit den Innenseiten der angrenzenden Umfassungsmauern eine Flucht. Es entsteht der Eindruck, daß der burgseitige Teil nachträglich an die 4,50 m starke Schildmauer (2) angebaut worden sei. Über eine ausgebrochene Öffnung gelangt man in den Innenraum. Erhalten ist in ca. 6 m Höhe

Burg Altehrenfels
Angstloch an der Ruine des Bergfrieds

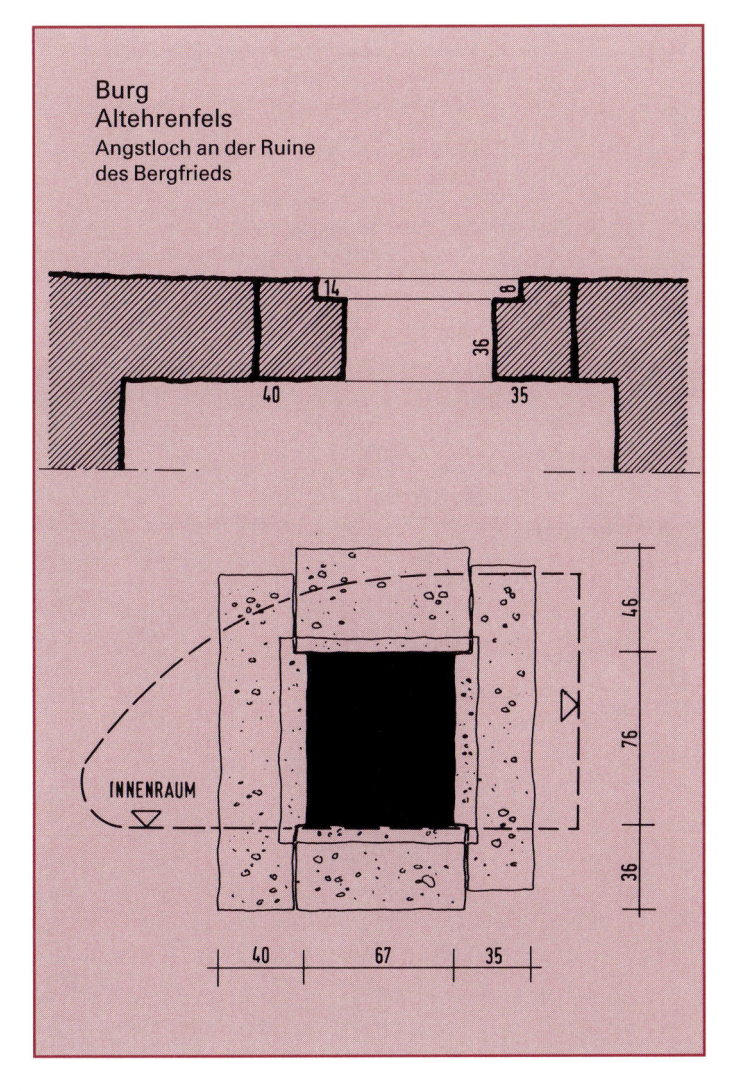

Alt-Ehrenfels (Ehrenfels)

(außen am Fels 4,5 m) der angstlochartige Einstieg mit Tuffsteineinfassung. Das Bruchsteinmauerwerk aus Steinen verschiedenster Form und Größe war verputzt (Reste). Am Ende der sich auf 2,40 m verjüngenden Schildmauer (2) ist das Tor (10) anzunehmen. Auf der Gegenseite lag am äußersten Felsabsturz ein größeres Gebäude (11).

Besitzer	Freifrau und Freiherr von Ravensburg-Göler
Pläne	Grundriß und Schnitt von K. A. Koch
Literaturhinweise	– Ernst, V.
	Beschreibung des Oberamts Münsingen, 1912
	– Kasper, Alfons
	Kunstwanderungen kreuz und quer der Donau, 1965
	– Kunst- und Altertumsdenkmale in Württemberg, Oberamt Münsingen, 1926
	– Memminger, Professor
	Beschreibung des Oberamts Münsingen, 1825
	– Pfefferkorn, Wilfried
	Alt-Ehrenfels und Monsberg, in Blätter des Schwäb. Albvereins
	– Uhl, Stefan
	Die Burgruine Alt-Ehrenfels, Blätter des Schwäb. Albvereins, 4/1986
	– Uhrle, Alfons
	Regesten zur Geschichte der Edelherren von Gundelfingen, Phil. Diss. Tübingen, 1960
	Zur Geschichte der Herren von Gundelfingen, in „Münsingen – Geschichte, Landschaft, Kultur", 1982
	– Wais, Julius
	Albführer, Band II, 1971

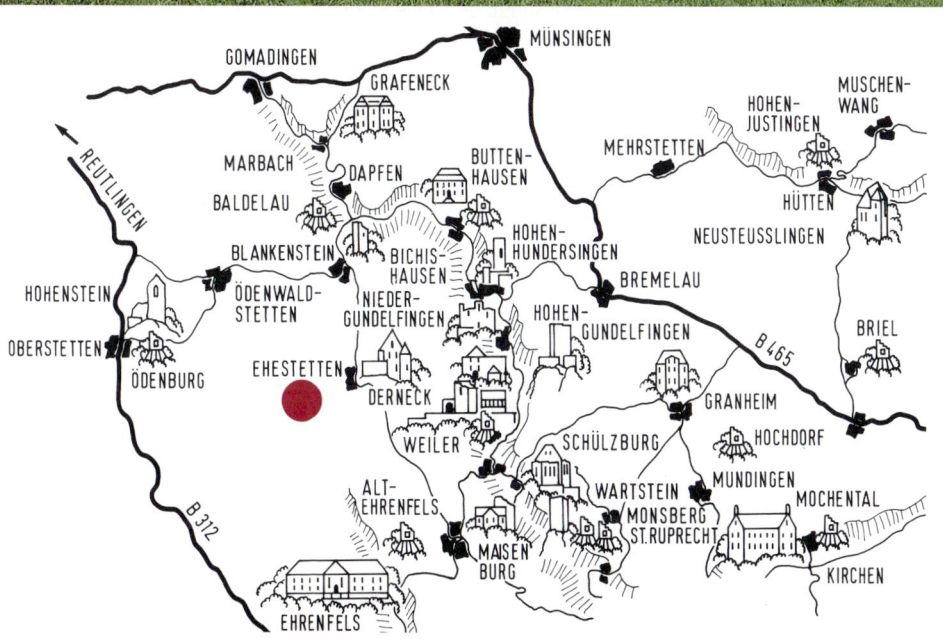

Ehestetten

Ehestetten

Lage	Im Bereich des Großen Lautertales liegt östlich von Gundelfingen und nördlich von Hayingen die Ortschaft Ehestetten. Von der Ortsmitte in Richtung Eglingen zweigt rechts die Schloßstraße ab. Sie führt nach 150 m direkt zum Schloßhof am östlichen Ortsende. *Wandervorschlag:* Das Auto beim Schloß oder am Wanderparkplatz in Richtung Bichishausen abstellen. Auf dem bezeichneten Wanderweg (AV Raute) das einsame Ehestetter Tal abwärts zur Burg Derneck. Von hier über die Burgstelle Weiler und Münzdorf (AV Raute Nr. 8) auf aussichtsreichem Höhenweg zurück zum Ausgangspunkt. Weglänge: Ehestetten – 5,3 km Derneck – 6,0 km Ehestetten.
Gemeinde	Stadt Hayingen, Stadtteil Ehestetten, Landkreis Reutlingen
Meereshöhe	Schloß ca. 715 m
Besichtigung	Frei zugänglich: Schloßhof Nicht zugänglich: Schloßgebäude und Bastei
Einkehrmöglichkeit	Gathaus Pension „Rose", Ehestetten
Weitere Sehenswürdigkeit	Pfarrkirche St. Nikolaus

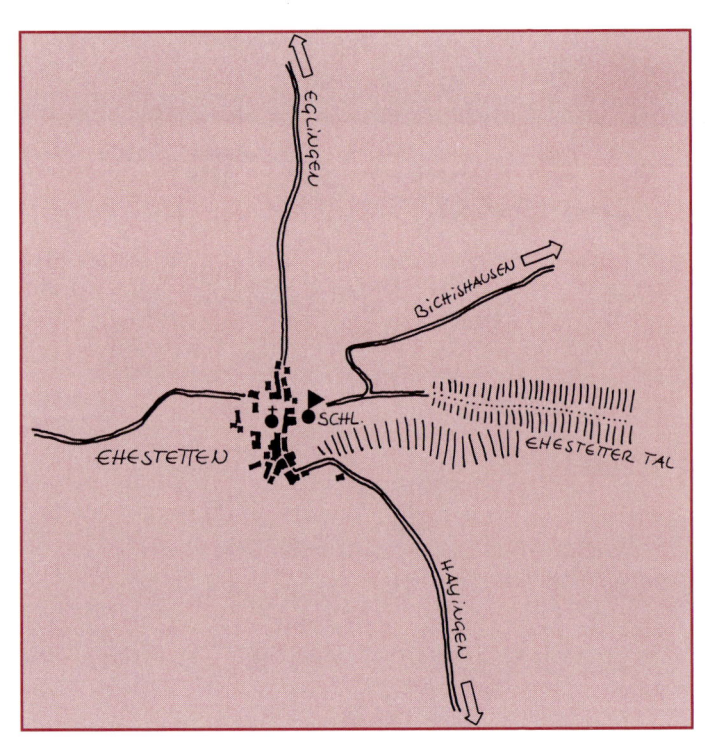

Ehestetten

Ehestetten in der Beschreibung des Oberamts Münsingen, 1912

Das Verhältnis zwischen Herrschaft und Gemeinde war wiederholt ernstlich gestört, so namentlich unter Wilhelm Dietrich Speth um 1600. Er war mit Frau und Kindern entzweit, auf deren Klagen schließlich Graf Eitel Friedrich von Zollern im April 1600 Zwiefaltendorf und Ehestetten besetzte. Als Wilhelm Dietrich am 26. Mai beide Orte wieder einnahm, waren die Bauern alle verschwunden; als sie einer Aufforderung zur Rückkehr nicht Folge leisteten, wurden ihnen auch ihre Weiber und Kinder samt der fahrenden Habe nachgeschickt; sie blieben aber dabei, daß sie den Speth als Obrigkeit nicht mehr dulden könnten und eher mit Weib und Kind am Bettelstab herumziehen wollten. Erst gegen Ende des Jahres kehrten sie zurück und setzten es durch, daß ein württembergischer Vogt die Verwaltung des Dorfes übernahm und nur die Überschüsse an Speth ablieferte.

Geschichte

Seit dem 12. und 13. Jahrhundert ist ein Ortsadel nachgewiesen. 1273 verkauft ein Otto von Ehestetten seine Besitzungen in Frankenhofen dem Kloster Salem. Er saß vermutlich auf einer kleinen Burg nahe der heutigen Kirche. Als wahrscheinliche Erbauer der Burg am östlichen Ortsrand kommen die Herren von Gundelfingen zu Niedergundelfingen in Frage.

Die Linie der Gundelfinger zu Ehestetten.

Swigger (XIV.)
* um 1250
† um 1300

Sohn des Swigger (IX.), siehe Niedergundelfingen, Ritter, genannt „der Jüngere"
Gemahlin: N. von Rechberg (?), um 1280
Kinder: Swigger (XVIII.), Johann (I.), Konrad (XI.) – (?) Abt in Lorch und Ellwangen, Peter, (?) genannt von Ehestetten, zwei Töchter N.N.

Swigger (XVIII.)
* um 1280
† um 1352/61

Sohn des Swigger (XIV.), Ritter, genannt „der Alte", von Ehestetten und von Ehrenfels, stirbt kinderlos
Gemahlin: N. Schenkin von Schmalenegg zu Otterswang, um 1310

Johann (I.)
* um 1290
† zwischen 1345 und 1352

Vermutlich Sohn des Swigger (XIV.), Ritter
Gemahlin: N. Gräfin von Wartstein, um 1320
Kinder: Swigger (XX.), Elisabeth, Adelheid, Johann (II.), Johann (III.)

Swigger (XX.)
* um 1324
† 1377

Sohn des Johann (I.), genannt von Ehestetten und Hohengundelfingen. Gefallen am 14. Mai 1377 in der Schlacht bei Reutlingen. Seine Kinder bleiben ohne Nachkommen.
Gemahlin: Anna von Ursenberg, um 1350 (?)
Kinder: Swigger (XXV.), Clenta, Anna – Nonne in Urspring, Elisabeth (VIII.).

Ehestetten

Die Burg und ihre Besitzer

1307 Swigger (XVIII.) von Ehestetten Zeuge in einer Urkunde anläßlich des Verkaufs von Besitzungen des Klosters Zwiefalten in Emerkingen.
1344 Johann (I.) erhält von Württemberg zwei Höfe in Ehestetten zu Lehen.
Um 1350 Neubaumaßnahmen (Palas?).
1360 Swigger (XX.) genannt von Gundelfingen von Ehestetten, Bürge für Heinrich von Blankenstein.
1364 Swigger (XX.) verkauft Burg und Dorf Ehestetten um 3700 Pfund Heller an Heinrich Speth von Steingebronn und seinen Sohn Hans.
1410 Heinrich Speth, genannt von Ehestetten, Ritter, gestorben.
1446 Dietrich Speth von Ehestetten, Sohn des Heinrich Speth, württembergischer Haushofmeister, gestorben. 1384/94 Burgvogt auf Hohenurach.
25. Juni 1484 Junker Jörg von Gundelfingen klagt gegen Ritter Hans Speth von Ehestetten wegen Nutzungsrechten für Acker und Wald zwischen Ehestetten und Münzdorf.

Schloßanlage von Südosten

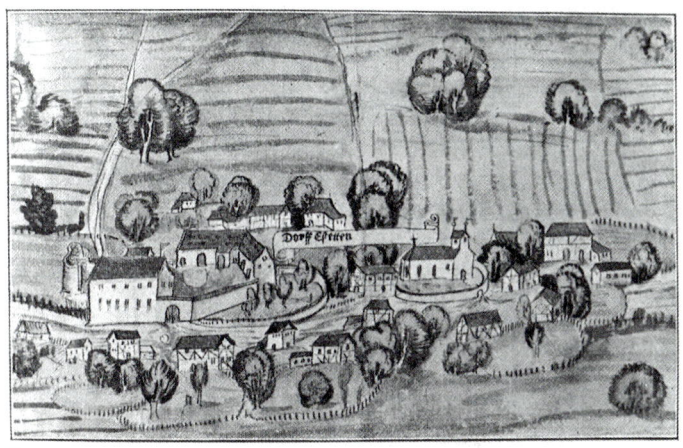

Ehestetten

Zeitgenössische Darstellung der Schloßanlage um 1570

1495 Neubau eines Herrenhauses auf den Grundmauern des Vorgängerbaues.
1517 Feldzug Herzog Ulrichs von Württemberg gegen Dietrich von Speth; Ehestetten wird niedergebrannt.
Nach 1517 Erbauung der Bastion.
1536 Nach einem von Herzog Ulrich angelegten Lagerbuch besitzt die Herrschaft außer aller Obrigkeit einen Burgstall mit Graben und Scheuer, Wiesen und Äcker, 12 Erblehen und 15 Fallehen im Ort. Der große Zehnte gehört ihr zur Hälfte und die andere Swigger von Gundelfingen.
Nach 1583 Erweiterung des Herrenhauses nach Osten.
April 1600 Besetzung durch Graf Eitel Friedrich von Zollern.
Mai 1600 Wiedereinnahme durch Wilhelm Dietrich Speth.
1612–1615 Barockisierung und Umbau zum Schloß.
1663 Erneuter Streit mit Ulrich Bernhard Speth u. a. wegen dem Anspruch, Söhne und Töchter der Untertanen gegen den Willen der Eltern zu Knechten und Mägden zu nehmen. Vergleich durch die württembergischen Räte.
1694 Laufende Beschwerden der Gemeinde über die hohe Belastung mit Steuern.
24. Oktober 1801 Beilegung von langjährigen Streitigkeiten mit der Gemeinde, hauptsächlich über die Benutzung der Wälder.
1809 Ehestetten an Württemberg.
1882–1885 Nach dem Tod des Maximilian von Speth geht der Schloßbesitz über seine Witwe als Erbe an die Freiherren von Bodman. Aufgabe als herrschaftlicher Wohnsitz und Einrichtung der Bodmannschen Forstverwaltung.
1932 Übergang an Privat.
1976 Erneuter Verkauf.
1978–1987 Instandsetzung von Bastei und Schloßmauern, vorbildlicher Umbau des Schloßgebäudes.

Ehestetten

1 Schloßhof
2 Schloßbau
3 Bastion
4 Umfassungsmauer
5 Landwirtsch. Gebäude mit Resten der Burg
6 Neubau
7 Schuppen für landw. Nutzung
8 Rundturm
9 Graben
10 Aufgang Bastion
11 Eingang Keller
12 Gewölbekeller
13 Zufahrt Schloßhof
14 Von Ortsmitte
15 Von Bichishausen
16 Lage des Tores
17 Ehem. Verlauf der Umfassungsmauer

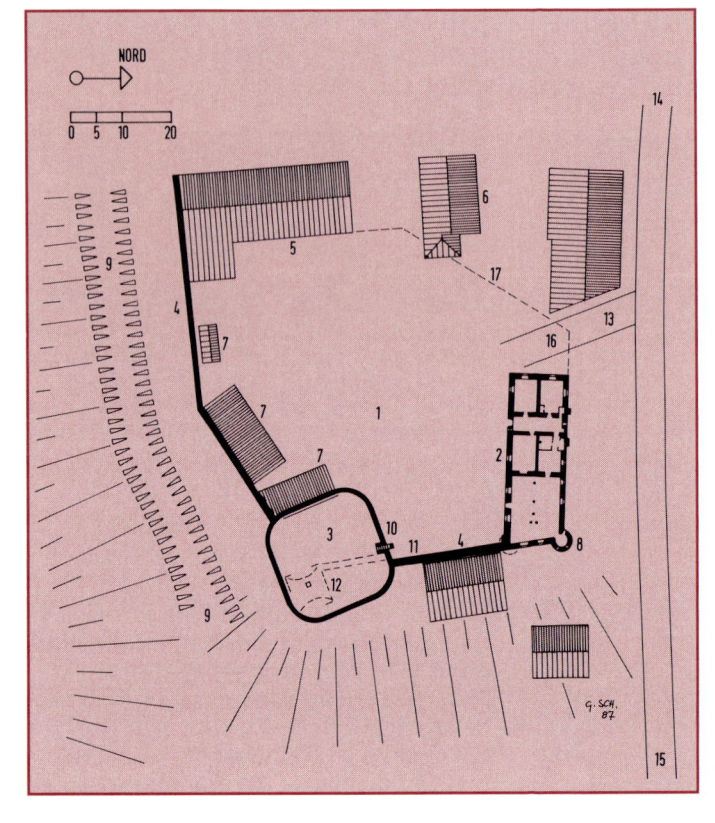

Anlage

Die Schloßanlage am östlichen Ortsrand bildet kein einheitliches Gesamtbild. Sie ist geprägt durch mehrere Bauphasen. Diese zeigen anschaulich die Entwicklung einer mittelalterlichen zur bastionierten Burg und von dieser zum Schloß. Am Ende steht dann der Niedergang des herrschaftlichen Besitzes und schließlich die Wahrung des überkommenen Kulturgutes durch Privat.
Eine Darstellung von 1570 zeigt das Schloß, wie es heute im wesentlichen noch erhalten ist.
Die polygonale Anlage (ca. 80 x 70 m) wird durch zwei Hauptgebäude geprägt. Der zweigeschossige Schloßbau im Osten, noch ohne östliche Erweiterung und das große Ökonomiegebäude, winkelförmig angeordnet, in der Südwestecke. Eine Mauer (17) mit zwei Toren (nicht mehr erhalten) grenzte den Bereich nach Nordwesten ab. Die gefährdete Südostseite schützte die große Bastion (3) mit vorgelagertem Graben.

Schloßhof

Beim Betreten des frei zugänglichen Schloßhofes (1) wird diese Zuordnung deutlich. Leider ist der westliche Bereich durch mehrere Neubauten gestört. Reste des ehemaligen Ökonomiegebäudes befinden sich im neuen landwirtschaftlichen Anwesen (5).

Ehestetten

Bastion
Links davon dominiert die ca. 22 x 22 m große vierblattförmige Bastion (3). Bei den Instandsetzungsarbeiten durch den neuen Besitzer fanden sich Teile von Mauern unter einem Schutthügel. Ein Grund, weshalb der Burgenforscher Koch diesen Bereich auf seinen Plänen nicht richtig darstellen konnte. Der Treppenaufgang zum Plateau wurde neu eingebaut. Daneben führt ein ca. 15 m langer, schmaler Gang zu einem tonnenüberwölbten Keller. Ein Lichtschacht führt nach oben.

Schloßbau Westteil
Reste der 145 cm starken Umfassungsmauer sind nach beiden Seiden bis 4,5 m Höhe erhalten. Links verbinden sie die Bastion mit dem zweigeschossigen herrschaftlichen Schloßbau. Er wurde in zwei Bauphasen erstellt. Der west-

1 Schloßbau von 1495
2 Erweiterung von 1585/1615
3 Gebäudetrennfuge
4 Eingänge
5 Angrenzende Umfassungsmauer
6 Erker im OG
7 Runder Eckturm
8 Flur
9 Aufenthaltsräume
10 Küchen
11 WCs
12 Technikraum
13 Großer Aufenthaltsraum
14 Lage der ehem. Abtritte

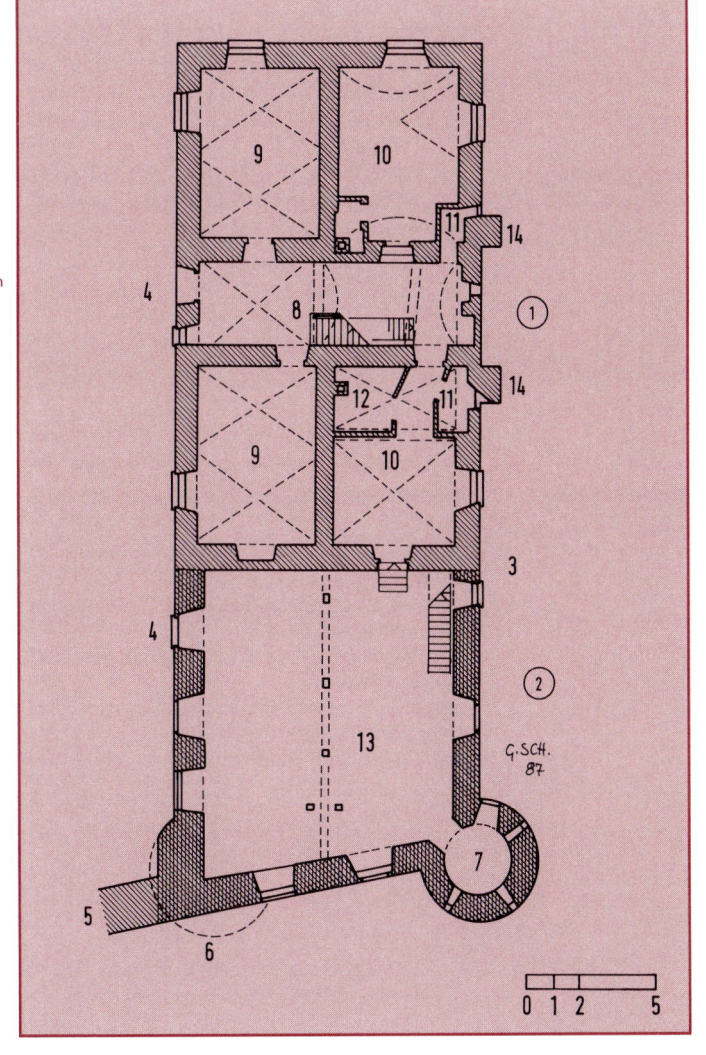

Ehestetten

liche, ältere Teil, auf einer Grundfläche von 11,50 x 21 m, stammt von 1495. Etwa 150 Jahre älter sind die auf den Fels gebauten drei tonnenüberwölbten Keller.
Über dem Eingang eine Sonnenuhr mit dem Wappen der Speth. Dieses findet sich auch an der Leibung des Giebelfensters im Dachgeschoß. Auf der gegenüberliegenden Längsseite zwei Aborterker, die ursprünglich im ersten Obergeschoß auf Konsolsteinen (Abtritt) lagerten.
Das Innere besticht durch seine klare Gliederung und geschmackvolle Einrichtung. Ein breiter Hausflur trennt die vier Zimmer mit Kreuzgrat- bzw. Tonnengewölbe im Erdgeschoß. Die Räume des darüberliegenden Stockwerkes enthalten dagegen Stuckdecken; im sogenannten Jagdzimmer Rokokostuck mit Spethschem Wappen und Jagdmotiven. Der Ofen von 1768 mit Jugendstilaufbauten.
Anschauliches Beispiel einer alten Holztreppe zeigt im Hausflur die Verbindung zum Dachgeschoß. Die Blockstufen aus vollem Eichenholz gearbeitet, liegen auf balkenartigen Zargen. Treppen dieser Art entstammen den Steinkonstruktionen und fanden im Mittelalter häufig Verwendung.

Schloßbau Ostteil Der Anbau mit Rundturm und Erker (11,5 x 11 m) erfolgte nach 1583. Seine stattlichen Räume im Obergeschoß erhielten zunächst Wände mit sichtbarer Fachwerkkonstruktion. Vermutlich um 1630 erfolgte die Neuausstattung mit Stuck. Eine zusätzliche Zierde sind die beiden offenen Kamine.

Besitzer	Privat
Pläne	Grundriß von K. A. Koch
	Grundriß, Schnitte, Ansichten M 1:50 Landesdenkmalamt
	Werkpläne zum Umbau von Architekt J. Manderscheid
Alte Ansichten	Ehestetten um 1570 in BOA 1912 und KDW 1926
Literaturhinweise	– Ernst, V.
	Beschreibung des Oberamts Münsingen, 1912
	– KDW
	Kunst- und Altertumsdenkmale OA Münsingen, 1926
	– Memminger, Professor
	Beschreibung des Oberamts Münsingen, 1825
	– Uhrle, Alfons
	Regesten zur Geschichte der Edelherren von Gundelfingen, Phil. Diss. Tübingen, 1960
	Der Zweig zu Ehestetten und Ehrenfels, in „Münsingen", 1982

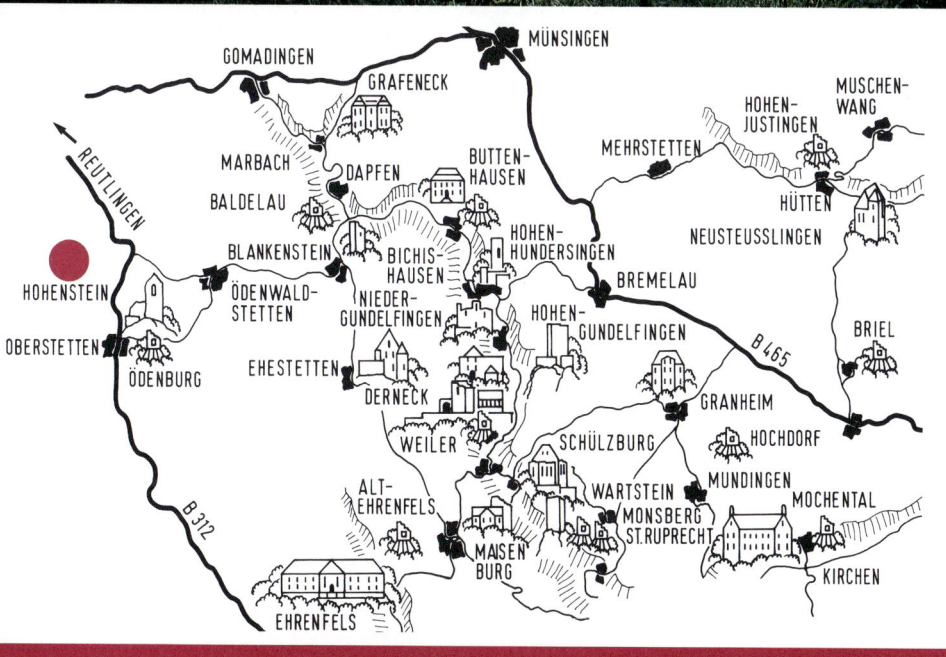

Hohenstein

Hohenstein

Lage

Zwischen Zwiefalten und Reutlingen liegt an der B 312 die Gemeinde Hohenstein. Sie umfaßt mehrere Ortschaften, die sich nach dem Zusammenschluß den Namen einer fast vergessenen Burgruine gaben.
Vom Ortsteil Oberstetten ca. 50 m in Richtung Ödenwaldstetten beim Wanderparkplatz „im Grund" links abzweigen. Dem Grünen-Plan-Weg geradeaus folgen und bei einer spitzen Weggabelung nach rechts zur Ruine. Wanderparkplatz – 1,2 km Hohenstein.

Wandervorschlag:
Vom Wanderparkplatz „im Grund" zur Ruine Hohenstein wie beschrieben. Vom Burgberg zurück über die Lichtung und in den gegenüberliegenden Wald. Zweite Wegkreuzung rechts oder der Wegmarkierung 2 zur Straße Oberstetten–Ödenwaldstetten folgen. Diese überqueren, am Sportplatz rechts und nächste Abzweigung wieder rechts zur Ruine Ödenburg. Schließlich über Oberstetten zum Parkplatz. Parkplatz – 1,2 km Hohenstein – 2,3 km Ödenburg – 1,4 km Parkplatz.

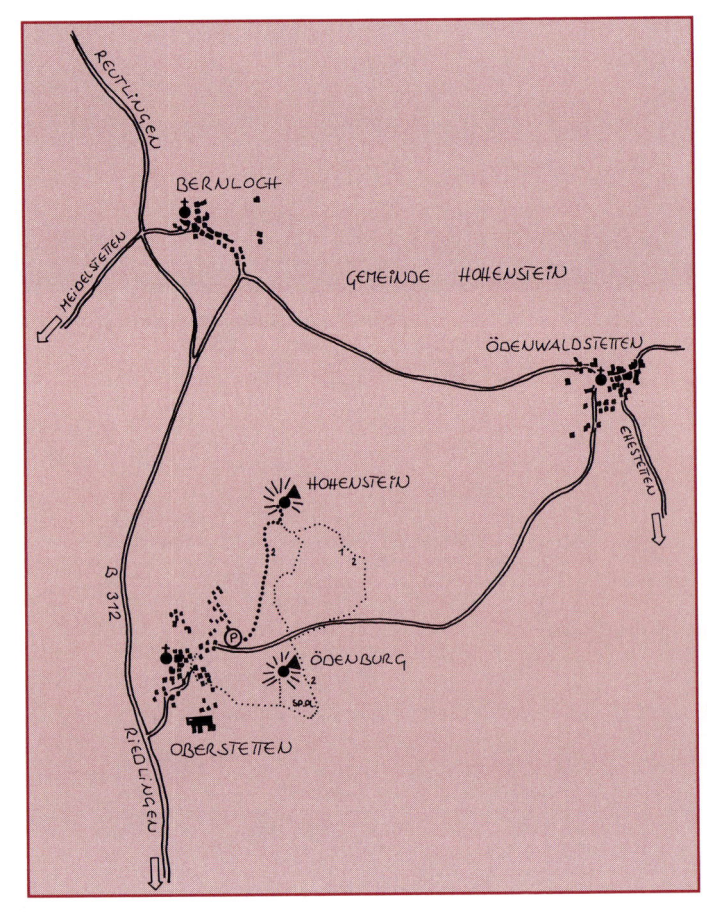

Hohenstein

Gemeinde	Hohenstein, Ortsteil Oberstetten, Landkreis Reutlingen
Meereshöhe	Burg 787 m, Umland 735 m
Besichtigung	Frei zugänglich
Zwiefalter Klosterchronik des Mönches Berthold um 1140	„Unser Mönch Ernst von Hohenstein war in großer Üppigkeit aufgewachsen. Eines Tages aber ‚ging er in sich, ergriff die Flucht vor dem ihm drohenden Zorne' und schenkte diesem Kloster 3 Huben in Ödenwaldstetten. Sein Bruder Adelbert von Oberstetten, der ebenfalls vor den schädlichen Freuden und Reizen dieser Welt geflohen und bei uns Mönch geworden war, gab in dem Dorfe Gosbach an der Fils 8 Huben, 2 Mühlen und 1 bei diesem Dorfe gelegenen, auf 5 Huben geschätzten Wald. Er gab auch ein Viertel der Kirche in dem Dorfe Stein, ferner alles, was er in jenem Grenzgebiet besaß, d. h. in Gosbach, Deggingen, Bogenweiler, mit Ausnahme von 3 Huben und 1 Mühle, die seine Dienstmannen als Lehen innehatten. Er gab auch ein Viertel eines großen Waldes bei Köngen, der Konzenbühl heißt, und in Huldstetten 1/2 Hube."
Geschichte	Die Gründungsgeschichte der Burgen Hohenstein und Ödenburg stehen in engem Zusammenhang mit den um 1100 genannten Brüdern Ernst von Hohenstein und Adelbert von Oberstetten. Ihre Zuordnung ist unklar. Möglicherweise wurde der ursprüngliche Name der ersten Burg (heute Ödenburg) auf den Nachfolgesitz (Hohenstein) übertragen.

12. Jahrhundert Neubau der Burg Hohenstein.
Um 1200 Albert von Hohenstein überträgt einen Hof in Oberstetten an das Kloster Zwiefalten und ein Gut in Oberstetten an das Kloster Weissenau.
1208 Hartwig von Hohenstein, Bastardsohn, stirbt als Bischof von Augsburg.
Vor 1220 Nach dem Tod des Albert von Hohenstein erbt Albert von Berolzheim, Sohn seiner Schwester Irmgard von Oberstetten-Hohenstein, den Besitz. Baldiger Verkauf von Hohenstein an Graf Friedrich von Zollern.
Um 1300 Umbau und Erweiterung der Burg.
1315 Berchtold Kaib, Vogt und Pfleger der Grafen von Zollern auf Hohenstein.
1344 Bei der Erbteilung der Grafen von Zollern erscheint die Burg als verpfändet.
1377 Benz Kaib von Hohenstein fällt in der Schlacht bei Reutlingen auf württembergischer Seite.
1406 Hans Kaib von Hohenstein, vermutlich Sohn von Benz Kaib.
1408 Hans Kaib verläßt Hohenstein und nimmt seinen Wohnsitz auf der Burg Ehrenfels; die Burg wird dem Zerfall überlassen.

Hohenstein

1438 Georg Kaib, Sohn von Hans Kaib, verkauft mit seiner Frau Anna von Woellwarth „das Burgstall Hohenstein", das Dorf Oberstetten und weitere Güter an seinen Vetter Albrecht Speth von Ehestetten für 4400 rheinische Gulden.
1452 Albrecht Speth, württembergischer Haus- und Landhofmeister, erwirbt die Schülzburg.
1465 Eigentum des Wolf Speth zu Schülzburg, Sohn des Albrecht Speth.
1495 Reinhard (I.), Georg und Hans Speth zu Schülzburg, Söhne von Wolf Speth, verkaufen die Burgruine mit den Dörfern Oberstetten, Ödenwaldstetten und Aichelau für 9500 Gulden an den Ritter Hans Caspar von Bubenhofen (siehe Hohenjustingen und Burg Ramsberg, Band I).
1497 Eigentum des Klosters Zwiefalten.
1803 Auflösung des Klosters Zwiefalten, Übergang von Hohenstein an Herzog Friedrich von Württemberg.
1813 Eigentum des Johannes Schwörer aus Oberstetten.
1904 Eigentum des Herzogs Wilhelm von Württemberg (Urach).
1981 Erwerb durch die neue Gemeinde Hohenstein.
1983–1985 Instandsetzung der Ruine.

Reste der Umfassungsmauer auf der Westseite

Hohenstein

Anlage

Die Burg Hohenstein liegt auf einem wenig ansteigenden Umlaufberg am Übergang eines hügeligen in ein flaches Gelände. Sie gliedert sich in Vorburg (1) und Kernburg (2).

Vorburg

Der Weg führt direkt von Westen durch einen ca. 55 m langen Graben zum ehemaligen Tor (6) der Vorburg. Ihre etwa 150 m lange, polygonale Umfassungsmauer ragt noch bis zu 5 m über das Gelände. In der Nordostecke stößt sie an den höher gelegenen Teil der Kernburg an. Innerhalb der weiträumigen Fläche finden sich außer Maueransätzen keine Nachweise ihrer ehemaligen Bebauung. Das Mauerwerk besteht meist aus hammerrechten Kalksteinen verschiedenster Form und Größe. Beidseitig vom Tor wurden

Buckelquader

Buckelquader (8) in den Verband eingemauert. Da sie vereinzelt erscheinen, kann die Datierung der Vorburgmauern

1 Vorburg
2 Kernburg
3 Bergfried
4 Graben
5 Umfassungsmauerreste
6 Tor
7 Trennfuge
8 Buckelquader
9 Info-Tafel

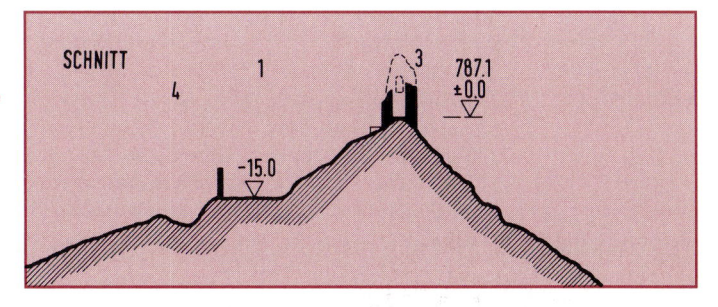

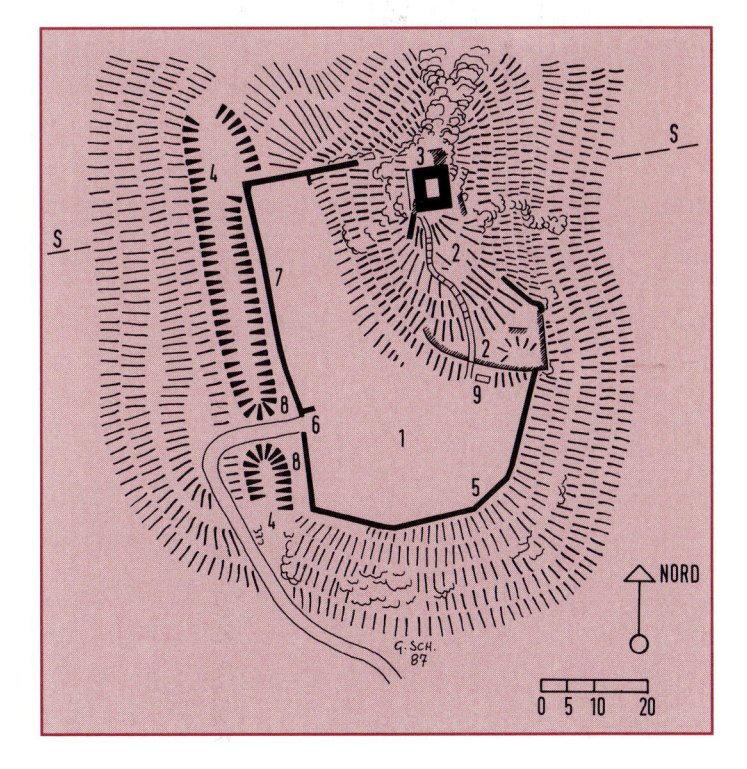

305

Hohenstein

nicht vor der zweiten Hälfte des 13. Jahrhunderts erfolgen. Buckelquader (B x H) z. B. 37 x 36, 29 x 31, 43 x 40 cm, Randschlag 3–3,5 cm, Buckel bis 14 cm.

Kernburg
Bergfried

Von der Kernburg an höchster Stelle ist außer dem Rest des Begrieds (3) wenig zu sehen. Sein rechteckiger Grundriß mißt außen 8,05 x 6,80 m und innen 3,85 x 2,67 m. Am besten erhalten ist die Südseite mit der Südostecke und dem 9 m über dem Gelände liegenden erhöhten Eingang. Aufgrund seiner Mauerwerkstechnik ist seine Erbauung noch vor der Buckelquaderbauperiode um 1180 bis 1200 anzunehmen. Die Vermauerung erfolgte mit quaderähnlichen Kalksteinen grob hammerrecht hergestellt. Sie entsprechen nicht der sorgfältigen Bearbeitung der älteren Ödenburg. Eckquader (L x B x H) z. B. Südostecke 82 x 47 x 33, 63 x 36 x 25, 68 x 32 x 48 cm.

Besitzer
Pläne

Gemeinde Hohenstein

Grundriß und Schnitt, K. A. Koch
Grundriß O. Piper, 1899
Grundrisse und Schnitte 3 Blätter, LDA Tübingen
Mehrere Bestands- und Detailpläne nach photogrammetrischer Aufnahme von Prof. Egon Mohr, Ausarb. W. Pfefferkorn

Literaturhinweise

– Bizer, Chr.; Götz, R.; Pfefferkorn, W.; Schmidt, E.
 Burgruine Hohenstein, 1987
– Bührlen
 Blätter des Schwäb. Albvereins, Nr. 10, 1898
– Ernst, V.
 Bechreibung des Oberamts Münsingen, 1912
– Kunst- und Altertumsdenkmale in Württemberg, Oberamt Münsingen, 1926
– Memminger, Prof.
 Beschreibung des Oberamts Münsingen, 1825
– Pfefferkorn, W.
 Burgen der Münsinger Alb, in Heimatbuch „Münsingen", 1982
– Piper, Otto
 Blätter des Schwäb. Albvereins, Nr. 11, 1899

Ödenburg (Oberstetten)

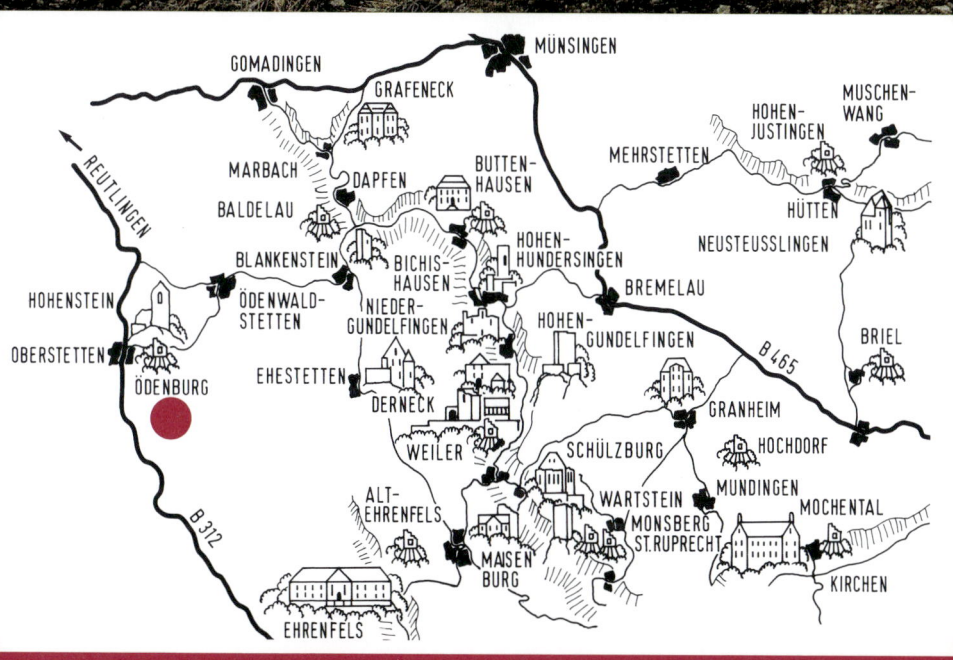

Ödenburg (Oberstetten)

Lage	An der B 312 zwischen Reutlingen und Zwiefalten liegt Oberstetten, ein Ortsteil der Gemeinde Hohenstein. Im Osten an der Straße nach Ödenwaldstetten erhebt sich ein einzelstehender, flacher Hügel mit den Resten einer Burg. Am südlichen Ortsende von Oberstetten in Richtung Sportplatz (östlich) kurz zuvor die befestigte Straße links abbiegen. Feldscheunen markieren die Zufahrt. Oberstetten – 0,8 km Ödenburg. *Wandervorschlag:* Zur Ödenburg und Burgruine Hohenstein vom Wanderparkplatz „im Grund" (siehe Hohenstein).
Gemeinde	Hohenstein, Ortsteil Oberstetten, Landkreis Reutlingen
Meereshöhe	Burg 805 m, Umland ca. 770 m, Oberstetten 780 m
Besichtigung	Frei zugänglich

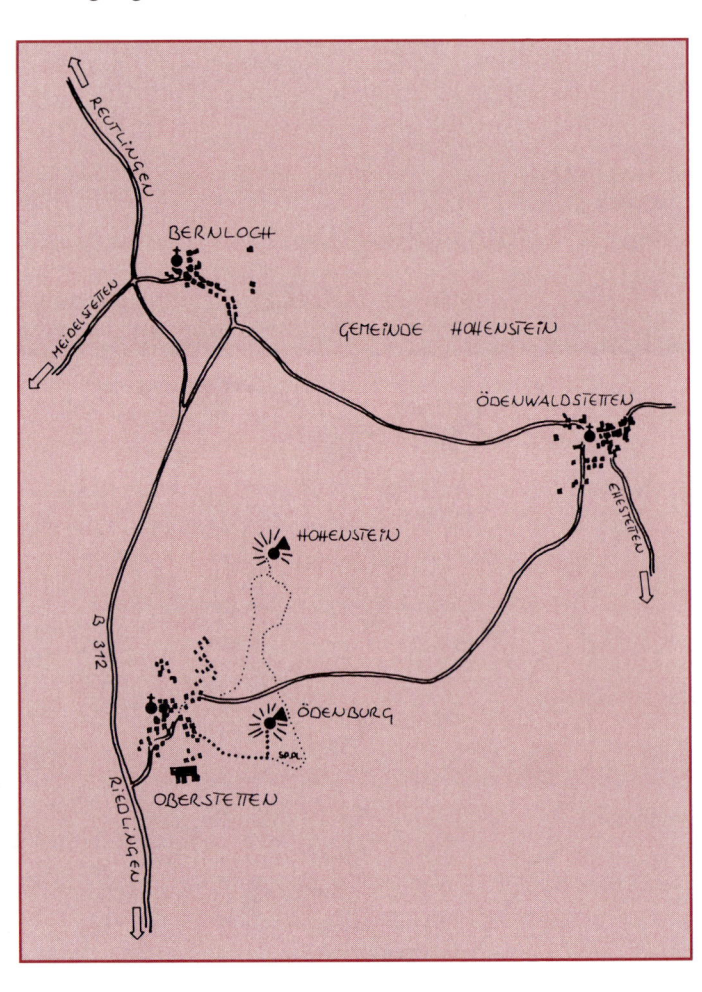

Ödenburg (Oberstetten)

Bericht in den Blättern des Schwäbischen Albvereins, 1891

Bei der Anlegung des Hochbeckens für das Wasserwerk im Sommer 1891 fand man, daß Humus und Hochwald ein treffliches Burgwerk bedeckten. Es ist kaum glaublich, wie solche fast 3 m hohe Gebäude- und Mauerreste allmählich ganz und gar unter den Boden kommen konnten. Es wurden etwa drei Viertel des ursprünglich sechseckigen Burghofes aufgegraben, so daß man im alten Burghof drin stand und an den schön geschichteten Mauern und an dem Überrest des gegen die Mitte gerückten Bergfrieds hinaufschaute. In die eine Hälfte des Burghofs wurde nunmehr das Hochbecken hineingelegt, die alten Mauern bilden zum Teil die feste Außenwand des Wasserbehälters.

Geschichte

Der eigentliche Name der Ödenburg ist nicht überliefert. Ihre Geschichte steht in engem Zusammenhang mit Oberstetten und der Burg Hohenstein. Um 1100 werden in der Zwiefalter Chronik erstmals ein Ernst von Hohenstein und sein Bruder Adelbert von Oberstetten erwähnt. Die Burg wird entweder von den Herren von Oberstetten als Stammsitz erbaut und hieß Oberstetten, oder dieselben Herren nannten sie Hohenstein. Die jetzige Burg diesen Namens etwa 1,2 km weiter nördlich wäre dann als Nachfolgebau zu bezeichnen.

Um 1050–1100 Neubau der Burg durch die Edelfreien Herren von Oberstetten.
Um 1200–1250 Aufgabe der Burg und anschließender Zerfall.
1460 Erstmalige Bezeichnung „Ödenburg".
1891 Neubau eines Wasserhochbehälters; umfangreiches Mauerwerk der Burg wird aufgedeckt.
1960 Neubau des zweiten Wasserbehälters.
1978 Neubau des dritten Wasserbehälters und Abbruch dessen von 1891, teilweise Zerstörung des Hauptwalls.

Anlage

Die frühen Gipfelburgen des 11. Jahrhunderts waren meist weiträumig angelegt. So auch die Ödenburg. Das natürliche Felsplateau mit bis zu 10 m hohen steilen Felswänden war ein geeigneter Bauplatz. Zur flacheren Südostseite wurde ein Graben (5) angelegt. Durch den Einbau des großen Wasserbehälters und die Verebnung für den Zufahrtsweg ist nur wenig zu sehen. Am Zugang zum Einstieghaus erkennt man die Reste der 116 cm starken inneren Zwingermauer (12). Die Arbeitsweise des frühen Burgenbaus aus hammerrecht gehauenen kleinen Kalksteinquadern mit durchlaufenden Schichten gilt als anschauliches Beispiel.
Teile der äußeren Zwingermauer (3) werden bei einem Umgang am Fuße des Burgfelsens ersichtlich.
Aufgrund der Zeichnungen über die Grabungsfunde von 1891 und die rekonstruktiven Darstellungen des Burgenforschers Koch von 1923 läßt sich der Grundriß in etwa dar-

Ödenburg (Oberstetten)

1 Nachgewiesener Bergfried
2 Zwinger
3 Reste der Zwingermauer
4 Verlauf der Zwingermauer
5 Nachgewiesener Graben
6 Einstieghaus 1978
7 Wasserbehälter 1960
8 Wasserbehälter 1978
9 Info-Tafel
10 Höhle
11 Von Oberstetten
12 Innere Zwingermauer

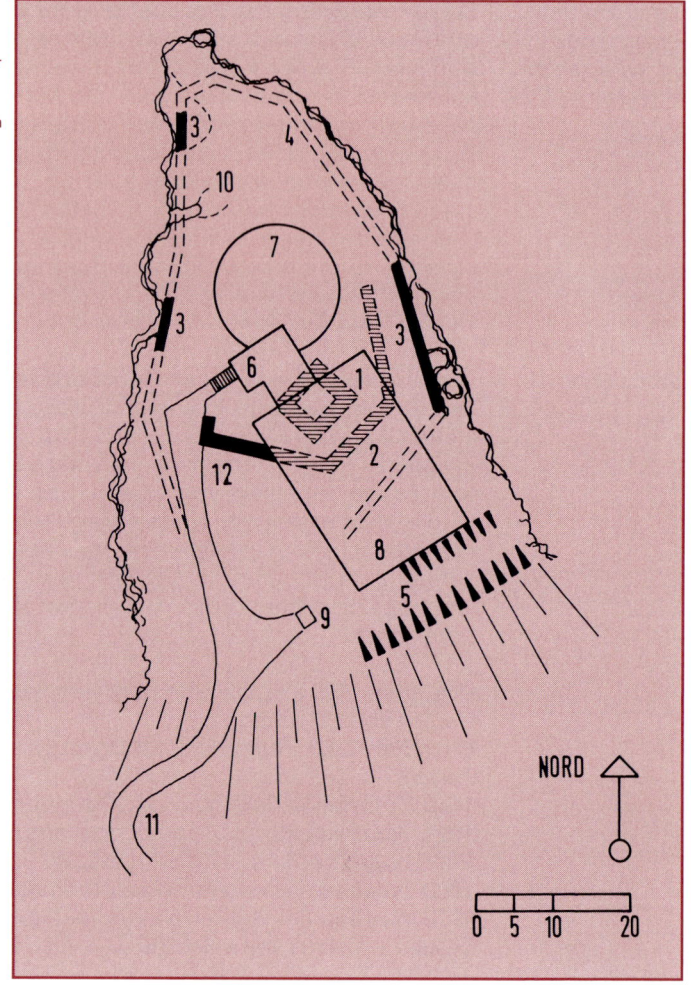

stellen: ein breiter Zwinger zur Nord- und Westseite umschloß die polygonale Kernburg. Axial zur Anlage mit einer Ecke zur Feldseite gerichtet lag der quadratische Bergfried. Seine Seitenlängen betrugen jeweils 7,50 m.

Besitzer	Gemeinde Hohenstein
Pläne	Grundriß und Schnitt, 10. 6. 1891
	Grundriß und Schnitt von K. A. Koch, 1923
Literaturhinweise	– Blätter des Schwäb. Albvereins, Nr. 10, 1891 und Nr. 11, 1899
	– Ernst, V. Beschreibung des Oberamts Münsingen, 1912
	– Königreich Württemberg, 1904–1907, Bd. 4
	– Memminger, Professor Beschreibung des Oberamts Münsingen, 1825
	– Schmidt, Erhard Ödenburg, in „Burgruine Hohenstein" die Burgen der Gemeinde Hohenstein, 1987

Habsberg (Habsburg)

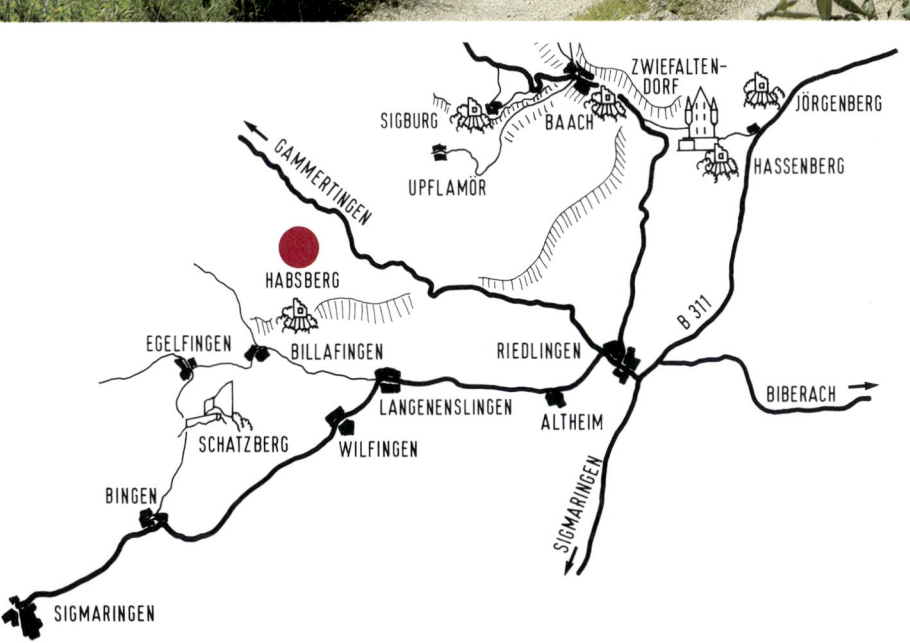

Habsberg (Habsburg)

Lage	Nördlich und westlich von Riedlingen ist der Südrand der Schwäbischen Alb durch steil aufragende Höhen gekennzeichnet. An der Straße Richtung Veringenstadt liegt zwischen Langenenslingen und Emerfeld das reizvolle Warmtal. Beim Weiler gleichen Namens erhebt sich ein dicht bewaldeter, markanter Bergkegel, der die Burg Habsberg trug. Nicht verwechselt werden sollte die Burgstelle mit dem östlichen „Burgberg", der Graben und Wälle einer vorgeschichtlichen Befestigungsanlage zeigt und mit der nördlich gelegenen, 732 m hohen Waldkuppe „Habsberg". Am Ortsende von Langenenslingen an der Straße in Richtung Billafingen nach ca. 300 m rechts Richtung (bezeichnet) Warmtal abzweigen. Bei den Gehöften das Auto abstellen. Zunächst auf markiertem Albvereinsweg (Dreieck) zur gegenüberliegenden Talseite. Am Waldrand links und den Forstweg bis zum Sattel an der Wegkreuzung „Breitenberg". Nach rechts (westlich) Richtung Schloßberg, am Ende des Tannenwaldes ein kurzes Stück im lichten Buchenwald links und schließlich auf dem verwachsenen Burgweg von der Nord- über die Südseite hoch zur Burgstelle. Warmtal – 0,6 km Sattel – 0,3 km Burgstelle.
Gemeinde	Langenenslingen, Landkreis Biberach
Meereshöhe	Burg 709 m, Warmtal 629 m
Besichtigung	Frei zugänglich

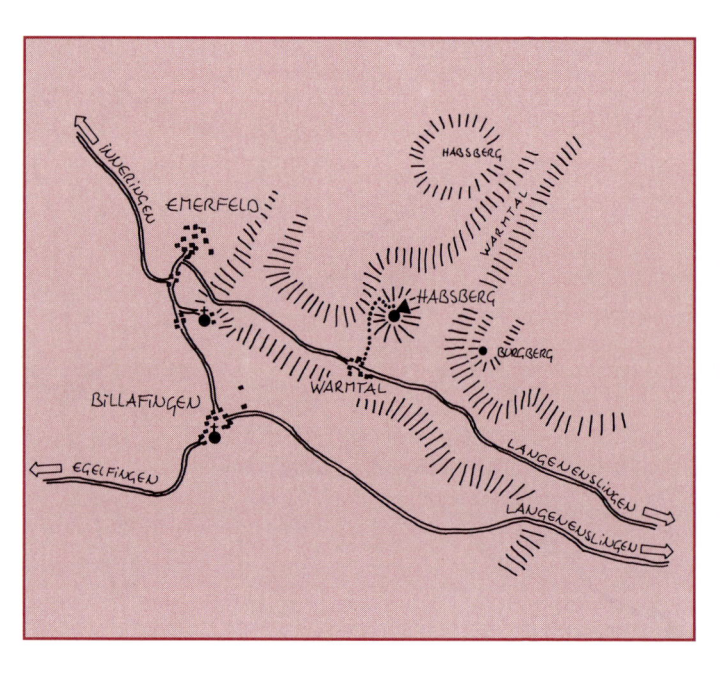

Habsberg (Habsburg)

Geschichte

Das Hochadelsgeschlecht der Herren von Habsberg, ehemals Habichtsberg, entstammt der Familie von Warthausen. Eine verwandtschaftliche Beziehung zu den „Habsburgern" besteht nicht.

1108 Heinrich von Habsberg stirbt an den Folgen einer Turnierverletzung.
1116 Konrad und Adelbert von Habsberg Zeugen in Rottenacker.
1164 und 1187 Graf Berthold von Habsberg.
1266 Eigentum der Grafen von Veringen.
Vor 1300 Als Erbschaft in Besitz der Grafen von Grüningen-Landau.
Vor 1306 Eberhard verkauft den Besitz an Habsburg.
1323 Herzog Leopold gibt Habsberg dem Burkard von Ellerbach zu Lehen.
1369 Eigentum des Ulrich von Herrlingen.
29. Mai 1405 Jörg Truchseß von Ringingen und seine Frau Ursel von Herrlingen, Tochter des Ulrich, verkaufen das Lehen mit weiteren Besitzungen und Rechten an Freiherr Stephan von Gundelfingen.
18. März 1406 Herzog Leopold von Österreich verleiht den „Burgstall" Habsberg Stephan von Gundelfingen. Habsberg bleibt offenes Haus für Herzog Leopold und dessen Nachkommen.
1413 Herzog Friedrich von Österreich verleiht die „Feste und den Burgstall Habsberg" Stephan von Gundelfingen.
1469 Bei der Gundelfinger Erbteilung zwischen den Brüdern Jörg und Erhard erhält Jörg Schloß und Dorf Neufra, Hayingen, Münzdorf, „das Schloß Habsberg", Warmtal, Emerfeld, Dürrenwaldstetten und Niedergutenstein. Erhard erhält „Schloß Derneck" und weitere Besitzungen. Die Burg wird vermutlich bereits nicht mehr bewohnt.
1481 Erzherzog Sigmund von Österreich verleiht Jörg von Gundelfingen den „Burgstall".
Um 1600 Abbruch von Habsberg. Das Steimaterial wird zum Bau einer Kornschütte in Neufra verwendet.

Anlage

Von der einst stattlichen Gipfelburg auf fast kreisrundem Bergkegel ist außer Mauerschutt und Geländespuren nichts geblieben.
Der ehemalige Burgweg (7) führt auf die Ostseite des Berghanges. Die Verebnungen kennzeichnen die Lage der Vorburg. Im direkten Anschluß umzieht ein Graben (3) mit Wall (2) den Berghang auf der Nordseite. Reste einer weiteren Abgrenzung (9) sind unterhalb ersichtlich.
Der schmale Fußweg (8) führt hoch zur ehemaligen Kernburg. Die etwa 13 x 29 m große Fläche weist zwei Erhebungen auf. Sie dokumentieren möglicherweise die Lage von Bergfried und Palas. Auf halber Höhe zwischen Graben und Kernburg sind zur Nordwest- und Südwestseite Zwingeranlagen (6) anzunehmen.

Habsberg (Habsburg)

1 Kernburg
2 Wall
3 Graben
4 Lage der Vorburg
5 Mulde
6 Ebenes Gelände ehem. Zwinger
7 Ehem. Burgweg
8 Fußweg
9 Ehem. äußere Abgrenzung
10 Höhenpunkt 509,2 m

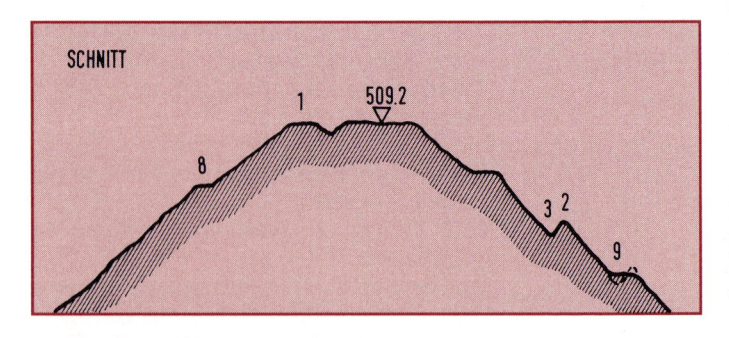

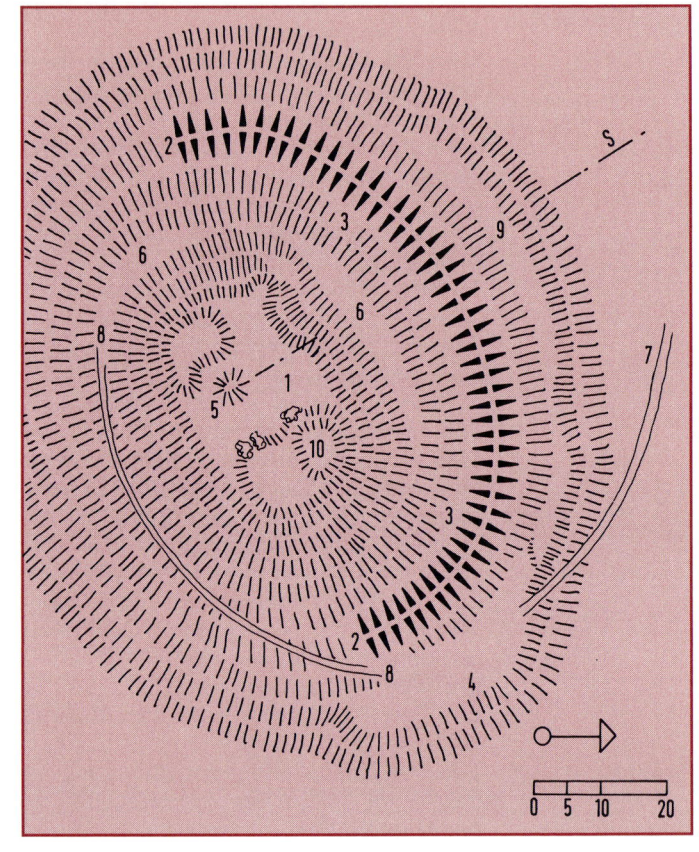

Besitzer	Land Baden-Württemberg
Literaturhinweise	– Beschreibung des Oberamts Riedlingen, 1923
	– Koenig-Warthausen, W. Frh. von Zeitschrift für württ. Landesgeschichte, „Die Herren von Warthausen und Habsberg", 1968
	– Memminger, Professor Beschreibung des Oberamts Riedlingen, 1827
	– Uhrle, Alfons Regesten zur Geschichte der Edelherren von Gundelfingen,
	– Wais, Julius Albführer II, 1971

Schatzberg

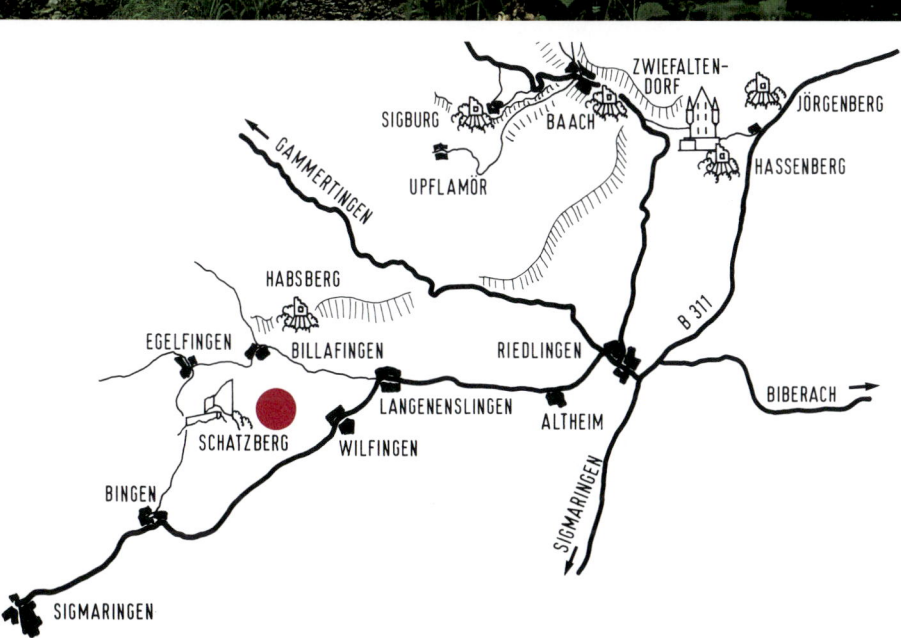

Schatzberg

Lage	Zwischen Riedlingen und Sigmaringen liegt inmitten der einsamsten Waldgebiete des südlichen Albbereichs am Mosteltal der Schatzberg. Die Burgruine mit dem geheimnisvollen Namen wurde vor kurzem baulich gesichert und dem Wanderer wieder zugänglich gemacht. Von Riedlingen gelangt man über Langenenslingen und Billafingen nach Egelfingen. Das Auto im Ort oder am Waldrand Richtung Bingen abstellen. Beim Wegkreuz beginnt ein bezeichneter Wanderweg (AV Dreiblock), der direkt zur Ruine führt. Egelfingen – 0,6 km Wegkreuz – 1,4 km Schatzberg. *Wandervorschlag:* Am westlichen Ortsende von Wilflingen (zwischen Langenenslingen und Bingen) beim Friedhof parken und links dem Wanderweg (AV blaues Dreieck) fast geradlinig durch dichten Buchenwald zum Schatzberg folgen. Siehe auch Wanderführer „Rund um Biberach" von D. Buttschardt. Wilflingen – 4,6 km Schatzberg.
Gemeinde	Langenenslingen, Ortsteil Egelfingen, Landkreis Biberach
Meereshöhe	Burg 703 m, Mosteltal ca. 650 m
Besichtigung	Frei zugänglich
Einkehrmöglichkeiten	Gaststätten in Wilflingen und Egelfingen

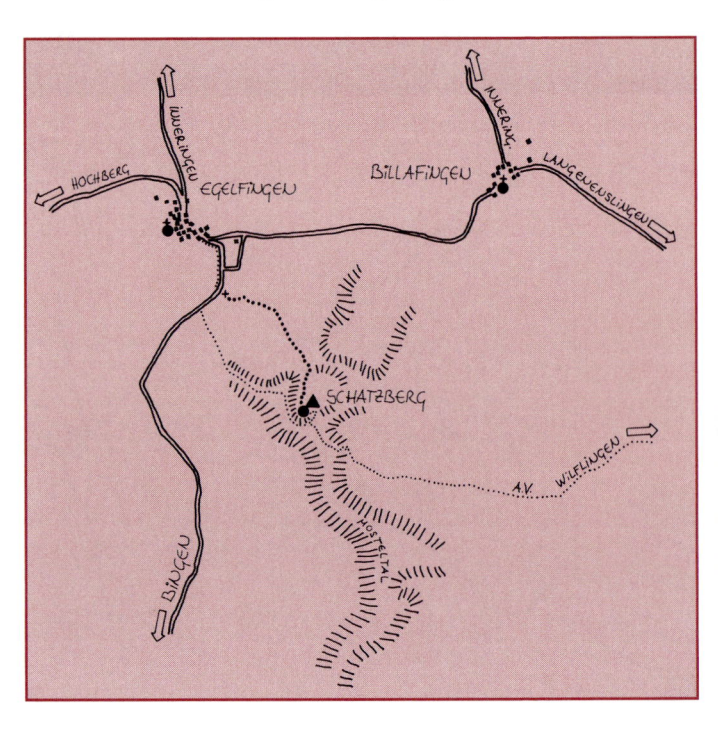

Schatzberg

Weitere Sehenswürdigkeit	Schloß Wilflingen
Zerstörung der Burg Schatzberg 1442	Jos befehdet mit Konrad von Hornstein zu Grüningen und Konrad Scharpf von Freudenberg auf Veranlassung eines Klaus Schwarzschneider den Bischof von Augsburg, Rat Kaiser Friedrichs III. In seiner Bedrängnis wendet sich der Bischof an den Kaiser, worauf die Grafen Ludwig und Ulrich von Württemberg beauftragt werden, gegen Jos einzuschreiten. Graf Friedrich von Helfenstein erstürmt schließlich auf Veranlassung der Württemberger den Schatzberg und brennt ihn nieder. 1449 wird Jos' Burg Hohenberg zerstört und 1459 über ihn die Reichsacht verhängt.
Geschichte	Auswertungen der Oberflächenkeramikfunde durch Christof Bizer am Schatzberg ergaben, daß bereits schon Mitte des 12. Jahrhunderts eine Burg bestanden haben muß. Sie kann jedoch nicht gänzlich mit dem vorhandenen Mauerwerk in Zusammenhang gebracht werden.

Mitte 12. Jahrhundert Bau einer ersten Burganlage.
1267 Konrad von Schatzberg, Lehensträger des Grafen Hartmann des Älteren von Grüningen, in einer im Kloster Heiligkreuztal ausgestellten Urkunde. Unter ihm wird vermutlich die Burg um- oder neu gebaut.
1274 Elisabeth von Schatzberg, Witwe des Konrad.
Um 1300 Eigentum des Hauses Habsburg.
1306 Ritter Johannes (I.) von Hornstein zu Wilflingen erhält die Burghut verliehen (von 1282–1323 nachgewiesen), Begründer der Hornsteiner Zweiglinie Schatzberg-Wilflingen.
1345–1375 Mehrfache Erwähnung von Hans II. von Hornstein zu Wilflingen, Enkel des Johannes (I.), „gesessen zu Schatzberg" in Diensten Herzog Albrechts von Österreich.
1377 und 1390 Hans III. (1339–1412), Sohn des Hans II., stellt „in Castro Schatzburg" Urkunden aus.
1406 Hans IV. (1399–1440), Sohn des Hans III., Herr zu Wilflingen und Schatzberg, erwirbt einen Teil von Egelfingen. Sein Bruder Heinrich (1393–1415) erhält bei der Erbteilung die Stammburg Hornstein. Hans stand in Diensten des österreichischen Herzogs Friedrich IV. „mit der leeren Tasche"; nach dessen Ächtung führte er für ihn zahlreiche Fehden und Überfälle.
1410 Hans IV. von Hornstein zu Schatzberg, Ritter, und seine beiden Söhne Heinrich und Hans verkaufen ihre beiden Höfe in Neufra an Stephan von Gundelfingen.
1430 Hans IV. von Hornstein zu Schatzberg zu Wilflingen und Margaretha Swärtzin, seine Ehefrau, verkaufen ihr Dorf Emerfeld an Anna von Gundelfingen.
1437 Hans IV. läßt sich die Genehmigung erteilen, auf einem Altar in der Burg Messe lesen zu lassen.

Schatzberg

1438 Verkauf von Wilflingen für 6200 fl. an den württembergischen Truchseß Hans von Bichishausen.
1438–1485 Jos von Schatzberg, Sohn des Hans IV., Raubritter, Erbe von Schatzberg, Egelfingen, Güter in Langenenslingen und der Pfandherrschaft Hohenberg. Als Ritter Hans Hödiö bleibt er in der Sagenwelt lebendig. Mit seinem Sohn Wendel (1475–1492) stirbt die Schatzbergerlinie der Herren von Hornstein aus.
1442 Zerstörung der Burg durch den Grafen Friedrich von Helfenstein im Auftrag der Grafen von Württemberg.
1454 Schatzberg Eigentum des Konrad von Hornstein-Grüningen.
1487 Jörg von Hertenstein und Kaspar, Sohn des Konrad, Eigentümer des Burgstalles. Jörg erwirbt den Anteil des Konrad und verkauft schließlich Schatzberg mit allen Eigenleuten, weiteren Besitzungen und Rechten für 750 rhfl. an Hans von Mulfingen, Vogt in Sigmaringen.
1538 Graf Karl I. zu Zollern und Sigmaringen und Sebastian von Gültlingen zu Hohenentringen verkaufen „zum Nutzen ihrer Pflegetochter" Rosina, Tochter der Katharina von Gültlingen geb. von Mulfingen, den Burgstall Schatzberg mit allem Zubehör an Sebastian Schenk von Stauffeneck.
1724 Der Fürst von Zollern-Sigmaringen beansprucht das Recht, auf der Burgruine nach Erz graben zu lassen.
1986/87 Bauliche Sicherungsmaßnahmen an der Ruine im Auftrag des Hauses Staufenberg.

Anlage Schatzberg liegt am südwestlichen Ende des wenig höher liegenden, gleichnamigen Berges. Hinter dem künstlich in den Fels gebrochenen breiten Halsgraben (1) liegen die Mauerreste der schmalen und langgestreckten ehemaligen Burg. Sie entsprechen im wesentlichen der Anlage des 13. Jahrhunderts. Schatzberg weist eine Besonderheit auf: Vorburg und Kernburg drängen sich hinter dem Graben auf engstem Raum. So entspricht die ca. 14 x 16 m große **Vorburg** Vorburg (2) eher einem breiten Zwinger. Zu erkennen sind Teile der Umfassungsmauer. Links war ein ca. 13 m langes und ca. 5 m breites Gebäude angelehnt. Einige der Lichtscharten sind noch erhalten.

Kernburg Die hinter der Vorburg angrenzende Kernburg lag im **Bergfried** Schutze eines fast quadratischen Bergfrieds. Erhalten geblieben sind Reste der bis zu 7 m hohen Nord- und Westwand. Das Innere und die beiden anderen Seiten liegen unter meterhohem Schutt. An den Ecken der 7,73 m **Buckelquader** langen Feldseite befinden sich Buckelquader mit von unten nach oben abnehmender Größe. (L x B x H) links 73 x 37 x 40, 59 x 36 x 27, rechts 47 x 37 x 29, 60 x 30 x 30, 36 x 30 x 33. Randschlag 3–4 cm, wenig ausgeprägt, teilweise nur angedeutet, Buckel bis 12 cm grob oder nur wenig bearbeitet.

Schatzberg

1 Halsgraben
2 Vorburg
3 Zwinger
4 Kernburg
5 Bergfried
6 Lage des Palas
7 Buckelquader
8 Südfelsen
9 Aussichtspunkt Burghof
10 Von Egelfingen
11 Von Wilflingen
   Von Billafingen
12 Lage des Tores

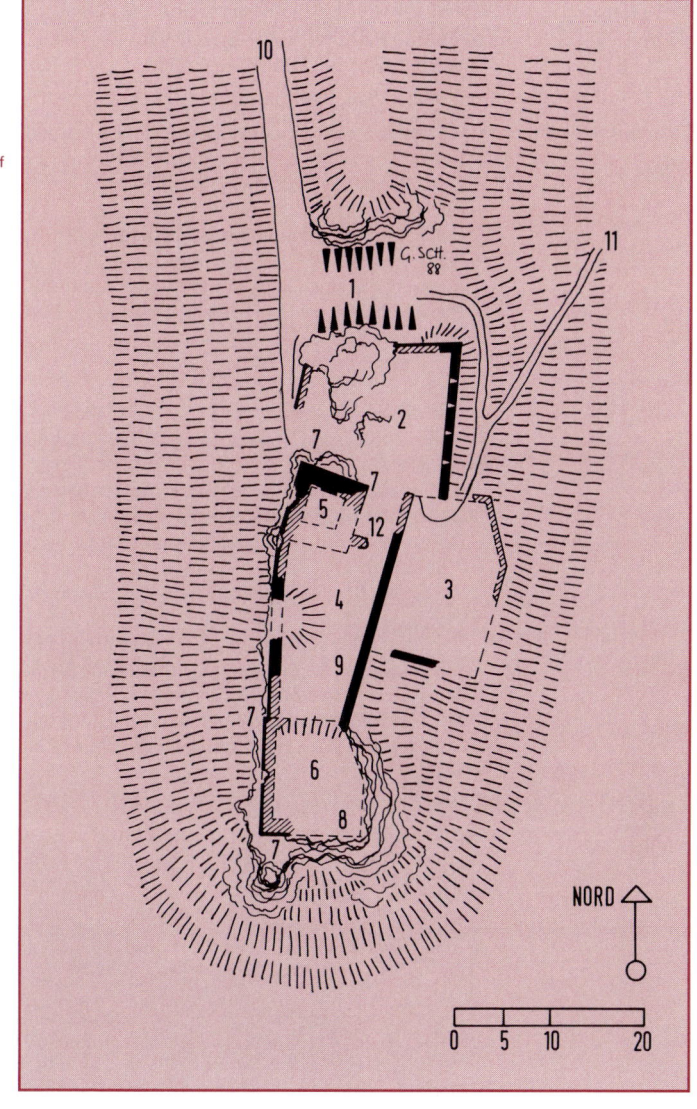

Burghof Links vom Bergfried ist das Tor (12) anzunehmen. Es führte direkt in den verhältnismäßig geräumigen, ca. 18 x 10 m großen Burghof (9). Er wird von den Resten der Umfassungsmauer nach Westen und Osten begrenzt.

Palas Abschluß der Anlage war der polygonale Palas (6). Er lag gegenüber dem Bergfried auf erhöhtem Felsen. Kümmerliche Reste seiner Futtermauern sind auf der Westseite erhalten. Zur Aufmauerung der Gebäudeecken wurden vereinzelt Buckelquader verwendet.
Um 1400 dürfte die Burg umgebaut worden sein. Aus dieser Zeit stammt der östliche Zwinger.

Schatzberg

Besitzer	Freiherr Schenk von Stauffenberg
Pläne	Grundriß 1:200 W. Pfefferkorn, 1985
	Grundriß, Schnitt 1:200 S. Uhl, 1988
Alte Ansicht	Ruine um 1900, Zeichnung
Literaturhinweise	– Blätter des Schwäb. Albvereins, 1892/6 beim Hans Hödiö
	– Blätter des Schwäb. Albvereins, 1931/8
	Eine Wanderung zur Ruine Schatzberg
	– Becker, O. H.
	Gesamtarchiv Schenk von Stauffenberg, Stuttgart, 1981
	– Bizer, Chr.
	Auswertung und Dokumentation der Kleinfunde, in E. Zillenbiller, Stadtwerdung im Landkreis Sigmaringen, 1983
	– Buttschardt, D.
	Rund um Biberach, 1983
	– Härle, J.
	Von der ehemaligen Burg Schatzberg, in Hohenzollerische Heimat 8
	– Hohenzollerische Volkszeitung 16, 1907, Die Ruine Schatzberg
	– Kasper, A.
	Kunstwanderungen kreuz und quer der Donau, 1964
	– Oberamtsbeschreibung Riedlingen, 1827
	– Oberamtsbeschreibung Riedlingen, 1923
	– Pfefferkorn, W.
	Vorschlag für die bauliche Sicherung, nicht veröffentlicht, 1985
	– Uhl, S.
	Burgruine Schatzberg, in „BC – Heimatkundliche Blätter", 1983/2
	Buckelquader an Burgen im Donauraum der Schwäb. Alb, 1983
	Burgruine Schatzberg, in Blätter des Schwäb. Albvereins, 1986/4
	Burgen, Schlösser und Adelssitze im Landkreis Biberach, in Sonderheft „BC – Heimatkundliche Blätter für den Kreis Biberach"
	– Wais, J.
	Albführer II., 1971

Reste des Bergfrieds von der Feldseite

Grundriß
Bergfriede im Vergleich

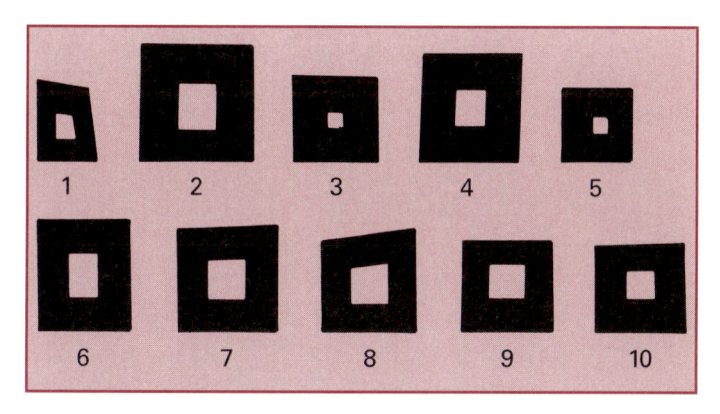

1 Hohenhundersingen
2 Reichenstein
3 Blankenstein
4 Hohengundelfingen
5 Bichishausen
6 Hohenstein
7 Ödenburg
8 Schatzberg
9 Hohenschelklingen
10 Rechtenstein

Schema einer mittelalterlichen Burg

am Beispiel der Burg Staufeneck (idealisiert)

A Hauptburg – Kernburg
B Innere Vorburg
C Äußere Vorburg

1 Bergfried
2 Palas
3 romanische Rundbogenfenster
4 Abtritt, Aborterker
5 Konsole, Kragstein
6 Zwinger
7 Zwingermauer
8 Helmdach
9 Schlüsselscharte
10 Maulscharte
11 Schießscharte für Hakenbüchsen
12 Flankierungsturm
13 Palisade
14 offener Wehrgang mit Zinnen
15 Wohngebäude für Dienstmannen
16 Scharwachttürmchen, Schießerker, Pfefferbüchse
17 Gußerker, Pechnase
18 inneres Tor mit Drehflügeln
19 gedeckter Wehrgang
20 Torhaus
21 Burghof der inneren Vorburg

22 Burgtor mit Mannloch, Zugbrücken mit Schwungruten
23 Poterne, Ausfallpforte
24 Brückenpfeiler
25 Abschnittsgraben
26 Maschikulis, Gußlochreihe, Pechnasenkranz
27 feste Brücke
28 Schalenturm
29 Burggarten
30 Wirtschaftsgebäude und Stallungen
31 Wohngebäude für Gesinde
32 Torwarthaus
33 Burgtor der äußeren Vorburg
34 Pultdach
35 Walmdach
36 Krüppelwalmdach
37 Schleppgaube, Dachgaube
38 Ziehbrunnen
39 Wassertrog, Tränke
40 Burghof, äußere Vorburg
41 Halsgraben
42 Strebepfeiler

Worterklärungen · Begriffsbestimmungen

Abschnittsburg	– Burganlage, in mehrere, voneinander meist unabhängige Verteidigungsabschnitte gegliedert.
Abschnittsgraben	– Trennt die einzelnen Bereiche einer Abschnittsburg.
Abtritt	– Abort, auch Heimlichkeit genannt, ein nach unten offener Aborterker an Außenwänden von Gebäuden und Wehrmauern oder ein in dicken Mauern ausgesparter Raum mit schräg abgehendem Schacht.
Altan	– Söller, ein balkonartiker Austritt, bis zum Erdboden unterbaut, mit Brüstung.
Angstloch	– Deckenöffnung eines Verlieses, häufig im Bergfried.
Apsis	– Chorabschluß von Kapellen und Kirchen, halbrund, später auch polygonal.
Arkade	– Reihung von Bogen auf Säulen oder Pfeilern.
Ausfallpforte	– siehe Poterne
Barbakane	– Vorwerk zum Schutze eines Tores.
Basis	– Besonders ausgebildeter Fuß an Säulen, Pfeilern und Pilastern.
Bastion	– Bastei, Mauerwerksvorbau, seit dem 15. Jahrhundert im Festungsbau üblich, bei Burgen als Flankierungsturm zum seitlichen Bestreichen des Hauptgrabens.
Bergfried	– Hauptturm der Burg. Vorwiegend im deutschsprachigen Raum. Er diente mit seinem hochgelegenen Eingang als letzte Zufluchtsstätte; im Gegensatz zum Wohnturm (Donjon) selten ständig bewohnt.
Bering	– siehe Ringmauer
Brückenpfeiler	– Mauerpfeiler im Burggraben als Auflager für die bewegliche oder feste Brückenplatte.
Brustwehr	– Oberer Abschluß einer Wehrmauer oder eines Wehrturmes (Wehrplatte) mit Zinnen oder mit glatter Maueroberkante.
Buckelquader	– Natursteinquader, dessen Sichtseite meist einen kissenartig, seltener prismen- oder diamantartig vortretenden Buckel aufweist. Die Quaderkanten sind mit einem glatten, oft scharrierten Randschlag versehen.
Burgstall	– Bevorzugte Bez. für eine abgegangene Burg (Altburgstelle); seltener für eine kleine oder eine im Bau befindliche Burg.
Dienstmann	– siehe Ministeriale
Docke	– Seitenabschluß (Wange) von Kirchen- oder Chorgestühl, häufig figürlich geschnitzt.
Donjon	– Hauptturm der Burg, französische Bezeichnung, im Gegensatz zum Bergried bedeutend größer. Er vereint Wehr-, Wohn-, Repräsentations- und Wirtschaftsfunktionen (z. B. Donjon von Coucy 13. Jahrhundert, 31 m Durchmesser, 54 m Höhe). In alten Texten Dunio, Dunjonem bezeichnet die Motte, die den Turm trug, englisch: Keep.
Dogger	– Brauner Jura
Eskarpe	– Innere Grabenwand oder Grabenböschung.
Festung	– Wehranlage ausschließlich für militärische Zwecke.

Flankierungsturm	– Turm, aus der Wehrmauer nach außen vortretend, zur Ermöglichung einer Flankenbestreichung durch Schußwaffen.
Fliehburg	– Zufluchtsort einer Orts- oder Gebietsgemeinschaft in Kriegszeiten, durch Graben, Wall und Palisaden geschützt.
Ganerbenburg	– Burg, von mehreren Eigentümern bewohnt.
Gesims	– Waagrechter Streifen aus der Mauer vorspringend zur Gliederung eines Bauwerks oder Bauteilen, meist profiliert, auch ornamentiert.
Gewände	– Seitenflächen einer Fenster- oder Portalöffnung, im Gegensatz zur Leibung schräg in die Wand geschnitten.
Graben	– Geländevertiefung: U-förmig als Sohlgraben oder V-förmig als Spitzgraben. Wirksamstes Annäherungshindernis vor der eigentlichen Befestigungsanlage.
Gußerker	– Gießerker, Pechnase, auch Senkscharte. Nach unten offener Erker an der Außenseite von Mauern zum Hinabgießen von heißem Öl oder anderen Flüssigkeiten.
Hakenbüchse	– Handfeuerwaffe mit Haken zum Auflegen des Gewehres.
Halbturm	– siehe Schalenturm
Halsgraben	– Tiefer und breiter Graben, der die Burg auf einer Bergzunge (Spornlage) vom angrenzenden Gelände trennt.
Haubendach	– Welsche Haube, Vorform des Zwiebeldaches, häufig mit Aufbauten z. B. Laterne.
Hausrandburg	– siehe Randhausburg
Helmdach	– Turmdach, pyramiden- oder kegelförmig, steil.
Hube	– Hufe, altes Feldmaß, fränkische Hufe = 24 ha.
Hurde	– Hurdengalerie, hölzerner Wehrgang an Mauern und Türmen, nach außen vorkragend.
Kapitell	– Kopf von Säulen, Pfeilern und Pilastern.
Kasematten	– Überwölbte Schutzräume für Besatzung, Waffen und Vorräte.
Kastell	– Castell: 1. befestigtes, römisches Militärlager, 2. Burg im Mittelalter als regelmäßige Anlage mit Flankierungstürmen.
Keep	– siehe Donjon
Kemenate	– Heizbarer Raum, Bez. auch für Frauengemächer einer Burg.
Konsole	– Kragstein (seltener aus Holz) zum Tragen von Bauteilen (z. B. Balkon, Erker), Baugliedern (z. B. Gesims, Gewölberippen) oder Figuren.
Krüppelwalmdach	– Der Giebel eines Gebäudes wird im oberen Giebelspitz durch ein Dach ersetzt.
Krypta	– Unterirdischer oder halbunterirdischer Raum, meist unter dem Ostchor. In romanischen Kirchen Grabstätte oder Aufbewahrungsort der Reliquien.
Lehen	– Nutzungsrecht an einer fremden Sache, gegründet auf einer Verleihung seitens des Eigentümers oder die Sache selbst.
Leibung	– Laibung, die Seitenflächen einer Fenster- oder Portalöffnung, die senkrecht in die Wand geschnitten sind.

Lisene	– Wandvorlage, flacher, senkrechter Mauerstreifen zur Wandgliederung ohne Basis und Kapitell.
Mannloch	– Kleiner Durchgang neben dem Burgtor.
Mantelmauer	– Sehr hohe Mauer, meist an der Angriffseite errichtet, seltener die ganze Burg umschließend.
Maschiculis	– Pechnasenkranz, Reihung von Gußlöchern in vorkragenden Mauerteilen von Wehrgängen und oberen Geschossen von Türmen.
Ministerial	– Dienstmann, niederer Adel. Durch den Besitz eines Lehens einem höheren Adel zu Kriegsdienst und anderen Diensten verpflichtet.
Motte	– Turmhügelburg, weitverbreitete, frühe Form der Burg. Wohnturm auf einem durch den Grabenaushub aufgeschütteten Erdkegel.
Ochsenauge	– Fenster, kreis- oder ellipsenförmig, vorwiegend im Barock.
Palas	– Hauptwohngebäude der Burg, oft als mehrgeschossiger Repräsentativbau mit beheizbarem Saal.
Palisade	– Schutzwand aus aneinandergereihten, oben zugespitzten und in den Boden gerammten Holzpfählen.
Pechnase	– siehe Gießerker
Pilaster	– Wandvorlage, flach, pfeilerartig mit Basis und Kapitell.
Poterne	– Ausfall- oder Fluchtpforte zum Zwinger oder Graben.
Pultdach	– Dach, einseitig abgeschrägt.
Randhausburg	– Burg, deren Umfassungsmauer von Gebäuden gebildet wird, die einen Hof umschließen.
Randschlag	– siehe Buckelquader
Ringmauer	– Bering, die ganze Burg umgebende wehrhafte Mauer.
Risalit	– Gebäudeteil zur Fassadengliederung, schwach vorspringend – Mittel-, Seiten- und Eckrisalit.
Schalenturm	– Halbturm, zur Burgseite offener Mauerturm.
Scharte (Schießscharte)	– Schmaler Mauerschlitz zur Belichtung dahinterliegender Räume, vor allem aber für den Einsatz von Schußwaffen.
Scharwachtturm	– Pfefferbüchse, erkerartiges Türmchen an Wehrmauern, Türmen und Gebäuden.
Schenkelmauer	– Verbindungsmauer, z. B. von einer Stadtmauer zu einer höhergelegenen Burg.
Schildmauer	– Verstärkte Mauer auf der Angriffseite bei Burgen in Spornlage.
Schlangen	– Mittlere Feldgeschütze.
Schleppgauben	– Kleiner Dachaufbau mit abgeschlepptem Dach.
Schwungrute	– Hebebaum einer Zugbrücke.
Söller	– siehe Altan
Spornlage	– Spornburg, bevorzugte Lage für Burgen der Schwäbischen Alb auf einem Bergsporn.
Steinmetzzeichen	– Kennzeichen von Steinmetzen auf den von ihnen behauenen Steinen.

Torre del homenaje	– Hauptturm der spanischen Burgen, entspricht dem Donjon oder Keep.
Turmburg	– Einfache Burg, bestehend aus einem wehrhaften Wohnturm, Ringmauer und Graben. Sonderform: Turmhügelburg.
Türnitz	– Dirnitz, Dürnitz, großer, beheizbarer Aufenthaltsraum im Erd- oder Untergeschoß des Hauptgebäudes der Burg.
Tympanon	– Bogenfeld über einem Portal.
Verlies	– Burggefängnis
Vorburg	– Der Hauptburg vorgelagerter, eigenständiger Burgbereich, meist mit Unterkünften für das Gesinde, Stallungen, Wirtschaftsgebäuden etc.
Warte	– Wartturm, Luginsland, meist einzelstehender Beobachtungsturm innerhalb der Burg oder im Vorgelände.
Wehrgang	– Verteidigungsgang auf einer Wehrmauer, oft überdacht.
Wellenbaum	– Seilwinde
Zinnen	– Schild- oder zahnförmiger Mauerteil auf der Brustwehr von Wehrgängen.
Zisterne	– Sammelbecken für Regenwasser, aus dem Fels gehauen oder gemauert.
Zwinger	– Raum zwischen äußeren und inneren Wehrmauern.

Burgentypologie und Erhaltungszustand

	Typologie nach geographischer Lage	Erhaltungszustand	Mauerwerksmerkmale an Burgen	Bauteile des 12. und 13. Jahrhunderts deutlich
1. Ehrenstein	Gipfelburg	Geländespuren geringe Reste von Grundmauern	Buckelquader	–
2. Klingenstein	Spornburg	Burgruine Schloß erhalten	Buckelquader Bruchstein	Wohnturm Umfassungsmauer
3. Oberherrlingen	Spornburg	Geländespuren der Burg Schloß erhalten	–	–
4. Arnegg	Spornburg	Mauerreste Gebäude 17. Jh.	Quader	Umfassungsmauer
5. Neidegg	Spornburg	Geländespuren Mauerschutt	–	–
6. Lauterstein	Spornburg Talhangburg	Geländespuren geringe Mauerreste	–	–
7. Bollingen	Spornburg	Geländespuren	–	–
8. Gleißenburg	Talrandburg	Geländespuren Mauerschutt	–	–
9. Hohengerhausen	Spornburg Spornkuppe	Ruine	Buckelquader Quader	Wohnturm Umfassungsmauern
10. Ruck	Gipfelburg	geringe Mauerreste Gewölbe	–	–
11. Blauenstein	Spornburg	Geländespuren	–	–
12. Günzelburg	Talrandburg	Geländespuren geringe Mauerreste	Bruchstein	–
13. Sirgenstein	Spornburg	Geländespuren Reste von Grundmauern	Quader	–
14. Hohenschelklingen	Spornburg	Ruine	Buckelquader Quader, Bruchstein	Bergfried
15. Muschenwang	Talrandburg	Geländespuren Reste von Grundmauern	–	–
16. Neusteußlingen	Spornburg	Geländespuren Teile in neueren Bauten Schloß erhalten	–	–
17. Hohenjustingen	Spornburg	geringe Reste der Burg Schloßruine	Buckelquader	–
18. Briel	Spornburg	Geländespuren geringe Mauerreste	–	–
19. Kirchen	Hügelburg	Geländespuren	–	–

	Typologie nach geographischer Lage	Erhaltungszustand	Mauerwerksmerkmale an Burgen	Bauteile des 12. und 13. Jahrhunderts deutlich
20. Mochental	Spornlage	erhalten	–	–
21. Hochdorf	Talrandburg	Geländespuren Mauerschutt	–	–
22. Granheim	Tallage	erhalten	–	–
23. Grafeneck	Spornburg	erhalten	–	–
24. Baldelau	Spornburg	Geländespuren	–	–
25. Blankenstein	Spornburg	Ruine	Buckelquader	Bergfried
26. Buttenhausen Burg	Spornburg	Reste Umfassungsmauer	Bruchstein	–
27. Buttenhausen Schloß	Tallage	erhalten	–	–
28. Hohenhundersingen	Spornburg	Ruine	Buckelquader Bruchstein, Quader	Bergfried
29. Bichishausen	Spornburg	Ruine	Buckelquader Bruchstein	Bergfried, Palas
30. Niedergundelfingen	Gipfelburg	Teilruine	Quader, Bruchstein	Mantelmauer
31. Hohengundelfingen	Spornburg	Ruine	Buckelquader Bruchstein	Bergfried
32. Derneck	Spornburg	Teilruine Wanderheim	Buckelquader Quader, Bruchstein	Schildmauer
33. Weiler	Gipfelburg	Geländespuren	–	–
34. Schülzburg	Spornburg Talhangburg	Ruine	Buckelquader Bruchstein	Palas
35. Maisenburg	Spornburg	Teilruine	Buckelquader Quader, Bruchstein	Schildmauer
36. Wartstein	Spornburg	Ruine	Quader, Bruchstein	Schildmauer
37. Monsberg	Spornburg	Ruine	Quader, Bruchstein	Wohnturm
38. St. Ruprecht	Spornburg	Geländespuren Mauerschutt	Bruchstein	–
39. Reichenstein	Spornburg	Ruine	Buckelquader Quader, Bruchstein	Bergfried
40. Rechtenstein	Spornburg	Teilruine	Buckelquader Quader, Bruchstein	Bergfried

	Typologie nach geographischer Lage	Erhaltungszustand	Mauerwerksmerkmale an Burgen	Bauteile des 12. und 13. Jahrhunderts deutlich
41. Jörgenberg	Spornburg	Geländespuren Mauerschutt	–	–
42. Hassenberg	Spornburg	geringe Mauerreste	Bruchstein	–
43. Zwiefaltendorf	Wasserburg Tallage	Mauerreste der Burg Schloß erhalten	Buckelquader Quader, Bruchstein	Eskarpen
44. Baach	Spornburg	Geländespuren Mauerschutt	–	–
45. Sigburg	Spornburg	Geländespuren Mauerschutt	–	–
46. Sonderbuch	Hügelburg	Geländespuren	–	–
47. Ehrenfels	Talhanglage	erhalten	–	–
48. Altehrenfels	Spornburg	Ruine	Bruchstein	–
49. Ehestetten	Tallage	Teilruine	Bruchstein	–
50. Hohenstein	Gipfelburg	Ruine	Buckelquader Quader, Bruchstein	Bergfried
51. Ödenburg	Gipfelburg	geringe Mauerreste	Quader	–
52. Habsberg	Gipfelburg	Geländespuren Mauerschutt	–	–
53. Schatzberg	Spornburg	Ruine	Buckelquader Quader, Bruchstein	Bergfried, Palas

Luftbildfreigabevermerke

Luftbilder: Franz Josef Mock

Oberherrlingen	Freigegeben durch das Regierungspräsidium Tübingen Nr. 000/22102, vom 7. 11. 1988
Arnegg	Freigegeben durch das Regierungspräsidium Tübingen Nr. 000/22104, vom 7. 11. 1988
Hohengerhausen	Freigegeben durch das Regierungspräsidium Tübingen Nr. 000/22105, vom 7. 11. 1988
Neusteußlingen	Freigegeben durch das Regierungspräsidium Tübingen Nr. 000/22106, vom 7. 11. 1988
Ehestetten	Freigegeben durch das Regierungspräsidium Tübingen Nr. 000/22109, vom 7. 11. 1988
Hohengundelfingen	Freigegeben durch das Regierungspräsidium Tübingen Nr. 000/22111, vom 7. 11. 1988
Schülzburg	Freigegeben durch das Regierungspräsidium Tübingen Nr. 000/22113, vom 7. 11. 1988
Mochental	Freigegeben durch das Regierungspräsidium Tübingen Nr. 000/22115, vom 7. 11. 1988
Ehrenfels	Freigegeben durch das Regierungspräsidium Tübingen Nr. 000/22117, vom 7. 11. 1988

Historische Burgenkarte

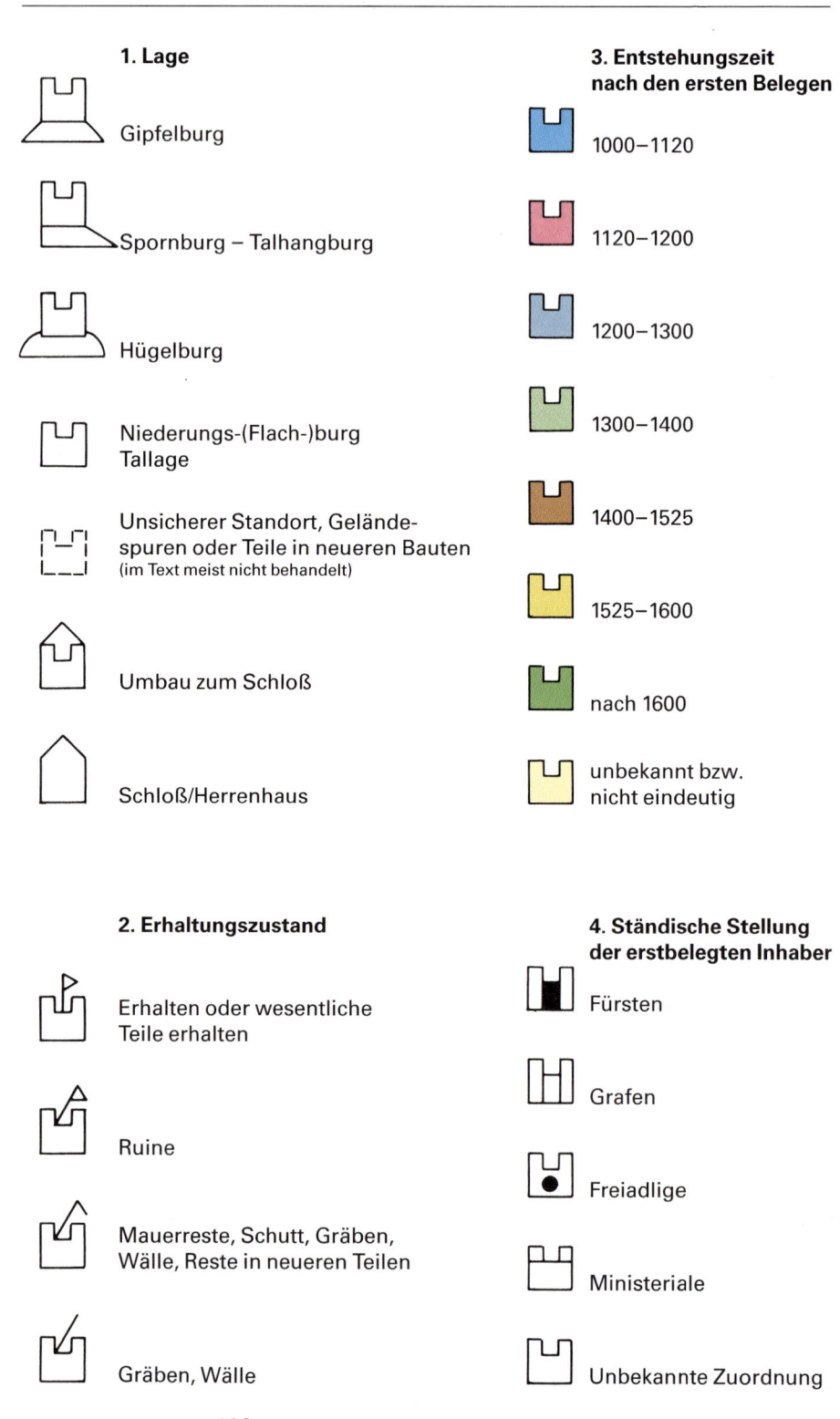

1. Lage

⌂ Gipfelburg

⌂ Spornburg – Talhangburg

⌂ Hügelburg

⌂ Niederungs-(Flach-)burg Tallage

⌂ Unsicherer Standort, Geländespuren oder Teile in neueren Bauten (im Text meist nicht behandelt)

⌂ Umbau zum Schloß

⌂ Schloß/Herrenhaus

2. Erhaltungszustand

⌂ Erhalten oder wesentliche Teile erhalten

⌂ Ruine

⌂ Mauerreste, Schutt, Gräben, Wälle, Reste in neueren Teilen

⌂ Gräben, Wälle

3. Entstehungszeit nach den ersten Belegen

⌂ 1000–1120

⌂ 1120–1200

⌂ 1200–1300

⌂ 1300–1400

⌂ 1400–1525

⌂ 1525–1600

⌂ nach 1600

⌂ unbekannt bzw. nicht eindeutig

4. Ständische Stellung der erstbelegten Inhaber

⌂ Fürsten

⌂ Grafen

⌂ Freiadlige

⌂ Ministeriale

⌂ Unbekannte Zuordnung

HISTORISCHE
BURGENKARTE
BAND II

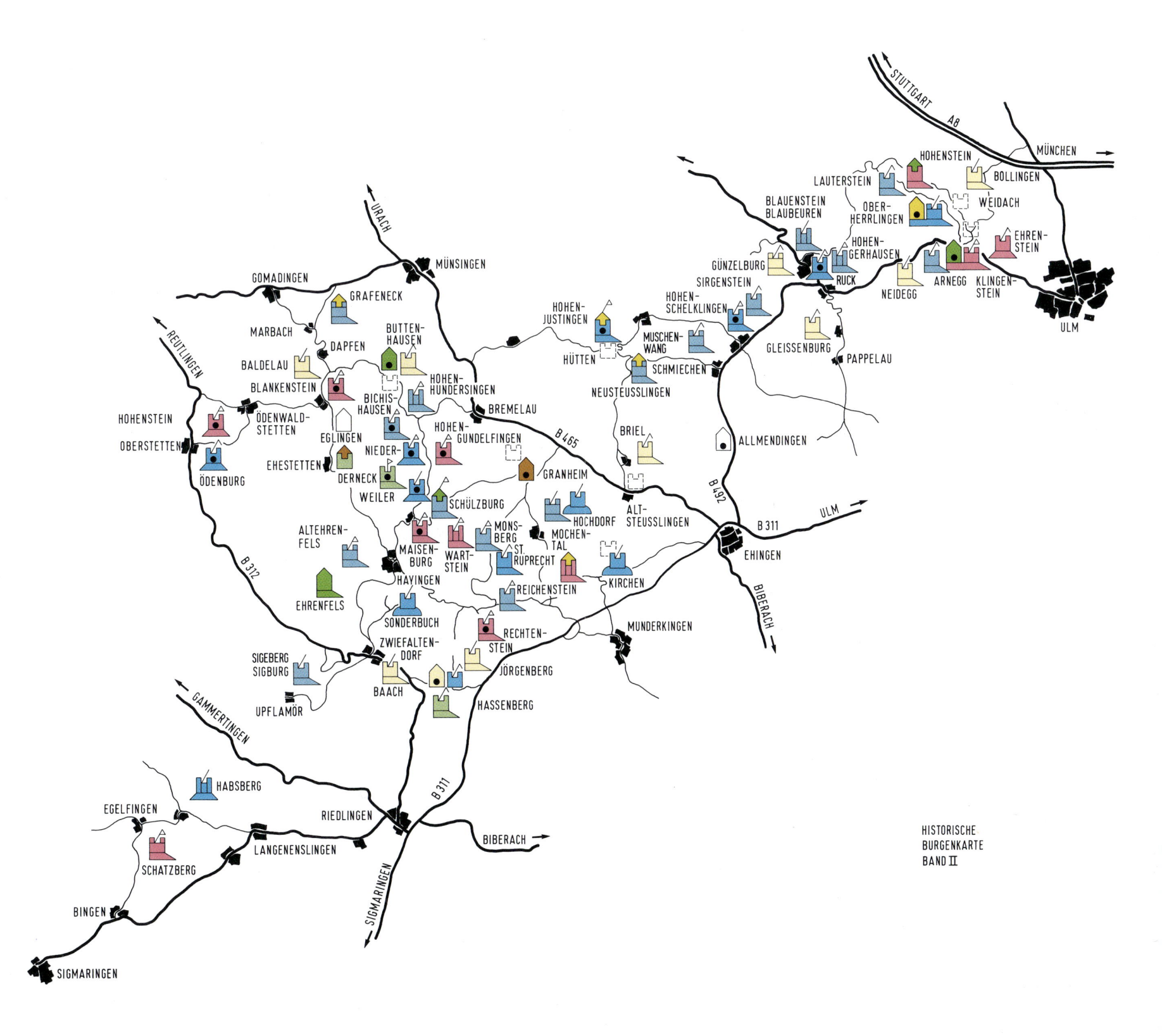

Günter Schmitt

geboren 1946 in Biberach an der Riß
Kinder- und Jugendjahre sowie Besuch des Gymnasiums
in der Geburtsstadt
Berufsausbildung und Studium
Mitarbeit in Architekturbüros in Biberach, Stuttgart und
in der Schweiz
seit 1975 selbständig als Freier Architekt in Biberach/Riß tätig
besonders engagiert im Bereich der Denkmalpflege
Mitglied der Deutschen Burgenvereinigung